A Tale of Cars in China——30 Years, from Start to Fast Lane　车 记——亲历·轿车中国30年

一汽大众奥迪数字化车间。高科技成为质量的保证

A Tale of Cars in China

30 Years, from Start to Fast Lane

车 记

亲历·轿车中国 30 年

李安定 著

生活·讀書·新知 三联书店

目 录 CONTENTS

序 | 痴恋一生 杨 浪 1

第一章 摸着石头过河 1

一、探路者的悲壮使命 3

今天的新闻，明天的历史 / 拿掉一个"总"字的中汽公司 / 中汽"地震"与
"红旗"下马

二、邓小平拍板：轿车可以合资 15

1978，合资经营可以办 / 1982，大众的中国"桥头堡"

三、上海大众，首批合资的幸存者 21

"北京吉普风波" / 波斯特：上海大众 1000 天 / 高标准，还是"卡脖子" / 三
军过后尽开颜

人物印象 饶斌：我愿化作一座桥 36

第二章 轿车工业获得"准生证" 41

一、解冻：1987 年夏天 43

新中国拒绝轿车 / 需求凸显黑洞 / 十堰"轿车神仙会" / 少壮派，只要政策
不要钱 / 北戴河：轿车工业获得"准生证"

二、天上掉下个林妹妹　　52

　　为了红旗第二代 / 哈恩，冬日的长征 / 高手各有胜算

三、"三大三小"格局初现　　58

　　一汽大众：后来居上 / "神龙"好事多磨 / "一号工程"上海大众 / "三小"
　　的小康生活

人物印象　亚柯卡的忠告　　64

第三章　家庭轿车第一声　　69

一、造梦前传　　71

　　"领航产品"与"官车之累" / 崇山峻岭中的会师 / "斯巴鲁360"铸剑为犁 /
　　划天而过的"小卫星" / 1989 家轿思考：但愿不是一个梦

二、家轿曙光，看上去很美　　85

　　私车消费写进产业政策 / 国际巨头热捧 94 家轿研讨会 / FCC 驶向环行跑道 /
　　踮起脚才能摘到的果子

三、路漫漫其修远兮　　92

　　笔墨官司：不可逾越的台阶 / 2001，家庭轿车是一种权力

第四章 贵在双赢 97

一、帕萨特，暗度陈仓 99

　　需求，再次提出挑战 / 博弈与妥协

二、磨合，从奥迪 100 到奥迪 A6 104

　　奥迪缘何进入一汽大众 / 话语权的坚持与妥协 / 10% 的股份，100% 的投入

三、雅阁，翻着跟头地增长 113

　　一法郎收购，标致铩羽而归 / 两亿美元本田拿到"进门卡" / 市场导向下的滚动发展

四、"新世纪"，跨越太平洋 117

　　上汽人的智慧 / 通用志在必得 / 一切以合资企业利益为重 / 史密斯的世纪眼光

人物印象　门胁轰二：在人家的花园里工作 127

第五章 山雨欲来风满楼 131

一、"准轿车"命悬一线 133

　　WTO：淡定与惶恐 / "鲶鱼"搅活一潭死水

二、奇瑞，借腹生子 136

　　执著打动拼命三郎 / 股份换来的"准生证"

三、吉利，力量在风中聚集 140

　　永远寻找新商机 / 从奔驰、波音到脚踏实地 / "我渴望阳光出现"

四、华晨　大象无形 145

　　另类"中华" / 纽约上市第一股 / 湿手沾面粉 / 知变则胜 / 仰融出走

第六章 "入世"成就了井喷 155

一、入世与家轿：两大托举力 157

　　2001，中国家轿起步年 / "井喷"定位中国车市 / 中国有了"年度车" / 甲 A
联赛和"四小花旦" / 奔驰 20 年执著花落北京

二、竞争从此变得血腥 172

　　好日子走到"拐点" / 大哥大看中国：还是一块"香饽饽" / 新掌门和新产业
政策 / 存量竞争：非得换个活法儿了

人物印象　好人吕福源 180

第七章 自主品牌，产权的"族徽" 185

一、当自主成为国策 187

自主品牌"鲇鱼"翻身 / 来之不易的机遇

二、品牌背后的积淀 191

汽车也是一种情感诉求 / 品牌发布大秀场 / 试车走天下

三、从"模仿秀"到中高档 200

到海外车展去亮相 / 大集团：高举高打

四、"相持阶段"尚未到来 206

奇瑞的"后合资时代" / 扎扎实实把自己的事做好

五、品牌的"三个世界"划分 211

两只翅膀都要硬 / 合资企业为何做自主品牌 / 品牌是产权的"族徽"

第八章 价值链在车轮下延伸 219

一、卖车进化始末 221

从"大桥下面"到 4S 专卖店 / 周勇江和一汽大众销售团队

二、销售体系的中国印记 225

上海通用何以成为常青树 / 北京现代的"组合拳"和"卫星店" / 东风日产的"哥德巴赫猜想"

三、品牌专营得失考 234

纠结中的《品牌管理办法》 / 经销商的柴米油盐

四、汽车销售是个 MBA 课程 237

把销售集团做成世界 500 强 / 二手车销量何时超越新车 / 吉利淘宝：网购汽车不是梦 / 车轮转动出的新财富

第九章 研发能力才是硬道理 247

一、起步始于创新 249

"市场换技术"何罪之有 / 自主开发是"第十个馒头" / 话语权，先把本事学到手

二、"耐住寂寞 20 年" 255

走出"模仿秀" / 不打"悲情牌"，要打"争气牌" / 共享"中国轿车平台" /

汽车工程学会的新使命

三、自主品牌进入"正向研发"　263

　　吉利，赵福全和五星熊猫／长城，每天进步一点点

四、海派汽车"火候"到了　267

　　上海，轿车百年／上海大众，自主开发的"破冰者"／新赛欧为何还挂"蝴蝶结"

人物印象　范安德，大众的回归　276

第十章　兼并重组没有温情　283

一、为了走出困境　285

　　"天一重组"，对接丰田序幕／东风日产：整体合资的尝试

二、做大做强的试水　291

　　上南重组：碗里有肉才是硬道理／新长安，兼并中航跻身四强

三、海外兼并得失考　298

　　"纸上得来终觉浅"，上汽兼并双龙始末／萨博落袋，北汽"贴地飞行"／吉利沃尔沃，完美"天仙配"／走进沃尔沃

人物印象　墨菲，放弃了的午餐　312

第十一章　新能源，别在一棵树上吊死　317

一、应答世纪课题　319

　　节能减排路线图／汽车全面优化不可忽视／柴油轿车，何以成了欧洲主流／混合动力是一座桥

二、节能减排的终极方案　327

　　氢动力"重新定义汽车"／悲喜氢能源

三、电动车中国大跃进　334

　　电动车的前生今世／"同一起跑线"忽悠了 20 年／电池的储能极限是个死结／千亿元红包引领全球电动潮／怕的就是头脑发昏／"肮脏的电"难圆"零排放"之梦／电动车胜算几何／电动车"主战派"的新思考

第十二章 危局中的中国机会 349

一、始料不及的全球危情 351

通用在百年庆典后倒下 / 丰田绊倒了自己 / 大众靠什么站稳脚跟 / 菲克重组，"以技术换资本"的经典案例

二、"风景这边独好" 361

寒冬里的一把火 / "入世"十年带来的底气 / 危机催生的中国机会 / 豪华品牌"本土化"大战

三、"后危机时代"的中国坐标 371

中国汽车产业的问题与不成问题 / 赢在"把绳子放长" / 一流技术水平，十年八年能行

人物印象 再见，瓦格纳先生 376

第十三章 第二个甲子的"纠结" 381

一、开车上路带副牌 383

第二个甲子 / "摇号"，2011 治堵新政 / 没有灵丹妙药 / 私家车不是"唐僧肉"

二、迟到的汽车社会 393

一个强烈外部性制约的产业 / 坐进汽车的人生 / 女王堵车与秩序王国

三、给中国汽车的几个忠告 398

"站在地上的那条腿" / "保护"是个坏东西 / 从工匠文化到体系为王 / 汽车强国莫成"好梦一日游"

后记 | 恍若隔世 李安定 410

天安门前的"金龙" 摄影 / 王文澜

序 | 痴恋一生

杨 浪

　　这部书叫做《车记》。既是一个国家的轿车业从无到有发展的真实记录，也镌刻着一个职业记者 30 年的心路历程。历史因为充满情感的记录而磅礴生动，也因为它与我们生活的紧密关联而亲切感人。

　　作者李安定，是我相识多年的老朋友。20 年前，安定和我以及几个媒体人攒过一个工作室，大家闲暇时经常打趣的话题就是什么时候一人开上一辆奔驰，到街上得瑟得瑟。1994 年创办《三联生活周刊》的时候，投资人拿来一辆北京吉普，全编辑部只有方某一个人有本儿，于是最先"得瑟"，让一众哥们儿手痒。

　　倒推 20 年，不止一个人做过这类关于有车的春秋大梦，之所以称"梦"，是因为现实中的遥远。说起中国这 30 年经济发展天翻地覆的变化，恐怕没有哪个行业像轿车业这样，30 年走完了人家 100 年的路。1981 年，中国千人轿车保有量在全球 130 个国家中叨陪末座；全国轿车年产量不过 5000 辆。30 年之后的 2010 年，中国汽车产销 1800 万辆，超过美国成为世界上头号汽车生产大国。

　　《车记》这部书从"1982 年那个阴云漫天的下午"中国汽车工业公司成立说起，一直说到 2011 年北京买车的"摇号"，30 年的跨越尽收眼底，一部中国百姓走近轿车文明的历史跃然纸上。轿车在中国，无论观念还是产业的变迁，就是一部中国改革史的缩影；蓦然回首，细细体味，此间风云，既有庙堂开阖，亦有江湖起落，每个人都可能在里面想到、找到与自己有关的一缕余烟。不过在安定兄这里，则是呼吸俯仰纠结半生的一段生命历程。

当代中国记者里，李安定是一个标杆。与其他关注汽车的媒体人不同，他在新华社长期从事宏观经济报道，后来担任过国内部经济新闻采访室主任。这个位置几乎就是新华社的首席财经记者，基于采访领导人和重要会议的经历，旁观宏观决策实施的过程，一个优秀的记者势必建立起从经济宏观全局考虑问题的大视角。从这种眼界出发，安定选择了汽车业作为长期深入关注研究的"自留地"。在他看来，汽车产业是一个"中观经济"概念，对国民经济和社会发展的波及效益巨大，但是它的外延和内涵，都能在一个可控的范围里进行深入细致的观察。它既是中国所有传统产业中变化最为翻天覆地的，又是遭受质疑最多的。安定说过，汽车是最"男人"的，又是最"柔情"的。于是他迷上了汽车，一恋30年。

圈儿里传闻，某年汽车行业峰会，很大很大的领导在台上环视云："安定同志来了没有？"来了，于是开会。这事儿是真的。按理说，记者本是事件的观察者、记录者，但中国的事儿有点不一样，由记者而入仕的且不说，由媒体而影响决策的例子极多。作为新华社记者，安定除了作为一个持续的关注者，更是一个亲历者、参与者。尤其在"汽车进入家庭"这个理念的提出和深化上，其大言谠论于史有载。他从80年代中期呼吁建立轿车工业，到1989年在中央媒体第一次提出应该鼓励轿车进入私人消费，到世纪之交提出拥有轿车是中国老百姓应有的权利，再到"入世"前，大声疾呼结束对自主品牌轿车行业准入的限制；其后十年，又大力推动汽车业全球化、市场化进程。安定的汽车报道，不唯记录，更兼论述，其贯穿中国经济从"封闭对抗"的冷战思维到"和平发展共赢"的世界潮流，执著于从老百姓的"义务本位"到"权利本位"的社会进步。30年啊，未做官，未经商，咬定了汽车，说啊想啊写啊……偶或激进超前，但内心深处理性冷静。

因此我以为，无论以前你读过多少汽车文字，要想深入了解中国汽车业，尤其是轿车业发展的历史，离不开读这部书。由此看作者30年的积累、记录，看一个产业的兴起历程，看中国。

当初听说安定在写书，关于轿车中国的创业。我说，哦，也该把30年的汽车文字结一个集了。他说，这本书，是要一个字一个字掂量着写出来的。闻之有些愕然。读过书稿，叹，这是治史，不只是作书。

一个优秀的记者应该是有"历史感"的。"历史感"不是学得来的，要靠积累，要有胸襟，要有智慧，要有执著，还要有综合的个人修为。

我和安定认识于20世纪70年代初期，最早接触"前记者"时的他是搞版画的。那时在昆明军区创作班，这位北京知青的一组橡胶林的版画被选送全军美展。这一代人的个人修为是丰富和复杂的，安定儿时的"发小"王文澜后来成了新闻摄影的大家，"文革"中他们的共同爱好，居然是在安定家偷听父亲珍藏的著名交响乐的黑胶唱片。又后来，上海美术电影厂拍过一部名叫《两只小孔雀》的动画片，那剧本的创作和最初的画稿作者也是李安定。或许当年安定去了其他地方而不是新华社，今天我们也会在别的领域见到他的名字。

圈儿里有人说安定很"牛"，此说似贬实褒。在汽车这个行当里，安定的"牛"是一种自信和执著。与安定交往多年，每有聚首，话不过三巡，必言及汽车。无论俯瞰全景还是探幽发微，话题总脱不过他的条分缕析；既有时下圈儿里的论争，也有世界汽车业的流变；甚至某些品牌和车型的创立或引进都有他的直接影响，这在中国媒体圈儿里十分罕见。说李安定是"中国第一汽车记者"，说他痴恋一生，职业生涯沉浸在中国汽车里绝不过分。

圈儿里还常说，安定是性情中人。为文为人他都观点鲜明，不唯上，不唯官，不跟风，无论人言凹凸，绝不敷衍苟且，其"傲"与"拗"似有旧时文人风骨。然而，其情也真切。记得一次说到汽车业之闻人逸事，言及几位奠基者，安定由衷感慨："爱这个行业中人都太杰出了。"说起逝去的某前辈，其言："他是躺在地上的一座桥，让后人从他身上走过，这是何等的胸怀！"随之泪盈。一个行当的记者，对这个领域如此地情动于衷，想不做好，恐怕也难。

回过头再说《车记》，这本书的副题叫"亲历·轿车中国30年"，恐怕和安定特立独行的性格有关，这本书当是国内第一部中国轿车史，却不是官史。对于轿车业30年的创业历程，许多似是而非的观点和被曲解的史实，作者并不认可，他在书中棱角分明地写下第一手的真实记录和理性的诠释，特别值得一读。

安定写了几十年汽车，熟稔中外所有的汽车企业，但他的第一部车以至以后的车都是自己掏钱买的。此事不大，涉及做人做事，亦当一记。

2011 年 4 月 16 日

第一章

摸着石头过河

1982年春节刚过，一个阴云漫天的下午。我如约来到一机部，那是位于北京三里河的一座绿色琉璃瓦顶的楼房建筑群。在电梯里，我正好遇到饶斌部长。

"今天刚收到国务院发文，批准成立汽车工业总公司。我找了几位同志一块儿议一下，请你也来听一听。"走下电梯时，饶斌对我说，"今天的新闻，明天的历史，你们记者是不是这样说？"

后面这句话给我的印象特别深，也激发了我的一种使命感——用新闻之笔记下中国汽车的编年史。没想到，这种使命感整整伴随了我30年的新闻生涯。

饶斌，中国汽车工业的奠基人之一。在这个历史时刻，他穿了一双带补丁的布鞋，一身蓝灰色"的卡"中山装。他身材魁伟，胸挺得很直，中分的灰白头发很有特色地向脑后梳去。不管装束如何俭朴，命运如何变幻，他总是风度翩翩。

为了改善百姓的生活水平，70年代末国民经济开始以"农、轻、重"的排序进行结构调整。汽车业因属重工业而走到"谷底"，面临着一次艰难的转身。

80年代，改革开放起步。发展轿车，一开始就排在新成立的中汽公司的日程上。但这遭到当时主管部门的坚决反对："轿车是资产阶级生活方式的产物，绝不能为它开绿灯。"

然而，改革开放的总设计师邓小平却在关键时刻支持了轿车业的初创，并且创造性地指出了一条"轿车可以合资"的崭新途径，为汽车工业在当时资金、技术极度匮乏的窘境下，打通了一条生路。

一、探路者的悲壮使命

今天的新闻，明天的历史

我进入新华社，正是在 1978 年底，此时新时期的分水岭——十一届三中全会刚刚开过。随后 30 年的记者生涯，使我成为改革开放的全程记录者。

今天的人们对于"改革开放"这个词语已经习以为常，但是对于刚经历过文化大革命和阶级斗争的人们来说，当时却有再世之感。乍暖还寒，新旧思想的交锋十分激烈，但幸运的是，新华社在那个时代走在了思想解放的最前沿。

1980 年，我分工制造业的采访，主要包括机械、轻纺、军工。当时，能够采访中央部委的只有几家中央媒体，记者中鲜有年轻人。那个年代，官场风气清新，没有今天采访部委的一套繁文缛节。我有各部委的长年出入证，有食堂饭票。从一间办公室走到另一间，从部长到普通工作人员，大家都是朋友。聊天，看文件，获得新闻线索后就往基层跑。每天，许许多多的"第一次"扑面而来，那是一段充满激情的记者生涯。

1981 年，国家机械委设在中南海，主任是薄一波；一机部在三里河，部长是刚刚从二汽调回北京的饶斌。

饶斌，中国汽车工业的奠基人，有着传奇的经历。平时经过饶部长的办公室，只要外间门开着，部长秘书顾尧天总要招呼我进去坐一坐。部长有事交办，他走到里间，会捎上一句：安定来了。饶部长就会叫我进去聊几句，有时候是正式的采访。

当时，全国一百二十多家汽车厂，分属机械、交通、市政等部门，多数是地方小厂，小打小闹，勉强度日，全国一年总共只生产 17.5 万辆汽车，技术含量和产品质量极差。司机如果没有一手过硬的修车功夫，被困在路上是常有的事。

1982 年早春的那个下午，我跟着饶部长走进了会议室，国家汽车局的刘守华、冯克、胡亮等几位领导已经等在那里，饶部长拿出盖着国务院大印的红头文件，欣喜地告诉大家，为整治汽车工业的"散乱差"，中央决定成立中国汽车工业总公司。借此作为试点，给其他产业的改革和结构调整积累经验。汽车行业面临一次重大的管理体制改革——即将组建的中国汽车工业总公司计划单列，直属国务院领导。他还透露，中央已经确定，中汽公司的总经理由李刚担任。

我认识李刚，当时他还在长春担任一汽厂长，不知道这项新的任命。在每年一度的全国机械工业会议上，李刚给我留下印象最深的是，会议期间晚上放电影，他从不去看，而是躲在房间里静静地看书。

国务院下发文件的当天，我就预感到，饶斌会就此离开中国最大的产业——机械工业的行政首长位置，重新投身到让他尝尽酸甜苦辣的汽车行业中去。

1982 年 5 月 7 日被确定为中汽公司成立的日子。

五一节刚过，我采访的两个产业——汽车和船舶——5 月 4 日同时开会，贯彻国务院实行管理体制改革的决定，分别成立汽车和船舶两个工业总公司。两个会议会期都是四天。当时国家机械委打了招呼，由新华社独家发稿。开会首日，新华社就播发了我写的中国船舶工业总公司成立的消息。而关于中汽总公司的消息则要求会议结束时再发，理由似乎是两个同类的消息不要挤在一天。

汽车行业的会议在京西宾馆召开，气氛有些凝重，由于没有宣布中汽总公司的成立，公司的级别和隶属关系也没有确定。新公司的筹组班子、各地大企业的代表都有些惶惑。

直到会议的最后一天下午，国家机械委主任薄一波才来到会场，宣布中央书记处和国务院刚刚作出的决定。我记得会场的气氛有些紧张。薄一波宣布中汽公司（而不是原来文件中的总公司）将是一个局级机构，隶属机械工业部（而不像中国船舶工业总公司是一个部级单位，直属于国务院）。饶斌担任中汽公司董事长，李刚担任总经理，陈祖涛担任总工程师。

薄一波脱开讲稿，特别解释说，董事长饶斌的级别仍然是正部级，但今后的董事长不再享受这一级别的待遇。饶斌此前已被免去了机械工业部部长的职务，由副部长周健南接任。我注意到，饶斌的脸一直沉着，台下也是一片肃穆。属于哪一级部门主管直接影响着产业的发展，对于这个中国特色，饶斌与在场的汽车业领导者和专家们十分清楚，日后发生的情形也证明他们的担心不是多余的。旧体制盘根错节，中汽公司单兵突进，注定推进很艰难，结局很悲壮。

拿掉一个"总"字的中汽公司

中汽公司成立前后，中国正值一次国民经济的大调整，在经济决策部门，有外行而又好事的人把汽车列入"限产，封车，以推进节约能源"的项目。明确提出限制汽车工业发展，实行"封车节油"的对策。中汽刚成立，就赶上国家压缩汽车计划产量的非常时刻，1982 年全国汽车计划产量压缩到 8 万辆，只有 1980 年产量的三分之一。大批在用社会车辆被勒令停驶，入库封存。

饶斌，忍辱负重，亲自起草给中央的报告，指出："世界上无论是产油国家，还是石油进口国家都在大力发展汽车运输，这是由经济发展规律所决定的。"为此，他建议国家大力发展公路建设，增加铺设沥青路面和取消限制汽车生产的做法。

一周后的 1982 年 11 月 7 日，国务院总理批示，这个报告"涉及交通运输的一系列重大技术经济政策问题"，责成国家计委牵头进行论证。"至于限产问题，只要市场有销路，当然允许生产，不要限制。"

中汽公司成立之初，汽车市场一片萧条，一辆东风牌 5 吨卡车只卖 1.8 万元，而且要由厂家提供卖方贷款，进行赊销。当时在中汽公司任职的是中国汽车工业第一代创业者，他们眼界宽，资历深，没有怨天尤人，一心想的是如何把中国汽车业带出困境。

为了开拓汽车运输市场，1983 年早春，中汽公司决定向中央献策，提供重吨位汽车，解决晋煤外运的问题。当时随着农村经济改革的推进，小煤窑在山西雨后春笋般冒了出来，火车运力有限，大量煤炭运不出来，堆在山里任凭风吹雨打甚至自燃。

中汽公司总经理李刚决定亲自去大同，考察利用汽车将晋煤外运的资源、路线、运力、成本等问题，了解第一手资料，并邀我一同前往。一辆一汽生产的红旗面包车，载着李刚、秘书张宁和我，一大早离开北京，出张家口一路西去。

李刚，1948 年毕业于清华大学汽车制造专业；1952 年赴苏联参加重工业部一汽工作组；1953 年回国任一汽发动机分厂技术科科长，1965 年任一汽副总工程师；"文革"结束后，任一汽副厂长、厂长。

1977 年，日本 11 家汽车公司组团访问中国，带头的是三菱汽车的社长久保富夫。李刚全程陪同代表团参观了一汽、上海轿车和北京。一路交流下来，他深切感受到两国汽车工业的巨大差距。

李刚告诉我，他当时就想，得去日本现场看看。光我一个人去看还不行，得有一帮人去，要把日本的好东西全套挖过来。久保富夫等日本汽车人也千方百计促成此事，在费用、安全等问题上，想了很多办法。

李刚先去踩点，回来和厂长刘守华带队，一汽各分厂搞设备、工艺、质量、财会的一共二十多人，组团赴日考察。去之前先强化学习日语，到日本看了 11 个汽车厂，每个厂大概待一两个星期，详详细细看了半年。

于是在李刚的策划下，中国的汽车企业第一次系统地看见了"外面的世界"。

天擦黑，我们到了大同。李刚让司机把车直接开进当地汽车运输公司，住进公司楼上的一间客房。我们刚刚安顿下不久，市委办公室主任赶来了，说市领导在宾馆设宴接风，因为李总是中共中央候补委员，住到宾馆便于保卫。李刚力辞，主任反复陈说。李刚有些动火地说，你回去吧，我就住在这儿，和管运输的干部、司机聊天方便。

那晚，这位央企老总调查结束，就和秘书、记者睡在一间没有卫生间的简陋客房里。在那个时代，这倒也平常。

在大同住了一夜，我们和两辆红岩重型卡车会齐，动身向山区的小煤窑进发。塞外的风很硬，很冷。李刚不时让车停下，跳下车，用步子丈量路的宽度，计算着汽车的通过量。接近小煤窑，公路干脆没有了，车在荒原上压着前面的车辙前进。有时追上当地一辆老旧的解放卡车，他会拦住车，让披着黑糊糊翻毛大衣的司机往里挤挤，亲自开一程，边开边聊。后来，拉煤的司机问我："这老汉儿是干啥的？对汽车懂得多着哩！"

就这样，李刚去钻一个又一个的小煤窑，摸清煤的最初成本，摸清运费和道路情况。后来，汽车晋煤外运蓬勃发展，成为展示汽车推进经济发展的一个窗口。

在此前 1982 年 9 月的中共十二大上，李刚当选为中央候补委员。大会闭幕，召开十二届一中全会，通知李刚马上到人民大会堂开会，李刚骑上他的自行车就往大会堂赶。公司得知情况，赶紧派车沿长安街去追。

李刚回忆起他那一届中央候补委员，一件很自豪的事就是提高了汽车工业在国民经济中的战略地位。在中汽公司的积极呼吁下，中共十二届三中全会在文件中，首次把汽车工业列为支柱产业。

那一段时间，我几乎每周都在中汽公司泡上一两天。我很幸运，饶斌、李刚和一批优秀的汽车专家能把我当作朋友，他们是我涉足汽车报道和汽车评论的启蒙老

中汽公司总经理李刚是一位发动机专家。图为1961年，他向贺龙元帅、罗瑞卿大将介绍一汽研发中的转子发动机。这一技术当时国际上只有少数企业掌握

1982年6月胡耀邦视察二汽，在整车实验室，时任总工程师的陈清泰作介绍

1982年一汽终于结束了解放卡车30年一贯制，开发出一代新车，作者（右一）在试车场的合影

师。他们和我谈论汽车运输在世界经济发展中发挥的巨大作用，谈论在中国显然被人为推迟的汽车时代，让我激情澎湃。

1983 年春天，我为新华社《瞭望》杂志写了一篇专稿《汽车时代在地平线上》，和当时的汽车限产针锋相对。

在文章中，我特别谈到：我们探讨汽车生产和公路运输的发展战略时，不应该只着眼货运，还应该涉及一直被压制的载客汽车的需求；尽管我国国情与外国不同，但是对大中型客车以至小轿车、摩托车的生产，采取静止的、片面的观点也是不科学的。

中汽公司成立的初衷是办成托拉斯，搞企业化改革。按照中央决策层要求，形成一个"在国家统一计划指导下，独立从事生产经营业务和核算的经济实体，兼有汽车行业管理职能"。

饶斌和李刚他们给公司化做了一个统一的布局，为解决中国汽车工业历史遗留的"散乱差"局面，1982 年，汽车行业尝试以骨干企业为龙头，跨地区成立了解放、东风、京津冀、重型、南京、上海共六个汽车工业联营公司。联营公司之间既有竞争又有合作。

中汽公司还在统一经营中组织了二级公司：投资公司、销售公司、进出口公司、零部件公司、材料供应公司等，天津中国汽车技术中心也是这时成立的。

汽车，作为一种生产资料，新中国成立近三十年完全由国家计划调拨。市场，对于中国汽车业是一个十分陌生的词汇。然而到了 1984 年，让汽车在中国成为商品的恰恰是走在改革前列的中国农民。我在 1984 年采写过一篇通讯《汽车厂的新主顾》，讲的就是河南、山西渴望靠跑运输致富的农民，裤腰里系着成捆的钞票，跑到南汽买轻卡的故事。

走向市场，让中国汽车工业从衰落不景气，提升到一个初见繁荣的阶段。汽车产量 1981 年 17.5 万辆，到 1985 年是 44 万辆，四年里翻了一倍半，每年递增 25%。产值由 69 亿元增加到 259 亿元，四年翻了近两番，年递增 39%，扭转了中汽公司成立之初时全行业亏损的局面。

组建中汽公司，在全国各行业的体制改革中也是第一个"吃螃蟹"的尝试，其中有成功，也有挫折。

特别引人注目的是，饶斌指挥全国汽车行业打了一场赶上当代国际水平、改变"缺重少轻"局面的大战役。

饶斌跑遍世界上各主要汽车企业，进行比较选择。引进了奥地利斯太尔重型汽车系列和美国康明斯发动机，武装了地处山东济南、陕西宝鸡、四川大足三地的重型汽车集团。

技术贸易相结合，在外贸部门进口大批轻型车的同时，无偿获取日本五十铃N系列柴油发动机的全部图纸资料，用于全国轻型车厂的全面升级，开创"市场换技术"的先河；引进了意大利菲亚特公司的依维柯轻型汽车系列，使南京汽车厂的"跃进"轻卡一跃跨过30年；在天津，引进了日本大发公司的微型面包车……

有一次，在引进意大利依维柯轻型车的签字仪式上，我曾询问饶斌董事长，什么是世界汽车的80年代水平？

"现在国际上正在投产的，拥有现实和潜在市场的，并且拥有继续开发手段的主流车型。"他一板一眼地回答我，"引进是动态的引进，包括合同期内对方产品开发的动态技术，我们不能再来一次30年一贯制了。"这番话他说得很动情。

在引进车型的同时，引进产品后续开发的后续技术，不能再来一次30年一贯制。此话在我采写的新闻中记录在案，足见第一代汽车产业领导者的深谋远虑。

一个"重、中、轻、微"全面而又具有80年代水平的卡车和发动机系列，终于在中国土地上建立起来。当时，轿车尚属禁区。

中汽"地震"与"红旗"下马

当时中国经济百废待兴，资金极为紧张，推动投资体制改革也是当务之急。中汽公司成立以前国家就已经确定：一汽改造不给投资；二汽建设还没完成，大概还需要两三亿元；发展重型车、轻型车，国家投资根本谈不上。于是中汽提出来，用向国家要政策的方法，采用递增利润包干、折旧基金和大修基金返还、银行贷款等手段，使中国汽车产量、质量、发展、建设的资金能够有所保证。

然而，让饶斌、李刚没有想到的是，后院儿起火，一次强力"地震"突然袭来。1984年7月，一汽的领导给中央写信，对中汽公司的管理体制提出批评。信中提出，不能把一汽这样一个特大型企业，当成国家的一个车间而不给任何发展权，要求一汽直接在国家计划单列，拥有更大自主权。

今天看，这封信反映了国企改革要求松绑的最初觉醒，引起了中央领导的高度重视，中央财经领导小组为此专门召开会议。

时隔多年，李刚和我谈起当时的情景："1984 年 8 月 11 日，中央财经领导小组在北戴河召开会议，听取一汽汇报，突然把还不知情的饶斌和我叫去旁听。会上，当时的国务院领导人态度很强硬，要求把中汽公司这两年向中央要来的政策和改革成果，直接交给一汽和二汽，让它们也在国家计委计划单列。"

"一汽、二汽自立门户，实际上掏空了中汽公司，是中汽公司的一大挫折。我跟饶斌同志完全没有思想准备，想不通，为此一两宿没睡着觉。"李刚说，"当时，中国尚处于改革和保守的激烈交锋，中央政策多变，个别领导人没有经过深思熟虑就决定一个方向，一个大政方针，是'摸着石头过河'阶段的必然。"

另一个更大的意外打击，也在那次会议上发生了：生产了 25 年的红旗轿车被勒令停产。

对于饶斌、李刚这些第一代汽车人来说，红旗曾是他们一生中最大的辉煌。

1958 年夏天，"大跃进"如火如荼，毛泽东乘坐了一汽研发的中国第一辆"东风"轿车，随后中央向一汽下达了开发高级轿车的指令。一汽厂长饶斌立即组织大会战，到了"八一"，第一辆红旗 770 高级轿车披红挂彩，锣鼓喧天地开到吉林省委去报喜。

今天人们说到第一代"红旗"轿车，往往先说它的造型怎么合乎民族风格，然后就说红旗是用榔头敲打出来的，两句话一褒一贬。和李刚聊天，才知道我错了。

亲身参与红旗轿车发动机开发的李刚说，V8 发动机才是第一代红旗的技术亮点，攻关相当艰巨。"那是我一生中最辉煌的时候，东风、红旗，还有一个越野车，三个发动机的开发同时并进。我曾经连续 96 个小时没有合眼！那时候身体棒，根本不在乎。"

V8 发动机堪称 50 年代超一流技术，除了美国顶级豪华轿车采用，苏联也刚刚用在领导人乘坐的海鸥轿车上。德国、日本采用 V8 发动机则是多年以后的事情了。

随后，专为国家领导人开发了装有防弹玻璃、厚装甲的红旗772防弹型；后座空间大、可以为翻译加一排附座的红旗771国宾型先后投产。但是汽车厂从国家只拿到有限的资金，没有后续开发费用。红旗严格实行自力更生，坚持每一个零部件都是国内生产，致使25年后，红旗车的质量、性能和国际水平差距越来越大。

红旗产量很低，前后25年，一共只生产了1500辆，这样的小打小闹，是没有不赔钱的。一汽把生产红旗当作一件光荣的政治任务，从1958年到1984年，一直靠解放卡车养着。

进入80年代，随着国门的开放，"红旗"乘坐者们的眼界宽了，红旗轿车的缺点一一暴露。

"会上谈到了红旗轿车。"李刚回忆起1984年那次中央财经领导小组会议，"这位国务院领导人当面对饶斌说，红旗油耗大、速度慢、不可靠，就停了吧。

"饶斌当场争辩说，四抬轿和十二抬轿不一样，四抬轿用人少，十二抬轿人就要多。车子大，车子重，当然耗油就高些，但是和国外同类车比，并不算多。

"我接着说，生产十台解放牌的成本才能造一台红旗轿车，红旗轿车送给中南海的领导坐，也是我们的一片爱国心吧。

"领导说，你别打肿脸充胖子了——这是他的原话——你给我停产就完了。

"饶斌问，以后这个事怎么办？

"他说，以后就进口吧。

"就这么一个过程，当面给枪毙了。"

关于红旗的结局，一直有不同的说法，这里我逐字记下当事人的回忆，应该说是有了定论。

这个重创，对中国汽车工业，对中汽公司，尤其对作为红旗轿车当年开发的组织者饶斌和李刚来说，无疑是致命的一击——在一种近乎面对面受屈辱的环境下，他们又目睹了红旗轿车的终结。

红旗下马的1984年，是轿车进口最多的一年，开始大量进口日本皇冠轿车用作公务车，国产轿车只剩下上海牌了。

关于第一代红旗，最后的辉煌记忆是，1984年10月1日，在新中国成立35周年的庆典上，当时中国最高领导人、改革开放的总设计师邓小平，乘坐专门赶制

1958 年 5 月，毛泽东在中南海观看一汽生产的"东风"轿车，感慨道"坐上我们自己的轿车了"

1958 年 8 月饶斌乘上一汽开发的高级
轿车"红旗"开出厂门去省委报喜

红旗 CA72 参加东德莱比锡博览会成为中国的骄傲

1984 年国庆 35 周年邓小平同志乘坐红旗 CA770TJ 防弹检阅车

的红旗敞篷轿车，在天安门广场检阅了陆海空三军的方阵。

一汽、二汽另立门户和红旗的下马，注定了中汽公司体制改革的受挫。1985年夏天，中汽公司在北京召开换届的董事会。也是和三年前一样的凝重气氛，也是薄一波代表最高决策层到会讲话。他宣布免去饶斌的董事长职务（转任中央顾问委员会委员），李刚接任董事长，陈祖涛任总经理。在讲话中，薄强调了中汽公司机构改革的一个重大变动：由原来的董事长负责制，变为总经理负责制。这样，饶斌和李刚都离开了中汽公司的营运中枢。

1987年6月29日，中汽公司按照"改变职能，在管理上要'虚'，要让企业有完全的自主权，今后的职能就是为企业服务"的要求，改组为"中国汽车联合会"。陈祖涛改任理事长。

二、邓小平拍板：轿车可以合资

1978，合资经营可以办

我采访大众汽车前董事长哈恩博士时，他的一句话让我颇感意外：合资企业是美国人的发明，最后却在中国开了花。

70年代，全球汽车老大美国通用和日本丰田在美国创办了合资公司"努米"（Nammi），借此学习丰田的管理和经营之道。

1978年10月，通用董事长率团来华。在与中方探讨重型卡车技术引进项目时，建议中国最好采用"中外合资"的形式来经营。他用了"joint venture"这个词，"简单地说，合资经营就是把我们的钱包放在一起，共同办个企业，要赚一起赚，要赔一起赔。说得通俗一点，合资经营就好比'结婚'，建立一个共同的'家庭'。"

据当时从二汽抽调到北京参与谈判的李岚清回忆说：他说得有道理，但情感上我觉得接受不了。你是大资本家，我是共产党员，我怎么可能同你"结婚"？尽管如此，李岚清还是把这段内容写进了给国务院引进办公室的简报。

分管外经贸的副总理谷牧看到简报后，立即批请中共中央政治局和国务院领导传阅。复出不久的邓小平在简报上批示"合资经营可以办"。这就是中国"合资企业"的由来。（第一部外商投资法——《合资企业法》在次年出台。）这个重要批示，甚至早于被看作改革开放起点的十一届三中全会，对当时禁锢着中国人的思想禁区发起冲击。

有趣的是，1925 年，21 岁的邓小平在法国勤工俭学期间，曾到雷诺汽车厂做工，在 76 号车间做一名钳工。他是中国共产党第一代领导人中最早接触当代汽车业的，亲身感受过汽车的生产模式和创造社会财富的惊人能力。

1978 年，邓小平复出后访问日本，在日产汽车公司参观过装配流水线后，对主人十分感慨地说，承蒙各位指教，让我明白了什么是现代化。

也是在 1978 年，上海方面给一机部发来报告，提出："引进一条轿车装配线，改造上海轿车厂，达到年产 15 万辆能力，大部分出口赚汇。"报告很快获得一机部和国务院的批准，上海方面随后向全世界几家知名大汽车厂商发出了邀请。

应该特别说明，当时中国在对轿车消费严格的限制下，几乎没有轿车市场可言。动议引进轿车装配线的主要目的，还不是为了建立中国的轿车工业，而是通过出口轿车，赚取当时恢复经济急需的"宝贵外汇"。

1979 年 3 月 21 日，第一机械工业部组团，由副部长饶斌带队，为上海的轿车引进，造访美国通用汽车公司。但通用的决策机构认为，中国还不需要轿车，也没有生产的条件，特别是零配件的工业基础太差，否定了董事长与中国尝试合作的建议。

随后，饶斌率团几乎走遍了世界所有大汽车公司。西方国家对中国汽车市场普遍持谨慎的态度，市场的增长前景被评估为"很差"。法国企业觉得返销和外汇平衡有问题；丰田正在热火朝天地和台湾企业洽谈合资；日产只肯提供下马过时的旧车型……

只有位于德国下萨克森州沃尔夫斯堡的大众汽车公司，属于极少数对上海项目感兴趣的生产商之一。当时实力在全球汽车业尚属二流的德国大众，正希望在亚洲找一个生产基地，与日本汽车进行一番较量。所以，德国大众接过了"绣球"，与中国方面讨论，先从 15 万辆的规模开始合作，产品包括商用车、高尔夫和桑塔纳轿车。

但是 80 年代初突然爆发的全球第二次石油危机，破坏了上海和大众草拟的所有计划，大众董事会下令，停止洽谈中的合作项目。幸亏大众公司负责规划的纳得布希和李文波两位博士力陈利害，董事会才没有将通向中国的大门完全关上。但是

1979 年，为建立上海轿车项目，饶斌率团考察德国大众。为建立轿车工业，中国第一次在全球选择合作伙伴，最后只有大众接过了"绣球"。左二为大众公司的李文波博士，后来成为大众驻中国的首席代表

合作项目规模明显缩小，仅剩组装高尔夫 3 万辆。

1982 年中汽公司成立后，饶斌对我多次说过：轿车，已经占到全球汽车产量的七八成。除了中国，全世界没有一个国家的汽车工业是不生产轿车的。

直到 80 年代中期，轿车生产依然被抑制，全国轿车加上越野车年产量不过 5000 辆，不足国外一家大公司一天的产量。

中汽公司成立当年，上海成立了拖拉机汽车联营公司，也纳入中汽旗下，仇克任董事长，蒋涛任引进项目的筹备组组长。中汽公司支持上海与大众谈判，几年谈下来终于弄明白，当初上海设想，引进技术自己干，而且出口赚外汇，看来完全不现实。

于是，饶斌拿了一个主意，"搞合资"。合资在汽车行业当时还没有先例，况且轿车在中国是一个禁区，国家计委仍把轿车视为"非生产力"而充满抵触，和中汽公司发生了激烈的争论。

唯一的办法就是找邓小平。中汽公司写了一个报告，绕过必然撞墙的正规渠道，通过王瑞林送到邓小平手上。1982 年 6 月，邓小平在中汽的报告上明确批示：

"轿车可以合资"。

于是，中国又开始与跨国公司的新一轮谈判。张小虞，后来的机械部汽车司司长，回忆起他参与和通用公司副总裁的一次谈判。"我印象很深，"张小虞说，"在中汽公司一楼的外宾接待室谈。那个时候我刚刚在规划处当处长，坐在第二排。中方当时冒了一个险，说合资企业的规模年产 2 万辆到 3 万辆轿车。美国人就问，是不是翻译错了，是一周还是一个月？翻译说，没错，是一年。他老先生摇摇头，意思是我们拿他开玩笑。而那个时候中国的轿车市场规模是多少呢？一年不到 5000 辆。说 3 万辆产能，跟外国人已经是壮着胆子谈了。后来上海项目报到计委，说 3 万辆太高了，最后调整为 2 万辆整车，1 万辆的备品备件，总投资 3.18 亿元人民币。"

1982，大众的中国"桥头堡"

同样是在 1982 年，独具战略眼光的大众公司新任董事长哈恩博士，及时捕捉到中国汽车业的变化。我曾在法兰克福和北京几次采访过哈恩老人，他回忆说：我是 1982 年 1 月份担任大众董事长的。一到任，就面临中国上海项目。这个项目，当时在大众内部并不被看好，于是我决定亲自负责。

哈恩说，我向同事谈了我的想法：尽管中国刚刚从文化大革命的阴影下走出来，但是在邓小平的带领下，正经历着走向市场经济的改革，在各方面的快速发展将是不可抑制的。这个民族有五千年以上的文明史，在 18 世纪前是世界上最领先的国家。今天，毕竟他们已经在制造太空火箭了。

大众的战略愿景是，通过在中国的合作，建立一个远东地区的"桥头堡"，对抗那里的竞争对手——日本和韩国。大众在中国的产品，会出口到亚太地区，有一天也会出口到美国。

从 1982 年起，在饶斌和哈恩的共同"导演"下，上海和大众的往来再次热络起来。中汽公司和上海拖拉机汽车联营公司与大众达成共识，确定当年在安亭尝试性组装 500 辆桑塔纳轿车。

1983 年春天，中汽的小车班长老胡，很兴奋地开来一辆深蓝色的桑塔纳让我试乘。桑塔纳当时是大众品牌中最大、最新的车型，是 B 级车帕萨特的第二代，刚刚上市一年。在主产地巴西是一款实实在在的畅销车；在西班牙、南非刚刚投产；并以许可证方式在日产公司组装，销售日本市场。

拍板引进桑塔纳车型的是饶斌，他最清楚中国汽车工业的技术现状。桑塔纳结构简单，是一款和大众最初合作中相对容易制造的车型。事后证明，即使是桑塔纳，对于上海拖汽公司这样一个基础比较薄弱的地方企业，挑战也是巨大的。

今天看来，其后大众和上海的合资谈判可谓"旷日持久"，前后进行了六年。但是在改革开放的初期，相应的法律、法规、机构尚在初创，"第一个吃螃蟹"的探索自然举步维艰。然而，谈判的过程，也对在中国建立和完善一个对外开放体系产生了推动作用。

比如，当时大众一口气给了上海16个专利，但是几个月过去，中方还不知道去哪里登记专利保护的申请，因为当时中国根本就没有这样的机构。最后，担任了大众驻中国首席代表的李文波找到德国经济合作和发展部，说服部长，把专利保护纳入德国与中国的合作项目的重点之一。日后，中国专利保护系统的建立由此得到了德国专利局的很大支持。

建立一个合资企业，不但要花人民币，还要花费大量外汇：进口设备、引进技术、外籍员工的工资、进口的轿车散件，都需要美元、马克等硬通货来支付，而当时的中国是一个穷国，外汇是最稀缺的财富。70年代，邓小平第一次率领中国代表团出席联合国大会，攒下所有的美元零花钱，转机时请驻法大使馆在巴黎买一些法国羊角包，带回国分给几位老师"开洋荤"，今天听来匪夷所思。80年代，与外商合资没有先例，难以企及的外汇平衡要求，足以使这个襁褓中的项目，在国家严格的审批中面临夭折。

大众所做的一个具有决定意义的举措是，出示了一份报价（可以视为一个承诺），拟议在上海建立大众发动机厂，产量是国内配套需求的三倍，多余的发动机出口，供应大众其他企业，外汇将源源不断地回流。以此为契机，上海和大众的合资企业终于迈过"外汇收支平衡"这一道至关重要的审批门槛。

中国汽车合资企业沿用至今，并被政策固化下来的50%对50%的股比，也是大众和上海在合资合同中最早提出来的。上海大众最初注册资本2.55亿元人民币，约合1.9亿德国马克，其中一半由德国大众投入，另一半由三个中方伙伴分摊：上

采访大众前董事长哈恩博士，他回忆起上海大众六年合资谈判的艰难

海拖汽公司 25%，中汽公司 10%，中国银行下属的投资公司 15%。今天，上汽集团收购了全部中方股份。

哈恩后来对我说："股比 50% 对 50% 是基于这样一个考虑：中国需要我们，我们也需要中国。中国这么幅员辽阔的国家，不是访问几次就可以了解的。毕竟我们是外来者，很多事情需要中方的配合与合作。50% 对 50% 是最平等的一个比例，谁也不多，谁也不少，有助于双方的平等交流。我特别高兴的是，上海大众的合同签订之后，双方再没有拿出合同来互相争执，也没有过歧义。我认为，最好的合同就是这样，签订以后便锁进柜子里。"

按照约定，上海大众的董事长和总经理由中方派出，副职由大众方担任。对此，沃尔夫斯堡的许多人颇有微词，但是哈恩坚持这样做。事后的实践证明，这是一个明智之举。

1984 年 10 月 10 日，上海与大众在北京人民大会堂签订了合资合同，两天后，上海大众汽车有限公司奠基典礼在上海安亭举行，正在访华的德国总理科尔和中国副总理李鹏亲自挥铲，为合资公司奠基。

三、上海大众，首批合资的幸存者

"北京吉普风波"

1984 年 1 月到 1985 年 7 月，中国第一代轿车合资企业北京吉普、上海大众、广州标致相继成立。

这三个合资企业，是在国家确定建立中国轿车工业之前，由地方政府发起，相关部门审批，带有很强尝试性目的而建立起来的"试探气球"。闭关锁国多年的中国，在行事理念和经济软实力方面，和世界先进水平的差距，用天差地别来形容也不过分。

在当时的大环境中，合资企业具有很大的超前性，几乎无章可循，可以说阻力重重，成功的几率并不高。

到了今天，除了上海大众始终在众多后起之秀的赶超中，保持着中国轿车业的翘楚地位，北京吉普和广州标致最后连公司的牌子都没有留下，实在令人痛惜。

中国最早的轿车合资企业，当属北京吉普公司。

1983 年 5 月 5 日，北京汽车制造厂与当时美国第四大汽车厂美国汽车公司（AMC）在人民大会堂签署合资协议。中方以生产 212 越野车而著称，AMC 则是"二战"期间推出风靡欧洲战场的军用吉普的专业越野车公司。

北京吉普总投资 5000 万美元，北汽以厂房、设备及部分资金入股，持有合资公司 68.65% 的股份；美国汽车公司以专业技术、工业产权和 1600 万美元现金入股，持有合资公司 31.35% 的股份。

北汽和 AMC 合资背后的推动力，是大量装备中国军队的 212 越野车面临更新换代。

北京 212 是早期自主研发最成功的军用越野车型。据陈祖涛回忆，212 是以 1962 年中印边界反击战中缴获的一辆丰田"陆地巡洋舰"为样车而开发的。一开始军方并不满意，提了许多意见。1966 年"文革"开始后，10 月 18 日和 11 月 11 日，毛泽东两次乘敞篷车，在长安街检阅来自全国的"红卫兵小将"，所乘坐的就是北汽的 212。检阅之后，形势突变，军方通知北汽，212 越野车定型，一点也不许改动。

Jeep 是全球越野车的鼻祖，"二战"期间的 Jeep "威斯利"风靡欧洲战场，"吉普"也一度成为越野车的代名词。80 年代，Jeep 又最早开发出兼有轿车舒适性和越野功能的 SUV——切诺基

直到改革开放初期，212不但装备军队，也是中国官员车的主流。它的独特外形，优越的越野性能，皮实的可靠性，低廉的价格，直到今天在车迷中也不乏拥趸。

北汽与AMC的谈判之所以漫长，据参与谈判的人士告诉我，主要难在车型的选择。AMC正在生产的一款SJ越野车被北汽看好，性能和技术指标都能作为212的提升。但是军方不同意，说是这款车和在朝鲜战场上见到的美国吉普太像了，我们和它长期交恶，引进生产，从感情上接受不了。

当时正逢AMC新车切诺基上市，这一款车后来成为美国都市SUV的鼻祖，轿车底盘，乘用舒适；四轮驱动，有一定越野通过性；车内空间宽畅，外形和老吉普又没什么关联，北汽最后确定引进。但是由于切诺基价格高，越野通过性也不能满足要求，中国军方一直没有接受。

刚刚走出"文革"不久，政治挂帅，斗争哲学，还颇有市场。北京吉普从合资一开始，七斗八斗就是主旋律。中方职工与AMC派来的管理人员相互碰撞时有发生，一些参加过抗美援朝的老工人，坚决抵制外国经理的工作指导。

笔者当年听过的一段逸事，足以诠释这个企业为何始终一蹶不振：一次，美方管理人员发现一辆切诺基质量有严重缺陷，要求工人把车销毁。第二天，他看见废品车还在，就自己拿起铁锤要砸车。结果一群义愤填膺的中方员工冲上来要揍这位美国人，美国人只好妥协。这样，直到20年后，切诺基在中国的质量一直没有起色。

当时的合资企业，在主流媒体的眼里也属另类。记得采访北京吉普时，我拍摄了一张切诺基新车的照片，发表在《人民日报》的第二版，事后该报工商部的夜班编辑告诉我，他为发表这张照片挨了批评，问他为什么在党报上给外国产品做宣传。

对于新的合资公司，国家最初没有什么政策优惠，各主管部门照章办事，进口装车的散件，要征收100%以上的高额关税，水电气供应部门也把合资企业当"唐僧肉"，漫天要价。恶劣的环境造成北京吉普严重亏损，几乎无法运转。

在一种互不信任、剑拔弩张的氛围下，矛盾终于激化。1985年11月，才开张一年多的北京吉普就支撑不下去了。由于刚刚启动，外汇收入不足，开不出外汇支付信用证，AMC发出的1080台CKD汽车散件滞留在港口不能入关，致使北京吉普停工待料。

僵持数月之后，美方当初的谈判代表，AMC副总裁克莱尔直接给中国国务院领导写信，对中国的投资环境表示不满，要求在进出口、外汇政策上给予优惠。有美国记者以《美国汽车公司跌入泥潭》为题撰写文章，中国投资环境的恶劣引起了世界关注。

克莱尔亲自来到北京与中方谈判。因为美国财政部长贝克和中国副总理姚依林即将互访，北京吉普僵持下去，将会让双方政府感到尴尬。当时主管外经贸的副总理谷牧，责成国家经委副主任朱镕基迅速处理此事。在第一线谈判的是刚刚接任中汽公司总经理的陈祖涛、北京经委主任张健民、北京吉普中方总经理赵乃林。陈祖涛告诉我，克莱尔要求的进出口、外汇额度方面的政策，没有一件事是几位中方代表可以做主的。谈判各说各话，毫无进展。克莱尔最后宣布要退出谈判，并以撤资相威胁。朱镕基打电话给陈祖涛说，老陈呀，谈不成功，你我的乌纱帽就都没有了。可见压力之大。

深夜，陈祖涛接到主管外经贸的谷牧副总理的电话，国务院同意在相关政策上给予优惠。凌晨 4 点，他电话约上张健民、赵乃林，赶到北京吉普会议室，不一会儿，昨天拂袖而去的克莱尔也赶来了，看来谁也不愿让合作破裂。陈祖涛按国务院的授权，宣布了中方的承诺，双方终于达成了谅解。眼看要赶不上飞机的克莱尔，在一张白纸上签下名字说："陈先生，我信任你，协议由你来写。"

中方承诺的内容，陈祖涛始终不肯向我透露，但是我从其他渠道获悉，是给予美方一笔外汇补偿，并在其后的几年里，每年给北京吉普 1700 万美元的外汇额度。这一风波尽管平息，但美方信心受到一定程度的伤害，其后多年始终抱着"不撤出，也不加大投入"的守成心态。

切诺基是美国中产阶级的高档休闲车，价格不菲，耗油量大，实用性也无法与轿车相比。北京吉普从成立之初，就注定了长期在一个过分狭窄的市场缝隙中挣扎求生的命运。

1985 年，AMC 被克莱斯勒兼并，1998 年克莱斯勒又与戴姆勒重组为戴克集团，频频换手的新东家始终都把北京吉普看作鸡肋，直至最终抛弃。

波斯特：上海大众 1000 天

在哈恩的直接干预下，奥迪公司的董事马丁·波斯特被派往上海，和他搭档的是汉斯·保尔——大众卡塞尔工厂的一位部长。

上海大众当时每天只能组装两辆桑塔纳，而在德国，大众公司的一个总装车间一天至少能够生产 1000 辆汽车，沃尔夫斯堡著名的大众第 54 车间，全盛时期甚至每天可以生产 3000 辆。哈恩博士以大众监事会的名义给波斯特和保尔送行时，简单明了地描述了他们的目标："一切从零开始，建造第 55 车间！"当时在沃尔夫斯堡，相信这一愿景能够变成现实的，恐怕不会超过 10 个人。

波斯特后来在一本名为《在上海的 1000 天》的书中回忆，在当时 1100 万人口的上海，只有三家公共加油站。桑塔纳的装配车间，是上海拖汽公司实物投入的两座濒于倒塌的、"博物馆级"的陈旧厂房，而且老上海牌轿车的装配，仍然留在这间厂房里，与桑塔纳挤在一起。

"有那么一刻我停止呼吸，目不转睛地盯着眼前这些落伍的厂房，脑子一片空白，难道这些遍地尘土的简棚陋屋竟是一家汽车制造厂？就是在这种地方，大众要和中国人一起制造汽车。"波斯特后来回忆说。

第一次董事会确定了上海大众第一任执管会：总经理张昌谋、副总经理兼商务执行经理波斯特、技术执行经理保尔、人事经理费辰荣。

1986 年我第一次采访上海大众，厂房里没有生产线，装配中的桑塔纳靠葫芦吊吊起白车身，用钢管焊的架子车从一个工位推到下一个工位。而我看到的总经理办公室，坐落在一座摇摇欲坠的陈旧小楼里。

合资公司高管层的办公室里没有空调，夏天大汗淋漓，冬天阴冷刺骨。电是紧缺物资，要么给办公室开启取暖炉，要么给油漆车间开烘漆房，二者只能选择其一。最大的奢侈是夏日里的一台电冰箱和冬天用来沏热茶的一只开水瓶。全公司只有一部电话。全部办公家具都是用汽车散件包装箱拆散的木板钉成的。

每天早晨，等待波斯特的是一堆无法预见的难题。海关发难，急需的设备到港 10 周却运不出来；工人把残留剧毒物质的清洗液直接排进河水；厂房之间晾着工人上班时抽空洗的衣裤；周边的农户为了浇灌菜地，竟将工厂供水管改道，造成停水；一条马路纵穿厂区，人、车、水牛扬起的尘埃直接影响油漆的质量……

波斯特和中方一起开始建立企业制度：引进大众在日本散件组装的管理办法；向拖汽公司和政府的官员反复陈说利害，终于把上海牌的生产请出厂区，易地建了

1984 年，饶斌和哈恩博士在北京人民大会堂签署上海大众合资项目

一个新厂；在市长现场办公之后的第一个早晨，一辆巨型吊车封堵了穿越厂区的混乱的通路。

波斯特笃信一个信条："如果想在全世界生产同等质量的产品，那我们就应该有相同素质的职工。"德国是最重视高级技工的国家，但是人才培训在谈判中显然被忽略了。中方很喜欢保证：你们获得的都是最好的员工，可是从来没有做过任何中方员工素质的分析资料。

于是波斯特回到沃尔夫斯堡大声疾呼，要求为上海大众建立德国模式的"双轨制技工培训计划"。沃尔夫斯堡的培训中心主任估算了一下，这种正规培训需要投资750万马克。这样一笔钱，当时捉襟见肘的合资企业根本拿不出来。幸运的是，联邦德国经济合作部下属的技术合作协会（GTZ）愿意提供援助，在上海建立了双轨制技工职业培训中心，并配备了一位来自沃尔夫斯堡的培训主任。这个可供250个年轻人实习的培训中心，后来被中国政府作为整个机械工业的技工培训样板。

除了培养技工以外，合资企业从建立之日起，就希望给中方员工平等的发展机会。从80年代中期开始，大量中方管理和技术人员去德国沃尔夫斯堡的总部以及大众在其他地方的企业进行培训和学习。哈恩博士曾经回忆说，当时在沃尔夫斯堡的中国人没有一刻是少于100人的，无论为了验收还是培训目的而来，他们要熟悉最现代化的生产开发技术和学会国际结算规则，包括由中国账目报告过渡到德国的贸易结算。

波斯特在工作中发现，来自沃尔夫斯堡的德国员工不习惯把自己视为上海大众团队的成员，潜意识中"我们是从大众来的，我们是最伟大的"的优越感根深蒂固。对上海大众管理层的决定，执行常常打折扣，他们会争辩："我在沃尔夫斯堡的上司说……"波斯特和保尔马上打断："您的上司全部在上海，在这里坐着。大家必须懂得，我们是在为上海大众工作，若非如此，我们完不成任务。"

为了结束合资企业内部中外员工"同床异梦"的局面，1986年初，张昌谋和波斯特决定制定一个上海大众的愿景，一个全体员工的"基本法"。在第一次企业职工大会上，波斯特宣布了全体员工共同的梦想，波斯特的秘书，精通德语的陈韵秋女士翻译完一段，台下就一片喊"好！"掌声雷动。几天后，波斯特在厂区巡视，考问员工企业的最高目标是什么，工人会立即回答：上海大众要实现30万辆的产能目标，成为中国市场第一，质量、成本、劳动生产率领先的企业。

尽管按照德国标准，上海大众的一切还处于一种不发达的窘境，外界对大众在上海的前途充满怀疑，但是波斯特说，现在我们全体职工，不管中方德方，都做着同一个梦——建成中国最大、最先进、最优秀的汽车制造厂。剩下要做的是，让我们的共同梦想变成现实。

中国与世界久违了 30 年，在一个史无前例的合资企业中，文化差异造成的隔阂与冲突是人们始料不及的。陈女士后来回忆说："德国人喜欢直截了当，干干脆脆，中国人却喜欢拐弯抹角。"一项工作是否完成，保尔要的答案是"有"或"没有"，而他同级别的中方执管会成员的答复是"我们尽力协调了"。几轮问答，保尔沉不住气了："陈女士，你翻译的是否正确？"陈韵秋请她的中国同胞给一个明确回答，而中方发了火，说陈女士超越了权限。

更有甚者，价值观念的差异有时会使双方失去交流的平台。一次技术谈判，大众总部要求中方支付一笔不菲的"咨询服务费"。中国人大为光火，按照当时的观念，咨询不过是提提建议，做做答疑，怎么能够要钱？这下，连陈韵秋也不能恪守翻译的"中立"，直接用德语同德国人争论起来。"我看到保尔如此恼火，双手紧握，冰冷发白。如今，每当我回忆起此事，便觉得抱歉。"陈韵秋多年后告诉波斯特。

时至今日，波斯特在他的回忆录《在上海的 1000 天》中感触颇深地说，导致中外合资企业失败，80% 的问题，不是来自产品或成本核算方面，这些企业既未败于竞争，也未败于市场，而是败在自己身上，败在人与人之间沟通交流的困难上。这曾经是，至今依然是一个大难题。

高标准，还是"卡脖子"

在许多人看来，作为中国一家汽车合资公司的总经理，一定风光无限，然而事实却相去甚远。当年，我接触过的中方总经理，几乎个个都是顶着"洋买办"的帽子艰难度日。压力之大，并非凡人可以承受。只有理解个中压力，才会明白上海大众第三任总经理方宏的坠楼，神龙公司首任总经理宋祖慰的出走。他们本是健康的、坚强的、思想开放的知识分子。

上海大众最早和老"上海"共用一个简陋的总装车间

桑塔纳最初的组装线

当年和我接触最多的是上海大众第二任总经理王荣钧，他先后参与过一汽、二汽创业，是中汽联理事长陈祖涛应上海市市长江泽民的要求推荐的一位帅才。

王荣钧接任后，遇到的最大压力，就是桑塔纳轿车国产化进程太慢。按照合同，桑塔纳的国产化零部件必须送到沃尔夫斯堡，由德国大众进行技术认证。而上海大众的第一批零部件配套厂，多是上海的弄堂小厂，要达到大众的标准谈何容易。CKD(散件组装)搞了两年多，国产化率只有2.7%，一辆上海桑塔纳只有车轮、收录机和天线是国产的。

当媒体报道，其他几个合资厂国产化率呼呼地往上蹿，而桑塔纳还在那里"蚂蚁啃骨头"的时候，别说王荣钧，就是大众公司的沃尔夫斯堡总部也坐卧不安。

零部件由大众认证，这一招可不得了。20年前，无论哪一级官员，听到这个条款，最直觉的反应就是，德国人有意在卡我们的脖子，逼迫我们永远买大众的散件装车。于是，"中国人在合资企业没有话语权"，"大权旁落"的斥责不绝于耳。中国经理成了依附外方的"洋买办"，最严厉的谴责是"丧权辱国"。

除了这些政治性的批评，一种出于现实的考虑是：德国大众的标准对大多数中国零部件厂来说高不可攀，而桑塔纳主要在国内销售，完全可以灵活些，质量水平可以分几步走，不必把标准悬得那样高。

但是德国人就是"倔"——坚决按合同办事。他们说："轿车是价格最昂贵的工业产品，消费者花了他们来之不易的钱，就应该得到一辆安全性能、质量水平和产品外观完全合乎国际标准的桑塔纳轿车。"

于是上面有人生气了："干脆不要用他桑塔纳的牌子。"

面对与世界先进水平几乎半个世纪的差距，饶斌和当时中国科学院唯一一位来自汽车业的院士孟少农，都曾不止一次地和我谈起：搞轿车，我们还是"小学生"，要引进当代先进水平，边干边学。我们建立合资企业的初衷，就是要千难万难地逼出一个世界公认的高水平。

王荣钧说得更直白："如果不搞国际水平的国产化，何必去引进桑塔纳，我们的老'上海'，从一开始就是全部国产。上海大众不是德国大众的子公司，是一个独立企业。国家只批准进口散件组装89000辆桑塔纳，散件装完国产零部件还上不来，德国人就得卷铺盖走人，他们在国产化问题上和我们一样着急。"

1986 年 6 月，当时的国家经委副主任朱镕基，专程为桑塔纳的国产化问题来到上海。来之前，他听说，上海大众的中方总经理帮德国人"卡"零部件厂，拖累了国产化进展。在锦江饭店听汇报时，他冷冷地对王荣钧说："早就知道你的大名，你的日子过得挺好啊。"

听到这样的口气，换上个怕丢"乌纱帽"的官员，就只有唯唯诺诺做检讨的份儿了。但是王荣钧竟据理力争："我们的零部件厂，设备陈旧，工艺落后，和德国的差距起码有 30 年。桑塔纳每一个零部件，要达到德国的标准，几乎都要引进设备和技术。实实在在做起来，需要资金，需要时间。"

几天后，他把一张照片拿给朱镕基看：一只轮胎在转鼓实验台上，经过高速运转，出现橡胶破裂，帘子布翻开。王荣钧说："轮胎算是经过德国大众认证的，还出现了这样严重的质量问题，看来国产化的难度不能低估。"

朱镕基拿着照片陷入沉思，几天来的实地考察，使他对国产化的艰巨性有了新的认识。他说："我们的国产化，如果每搞一个，就是一个不知道哪天会爆发的火山，那样的后果不堪设想。"

此行结束时，德国大众是否在卡中国人的脖子，朱镕基已作出了新的判断。对于来告状、来吹风的，他斩钉截铁地说："桑塔纳零部件的国产化，要坚持德国大众的标准，绝对不许搞'瓜菜代'。桑塔纳国产化要 100% 合格，降低 0.1% 我们都不要。"

上海大众坚持了高标准，为中国轿车业开了一个好头。它的最大贡献，就是顶住来自国内无知和偏激情绪的压力，不折不扣地执行德国大众的质量标准，哪怕要经过一场"脱胎换骨"的艰辛，零部件也绝不搞"瓜菜代"。

上海大众的立足之本，也是它的最大贡献，就是开创了中国当代轿车、中国汽车零部件体系与全球同步的高标准。如果当初在标准上放了水，今天中国轿车业恐怕只是世界三四流的水平！

三军过后尽开颜

中国高层认可了上海大众的做法。

在朱镕基的倡议下，建立了跨地区、跨行业的"上海桑塔纳轿车国产化共同体"。1988年初，他接任上海市市长，更成了力主高水平国产化的坚定派。他说："我们中国的工业品，真正达到国际水平的，屈指可数，桑塔纳轿车算得上一个，它是上海的希望所在。"

时任中共上海市市委书记的江泽民提出，桑塔纳共同体不要搞"肥水不流外人田"的狭隘"上海牌"，要搞全国择优定点的"中华牌"。

哈恩至今还为决策部门组织技术实力雄厚的三线航空航天企业，参与桑塔纳零部件的国产化表示赞许。

按国内现行体制，投资的重点始终是整车厂。零部件厂要进行技术改造，资金的紧缺成为一个"死结"。然而，上海人就是精明，一个偶然的信息，让桑塔纳零部件共同体的技改资金，获得一股源源不断的"活水"。

1987年底，国务院领导到上海检查工作。在座谈会上，称赞广东通过卖车集资，为办全运会筹款，点子好，聪明。上海市领导马上接过话头说，是不是也能用这种方式，为桑塔纳零部件国产化集资？他们的办法当即获得首肯。

于是，经国务院批准，自1988年起，以"国产化基金"的名义，每辆桑塔纳价外加收28000元。连没有一个进口零部件的老上海轿车，也收国产化基金5000元。是年，桑塔纳生产了15000辆，国产化基金到手4亿元。

1990年，国家将这个办法扩大到几个引进车型，并把国产化基金统一调整为23000元。到1994年，国家宣布停收国产化基金时，上海桑塔纳已经收取了国产化基金40亿元。这笔当时的巨款，对于解决零部件企业引进技术、设备，完善国产化水平，无疑成为解决无米之炊的转机。

达到全球汽车业技术塔尖的德国大众标准，对于上海大众是一场脱胎换骨的过程。共同体中那些零部件厂的厂长和工程师回顾当年向大众标准冲击的历史时，无限感慨地说，他们的艰辛正应了阿·托尔斯泰在《苦难的历程》里的一段名言：在盐水里泡三次，在血水里浴三次，在碱水里煮三次。

桑塔纳的国产化率，即便是提高1%，也是困难重重。起点太低，资金短缺，有些原材料国内根本没有。全国招标时，所有拿到样品的厂家，无不心里发憷。过去生产方向盘测试指标只有六个，而桑塔纳的方向盘测试指标竟有一百多个。"从来没有见过这样的高标准！"几乎任何一个零部件都让中国人如此感叹。

1991 年 2 月 6 日，邓小平视察上海大众
时说，如果不是改革开放，我们生产汽
车还会用锤子敲敲打打

　　开始时，试制的样品一次又一次地被退货。几乎所有企业无一例外地骂德国人
"刻板，不灵活"，"故意刁难"。在上海大众的董事会上，在质量保证部，在生产现
场，发生过多少矛盾和冲突，有过多少次争吵。

　　上海、北京、南京、湖北、吉林、贵州的上百个零部件工厂，面对无数次的失
败、退货，日日夜夜地试验、攻关。一些工厂还成立了"特区车间"，工人严格培
训后才能上岗。

当时为了让配套零部件厂达到德国标准，大众公司组织退休专家到中国，王荣钧回忆说，这些德国退休专家不要工资，前后陆续来了上百人，帮助解决了大量技术和管理问题，对加速国产化起了不小的作用。

德国大众公司认可一个零件，从考察工厂设备开始，到验收通过，要经过18道程序。光是试制样品就要选送三次。第一次叫首件样品；通过后，再送工装样品；最后是在生产线上制造的批量生产样品。真是不厌其烦，一丝不苟。

那些经过一场痛苦拼搏，"脱了一层皮"，终于获得大众公司认可的零部件工厂，普遍有一种"会当凌绝顶，一览众山小"的豪情。过去，零部件厂推销产品，要看整车厂的脸色。一经大众公司的认可，其他整车厂纷纷主动上门订货，而且"一律免检"。

90年代初，上海桑塔纳的年产量突破10万辆，国产化率达到90%的时候，上海大众和它的零部件国产化联合体都有一种"三军过后尽开颜"的欣慰。

桑塔纳的引进和国产化，带动的是中国汽车工业整体水平的迅速提高。一个明显的横向对比是，墨西哥生产大众公司的"甲壳虫"，前后30年，国产化率只有60%；上海生产桑塔纳，只用了十多年就达到了90%。

1991年春天，邓小平来到上海大众公司，看着一辆辆簇新闪亮的桑塔纳从电脑控制的生产线上开下来，他无限感慨地说：如果不是改革开放，我们生产汽车还会用锤子敲敲打打，现在大不相同了，这是质的变化！

饶斌：我愿化作一座桥

最后的交谈

1987年7月底，正是闷热难当的盛夏，已经离开中国汽车工业领导职务，年逾七旬的饶斌，带着壮志未酬的紧迫，匆匆赶到上海，去几家零部件厂调研。

从十堰参加轿车论证会回来不久，他听说，有人报告北京，上海大众的德方拿桑塔纳零部件质量问题刁难我们。饶斌，这位在汽车工业摸爬滚打了一辈子的老人，已不那么气盛。他说，生产桑塔纳，是中国建立现代轿车工业的入学考试。要先吃尽苦头抓质量，最后尝到的才是甜头。

与德国大众合作生产桑塔纳轿车，当年是他拍的板儿。他的初衷，就是要逼出一个不是由中国人关着门说了算的，而是世界公认的高水平。

7月30日，上海市市长江泽民约定当晚在衡山宾馆宴请饶斌。50年代，饶斌在一汽做厂长，是江泽民的老上级。下午，饶斌把自己关在衡山宾馆的房间里，草拟一个谈话

提纲。虽然是退下来的人了，他并没有把这次会见看作一般的叙旧。据后来看到这份提纲的人说，这是一个上海发展轿车工业的全面设想。

那晚，江泽民陪饶斌回到宾馆房间，两人谈到很晚，谈了汽车，也谈了自己事业上的苦衷，最后他把江市长一直送到电梯门前。

第二天，人们就再也没有看到饶斌起来，江泽民是最后一个和饶斌谈话的人。

在撰写新华社播发的饶斌生平时，我按官方的提法，称他是"中国汽车工业杰出的奠基人和开拓者"。

外国人把他称作"中国汽车之父"。

"淬火"年代

1953 年 7 月 15 日，长春孟家屯。在一片日本关东军残杀抗日志士的细菌部队的废墟上，英姿勃勃的饶斌把第一锹黑土抛向奠基石。奠基石上镌刻着两行红字：第一汽车制造厂奠基纪念　毛泽东。

在饶斌身后，有设计工厂的苏联专家，有为工厂选址四处奔走的胡亮，有驻苏订货小组成员李刚、陈祖涛，最早介入这一项目的留美汽车专家孟少农因火车受阻于洪水没能赶到。

那是新中国建设史中最纯洁、最忘我，也最有成效的年代。到了冬天，在零下30 摄氏度的严寒中，十大厂房建设全面铺开，设备安装、调试、交叉进行。在歌声、笑声、读书声、义务劳动的号子声中，处处有这位不到不惑之年，却已做过哈尔滨市市长、松江省委副书记的年轻厂长的高大身影。

中国关注着一汽，从各地送来数千名干部，一些年轻有为的"县太爷"在这里只是一个科员。这是一所社会主义经济建设的大学院，饶斌是院长也是学生。他的口号是"摘掉外行的白帽子"。他在大学是学医的，却请专家做老师，用每天后半夜的时间，啃下十几门企业管理、汽车工程课程。一汽大工地成了建设、读书的不夜城。30 年后，全国许多厂长、省长、部长、中央委员的履历表中，都有在一汽那一段"淬火"的经历。

无可讳言，一汽，是全套引进苏联技术、设备和产品的产物。苏联，把王牌产品，莫斯科李哈乔夫汽车厂的"吉斯"牌四吨载重汽车在长春复制出来。

1957 年 7 月 15 日，第一辆解放 CA10 四吨卡车驶下生产线，接着，是第二辆、第三辆，一直到 30 年后的第 100 万辆。

毛泽东、周恩来、朱德、邓小平等在饶斌的陪同下，先后站在这条生产线的终端。他们满意地笑了。

1958 年，"一天等于二十年"的口号掀起"大跃进"的序曲，"超英赶美"随即成为报刊宣传的一致口径。美国是一个轿车王国。于是，3 月，饶斌接到了中共中央直接下达的任务——立即生产小轿车。

饶斌带领一汽人创造了奇迹，从动员大会算起，短短 23 天，"东风"轿车诞生。5 月中旬，在北京参加八大二次会议的中共领导人提出，要看看新中国的第一辆轿车。饶斌亲自驾驶着"东风"，驶进中南海。会议休息时，与会者走出怀仁堂，毛泽东拉上林伯渠老人一起乘坐东风轿车转了一圈，博得出席会议的代表一片掌声。

饶斌马不停蹄地赶回一汽，因为他接受了一个更重要的任务，立即试制供中央领导人乘坐的高级"红旗"轿车。他把全厂职工发动起来，把全部图纸悬挂在大礼堂里，张榜招贤，抢图试制。几天里，3400 张图纸被能工巧匠一抢而空。一个月里，装有宫灯式尾灯的"红旗 770"一炮打响。

不久，邓小平、李富春视察一汽。邓小平问饶斌："红旗比起伏尔加怎么样？"

饶斌回答："比伏尔加高级。"

"比吉姆呢？"吉姆是苏联专为高级干部制造的豪华轿车。

"比吉姆也高级。"

听了饶斌的回答，邓小平幽默地说："好，比吉姆还高级，你们可以多生产。油不够，可以烧酒精，反正做酒精的红薯干有的是，只要不烧茅台就行了。"

1964 年，"三年自然灾害时期"过后，毛泽东说，建设第二汽车厂是时候了。于是，这年的 11 月，饶斌被调往神农架下崇山峻岭中的十堰，二次创业。

总结一汽的前车之鉴，饶斌的对策有三条：二汽不能只搞一个车型，要一至八吨各种型号系列化；由全国机械行业以"聚宝"的方式，为二汽提供最新的装备；用内地一个厂"包建"二汽一个新厂的办法建设各个专业厂。

但是在随后而来的文化大革命中，饶斌的这些思路都成为他"贪大求洋"的罪行。愚昧与狂热造成空前的人性的泯灭，他被罚跪、吊打，脖子上挂着细铁丝拴着20多斤的大木牌进行批斗，周围是一片高举毛泽东语录的"红海洋"。整整10年，他时而挨整，时而又被拉出来工作，在"革命"的洪波里沉浮。

直到1977年10月，"四人帮"被打倒了一年以后，饶斌才真正当上了厂长，组织了东风五吨民用卡车的定型。

梦在轿车

80年代初，饶斌到北京担任了第一机械工业部部长。我在新华社分工机械工业的采访。那时候，媒体不多，专门跑经济部门的记者更少，我每天泡在被采访单位的时间，远远比待在办公室的时间要多。与眼界开阔，观点犀利，又待人平和的饶斌部长成为"忘年交"。

1982年5月8日，饶斌转而担任新组建的中国汽车工业公司的董事长。在饶斌的领导下，处于调整中严重滞销的汽车市场在80年代终于获得积极开拓。引人注目的是，饶斌指挥全国汽车行业打了一场跃上世界水平，改变"缺重少轻"的大战役。

干了大半辈子卡车的饶斌对我说过，没有轿车的汽车工业，只能是一个跛足的产业。中汽公司起步之初，他就坚定地支持上海通过引进技术，改造老"上海"，建立现代轿车业。面对主管部门的重重阻力，饶斌想到把生产轿车的报告直接交到邓小平手上。并且提出了建立合资企业生产轿车的设想。1982年6月，邓小平在中汽的报告上明确批示："轿车可以合资"。拿到邓小平的批示那天，我正好去了饶斌在中汽公司三楼朝南的办公室，看到老人的脸上带着多日不见的笑容。

在饶斌的奔走下，北京吉普和上海大众两个合资企业得以建立。

80年代，中国市场的最大需求是官车。大众方面曾考虑提供奥迪100，但是力主选择桑塔纳的正是饶斌。他在各种场合呼吁，中国真正需要的车型，并非奔驰那样的豪华车，而是一款省油、廉价又安全的汽车。作为四门轿车，桑塔纳结构简单，大小适中，适合公务用车和出租车的多种选择。直到今天，我不认同引进车型一定要加长的"中国特色"，大概就是当年受了饶斌的影响。

德国大众当时的董事长哈恩博士后来谈到他的谈判对手饶斌时说："他是一位天

才的工程师、聪明的管理人和富有远见的战略家。尽管我们出身和经历相差悬殊，但是彼此很快就找到一种人性的联系。"

1987 年夏天，轿车发展研讨会在十堰车城宾馆举行，饶斌与会。会上，众人对建立轿车工业的模式见解产生了分歧。我约请已经退居二线的饶斌作一次长谈，谈谈他的见解。而后因为我有事要提前回北京，抱歉地去改约。他笑着说，没关系，来日方长。轿车，这才是中国汽车工业的一篇大文章。

没有想到，饶斌不顾酷暑，去上海调查桑塔纳国产化进程的时候，不幸突发心脑血管疾病，在医院昏迷一个月，于 8 月 29 日与世长辞，终年 74 岁。我们十堰一别竟成永诀。

在北京举行的骨灰安放仪式上，一汽的同志告诉我，在去上海之前，饶斌到一汽参加解放牌卡车换型庆功大会。会上，他突然激动地讲起了轿车："我老了，无法投身中国汽车工业的第三次创业。但是，我愿意躺在地上，化作一座桥，让大家踩着我的身躯走过，齐心协力把轿车造出来，实现我们几代人的中国轿车梦。"

台下，鸦雀无声，人们在他的眼里看到了晶莹的泪花，他哭了，老泪纵横。

饶斌走了，带走了一个时代。

第二章

轿车工业获得「准生证」

　　1987年5月，我放下手头的一切采访，乘火车赶赴十堰。卧铺车厢里，与一批热心汽车事业的经济学家、主管部门官员、汽车厂长不期而遇。有人调侃说，这是一节"汽车人专列"。看来，中国汽车工业的各路"神仙"，正不事声张地会聚武当山下。

　　武当山，九省通衢湖北省中部，一座逃遁人世尘嚣的道家仙山。山下，中国二汽拔地而起。隆隆的车轮声打破了崇山峻岭中千万年来的寂静。

　　作为一个经济记者，我参加过无数次各类会议，但是没有什么会议让我产生过如此强烈的参与感。在与会前，我刚刚在《瞭望》月刊上发表了特稿《中国应该发展轿车吗？》，在中央报刊上第一次就这个问题作出肯定结论。我作为唯一被邀请的北京记者，参加了这次不予报道的会议。

　　似乎在忌讳什么，在十堰的车城宾馆召开的这次会议，被冠以一个颇具中庸色彩的名称——中国汽车战略研讨会。然而，各方专家带着一种凝重的使命感赶来的时候，心里只装着一个议题：轿车。

　　事后，这次会议被称为"轿车论证会"，它冲破了中国不能发展轿车的神话，成为中国汽车工业发展史上的一座"分水岭"。

一、解冻：1987 年夏天

新中国拒绝轿车

尽管 1914 年北洋政府的北京南苑航校制造出第一架双翼单引擎国产飞机；1912 年福建马尾造船厂一条万吨级的铁甲舰下水。但是，除了有报道说，张学良曾在东北组装过一辆汽车外，直到 20 世纪 50 年代，中国人还没有真正生产过轿车。

上海曾是远东轿车保有量最多的城市，有"万国汽车博览会"之称。福特、雪佛兰、别克、道奇是十里洋场上耳熟能详的品牌。"二战"爆发前，福特曾有过在中国建厂组装轿车的打算。

1949 年新中国成立，"站起来"的中国人决心与轿车分道扬镳。尤其随后爆发的"抗美援朝"战争，使"美帝国主义者"成为中国人的死敌，美国的标志之一就是轿车，理应受到中国人民的"唾弃"。50 年代，来自资本主义国家的轿车进口市场寿终正寝。民族资本家们只好靠上海的能工巧匠们手工制造的配件，维持他们手中最后的进口车苟延残喘。

斯大林提供的"吉斯"、"吉姆"解决了领导人和部长们的用车。第一个五年计划建立起来的中国汽车工业没有生产轿车的安排。官员们严格按级别配车，县科级配备的公车一开始真的就是自行车。一个县里有一两辆在朝鲜战场上缴获的美制旧吉普车就很不错了。

然而历史接下来的一页让人匪夷所思，因为它是中国拒绝轿车既定方针的一次意外"出轨"，一次突如其来的冲动。

1957 年 11 月，毛泽东率领中国党政代表团赴莫斯科出席十月革命 40 周年纪念大会。全世界 71 个共产党和工人党的领导人会聚在列宁的故乡，先听到赫鲁晓夫放出惊人的一炮：苏联将在 15 年内赶上它在冷战中的对手美国；接着，毛泽东也在冰天雪地的莫斯科提出一个灼热的目标：中国要在钢铁和其他主要产品方面在 15 年里赶上英国。

次年，"一天等于二十年"的口号掀起"大跃进"的序曲，全国上下万众一心，当时人们的脑袋更热了，"超英赶美"随即成为报刊宣传的一致口径。

美国，一个轿车王国。于是有了一汽的"东风"和"红旗"的轿车"大会战"。

在"东风"驶进中南海之后一个多月里，报纸连续报道："井冈山"、"和平"牌两种轿车又分别在北京、天津双双降生。

当然，这样的轿车往往只能生产几部样车，但是人们的确充满着纯洁的热忱。当时曾经召开过全国性的现场会，一边批判保守主义、教条主义，一边大力宣扬全国涌现出的四十多种土造汽车的经验。比如一种农用汽车，汽油、白酒、煤炭、柴草竟然都能用作燃料；一家修配厂造出汽车后，自制土设备，并且准备炼钢炼铁，从原料抓起。

轿车毕竟是一种上万零件组成的产品，是众多相关行业技术水平的综合体现。热情要靠物质来支撑，"大跃进"之后随之而来的大衰退，使这次"轿车热"化作蒸汽一团，很快就在寒流中飞逸。不搞轿车的既定方针又重新回到轨道上。

需求凸显黑洞

直到 80 年代初期，每年"红旗"、"上海"，加上"北京 212"越野车，中国的小汽车最高年产量不超过 5000 辆。

改革开放后，中国经济迅速复苏。1984 年，县团级以下的官员只能配用吉普车的规定解禁之后，像打开一道关闭已久、水位骤涨的闸门，干部用车的基数陡然上升。官员们竞相买车，竞相买好车的攀比之风突然一发不可收拾。贫困县的领导挪用救济款，挪用教育经费买轿车；亏损企业厂长发不出工人工资，却用贷款买豪华轿车；如此揭露性报道屡屡见诸报端。数以十万计的轿车需求掀起了一次轿车进口大潮。几十万辆外国轿车通过合法和不合法的渠道，源源不断地涌进国门，填补着中国没有轿车工业而形成的巨大真空。

1985 年，以日本轿车为主的进口大潮达到顶峰。是年，进口汽车 34.5 万辆。珠三角，把肢解后的走私车拼装起来的"改装厂"随处可见；海南岛上挤满了走私进来的大量轿车，年底，当中央查处海南走私轿车的禁令下达之日，海口码头上还有六万辆走私车等着装船抢运进大陆。

进口轿车，尤其是铺天盖地的日本轿车，得意洋洋驶在中国的街头。而不久前还被中国汽车业引为自豪的"红旗"、"上海"、"北京 212"变得备受冷落。

中国人的自尊心深深受到伤害，发展汽车工业没有钱，可是进口汽车哗哗流淌出去的外汇却相当于 30 年中国汽车工业总投资的两倍多。

当时一位国务院副总理为此义愤填膺，提出立马横刀，对今后轿车进口的审批斩尽杀绝。然而，抽刀断水难以挡住一拨儿进口轿车浪潮。进口轿车的申请，依然雪片似的飞到主管部门。

当时，正是物价闯关的胶着时刻，人民对于"官倒"、腐败、商品匮乏、涨价憋着一肚子火，往往把气出在那些闪闪发亮的进口轿车上。那几年，口诛笔伐自不待言，连一些城市大学生闹事，追砸日本进口轿车也成为"保留节目"。

80 年代中期，每年春天在北京召开的全国人大、全国政协会议上，愈演愈烈的进口轿车狂潮，成为代表和委员们愤怒抨击的话题。1988 年"两会"之际，有细心的记者在人民大会堂前数了数轿车的数目：总计 556 辆。其中 495 辆为进口小汽车，中外合资的 24 辆，纯国产车仅 37 辆。此次政协会议尾声时，一位名叫王洲的政协委员勇敢地站起来，大声说："建议在会议文件中，加进提倡领导干部乘坐经济型国产轿车。"

造车，还是买车，已经上升到一个全社会关注的涉及民族自尊心的政治问题，中央决策层开始高度关注。

十堰"轿车神仙会"

1987 年 5 月，受国务院领导的委托，"中国汽车战略研讨会"在湖北十堰举行。会议的目的就是要对中央作出中国是否建立轿车工业的决策作全面的咨询。主持会议的是刚刚卸去中国社会科学院院长的职位，出任国务院政策咨询协调小组召集人的经济学家马洪。国家经委、计委、科委的官员、经济权威人士、汽车界元老，以及骨干汽车厂、原材料、机械、电子、石油、交通、市政等"上下游"部门的代表，各自宣读了研究结果；甚至丰田、日产两家汽车公司也应邀分别派出专家组，专程从日本赶来，在大会上用"讲了就走"的方式，相互回避地向会议提出咨询报告。

尽管人们的思路不尽相同，甚至为了某个论点争得动了感情。但是，结论却惊人地统一：建议当局立即决策，着手建立中国本土轿车工业。

国务院经济技术社会发展中心张磐主持上报国务院的总结性文件，汇集了多数专家的建议：没有轿车生产就谈不上完整的、高水平的汽车工业。巨大的轿车市场是由我们自己占领，还是拱手让给外国人，这一问题已经严峻地摆在我们面前。时下，中国汽车工业的建设重点应当逐步转移到轿车工业和零部件工业上来。

文件称：到 2000 年，轿车与卡车之比应为 4：6。根据预测，2000 年国内轿车年需求量按照高、中、低三种方案，分别为：200 万辆、100 万辆、60 万—80 万辆。会上多数专家倾向低方案，即到 2000 年，汽车年产量为 170 万—220 万辆；轿车年产量 70 万辆。考虑到国家财力、物力和建设难度，达到低方案的要求也并不容易。（笔者注：2000 年的实际汽车总产量为 200 万辆，其中轿车 60 万辆。）

论证结果还表明，一向认为是在中国发展轿车的制约因素，如燃油、原材料、道路和城市基础设施、机械工业等相关行业，目前的技术水平和生产能力虽有一定差距，但经过努力是可以适应的。同时，通过对轿车工业的支持，这些行业也会取得自身的进步。

但是在轿车消费结构方面，受意识形态的制约，主流见解认为，发展轿车工业，应该面向公务用车和出租车，私人轿车在 2010 年以前不予考虑。

每一个与会代表都拿到一册装帧精美，由中日两国专家合作研究写出的《2000 年中国汽车工业发展战略》。何世耕、坂田正男、荒川喜男等 36 位中日专家耗时一年多，提出了四十多万字的总报告和附件。

报告称：各国的汽车业在成长期的发展道路可以归纳为四种类型：即美国的自主发展型；日本、西欧的自由贸易型；巴西等后起国家以外国资本为主，对国外资本和技术的依附或半依附型；苏联及东欧经互会成员之间互通有无的自主半封闭型。专家们建议，中国汽车工业在选择发展模式时，要走自主开放型发展道路。

中日专家对当时中国汽车工业作出了切中时弊的分析：

中国汽车工业自建立之日起，基本上走了一条封闭型发展道路。其形成主要受三方面影响：

一是苏联模式，全面引进了苏联汽车工业封闭式的万能型生产体制；

二是中国旧的经济管理体制，国家集中管理过多，对企业管得过死；

三是国家缺乏产业政策，对战略产业和支柱产业的合理结构及协调发展研究不够，汽车工业在中国长期以来等同一般加工工业，贻误了汽车工业发展的有利时机。

日方专家在总结世界各国汽车工业发展经验的基础上，对中国自主开放型发展道路做了以下设想：

国内市场潜力巨大是发展的最大有利条件。中国汽车工业不会雷同于一般发展中国家，将是类似美国大国型的发展道路。

为了汽车工业的发展，必须引进技术和资金，这方面可以借鉴日本当年的经验；巴西、韩国对外国技术和资金的过度依赖不适用于中国。

后起汽车生产国政府通过保护和扶植政策，促进汽车工业的顺利发展，是各国普遍采取的有效办法。

世界各国汽车工业的发展经验证明，离开竞争机制，汽车工业是无法成为战略产业的，因此，形成竞争环境，是自主开放型发展道路的主要内容之一。

专家们预测，中国轿车保有量中公务用车和出租车的比重，将由当时的100%，降低到2000年的47%—57%。其后，这一需求就会趋于饱和，而国内的主导市场将转移到私人用车方面来。

今天看，这些观点堪称真知灼见。

少壮派，只要政策不要钱

十堰论证会解决了两个问题：一是中国干不干轿车，二是怎么干。对于干不干轿车，会上大家一致同意要干；但是怎么干轿车，却有不同的方案。

一些综合部门提出，建立轿车工业要实行全国统一规划，以国家投资为主体，聚全国力量先集中建设一个新厂——第三汽车制造厂，专门生产轿车，以后，过上三五年，再建一个新厂。

论证会上尽管专家云集，但是一汽、二汽的两位"少壮派"厂长却成为引人注目的明星。一汽的耿昭杰和二汽的陈清泰当时都在50岁上下，对汽车工业再上一个新台阶，抱有一种急切而谨慎的使命感。

当时耿昭杰和陈清泰观点一致：不同意中汽公司单独再搞一个轿车厂的方案，提出应该依托一汽、二汽的基础来干，不要国家的钱，只要给政策就行。

国外轿车厂经济规模的起点是年产30万辆。一汽厂长耿昭杰对此另有见地。他说，经济规模与起步规模不是一个概念，在中国资金不很充足的条件下，起步规模小一些为宜。

当时，一汽已经引进美国克莱斯勒488发动机的生产线，用于发展轻型卡车。

准备再引进一条旧的道奇 600 轿车线，生产新一代"红旗"。会议期间，我抽空采访耿昭杰，他拿出新红旗的外形设计彩图给我看，告诉我，道奇车的大部分模具都能用，只要前脸和后尾改动一下就行。这样做，投入少，出车快，能以最快的速度制造出替代进口的公务用高级轿车。

学者型的二汽厂长陈清泰在发言中提醒大家：国家一声令下，当年全国无条件支援一汽、二汽建设的历史条件已不复存在。走传统路子建一个新厂，生产第一代产品不难，但是短时间内不可能形成全面的开发能力。面对两年一大改、四年一换型的国际轿车市场，会出现新厂老化的问题。苏联集中力量搞了个陶里亚蒂汽车厂，在建成 16 年后不得不请外国人帮助进行第一次换型，这个教训应该引以为戒。

因此，他主张以骨干汽车企业为主体，充分利用现有企业的开发能力，建设两三个轿车集团。在产品级别、档次上实行"先避开，后交叉"的原则，形成既有协调又有竞争的局面。

会议期间，为使谈话不被频频打断，陈清泰请我到他家，做了一个上午的畅谈。他透露，二汽已经进口了几辆外国普及型轿车做样车，厂领导和产品开发的工程师利用星期天，轮流开车体验，摸索哪一种车型更适合中国的路况。

我们谈到，建立轿车工业，需要大量资金。陈清泰主张，在新形势下，不能走"国家出钱，企业建设"的老路；应该改革投资体制，由企业集团在国家支持下，采取留利积累、集股和借贷的方法筹资，作为经营主体发展轿车工业。目前国内金融市场日益开放，全球汽车工业正向第三世界转移。在这种新形势下，企业学会负债经营，承担现代化的轿车生产，这是一种减轻国家负担，发挥企业潜力的良策。

当时两个企业的规划思路十分清晰：一汽的设想是，先干 3 万辆先导厂，替代进口；从中高级起步，向下发展，再干一个年产 15 万辆的轻型轿车厂，最终实现 30 万辆能力。二汽倾向以出口为导向，一次规划 30 万辆的规模，分步实施。

我十分赞同两位"少壮派"的观点，立刻把他们的看法写成新华社内参，所以今天还能留下他们的谈话细节。难能可贵的是，他们的大写意般的思路框架大都在后来的实践中变成了现实。

1985 年二汽通过国家验收，第一任厂长饶斌和年轻的新厂长陈清泰

北戴河：轿车工业获得"准生证"

1987 年 8 月初的一天，临下班时，陈清泰带着两三个随员急匆匆来到新华社找我。

"时间宝贵，马上就要走，来这里拜托你帮个忙。"陈清泰说。他刚刚从美国回来，听说中央有关领导近日将在北戴河开会，讨论制定中国轿车发展问题。因为二汽能否进入轿车生产布点尚未可知，所以他迫切希望能够与会。他当晚要和书记马跃一起赶赴北戴河。同时希望能双管齐下，由我写一篇新华社的内参，陈述以出口为导向发展小型轿车的见解。

"不管是褒是贬，轿车几乎成了 20 世纪人类文明的标志。而我们在中国，却在为能否被允许生产轿车煞费苦心。"陈清泰无限感慨地说，"乘车驶过曼哈顿，看着窗外涌动的车流，我的心就怦怦地跳，五千年的文明古国，为什么你就不能？

"在美国，我特别注意到，尽管是世界最高水平的汽车市场，仍然有第三世界汽车产品进入的可能，韩国现代公司的小马、南斯拉夫的尤哥，以其轻便经济、物美价廉占领了小型轿车市场的很大份额。

"这给我们许多启示：首先，随着汽车工业的国际化，利润不高的小型车生产正向劳动力价格相对便宜的第三世界转移。这种资金和技术的转移，是我们过去得不到的，是不可多得的机遇；其次，只要瞄准国际水平下工夫，中国的汽车产品也可能进入世界市场；第三，随着中国的日益开放，只有能在国际市场立足的中国轿车，在国内市场才能有面对进口轿车的竞争力。因此，我们二汽力争在轿车布点中，成为出口导向型中小排量轿车的生产企业。"

他娓娓地谈了一个小时，起身告辞。我对他说，我会马上把这次谈话整理成文，赶在决策者们开会前发出。

不知在握别的瞬间，他是否感受到我心间的祝愿，为了二汽，更为我们中国人的轿车梦。

当晚，他和马跃乘二汽驻京办事处的"皇冠"，连夜赶往北戴河。路上大雨滂沱，轿车几度陷进泥潭，一对清华大学汽车专业的校友，由坐车人变成推车人。

轿车爬出一个泥潭，又陷进一个泥潭……

三四个小时的路程，他们足足走了 15 个小时。

8 月 12 日下午，雨后天青，海水静静地对沙滩絮语。

在北戴河海滨一座绿荫环绕的别墅里，由副总理姚依林主持，李鹏、张劲夫参加，听取了中国汽车工业联合会理事长陈祖涛关于发展轿车的汇报。

由于中汽联副理事长薄熙永的斡旋，陈清泰终于参加了会议，并且就二汽发展轿车的问题和领导人进行了充分的对话。

此时，国家批准一汽上轿车项目似乎已成定局，二汽必须挤进国家布点。

陈清泰汇报了到二汽发展轿车的规划设想和前期准备：二汽打算选择市场容量最大的车型——发动机排量为 1.3—1.6 升的普通型轿车作为开发对象。这类车可以作为今后国内公务用车的主力车型，也可能成为机电设备出口的主导产品。建设规模，第一期年产 15 万辆，第二期年产 30 万辆。关于建设方式，他提供了两种模式供选择："技术引进、自主建厂、进口替代、远期出口"和"联合开发、合资办厂、出口导向、进口替代"。

陈清泰的表述获得了与会领导人的首肯。

国务委员张劲夫点评说：二汽的轿车一定要搞，要用些新的技术。技术起点要高一些，最关键的是要有新的发动机。基础件要充分利用一汽、二汽的基础，要搞大批量。二汽生产轿车可以从零部件搞起，返销为主，这样外汇资金都好办。

李鹏说：二汽搞轿车是经过充分论证的，在车型和发动机档次上与一汽、上海也拉开了，我原则上同意他们的意见。轿车就上这三家，别再冒出第四家、第五家了。配套问题，不能搞大而全。

姚依林总结道：二汽的方案是好的，我赞成首先从第二种模式入手，瞄准出口为主。我看轿车定点这个事情可以定下来了，就是上海、一汽、二汽三个点，其他不再搞。一汽的立项正在办文，二汽也可以办了，先立项，就可以迈开第一步了。

这天，在北戴河作出了中国汽车工业战略性转移的重大决策：轿车工业在千难万难之后，终于获得了"准生证"。

至此，经国务院多次安排发展轿车的论证后，中国领导人已经就建立轿车工业取得共识。

中共中央书记处书记胡启立也在北戴河听取了中汽联关于发展轿车的汇报。在经过1986年底的"资产阶级自由化"和学潮之后，总书记易人，他最关心的是政治上的稳定。他说，汽车进口问题已经不是方法问题、经济问题了，它涉及我们的民族自尊心和自信心，成了政治问题。印度主要都在用国产车。轿车的发展要有战略布局，要有竞争，在竞争的基础上扶植。

当听说有人主张，轿车要搞出口车和内销车两个车型的时候，胡启立明智地警告说：如果认为国内销售的车可以降低质量，这样的事情做不得，最后可能会声名狼藉，在国外也倒牌子。国内国外都是顾客，都要高质量。其实事情就怕认真，认真起来，中国是可以作出好东西来的。小平同志最近说得好：质量代表了一个民族的素质。

事后，国务院办公厅拟定了关于发展轿车生产问题的北戴河会议纪要。纪要的第四条是："今后轿车生产主要依靠一汽、二汽，此外，上海大众公司首先要把国产化搞上去。在全国范围内不再安排新的轿车生产点。"

这是一个关于中国轿车工业的最初构架，中国轿车工业最初"三大三小"中"三大"的由来。尽管上海大众在"主要依靠"之外，产能依然年产为3万辆。

至于"三小"的北京切诺基、天津大发、广州标致在纪要中未被提及。其后，国务院又发出通知，强调对轿车生产实行严格控制，除了对已经批准的六个轿车厂外，不再安排新的轿车生产点。直到世纪之交，"三大三小"的布局一直不曾被逾越。

红旗第二代本来准备在
道奇 600 基础上开发

二、天上掉下个林妹妹

为了红旗第二代

20 年后，我到长春再访耿昭杰厂长。老朋友回忆往事，似乎都找回了当年的豪情。

耿昭杰回忆说：1984 年，经过"放权"，一汽提出了年生产能力 20 万辆的规划。其中中型卡车 10 万辆，轻型卡车 7 万辆，重型卡车 1 万辆，中高级轿车 2 万辆。这个规划主管部门没有通过，主要因为轿车在当时还是个禁忌。

但是，一汽并不死心，使了个计谋，规划改为卡车 10 万辆，轻型车 10 万辆，把轿车藏在了轻型车的名下。新规划很快获得了批准。

1985 年 6 月，耿昭杰接过了一汽总厂厂长的重担。上任的头一件大事，就是在轻型车的掩护下，开始做生产轿车的准备。土地很快就征了下来，足足一万亩，在一望无边的新厂区，紧锣密鼓地开始了"三通一平"的前期工程。

这片土地有多大？ 50 年代饶斌做一汽厂长，因为厂区面积几乎和长春的老市区相当，被戏称为"饶半城"；刚刚上任的耿昭杰因为新厂区征地之大，也被人戏称为"耿半城"。

那些年，已经是全国人大代表的耿昭杰，赴京开会时每每站在人民大会堂的台阶上，看着黑压压的进口车，心里暗下决心，一定要把红旗轿车恢复起来。

耿昭杰运筹帷幄，通过联营，把轻型车外移，放到吉林市、哈尔滨市等地方企业去干，腾出地方生产轿车。

第一代红旗轿车，是1958年"大跃进"的产物。那时候，从上到下头脑发昏。全民砸锅献铁"土法炼钢"，各地粮食亩产比赛"放卫星"，浮夸作假甚嚣尘上。但是尘埃落定，回首望去，一片废墟饥馑之中，也有个别成果仅存，红旗轿车就是一例。

红旗轿车下马，是一汽人心中的痛，再造红旗第二代，在一汽人心间永远是一个憧憬。那种执著，外人难以体会。

1984年红旗下马的时候，一汽已经开发出750、760两款新型红旗轿车了。这两款车代表了一种转变，让红旗轿车从消费最高端往下走，走到中高档水平，变成公务用车。当然防弹"大红旗"作为国家领导人的用车，也将得以保留。

750和760曾有一个称号叫做"红旗第二代"。耿昭杰说，当时一共做出三台样车。我常常开着去北京向各部门汇报，几乎成了一汽上轿车的敲门砖。在这之前，一汽也把"大红旗"770G改型了。当时思想开放了，进口了关键的零部件，因此水平比较高。770G送到北京以后，胡耀邦总书记说：我举双手赞成恢复红旗生产。

面对进口大潮的压力，1986年，中央也开始有了恢复红旗生产的打算。

在耿昭杰心目中，无论造轿车，还是轻型车，必须有好的发动机。发动机如果从头开发建厂，耗时三五年，会贻误时机。

当时美国克莱斯勒公司在墨西哥有一条年产30万台2.2升萨蒂诺488发动机的生产线，是70年代石油危机时从大众引进的，危机过后已经闲置了。耿昭杰亲自飞到墨西哥，看过后十分满意。因为它的产品既能装在轻型卡车上，也能装在轿车上，耿昭杰当即拍板买下这条生产线。

无独有偶，当时，克莱斯勒还有一条道奇600轿车生产线也正准备淘汰，这款车的心脏正好用的是488发动机。一汽设想把这条生产线一并买下，开始一轮再造"小红旗"的前期准备。

1987年5月，耿昭杰在去十堰参加轿车论证会的途中，专程到北京向国家机械委主任邹家华、副主任何光远汇报。当时恢复红旗轿车生产的呼声日渐高涨。邹

一汽厂长耿昭杰和大众董事长哈恩以战略家的眼光奠定了日后一汽大众的成功

家华建议把恢复红旗生产和引进项目结合起来。

哈恩，冬日的长征

1987年秋，正在海外度假的大众董事长哈恩，收到了朋友瓦尔特·基普发来的传真，获悉一汽将要建设一个15万辆轿车的项目。

哈恩后来回忆说：这份传真给了大众意义深远的推动。我立即给耿昭杰厂长写了一封信，24小时内就收到了他的访问邀请。

9月底的法兰克福车展之后，哈恩和他的中国事务团队去北京访问，10月20日"顺道儿"去了长春。哈恩在回忆中提到当时一汽的艰苦环境：我们24小时未脱掉主人为我们准备的军大衣。除了工厂的电子数据室，到处都寒冷彻骨。

哈恩博士到达之前，北京来电话告诉耿昭杰，哈恩只是礼节性拜访，不要做实质性谈判。但是这个招呼对哈恩和耿昭杰似乎都没有约束力。

哈恩博士一到达就开始了内容密集的会谈，晚饭是一顿热腾腾的东北菜。饭后，哈恩立即看厂。从铸造、机加工看到"解放"的总装线；从老厂看到刚刚做好"三通一平"的二厂区，哈恩博士吃了一惊："上帝，我怎么没有早一点发现中国有如此大的汽车厂。"

1985年上海拖汽公司提议，在上海生产大众旗下的顶尖产品——奥迪100。经过中德双方的反复协商，最终确定采用"半散装件"（SKD）方式生产奥迪。其后两年里，在上海大众一共组装了100辆奥迪100供中央政府相关部门和上海市的官员乘用。

近两年，在法兰克福和北京，我曾多次和已经闲下来的哈恩博士就历史的回顾进行长谈。谈到把奥迪100引进中国的初衷，哈恩博士说，这是他本人一贯坚持的"多品牌战略"。他笑着说，就好比人在钓鱼时，放两个鱼竿，总会比一个鱼竿钓到的鱼多。

但是哈恩博士看了上海大众，觉得上海的场地当时过于狭窄，于是就动了另辟蹊径的念头。在长春，急于扩大中国战果的哈恩当即提议，把奥迪从上海搬到一汽生产。从组装奥迪100起步，与一汽开始广泛的合作。

哈恩的提议正中耿昭杰的下怀。此时的耿昭杰正被美国克莱斯勒"拿了一手"。

得知中国政府将批准一汽生产轿车，克莱斯勒立刻提高了那条道奇600废弃装配线的要价，提出一个1760万美元的高价"入门费"，并且工装模具的转让时间也不能确定。谈判顿时艰难起来。一汽已经买了克莱斯勒的发动机技术和设备，日后生产的发动机似乎只能装到道奇车型里。克莱斯勒张好口袋，等着一汽往里跳。

如今，大众的建议让耿昭杰手里多了一张王牌。但是他也颇感作难，克莱斯勒488发动机"生米已经煮成熟饭"。他坦诚地告诉了哈恩，如果与奥迪合作，最重要的就是要把克莱斯勒的发动机放到奥迪100中去。这个要求对一般的厂家来说恐怕难以接受，没想到哈恩当场一口答应。

哈恩对耿昭杰说："请四周以后到沃尔夫斯堡来，我会给你满意的答复。"哈恩事先做了功课，知道克莱斯勒发动机用的正是奥迪的技术，奥迪对这款发动机很熟悉。

随后的谈判持续到凌晨 1 点，哈恩回忆说，我在开场白时建议在"国产化领域"合作，我们表达了对成立一家合资企业感兴趣。我强调，为此我们可以尽快以优惠价格从南非工厂提供奥迪 100 的成套模具。在会谈结束时，我们也讨论了生产大众高尔夫的可能性，中方对此同样表示出了兴趣。

轿车在中国是个政治产品，能不能上轿车，和哪一家合作，并不是一个厂长能够拍板的，况且克莱斯勒的合作似乎已成定局。但是，耿昭杰总是去做别人不敢想、不敢做的事。他打电话给国家机械委主任邹家华，要求在引进中同时打两张牌。同样敢于承担责任的邹当即给了一汽和沃尔夫斯堡谈判的随机决策权。

一个月后，耿昭杰坐镇长春，总工程师林敢为、总经济师吕福源带队，兵分两路，分别飞往德国沃尔夫斯堡和美国底特律。

在沃尔夫斯堡，哈恩博士让林敢为大吃一惊，一辆经过改装，安装着 2.2 升克莱斯勒发动机的奥迪轿车展现在他面前，连一汽厂标的图案都镶在轿车的前脸上，这成为德国人的效率和谈判诚意的体现。

林敢为后来回忆说，情况的确给了我们很大的惊喜。所有的连接件都是锻出来的，整个装配的质量都很好。只是 488 发动机比较高，所以发动机机罩的前面鼓起来一块，就像 747 飞机的机头一样。试车是在高速公路上进行的，最高车速达每小时 205 公里，各种性能都很令人满意。

代表团成员对奥迪很认可。在产品上，奥迪 100 的车身设计要比道奇 600 领先一代，空间大，乘坐舒适；奥迪 100 在国际上频频获奖，知名度高；与上海桑塔纳有良好的通用性，有利于零部件国产化。

而在底特律，克莱斯勒仍然咬住道奇旧装配线的要价不松口。CEO 亚柯卡甚至傲慢地拒绝会见为促成谈判而来的国家经委副主任朱镕基和中汽联理事长陈祖涛。

在谈判中，陈祖涛还价以 100 万美元，连要价的零头儿都不到。他直言不讳地说，这是条要拆掉的旧线，我不买，它的价值等于零；我买了对我有利对你更有利，但我们决不会给价很高。

朱镕基暗示，我们已派出代表团去大众公司，进行货比三家。但是，克莱斯勒也许太大意了，把中国人传递的信息当成耳旁风。

中国人拂袖而去，经中国当局最后决策：一汽项目和德国大众合作。克莱斯勒得知中国人选择了大众作为合作伙伴，破天荒地提出把这条线的报价降到 1 美元！但为时已晚，一汽和大众合作生产奥迪轿车的意向在几天后签字。

高手各有胜算

国家想把红旗重新上马，奥迪的意外参与，如同"天上掉下个林妹妹"。耿昭杰说：恢复红旗生产有两种做法，一种是把原来的红旗恢复起来，而当时什么技术也没有；一种就是和奥迪结合，时间正好赶上。

一汽要上年产 15 万辆轿车的大项目，资金的不足是头等的制约因素。有关部门给了政策：先装配 3 万辆奥迪，早出车，快出车，国家只收税，利润留给企业，"以轿养轿"，用 3 万辆养出个 15 万辆。

耿昭杰对我说，飞机起飞，要先滑行一段，组装奥迪 3 万辆，就是一个"先导工程"，以此导出技术、导出资金、导出经验。

其实，哈恩博士何尝不是把这 3 万辆奥迪看作"先导工程"，他所看中的也是那后续的 15 万辆。

耿昭杰告诉我，我们都在钓鱼。哈恩钓我的鱼，在奥迪的项目上作种种优惠，好抓住后面的大鱼；我也钓他的鱼，抓住他的期望值，逼他在 3 万辆奥迪车上作更多的让步。

双方达成的商务条件是，组装 3 万辆奥迪的 1900 万马克的技术转让费先行搁置，如果到 1991 年双方达成 15 万辆高尔夫轿车的长期合作协议，这笔钱将免收。2100 万马克的模具先付 1000 万马克，其余算今后建立合资企业的投资。

也许，两位精明的企业家都达到了自己的目的，"钓鱼比赛"对手各有胜算。耿昭杰的精明在于：只花 1000 万马克就买到奥迪的整车技术，包括九种高难技术、人员培训、模具等。一汽的轿车项目终于有了一个好的伙伴，做到早起步、早出车；而哈恩则使大众公司在中国的"三大三小"轿车项目中独占"两大"——一汽和上海，为在 90 年代赢得中国 50% 的轿车市场做好铺垫。

耿昭杰和哈恩也因此成为至交。1988 年 8 月耿昭杰应邀访问沃尔夫斯堡，哈恩亲自开车去接。他送给耿昭杰一个礼品——一个火柴盒大小的照相机。哈恩说，耿先生，你带着它，可以在大众公司的任何地方参观、拍照，大众对老朋友敞开一切。

由于双方的诚意，一汽与大众的合资谈判四五个月就拿下来了，比起上海大众谈了六年，这是一个高速度。

三个月之后数以千吨计的图纸资料由沃尔夫斯堡发到长春时，一汽 3 万辆轿车先导厂的设备已开始安装，15 万辆轿车基地开始了前期准备，第一批散件组装的奥迪 100 新车也源源驶下总装配线。

当哈恩再次到长春参加奥迪总装线剪彩仪式时，耿昭杰送他两条织着老虎纹样的挂毯。哈恩问：中国的典故特别多，这两只老虎也有说法儿吗？耿昭杰回答了八个字：老虎下山，势不可当。

20 年过去，耿昭杰谈起当年通过技贸结合，引进奥迪技术，导出 15 万辆规模合资企业的初衷——就是在打造国际品牌的同时，壮大自己的自主品牌。他说，开放是一项长远方针，不能动摇，但是要合资与自主品牌两条腿走路。一条腿粗，一条腿细，并不是我们当年的设想。耿昭杰感叹道，从这一点来衡量，似乎哈恩在 20 年后得到的更多。

三、"三大三小"格局初现

一汽大众：后来居上

1990 年，恰逢一次严峻的经济调整，国内汽车市场跌入低谷，产品严重积压。恰在这时，中共中央政治局作出决定：严格控制进口小轿车，政治局、书记处成员和国务院常务会议组成人员，一律使用国产车。一汽赶上了，唯有它生产的奥迪够档次。

一汽并没有因奥迪的火爆，而放松了"大鱼"——与大众公司合资生产 15 万辆高尔夫—捷达普及型轿车的项目。

当得知大众在美国威斯特摩兰（Westmoreland）有一座已经停产的高尔夫生产厂，一汽派出总经济师吕福源和助手李光荣奔赴沃尔夫斯堡，就收购进行谈判。大众的要价是 3900 万美元，而一汽为这个项目能够筹到的钱只有 2000 万美元。谈了21 天，大众让到 2500 万美元，还是谈不拢，主人只好送客了。

在分别晚宴上，精通外语的吕福源听德国人在彼此闲谈中，谈起奥迪正因产

从美国搬回的捷达生产线成了一汽大众的起步台阶

量达不到保本点而要亏损裁员。吕福源想起出国前，拜访国家计委，得知国家将进口两万辆奥迪散件装车提供给公务用车市场。于是他神来之笔地把这条信息当作筹码，在餐桌上当即向大众提出：如果我大量买你的奥迪散件，你能不能把威斯特摩兰厂的设备送给我？

于是双方重开谈判，几天后达成的协议与双方初衷大相径庭：一汽购买14500辆奥迪散件，大众把威斯特摩兰年产30万辆高尔夫轿车的全套设备无偿赠送给一汽。折算下来，一汽只用了7%的钱买了这座工厂。

吕福源当即直飞美国，组织中国进修生着手接收大众高尔夫工厂，让美国人看得目瞪口呆。随后一百多名一汽员工来到威斯特摩兰，把上万吨设备拆卸、编号、装箱，运回长春原样重建。它成为了当时中国最先进的轿车装配厂。后来这座工厂又作为一汽投资的一部分，作价进入合资企业一汽大众，成为捷达轿车的生产基地。

13年后，吕福源担任了中国第一任商务部部长。

1990年11月20日，北京人民大会堂，一汽和大众合资生产高尔夫—捷达轿车的签约。次年，一汽大众公司成立。双方股比6：4。1995年11月，奥迪进入一汽大众，股比变更为一汽 60%、大众 30%、奥迪 10%。

1991 年底，一个阳光暖融融的冬日，首批在一汽大众公司生产的捷达轿车在北京亮相，我和《经济日报》一位女记者被邀请试乘。车上挂的是试车牌照，在长安街上这辆红色的捷达被警察拦住。我告诉他，这是一汽刚刚问世的国产轿车，希望能第一次通过天安门广场。警察兴味十足地把车里车外看了个够，最后打了个手势让我们通过。回到新华社我发出一条《国产捷达轿车首次驶过天安门》的电讯，向中国和世界宣布了中国汽车工业的一次新起飞。

"神龙"好事多磨

陈清泰在北戴河与决策者对话，二汽获得轿车工业"三大"之一地位。此后，二汽派员考察了欧美日多家汽车公司，最有合作诚意的是法国雪铁龙。面对中国最大的潜在伙伴，雪铁龙公司总裁甚至背水一战地表示，与二汽的合作如果再谈不成，就要解散国际部。为这次联姻的成功，雪铁龙同意拿出将在 1991 年上市的最新产品 ZX 车型与二汽合作。法国政府更是承诺提供政府贷款，并先赠款 2000 万法郎，资助项目的可行性研究，1988 年 7 月二汽与雪铁龙签订了 30 万辆轿车合资项目的协议书。

1988 年底，中国政府批准二汽同雪铁龙公司合作。

1989 年上半年，双方的谈判紧锣密鼓，5 月下旬，马跃、宋延光、宋祖慰飞抵巴黎，谈判进展顺利，ZX 车型有望在 1991 年在中法同时推出。

然而，天有不测风云，6 月 4 日，就在签约前两天，一场政治事件突然发生，法国加入西方的经济制裁，并宣布停止政府间的高层接触，二汽雪铁龙项目也被搁置。起了个大早，赶了个晚集。

这样，项目一放就是三年。1992 年 5 月 19 日，经过无数次失望与奋斗的回合，由二汽更名的东风集团与雪铁龙签约，成立合资的神龙汽车有限公司。东风占股份 70%，雪铁龙 25%，两家法国银行占 5%。总投资 103 亿元人民币，成为当时中国投资最大的合资项目。

直到 1995 年 9 月 8 日，首批富康轿车在湖北襄樊下线。神龙公司随后走出神农架，在远离十堰"母体"企业 500 里的武汉安了家。一个在当时规模最大、设备最先进的轿车厂在武汉经济技术开发区拔地而起。

神龙的建设思想是坚持高起点，力求缩小与世界水平的差距。并在合资轿车中首次打出中国品牌——神龙富康。车型选择90年代问世的1.36升的雪铁龙ZX轿车，保持与法国技术同步。富康车排量小，油耗低，速度快，驾驶平顺，并凝聚了风阻小抓地稳的水滴外形、后轮随动转向、抗撞击车身结构等一系列90年代新技术。

然而两厢车型在家庭轿车还是禁区的中国车市难以得到广泛认同，神龙从起步之初，日子就过得十分艰难。然而，在武汉1998年发大水时富康成为唯一能行驶的轿车；1999年在北京第一个获得绿色环保标志；并在国内第一个通过安全碰撞测试。富康的"第一漂"、"第一贴"、"第一撞"也为这款两厢车赚足了好名声。

"一号工程"上海大众

在90年代初期，日子最好过的当属上海大众。到1992年，桑塔纳已经累计生产10万辆，国产化超过80%，产品供不应求。腰包渐鼓的上海大众出资为中国足球队聘请了第一位洋教练——"施大爷"施拉普纳。

轿车是个赚大钱的产业，但它首先是个花大钱的产业。为了把有限的资金用在上海大众产能的快速提升上，上汽决定"壮士断臂"，把1958年起，从前身凤凰牌开始，不间断生产了34年的上海牌轿车停产，工厂并入上海大众。对这一抉择，是无奈，是惋惜，至今众说不一。

中德合资双方追加注册资本，并且投资25亿元开始了上海大众二期改造，将被兼并的上海汽车厂改造成为年产9万辆的大众二工厂。这一项目后来被确定为上海市市长亲自挂帅的"一号工程"。在中国经济新格局下，倾全市之力支持的地方企业比中央企业表现出明显的发展优势。

建设二工厂，为的是投产一款新车型。当时，桑塔纳的后排空间已经难以满足公务用车乘坐者日益提高的需求，开发新车提上日程。

1992年3月，上海大众派出的秦仲年等九人小组，远赴巴西圣保罗，参与大众、巴西拉美汽车公司的联合开发团队。其目标是按中国市场需求，在拉美公司成功开发的斯普鲁斯轿车（也是桑塔纳底盘）基础上，设计一款拉长车身，提升舒适性的新桑塔纳。这也是中国汽车业第一次参与国际轿车产品的开发设计，尽管观摩、学习流程的成分多于动手设计。

1994 年 10 月 10 日，龙柏饭店，上海大众成立 10 年的庆典上，中国轿车合资企业涉足开发的第一个成果——桑塔纳 2000 首次亮相。

我的第一次国内试车经历就是试驾桑塔纳 2000。从兰州出发，沿丝绸之路驶向大漠与戈壁之间的敦煌。宽畅、舒适、动力十足的桑塔纳 2000，在大戈壁上撒欢儿地追逐天际线上飘忽浮动的海市蜃楼，成为我一生中最难忘的驾车经历之一。

是年，上海大众已经把当初 3 万辆的规模限制甩在身后，率先达到 20 万辆的产能，当之无愧地跻身中国轿车的“三大”之列。

“三小”的小康生活

在 90 年代，中国轿车“三小”，特指天津夏利、广州标致、北京吉普三个地方项目。

1984 年，天津引进日本大发技术生产微型面包车。两年后，作为一种变形车，引进了大发刚刚投产的 1 升排量夏利微型轿车。邓小平看了夏利，夸赞不错，于是这个车型就小打小闹地干起来。1987 年，夏利入围“三小”，更是埋头苦干，到 1994 年，已经形成 5 万辆的生产能力。

天津夏利，成为唯一不是合资的轿车产品。

作为一款三缸普及型轿车，夏利的技术水平不算高，小故障多，也没有中高档轿车的舒适气派。然而，对于百姓大众来说，夏利是继“面的”之后享受轿车文明的一个台阶。夏利价格不到 10 万元，省油，车身短小灵活，维修成本低，颇受百姓待见。当时中国出租车保有量中天津夏利占了 39%，坐了头把交椅。

90 年代初的广州标致，可以乘坐七人的标致 505 旅行版风行一时。我去广标采访，喜好飞行伞和开快车的法方总经理孟高飞、温文尔雅的中方副总经理刘煜伟都和我成为朋友。孟高飞抱怨当时的主产品标致 505 比桑塔纳大，配置先进，国家审定的价格却比桑塔纳低。

广标的工厂让我印象颇深，墙面上涂着彩色波浪色块，没有一般工厂车间的沉闷与单调。广标还创造过国内轿车业的两个第一：最早的多车型混线生产——轻卡、三厢轿车和可乘七个人的旅行轿车；最早的整车出口返销。

但是 3 万辆的规模，多车型带来的高成本、双方股东投入不足、国产化零部件配套体系薄弱，都给它埋下日后衰落的伏笔。

北京吉普的切诺基，堪称当时的高端车型。SUV 的概念那时候还没有形成，作为一款拥有越野性能、乘坐舒适、外形阳刚的美国吉普代表作，在国内不乏忠实的拥趸。

然而当年公务用车占绝对地位的市场，受国家经济政策波动的影响甚大。市场"过山车"般地变化，往往让企业伤筋动骨。

1990 年春寒料峭，国家治理整顿的高潮中，控制集团购买力雷厉风行。一向门庭若市的北京吉普公司，突然变得门可罗雀。经过五年艰难的爬坡，是年，该公司的生产能力已经达到 15000 辆，然而时至 4 月中旬，各地拿到"控办"批件允许购买切诺基的用户，购车总量只有 48 辆。按照生产计划，一辆辆崭新的切诺基每天仍旧源源不断地开下生产线。入夜，厂区的停车场寂静得像一座苍凉的坟场，只有西北风在黑魆魆的车影间打旋。

星移斗转，一年过去，国家只是稍稍调节了"整治力度"，形势便 180 度大转弯。刚过一季度，北京切诺基全年的产量便悉数订出；公司的另一个本土越野车型——生产了近 30 年未作换型的"北京 212"更是火爆。1995 年北京吉普年销售 8 万辆，成为此后再也没有跨越的最高峰。

亚柯卡的忠告

在中国改革开放之初，中国人听说克莱斯勒，大概都是源自其总裁亚柯卡的一本自传《反败为胜》。这本书写出一个身处逆境的企业家奋发图强，东山再起的经历，曾给当时中国经济界人士，尤其是在几乎刚刚诞生的"企业家"阶层，犹如一种启蒙读物般的警醒。亚柯卡自传的各种译本在中国印行了640万册，他在中国一下子成为超级名人。

今天是我的生日

1988 年，亚柯卡以克莱斯勒总裁身份访问中国，在中国舆论界引起一阵轰动。但是很少有记者获悉无比精明的他刚刚败在德国人手里，痛失一次大举进入中国汽车业的内幕。

几十家报刊提出采访亚柯卡，令接待部门应接不暇。在记者招待会上，记者不断问起克莱斯勒与中国汽车界的合作。亚柯卡却是顾左右而言他，他倒乐于谈论关于对糖尿病治疗研究方面的资助——他的一位亲人死于此症。

今天，10 月 15 日，是我 64 岁的生日。我过去不曾想到，会在中国，在北京的人民大会堂，与中国企业界新闻界的同行们交流，以此来度过生日这一天。可见，地球越来越小，交流使人们接近。

让我谈对北京的印象？唔，北京的烤鸭很好吃，我吃了不少。

印象最深的？是中国的开放。我去登长城，不少人认出了我。学生，甚至军人主动和我交谈，谈我的书，问我许多书以外的情况，他们什么都想知道。

领导人？他们是坦诚的，敢讲问题。合作中的许多事，虽然一时还没有找到解决的办法，但我在过去一周里至少有了中国朋友。

不是翻阅旧笔记，我不会相信这是亚柯卡在 20 年前说的话：

地球变小了，世界经济正不以人的意志为转移地出现融合、渗透、合作和分工的趋势，人类在原料、技术、发明、市场等方面，从来没有像现在这样相互依存。但是竞争也日益激烈，一统天下的好日子没有了，只能拿出最好的产品，别无选择。以前，我只想到与通用、福特汽车公司竞争，没想到和日本人、韩国人竞争，我错了；以前，我认为最优秀的汽车设计总是底特律的，我错了；以前，我认为落后美国几代人的国家是不可能追上来的，我错了……

中国变革的速度是由中国人民决定的，作为一个外国投资者，需要运用东方智慧中最重要的一条经验：耐心。这对我们美国人是困难的，耐心不是美国人的长处，我们一看准机会，就马上行动，急不可耐。克莱斯勒期待与中国汽车界的合作，我希望看到合作的成功。今天我这样说，也许是因为今天碰巧是我 64 岁的生日，是不是因为我老了，急于看到收成？

亚柯卡说得很动情，许多记者迷惑不解，他们哪里知道这背后的故事水有多深。

大意失荆州

就在亚柯卡到京的第二天，我见到中国汽车联合会理事长陈祖涛。我谈起那天上午在钓鱼台采访了亚柯卡向 1990 年亚运会捐赠道奇轿车的仪式。我作为在场的唯一记者，强烈的感受是仪式的简短和低调。

"他来中国做不成买卖。"陈祖涛说，"他只是试着看看能不能兜售他们的轻型飞机。在汽车方面，我们和克莱斯勒不会再打交道，这一点他也很清楚。"

不知道是出于大意还是傲慢，克莱斯勒虽然卖了一条发动机生产线给一汽，却在中国人格外看中的第二代红旗轿车的筹划中，被大众摘取了似乎本该掉在亚柯卡嘴里的桃子。

我曾想，如果顺水推舟，以道奇 600 为契机，进入中国中高档轿车市场，亚柯卡无疑在他奋斗史上添加更富传奇色彩的一笔——克莱斯勒敲开了世界上这个人口最多，而人均轿车占有率最低的市场大门。只是由于在国际激烈竞争中的一念之差，昨天"反败为胜"的亚柯卡，与这一机遇失之交臂，风光不再。

跨越时空的真知灼见

亚柯卡就是在这种不大舒心的时刻来到中国。幸好，不久前克莱斯勒兼并了生产吉普车的美国汽车公司，因而成为合资企业北京吉普公司的股东，这为他的中国之行添加了色彩。

记得在人民大会堂的发布会上，有记者请他以第二本自传体著作《实话实说》的坦率态度，谈一谈对于中国汽车业的建议，亚柯卡的眼镜片后面闪过一道隽永而幽默的光：

> 如果我当初选择的职业不是实业而是记者，那么我关于 21 世纪的书，大部分将在中国写出。在座的诸位正在写出这部书的第一章。中国正在小心翼翼地进入世界市场，幸运的是，他们有许多前车之鉴，他们的目标是繁荣，而不是失控。这方面，我对中国同行有四点建议：
>
> 一、不要让别人不合理地剥夺自己的市场。与其大量地买车，不如投资买技术，修道路，造汽车。与三十多年前比，向中国转让技术已经很容易，这就使中国人不必花大量的投资去重复西方在开发新技术时走

过的弯路。

二、制定有自己特色的发展规划。美国汽车工业曾经出现过忽视节油、忽视污染等问题，走了弯路，补救起来又要花大钱。中国应该从各国发展汽车的教训中找出捷径，避免重蹈覆辙。

三、集中精力搞好专业化生产。我在中国看到了美国30年代汽车工业的模式，产量不大，但是几乎所有零件都在一家工厂里生产。而今天美国的汽车工厂，70%的零部件从专业工厂外购，他们的雇员是汽车厂的四倍。汽车厂集中人力财力，干关键部分，以大批量低成本赢得竞争力。

四、鼓励创新。现在世界充满创新精神，克莱斯勒为此制定了一系列措施，减少文牍、会议，鼓励革新创造，这样做才能让一个企业充满活力，聚集英才。

我曾三次见到亚柯卡。他高大魁梧，比他那本自传中译本上的照片显得有些老态。眼睛和嘴角组成他特有的一副迷人表情。与中国官员接触，他有些拘谨，任由那些紧张活跃的礼宾官员摆布；而面对中国记者，他挥洒自如，言语隽永机智，甚至不无嘲讽。

亚柯卡来去匆匆。临走前，他说，过两年要来北京观看亚运会，但是好像他再也没有来。在一汽轿车项目上亚柯卡失之交臂，已是中国汽车界尽人皆知的故事。但是亚柯卡的这些建议，直到今天对中国汽车业依然堪称真知灼见。

1986年1月，北京海运仓总参招待所，全国汽车行业会议已经开了三天。副总理李鹏在总结发言中非常意外地脱稿提到了家庭轿车的预期。他说：再过几年，人民富裕了，一部分先富起来的家庭就可能有买车的需求。作为应对，现在就该着手开发轻型的家用轿车了。李鹏提到家庭轿车的价格是大约五六千元，当时从东欧进口的微型轿车菲亚特126P也就是这个价位。

这是国务院领导人首次谈到家用轿车。凭着一种新闻直觉，在正常会议报道之外，我摘出这一段写了一篇消息《发展轻型家用轿车要提上日程》。新华社当然不能发表，我把稿子给了挂靠《光明日报》的一家小报《首都经济信息报》，没有想到报纸把这条消息在头条刊登，中央人民广播电台也随即在清晨黄金时段《首都新闻和报纸摘要》节目中播出。早晨我一到办公室，立即受到批评：如此敏感的问题，怎么能随便捅出去？

当时，名人、明星、社会上"有路子"的人，经过特批，可以通过友谊商店购买外国使团淘汰的"二手车"。两三万元一辆，这是"文革"后最早的私人轿车。轿车，对于每个月几十元的工薪族来说，买不起，更是无权享用，只能是一个遥不可及的梦。

一、造梦前传

"领航产品"与"官车之累"

随着新中国诞生，私家车作为资本主义的象征，被严加限制，当年资本家的那些外国老爷车虽然动得起来，却也是停多开少，直到"文革"中彻底绝迹。1966 年夏，京剧艺术泰斗马连良在北京被殴打羞辱至死，其"罪状"之一，就是还保有着一部私家轿车。

与私家车对应的是公车，其实是按级别分配的官车，省部级以上坐"红旗"，厅局级干部坐"上海"，按照严格规定，1984 年以前，县团级不能坐轿车，只能坐"北京 212"吉普。在"狠斗私字一闪念"的年头，"私有"就是资本主义，就是一种反动，人们唯恐避之不及。80 年代初，新华社主办的时事刊物《半月谈》，还在讨论农户是否可以拥有自己的手扶拖拉机。直到 1984 年，国务院文件才正式允许农民拥有作为生产资料的机动车，这竟是一个划时代的突破。

中国汽车联合会理事长陈祖涛
是轿车进入家庭最早的提倡者

轿车，不是生产资料，是"奢侈品"。私家轿车，除了北京、上海的个别名人购买的外国驻华机构的二手车。新车，一般人不敢想，有钱也没处买。后来通过灰色渠道，从东欧易货贸易进口了一批微型车，投石问路。

长期以来，即使公开谈论私人轿车，也是一个禁区。

1987 年 6 月，国务院撤销了中汽公司，由中国汽车工业联合会取而代之。陈祖涛任理事长。中汽联的一个历史性功绩，就是推进了轿车工业的建立，继而把轿车进入家庭的准备提上日程。

陈祖涛是中共早期领导人之一、红四方面军政委陈昌浩之子。11 岁被从延安送到苏联国际儿童院，1951 年从苏联莫斯科包曼高等技术学院机械系毕业回国，不久便被派作驻苏代表，联络苏联援建一汽事宜。1955 年起，先后担任一汽技术领导工作，1965 年筹建二汽，并成为第一任总工程师。

学者型的陈祖涛，以及他的搭档之一 ——副理事长薄熙永，观念开放，思路缜密，长于大布局的构架。与他们的密切交流，对于我的整体汽车观念形成产生了很大影响。

中汽联刚刚起步的 1988 年，改革进入攻坚阶段。计划和市场的价格双轨制，引发"官倒"盛行。钢材、铝锭等原材料放在仓库没挪窝儿，几经倒手，价格就打着滚儿翻了几倍。是年春夏，国务院决定放开部分产品的价格管制，实行"价格闯关"，由此引发了一次空前的通货膨胀。老百姓恐慌了起来，为了保值，四处抢购。毛线、肥皂、火柴，甚至油盐酱醋都成了抢购囤积的对象。抢购风潮和通货膨胀的叠加让普通百姓苦不堪言，体制、利益、发展道路的多重矛盾交织，形成了次年那场"动乱"的温床。

为了把居民储蓄总额这只"老虎"重新关进"笼子"，呼唤一种与国家整体经济技术水平相适应，并能产生裂变效益的"领航产品"，已是当务之急。

20 世纪 60 年代初，各地曾以五六元钱一斤的"高级点心"、"高级糖"回笼货币；70 年代，售价百元级的手表、自行车、缝纫机成为供不应求的"三大件儿"；80 年代，千元级的冰箱、彩电、录音机又风靡一时；临近 90 年代，亟待寻找一种万元级、技术含量高、产业覆盖面广的工业品，作为国民经济的"领航产品"。不少有识之士的目光锁定以百姓消费为主的家庭轿车。

1988 年初，陈祖涛向我谈到，改革开放造就了五六百万"先富裕起来"的人，他们和百姓一起挤在狭窄的消费领域里，必定激化通货膨胀；如果 10%—15% 的富人选择私人轿车作为代步工具，中国轿车业就会增加 40 万—60 万辆的需求量，并且为过于集中的消费打开一个泄洪口。开发这个新市场，有两件事情必须要做，一是政府出台相关政策，鼓励私人买车；二是应该提前安排私人轿车的生产规划。几天以后，我在新华社《经济参考》上撰文《鼓励小轿车进入富裕家庭》，详细推介了陈祖涛的思路。

当时，解开经济生活中的另一个"怪圈"，也需要"轿车进入家庭"这把"金钥匙"。

公车，公款购买、官员乘坐的轿车，曾占国内轿车保有量 99% 以上的绝对优势。几十年来，中国人把这一点视为天经地义。然而，"公车"日渐把经济拽进一个可怕的"怪圈"："国家"从一个口袋里掏钱造轿车，从另一个口袋里掏钱把轿车几乎全部买下。轿车造得越多，买车花的钱越多。到了 80 年代中期，随着"公车"数量的激增，档次的攀升，"国家"日益不堪重负。

1987 年底，一则来自财政部的爆炸性新闻刊登在《人民日报》头版头条：当年 1 至 10 月，全国社会集团消费比上年同期增长 20.2 %，为全国性的"超前消费"带了一个坏头儿，亟须整顿，亟须制止。其中，购买高级小轿车尤为突出。与 1981年相比，全国集团购买小轿车数量增加 6.2 倍，资金增加 14.5 倍。各单位追求进口车、豪华车、超豪华车，用巨额外汇来满足这种难以填平的欲壑，更是一种极大的社会问题。

是年，公款购买轿车年支出已经占到社会集团总支出的七成。针对公车消费攀比之风愈演愈烈，中央频频发出通知，严禁党政机关超标准用车。在中央"控办" 19 种严格控制公款购置的商品中，轿车被列为第一号目标。然而，严控的结果，却是国家刚刚投资建设的轿车合资企业销量跌入低谷。

只有改变官车一统天下的消费结构，引进私人消费，才能够形成从生产到消费的良性循环，走出轿车生产越多，国家负担越重的怪圈。

崇山峻岭中的会师

中汽联当时正急切地寻找着家庭轿车的"突破口"。

贵州，古称"夜郎"国，山川阻隔造成的地域和见识的封闭，曾在历史上落下"夜郎自大"的话柄。初冬，在绿中微微有些泛黄的山岭河谷间曲折盘旋的公路上，行驶着一支长长的车队。应航空航天部部长林宗棠之邀，中汽联理事长陈祖涛，副理事长吴时仲、李银环、薄熙永，中汽进出口公司总经理朱伯山来到贵州考察。他们把分布于 13 个市县、几百平方公里的飞机和导弹工厂一一走遍，各类磋商几乎通宵达旦。

贵州的新闻媒体都没有报道这一系列考察与磋商，虽然省委书记胡锦涛分别与林宗棠和陈祖涛会谈。参与会谈的人很少，只限于两位行业领导人的助手。我被邀旁听——作为汽车工业的老朋友，没有报道任务，只是了解情况。

60 年代，"冷战"阴云笼罩全球，继而中苏关系交恶，台海形势紧张，"要准备打仗"成为统率全局的国策。军事工业成为重中之重，沿海战略工业内迁，"三线"建设如火如荼。毛泽东说，三线一天建不好，我一天睡不着觉。结果，倾注当时全部国力，选拔一流人才，来到中国腹地的大山深处，喝盐水，住草棚，一座座军工企业在"三线"拔地而起。

然而到了 80 年代末，世界吹起缓和之风，武器订单锐减，大批"三线"军工企业被冷落。产品结构的先天不足，交通和信息的闭塞，使他们在商品经济的大潮里举步维艰。在当时的许多"军转民"展销会上，这些尖端技术企业，往往只能靠推出简易面条机、磨刀器、电热梳维持生计。

在贵州的崇山峻岭中，当我们穿着白罩衫，经过三道门卫走进地下的导弹产品库，看着工厂制造的最后一批导弹静静地排列在支架上，银白一片毫无生气的时候；当我们的汽车在空旷的战斗机试飞跑道跑出最高时速的时候；当我们参观隐蔽在深山之中的风洞实验室、三坐标测量仪、数控组合机床等汽车产业尚未配备的一流设备的时候；当我们接触到那些知识密集度最高的技术队伍的时候：我深深感到，"铸剑为犁"已经刻不容缓。

考察后，一向以表态谨慎著称的航空航天部部长林宗棠十分坚定地说，面临军事订货大幅度削减的航空航天工业必须以民品养军品。作为全行业的拳头民品，汽车是最好的选择，因为只有汽车可以发挥航空航天多工种、群体化的优势。今后，中国的航空航天工业在民品生产中，要拿出 50% 的力量搞汽车。

汽车行业遇到一支作风过硬、人才济济的生力军，航空航天抓住了一个英雄有用武之地的主导民用产品，两大部门不谋而合。

陈祖涛和他的团队向航空航天业提出了一项重要建议，航空航天业不要拷贝仿制合资企业的现有车型，应该协作生产，进入国内尚属空白的微型轿车新领域，以此撬动家庭轿车市场。

航空航天业、汽车业和贵州省三方达成初步意向，组成联合汽车公司，先生产汽车零部件，在条件成熟时报请国家立项生产微型轿车，微型轿车的总装厂就利用贵州航空工业总公司的飞机装配厂房。

"斯巴鲁 360" 铸剑为犁

1989 年 1 月 7 日，北京奇冷。一早，从北京直飞东京。那一天，日本裕仁天皇去世，东京街头没有了霓虹灯的闪烁，在高处，只见来去一道白色前灯、一道红色尾灯连缀的相向行驶的两道车流。

也许这是中国派出的第一个家庭轿车考察团，目标是微型轿车。团长是朱伯山，代表团的主要成员是来自航空航天在贵州 011、061、010 等几个重要基地的一把手。考察团里，我的身份是中国汽车工业联合会调研员。考察的日本企业分别是富士重工、五十铃和丰田。

考察过程中，对我冲击最大的，是在群马县的富士重工总部拜会被称为"日本国民车之父"的百赖晋六先生。

富士重工的所在地曾是一座飞机制造厂——中岛飞行群马工厂。在"二战"时期偷袭珍珠港，乃至整个太平洋战争中，日本海空军的主流机型——"零"式战斗机，就是在以这座楼房为中心的工厂里大量制造的。斗转星移，今天楼房前簇拥着一片绿色的静谧，呈现着一片历史的沧桑感。

当时 78 岁的百赖先生，有着清瘦而挺拔的身板，皓发银眉下是一双炯炯有神的眼睛，深蓝色条纹西装，端正的银灰色领带，显示出一个拘泥礼节的日本老人的一丝不苟。他坚持要站着讲话："诸位先生来日本，是调查微型轿车的，但是我听说在诸位中间，有飞机设计方面的专家，这正是我四十多年前从事过的老行当，应该说，我们会有更多的共同经历和共同语言。"

我身边的贵航总经理孙瑞胜，就是一位优秀的设计师。由他主持设计的 F7T 战斗教练机，是一种具有实战火力配置的现代化喷气式飞机，曾获得国家最高质量奖。

此刻，作为贵航一把手的老孙考虑最多的，正是由于军事订货锐减，300 架飞机的年生产能力，现在只有几十架的订单。

从安顺到遵义，深山中聚集了全国科技人员比例最高的一支尖端技术队伍。这是中国最稀有的一笔无处引进、高价买不来的"战略物资"。如何运用航空航天业人才和技术优势，迅速推出一个新的支柱产品，担子压在代表团里几位老总的肩上。

人才，也是日本在战后得以迅速实现经济复苏、腾飞的关键。

"二战"结束，"中岛飞行"被解体为十几家民营的小公司，转为和平产业。富士重工的前身——富士汽车株式会社便是其中之一。公司拥有的一批飞机设计师的头脑成为公司最宝贵的资产。

战后，日本民众的运输工具十分匮乏，1952 年，曾经是飞机设计师的百赖晋六先生受命带领一个班子，开始设计发动机排量 360 毫升的微型轿车——斯巴鲁 360。

"轿车，在当时大多数日本人看来，还是一个远在天边的奢望。"百赖老人悠悠地说，"那是一段靠红薯和竹笋充饥的日子，在战争刚刚结束的头两三年里，个人的交通工具主要是自行车，有一辆摩托车就很让人羡慕了。我们公司只有一辆老式轿车，而且还是烧木炭的，走走停停，出不了远门。当时，我们抱定这样一个很平凡的念头：要造出一种取代自行车的私人小汽车。虽然简陋，但是全家人出门，再也不怕日晒雨淋，不受风雪之苦，这也许是百姓们觉得一辈子都未必能够实现的奢望。抱有这种奢望的人，一万个日本人中间可能还不到一个，这正是我们的小汽车赖以生存的基础。"

百赖在公司的计划会议上提出新车的设计原则：一是能轻易地坐下四个大人；二是价格压在 40 万日元以下，因为专家们测算，每个乘员 8 万元是日本摩托化的基础线（当时大学毕业生月收入是 8000 日元）；三是省油，发动机排量在 360 毫升，相当于两辆摩托车；四是耐久性、加速性、爬坡能力不低于卡车和大客车，改变人们以为微型轿车像个玩具的印象。

"战后，日本的道路非常坏。美国曾派道路调查团到日本，一看吓了一跳，有的被称为国道的路段，连美国道路的计划用地都不如，汽车连 60 公里的时速都跑不起来。我们的斯巴鲁起步时就是瞄准这样的条件设计的——出于造福广大国民的考虑，又能为广大国民所接受。"百赖老人说。

前一天，我们曾在富士重工的产品陈列室里见过真正的斯巴鲁 360，这是一辆米黄色流线型轿车。即使用今天的眼光看，它仍有许多可爱之处，小巧中似乎有一种通人的灵性。

这辆车的构思，飞机设计的特长的确发挥了优势：为了有效利用乘坐空间，刹车踏板移到前轮中央，独特悬架，发动机后置，硬把车内空间拉长了 30 厘米；为了减轻车重又不降低强度，外壳采用了曲面薄钢板，坐椅架是铝合金的，顶盖采用了刚刚普及的塑料，后窗选用有机玻璃。

对每个总成的设计小组，总设计师百赖都下达重量限定。这些都是从飞机设计程序中移植过来的。据说，在同一时期，日本有另外 10 家公司也在设计微型轿车，但多数因为达不到预期效果而歇手。从汽车史上看，斯巴鲁 360 在技术上也有许多突破，对美国和欧洲的汽车设计也提供了借鉴。

50 年代初，围绕日本是否应该生产轿车，通过广播电台展开了一场几乎是全体国民参与的大辩论。在通产省的支持下，由一批年轻人组成的"官厅经济学派"提出"轿车救国"的口号。他们主张，政府应该选择和扶植可以带动经济全面发展的支柱产业，把日本的劳动力优势和先进国家的科技成果结合起来，造成进出口的良性循环。只有这样，资源贫乏的岛国日本经济才能起飞。

1960 年，日本通产省提出了"人人有车"的国民车构想。

从 1958 年到 1970 年，斯巴鲁 360 一共生产了 45 万辆。在轿车更新率极高的 80 年代，全世界老爷车爱好者竟还完好地保养着 9000 辆斯巴鲁 360。当富士重工在群马举行斯巴鲁 360 诞生 30 周年纪念活动时，有数百辆斯巴鲁 360 从世界各地开来，蔚然成一大观。

在东京和群马，经过三轮谈判，中方与富士重工达成了引进技术和部分设备，

水彩画：精巧可爱的斯巴鲁 360。从 1958 年到 1970 年斯巴鲁 360 一共生产了 45 万辆

世纪之交，在柏林街头，还可以见到东德生产的"特拉比"，国民要登记等候数年才能买到

菲亚特 500 是"二战"后意大利人的家庭成员，到了 2005 年，两个意大利青年竟能把这个宝贝从都灵一路开到北京

波尔舍早在 1937 年为大众公司设计的"甲壳虫"原型车，成为国民车的经典，外形元素至今还是时尚

雪铁龙"二战"前开发的家庭车 2CV，被藏在一个干草棚里才逃过战火得以留存。远景是未经重新修复的 2CV

宝马 1955 年到 1964 年生产的微型车 Lsetta，小巧到乘客要从车头正前方的门上下

在贵州生产汽车零部件和微型轿车的初步意向。

划天而过的"小卫星"

鲜为人知的是，20 世纪 50 年代末，在北京的街头也曾出现过同斯巴鲁 360 大小相仿的国产车型——"卫星"牌微型轿车。

1957 年 10 月 4 日，苏联发射了世界上第一颗人造卫星，在太空竞赛中抢了美国人的风头，于是"卫星"一时成为社会主义大家庭引以自豪的热门词汇。中国的工厂、农业社、产品甚至新生儿，取名"卫星"者不计其数。"卫星"又与"微型"谐音，中国第一辆微型车以"卫星"为名，更加合情合理。

在"大跃进"的那次汽车热中，"卫星"是唯一为中国普通老百姓开发的轿车。然而，它得以出世，是绕过了进入家庭的禁区。

"用微型轿车代替人力三轮车"，总理周恩来曾作过这样的批示。他甚至陪同朝鲜首相金日成参观并乘坐了小"卫星"。注重细节的周恩来甚至规定了"卫星"微型轿车的成本，以保证作为出租汽车的小"卫星"，每公里的收费保持人力三轮车两角钱的水平。

清华大学动力机械系汽车专业的师生是小"卫星"的研制者。那是一个浮夸盛行的年代，报刊上充斥着今天凭借常识也能识破其荒唐的"新成果"，但是，师生们研制"卫星"的过程却是科学而严谨的。在老师的指导下，前后几届学生参加过"卫星"轿车的设计，并分为发动机、底盘、车身、附件、工装等多个专业组，前后试制了 7 个车型。

1958 年 10 月，周恩来在中南海亲自审看了样车，并且批准了微型轿车成批生产。

后来曾经因为生产"北京 130"轻卡而出名的"北二汽"，当时是北京交通局下属的"二里沟汽车修理厂"，离清华大学不太远，被确定为微型轿车制造基地。

当时的资金是充裕的，"北二汽"作为模范汽车修理厂，拥有许多技术高手，对微型轿车的试制出力不少。特别在早期设计经验不足，加工精度达不到要求时，修理技术弥补了制造上的弱点，使所有微型轿车最后都能动起来，开出厂门。

"北二汽"生产的小"卫星"是清华大学师生设计的第五个车型，长 2.7 米，宽

1.25 米，轴距 1.4 米；双门；重 440 公斤；最高时速 60 公里；风冷对置两缸发动机，排量 410 毫升，每百公里耗油 4.5 升。

虽然中国老百姓对当时研制出的"东风"、"红旗"高级公务用车发出由衷的欢呼，但小"卫星"才是他们能够享受到的轿车。北京市政当局首先安排"卫星"在刚刚建成的北京火车站和儿童医院等处取代三轮车运送客人，而且坚持按每公里两角钱收费——当时，人们的收入还很低。

然而，谁能想到，从某种意义上说，正是这不可动摇的两角钱，最后竟断送了小"卫星"的前程——为了降低微型轿车的成本，离合器是离心式自动离合，皮带传动，而没有运用一般汽车的齿轮传动。小"卫星"投入出租汽车运营不久，就暴露出严重的质量问题。发动机故障多，噪声大。而皮带问题更严重，三天两头出现断裂，使轿车走走停停，远不如人力三轮车让人乘着放心。

后来又开发了第六和第七个车型，第七型按照东德的"特拉比"(意译也是"卫星")塑料壳轿车测绘，变成四门，准备提高发动机功率而终未实现。

同是 1958 年面世的斯巴鲁 360 在日本成为一代名车，而小"卫星"在中国划天而过。

到仿制"特拉比"时，"北二汽"靠多年修理汽车积累的资金被微型轿车逐渐耗尽，加上"大跃进"之后出现的大饥荒，小"卫星"只有一条路——下马停产。停产后，一些试用单位仍然把"卫星"沿用了两年时间。

少年时的我曾在北京天文馆后面的铁道边，看到荒草里堆成小山的"卫星"残骸，任凭日晒雨淋。时至今日，当年生产的 200 辆"卫星"牌微型轿车竟连一辆样车也没有留下。

顺便说一句，已经成为老爷车的特拉比，直至今天在德国还能见到。许多在东德长大的德国朋友，对特拉比充满感情，它是一个时代、一种制度的象征。1989 年两德合并前，东德普通百姓家庭，最大的愿望就是轮候购买一辆特拉比的资格，为此也许要登记等候好几年。很像同一时期，中国人在单位抽签分配一张自行车票。尽管东德在东欧社会主义大家庭中属于最富裕的国家，但是特拉比造得小巧可爱却异常简陋，车门竟是硬纸板做的。德国朋友说，特拉比甚至没有收音机，人们在车里也不会交谈，因为轰鸣的发动机噪声压倒了一切。

30 年之后的 80 年代中期，以"军转民"大规模生产摩托车的成功为契机，江南机器厂、江北机器厂、秦川机器厂、益民机器厂等一批兵器工业企业，在很短时间里相继研制了新一代中国的微型轿车。

1986 年夏天，我去报道兵器工业"军转民"的成果展览会，农展馆广场上，最抢眼的就是一排微型轿车。尽管这些轿车设计得都过于小巧且略显简陋，参观展览的国防部部长张爱萍将军还是兴致勃勃地钻进车里，感受一下乘坐的滋味。

当时兵器工业依托引进技术生产摩托车，已经硕果累累，这一代微型轿车可以说是摩托车升级而来，它们的可贵之处是瞄准进入百姓家庭。发动机排量从 450—550 毫升，是真正的"小排量"。有趣的是，在当时兵器工业部部长邹家华的提倡下，兵工企业的微型轿车大多采用了复合材料，自重只有 450—650 公斤。

然而，当时的中国军工企业尚未走出封闭，对于当代世界微型轿车的水平和流行趋势知之甚少。比如，有的车型的后排座位只是两个相互面对的方凳，显得有些简陋、粗糙。且不说，自谋生路生产微型轿车，巨额投资哪里来？市场在哪里？尤其无法获得国家的立项审批更是一个死结。在中央决策建立中国轿车工业前夜，中国微型轿车的第二轮"试跳"又告失败。

1989 家轿思考：但愿不是一个梦

就在我们考察日本汽车业的同时，新华社《瞭望》周刊 1989 年第 2 期发表了我的专稿《但愿这不是一个梦——轿车私有化的思考》。那是在中国中央一级报刊上最早刊登的论述推动轿车进入中国人家庭消费的文章。

当时，我提出的设想主要出于经济领域的考量。从过于集中的消费投向造成的通货膨胀，从公车造成国家财政的不堪重负，从产业结构升级，从城市化发展等角度，提出了打破禁区，尽快引导轿车进入家庭的必要性和可行性。在那篇文章中我写道：

> 不妨做个倒推理来打破僵局：如果逐步尝试在中国实现轿车私有化，又会怎样？
>
> 一部分先富起来的人赚了钱没处花，和那些工人、教师、公务员一

1989 年 1 月 9 日，新华社《瞭望》周刊发表了李安定的文章《但愿这不是一个梦》，在中央媒体第一次鼓吹打破轿车私人消费的禁忌

样，都把钱投向吃、穿、用。不平衡的收入水平，过于狭窄的消费领域，副食和消费品价格不抬起来才叫奇怪！为何不打开轿车私有化的闸门？住房商品化，好比取消粮价补贴，事关家家户户；轿车私有化，好比名烟名酒提价，愿者上"钩"，非但不危及老百姓的菜篮子，反倒为平抑物价开了一道泄洪闸。

私人买轿车，并非一次性投入。养路费、保险金、停车场建设费，零件更换等仍会继续消费。目前一些新建的收费公路，跑的都是公家车，修路、买车，国家要掏两笔钱。只有轿车私有化，才能真正把人民的消费资金变成国家的建设资金。在日本，70%的公路建设费用来源于私人汽车的收费，难道不能给人以启迪吗？

今天，由公家配车上下班的官员已有十多万人*。其实，国外的做法不妨引进：除了国家高级领导人和老干部，对大多数属于配车范围的官员和

———————————
* 这是1988年的数字。——作者注

中小企事业负责人的公车逐步实现私有化，由国家按车价的一定比例给予补贴。提倡领导干部私人买轿车、亲自开车。一能大大压缩集团消费，二能改善干群关系，三能根治公车竞相豪华的攀比之风。日益年轻化的领导干部对这一做法大概也会欢迎。

国务委员邹家华看到《瞭望》周刊上的这篇文章，作了一段批示："已经有人买了私人轿车，也有不少人想买。现在的问题是没有合适价格的车。应该对促进微型轿车的发展制定一个规划目标，可以多利用军工企业的力量，最好走塑料或玻璃钢的路。"

今天我们不能不感慨中国经济的沧桑巨变。说实话，私家车在当年的确是个遥不可及的梦想。真像百赖先生所说 1950 年前后的日本，敢做家轿梦的人一万个人中间也许只有一两个。我把梦想写在纸上，还是受到皮尔卡丹中国代表宋怀桂女士的一席话的启发，她说，如果有人问我，能不能摘下天上的星星，我不会急着说不，我会说，让我们试试看。

然而，不久后发生的那场政治风波，以及事后姓"社"姓"资"的争论又波及经济领域。有人甚至把"房改"也作为"资产阶级自由化"来批判，幸而有人赶紧找到邓小平早在 80 年代初论及"房改"的讲话作挡箭牌，才化险为夷。在这种情况下，发展私人轿车，缩小公车比例的设想自然被束之高阁。

1991 年底，经济紧缩政策有所松动，国家经济主管部门开始考虑微型轿车的布点。朱伯山抛下令人羡慕的中汽进出口公司总经理的职位，孤身一人来到大山之中的贵州航空工业基地，担任了联合汽车公司第一任总经理。

虽然注册为"云雀"的"斯巴鲁 550"已经驶上街头，但是作为中国第一个"家庭轿车"的命运依然前途叵测。且不说光是国家立项就耗时两年，也不说核准的生产能力远远达不到国际通行的经济规模，还有刻板的传统体制，都使"云雀"难以展翅高飞。

据此，我提笔撰写了一篇纪实文学《民众轿车　中国圆梦》。文章中，我谈到开辟中国轿车"第二市场"的急迫，尤其当时"复关"谈判紧锣密鼓。我写道：

在世界汽车的百年史上，还没有一个国家可以摆脱以下两个规律：

一、轿车和卡车并举才是完整的汽车工业。认识这个规律，在中国用了30年。

二、汽车工业成为支柱产业的标志，一是总产量达到200万辆；二是轿车进入民众消费。美国达到这一时刻是在1920年，西德在1960年，日本在1966年……那么，中国呢？

次年，邓小平南巡，市场经济改革坚定方向，中国汽车热再起，我随当了国务委员的邹家华去广西等地调研区域经济，在行程中，我又和这位热心轿车的领导人探讨了"官车之累"的问题。邹家华对我说："现在人们爱说汽车是支柱产业，但是汽车真正要成为中国经济的支柱，只有轿车进入家庭之后才有可能。"

回到北京，我写出评论《由远及近的叩门声》，近一步论述轿车进入家庭消费的必要性和可能性。文章先后送给两家报纸，报纸的总编辑顾虑对官员车的批评，顾虑有提倡高消费之嫌，斟酌再三而不敢刊登。只有《人民日报》经济部主任、名记者艾丰独具慧眼，不但接受了我的文章，而且安排在《人民日报》的经济版头条发表。

其后十多年，作为一个"天方夜谭"的痴迷的讲述者，我遍尝了酸甜苦辣。但我总有一种抑制不住的冲动：汽车诞生百年以来，美国人、欧洲人、日本人、韩国人、巴西人，一个又一个国家的老百姓先后享受了汽车文明，成百倍地扩大了出行半径，获得巨大的社会物质财富。为什么中国老百姓偏偏没有这个命？！

二、家轿曙光，看上去很美

私车消费写进产业政策

1990年，中汽联再度改组为中国汽车工业协会。1993年10月，其行业管理职能并入新成立的机械工业部汽车司。吕福源任机械部副部长，张小虞、苗圩分别任汽车司正、副司长。机械部汽车司成为改革开放以来，继中汽公司、中汽联之后第三个，也是最后一个有所作为的全国性汽车行业管理职能部门。

90年代，有识之士们对轿车进入家庭对支撑国民经济发展的认识越来越清醒。

张小虞，是轿车进入家庭坚定的支持者。他告诉我，在一次中韩政府间交流中，对方问："贵国将在何时大力发展轿车产业？"他"谦虚"了一下："我国当前主要是解决老百姓的吃饭问题。"没想到对方十分认真地说："韩国恰恰是在老百姓还吃不饱饭的时候，勒紧裤腰带发展轿车的，如果当时只是靠种地找饭吃，恐怕今天大多数韩国人还过着像北方亲戚一样的日子，做梦也开不上自己的小汽车。"这番话对他产生了很大的启迪。我后来则把这段对话写在我所著的《家庭轿车诱惑中国》一书的衬封上。

1993 年夏，我第一次访问韩国现代汽车公司，从机场沿汉江的高架路进城，往返 6 条车道上飞驰的车流几乎都是韩国车。韩国轿车的进口税只有 10%，而当时中国 180%—220% 的关税壁垒，却挡不住轿车进口潮，这并非用"韩国人爱国"一句话可以解释。在蔚山码头，眼前是不见边际的新车车阵，一艘 10 万吨级的货轮正忙碌装船，每年有 300 万辆现代轿车从这里运往美国。

六七十年代，日本、韩国先后依靠本国政府坚定的政策扶持，与企业的顽强拼搏，大力发展本国汽车工业，带动国民经济出现奇迹般发展的历程，给了新一代中国决策者深刻的印象。

1994 年 4 月，中国政府公布《汽车工业产业政策》。在此前两年间，我曾参加了由李岚清、邹家华两位副总理先后主持，各相关部门参与的政策草案制定、修改的多次会议，这个文本还经过中央财经领导小组和国务院最高决策层从指导思想到具体行文字斟句酌的推敲。

汽车产业政策中第一次正式认可了在中国私人购买汽车的合法性，虽然回避了轿车进入家庭的直接表述，但仍然不失为对于几十年来限制私家车的意识形态的一次突破。

以下是《汽车工业产业政策》中一些与家庭轿车相关的条目：

第一条 ……2000 年汽车总产量要满足国内市场 90% 以上的需要，轿车产量要达到总产量的一半以上，并基本满足进入家庭的需要。

第四十六条 逐步改变以行政机关、团体、事业单位及国有企业为主的公款购买、使用小汽车的消费结构。

第四十七条 国家鼓励个人购买汽车，并将根据汽车工业的发展和市场消费结构的变化适时制定具体政策。

第四十八条 任何地方和部门不得用行政和经济手段干预个人购买和使用正当来源的汽车，应采取积极措施在牌照管理、停车场、加油站、驾驶培训学校等设施和制度方面予以支持和保障。

第五十四条 根据本地区社会汽车保有量的增长趋势……城市道路建设的改扩建工程要作为城市规划的重要任务，抓紧予以实施。

第五十五条 从 1995 年度学年起，小学要将交通知识教育列入教学内容，强化交通意识。

应该说，在社会主义中国建立 45 年后，中国的最高决策层终于认可了老百姓拥有轿车的权利。然而，由于条文过于原则而始终没有实施细则相配合，条块分割，部门利益、地方利益交织，积重难返；加上基层官员的墨守成规，在轿车进入家庭的问题上，坦然地持反对意见，《汽车工业产业政策》中私家车的相关内容几乎成为一纸空文。

轿车依然是一块"唐僧肉"。在一些省市，购车人除了缴纳国家规定的不菲税费外，还被巧立名目收取购置小汽车调节基金、社控费、定编费、城市增容费、道路建设集资费、牌照费、城市教育基金等二十余种。不通铁路的江苏某市，竟然征收铁路道口通过费。这些税费总计有时是车价的 1.2 倍。

至于公路上的"三乱"已经到了令人发指的地步，不用说沿途交通、公安、工商、林业、环保、村镇纷纷上路设卡收费；竟有农民在路上公然挖一个坑，上面铺一块木板拦车收费。

国际巨头热捧 94 家轿研讨会

与《汽车工业产业政策》在国内遭遇的冷落相比，反应机敏的倒是各大汽车跨国公司。以中国政府公布《汽车工业产业政策》为契机，全世界几乎所有著名汽车厂商的 CEO 纷纷涌向中国，探寻合作的可能。

是年底，94 北京国际家庭轿车研讨会在国贸中心举办。

《汽车工业产业政策》公布时，政府部门曾经宣布，在近两年内，将集中力量把一汽大众、神龙、上海大众、天津夏利四大轿车生产基地搞上去，各自形成年产15 万辆的生产能力。1996 年底以前，不再审批新的轿车整车项目，但中国欢迎各国在轿车零部件方面的合作。以后审批新的轿车整车厂，视中国市场及汽车工业的发展状况而定。在同等条件下，这两年间与中国汽车业在零部件合作好的外国厂商将获得优先考虑。

正是这句了许多限制词的"活话儿"，引得世界上众多轿车界的"白马王子"躁动不安，忙不迭地争抢着获得中国家庭轿车这位待嫁姑娘的青睐。

家庭轿车国际研讨会的东道主给了这些世界厂商一颗定心丸。机械部汽车司副司长苗圩在代表中国政府方面所作的报告中称：中国政府将进一步鼓励汽车工业同国外开展各种形式的合作，鼓励企业利用国外资金和技术。中国企业在选择合作对象时，将首先选择具有产品专利权，拥有产品开发技术、生产管理和制造技术，并具有独立的销售渠道和足够的融资能力的企业。在轿车项目的合作上，外国企业既可以在原来的轿车合资项目上扩大合资，还可以与中方合资合作联合开发产品。

国际轿车业为进军中国家庭轿车市场使出了浑身解数。

中国《汽车工业产业政策》发布只有短短几个月，奔驰公司就针对中国老百姓开发出奔驰 FCC（Family Car China）新车型，并且造出样车送到研讨会参展。与奔驰展台遥遥相对，保时捷公司展出了一辆新近开发的 C88，这也是一辆瞄准中国家庭开发的轿车，"中国发发"，为中国老百姓讨个口彩。

几乎所有跨国汽车厂商都以背水一战的决胜气魄，不惜重金针对中国市场进行研究开发。他们看中的不是那几十万辆官员车，而是瞄准上千万个老百姓家庭的潜在需求。其长远打算，自然是为了在这个世界上最后一块潜在大市场占有一席之地。

事后看来，研讨会只是应付跨国公司渴望进入中国的虚晃一枪，没有一家公司接到在中国生产家庭轿车的"绣球"。但是，配合研讨会的车展在北京引起轰动。从此在北京，在中国，有了第一批车迷。

FCC 驶向环形跑道

1995 年 6 月，我和几位中国记者应邀采访奔驰汽车公司。

在下奥克因的环形试车场。跑道边停放着一辆 FCC。也许是巨大的试车场的衬托，比在北京见到时似乎小巧了许多。

艾力逊先生，FCC 开发小组的负责人，把车钥匙递给我（当时我是同行记者中唯一有驾照的），请我以一个中国记者的体验对 FCC 做一番品评。

FCC 外观尺寸和夏利相当，打开车门坐进去，驾驶座位宽敞，回头看看坐在后排的《人民日报》记者曹焕荣，他说，坐舒服了，膝盖离前座还有一拳多。

系上安全带，我开车驶向跑道，方向盘很轻，1.3 升的发动机功率挺足。我很轻易地超过了两辆在跑道上做例行实验的大轿车。虽然车身小巧，可是时速超过120 公里时并不飘。在第二圈冲向弯道时，我并没有减速，想感受一下冲上弯道外侧 45 度坡道的滋味。果然，车窗外的地平线陡然倾斜起来，"飞车走壁"对一辆性能优越、高速行驶的轿车来说，并没有什么特殊的感觉。然而，坐在后座的曹兄事后心有余悸地告诉我，他的生活里很少有手心出汗的时候，但是看见弯道上粗重的水泥护墙排山倒海地压过来，他的确捏了一把汗。

我把车驶下跑道，大家围过来，艾力逊先生竖起大拇指："你开了奔驰公司最昂贵的一辆轿车。"后来我才知道，研制一种新车时，奔驰一般会造出十几辆车供实验用。然而 FCC 是奔驰只造了一辆的原型车，价值高得无法计算。

FCC 脱胎于奔驰将于 1997 年推出的 A 系列单厢轿车。遵循"三明治"设计原理，它的车身地板分为上下两层。发动机、变速箱、悬架和油箱都被容纳在下层空间里，使上部空间足以与中型轿车媲美。这样的设计还使 FCC 成为最安全的车型，当轿车发生正面碰撞时，一个巧妙的装置使发动机和变速箱滑到乘员室下方。为适应中国人的收入水平，又做了许多改进，力求把采用了许多跨世纪新技术的 FCC 价格控制在一万美元之下。

谁说德国人古板、守旧？一个新的、潜在的巨大市场初见端倪，他们立刻作出决断与反应，而且反应得如此机敏而显出诚意。

遗憾的是，没有中国政府的批准，奔驰不可能在中国找到一家企业合作生产家庭轿车。以后我多次访问奔驰，在博物馆、设计中心我都再也没有见到这辆可

针对中国开发的 FCC 脱胎于尚未面世的奔驰 A 级车"三明治"设计

作者和《人民日报》记者曹焕荣在环形跑道上试驾奔驰 FCC 归来

爱的 FCC。

踮起脚才能摘到的果子

小型车，开始引起我的关注。

在欧洲，汽油昂贵，以及汽车作为出行工具的单纯属性，都推动人们越来越青睐小型车。20 世纪 90 年代，欧洲销售的汽车当中，小型车年销量 450 万辆，占汽车总销量的 35%。

我曾经在巴黎街头一辆辆数过驶过的轿车，发现两厢的比例高达六成以上。大都市、小型车，正成为一种时尚。

1996 年 10 月，福特公司在巴黎车展上推出新开发的小型车"Ka"，这是一种介乎国产夏利和奥拓之间的小车。

为了在新一轮小型轿车竞争中领先，福特公司动用了当时全球企业界规模最大的计算机系统，把传统产品开发中的大量绘图、油泥模型、试车的过程交给计算机去做，在伦敦参与开发"Ka"的福特丹顿技术中心，我看到当时最先进的测试设备和计算机辅助设计系统，总投资高达 30 亿英镑。

如果汽车工业的第一个百年带给人类生产的印记是大规模高效率的流水线，那么汽车工业下一个百年将是对各种新兴技术的兼收并蓄：计算机、全球卫星定位、轻质坚固材料、新燃料，也许最重要的莫过于电子设备了。在福特我听到一种有趣的说法：如今的汽车可以说是架在轮子上的计算机。20 年前，汽车电子器件的含量基本是零，90 年代电子器件约占成本的 10%，这一百分比可望在最近的将来翻一番。

我被告知，在"Ka"投产前，福特公司组织了三个试车小组——"福特驾驶组"，由设计专家组成；"专业车手组"，包括一级方程式的名将；"女士组"，聘请的竟都是家庭主妇，以抵消驾驶习惯偏重男士的倾向。从中我们可以看到当代汽车设计中的人性化追求。

一个原本模模糊糊的中国家庭轿车的影像，正从雾中驶近，变得日渐清晰起来。

对于当时国内推出的"三口乐"一类简易车型，我以为和国际水平相去甚远。如何勾画 21 世纪中国家庭轿车的轮廓？1995 年，我撰文提出：家庭轿车只能是"踮起脚才能摘到的果子"。

1996 年福特在巴黎车展推出小型车"Ka"

我以为，中国的家庭轿车绝不能搞"瓜菜代"，搞摩托车上扣壳子。中国家庭轿车的技术水平应该与当时国际同档次车型同步，可以舒适地乘坐包括三代人的五口之家。考虑到车速和选装空调、音响的需要，发动机排量应在 1.3 升左右。家庭轿车关系着老百姓的身家性命，一定要把可靠性、安全性放在最优先的地位，确保 10 万公里内无须大修。这些条件当时看来近乎苛刻，但却同彩电、冰箱可以放心用上三年五载无须维修一样合理。彩电进入家庭的一个前提就是质量的彻底过关，严格地说，家庭轿车的质量系数应该高于彩电才是。轿车是最昂贵的消费品，而且直接维系着老百姓的身家性命，一万辆车里有一辆出了质量问题，就足以让一个公司垮台。因此不顾质量与安全，一味地廉价并不应该作为中国家轿追逐的目标。

"踮起脚才能摘到的果子"作为中国家庭轿车选型的追求，后来得到许多汽车业内人士的认同。

三、路漫漫其修远兮

笔墨官司：不可逾越的台阶

90 年代中期，新闻媒体频频传出"以发展住宅建设作为新的经济增长点"的信息。以结束低水平住房的"分配制",转为住房逐步"商品化"为核心的"房改",开始在全国城镇迅速推进,鼓起了多少中国人"居者有其屋"的渴望。

商品房需求多元化,必然导致人们出行的分散化。"私家车"本来完全可以作为推进住房商品化的一个"子项目",然而,"轿车进入家庭"的呼吁,却被误解为分散百姓手中有限的购房资金的一种"分庭抗礼"而备受冷落。

1996年7月,汽车业人士在北京人民大会堂召开了一次纪念解放卡车诞生40周年的座谈会。发言结集成册时,收入了我的一篇书面发言。

10月,机械部部长何光远给中央领导写了一封信。谈及中国轿车的自主研发,以及落实轿车进入家庭的问题。在信的结尾部分,何光远写道:"最近,有关部门正在议论引导社会消费的问题,对先解决'住'还是先解决'行'的看法不一。就这个问题,新华社记者李安定在座谈会上有个书面发言,或许对领导决策有启发。随信附上,敬请参阅。"

80年代中期,我最早见到何光远部长时,他还是中国最年轻的部级干部之一。何部长观点犀利、逻辑清晰、待人厚道,在采访中我们成为忘年交。我受他耳提面命多年,观点常常不谋而合。

何部长解放战争中参军,后来考进华北大学工学院(今天北京理工大学前身),1952年入读苏联基辅工学院金属压力加工专业,1956年学成回国,进入一汽,从一汽锻造厂技术员一直做到厂长。"文革"后,任长春拖拉机厂厂长,1980年,他50岁,任农机部副部长、机械部副部长。20世纪90年代,何光远任机械部部长,在一种"促进还是抑制"的纠结大环境中,成为中国汽车业健康发展的领导者和轿车进入家庭的积极推进者。

何部长随信附上了我的文章《车轮载来的空间》,其中写道:

> 行与住,是一组不可分的对立统一体,又是消费结构升级木梯的两个相邻的木棱,少了一级,难免踏空。在十万元级、百万元级的"住房商品化"的攀登中,超越万元级的"行"的台阶,难免受到经济规律的惩罚。
>
> 今天,把推行住房商品化确定为改善住房消费结构战略的前提下,大可不必把提倡轿车进入家庭视为分庭抗礼。决策者必须清醒地看到:轿车

私有化是波及国民经济各领域发展的巨大牵动力，也是加快住房商品化的巨大催化剂。

在现实生活中，有一辆经济型的家庭轿车，百姓的出行半径就会几十倍地扩展，不必再对市中心一套上百万元的住房望洋兴叹，而对郊外一套十多万元的住宅在价格和距离上更能承受。而国家投资在城市新区兴建的居民小区也就会从空置与积压转为销路走俏，如此看来，家庭轿车能够说是分散了住房建设的资金吗？

10月15日，总书记江泽民对于何光远的思考，在来信上的空白处，作出以下批示：

在改革开放过程中，不少问题至今仍然令人困扰，一、吸引外资与维护发展民族工业，如何找到一个较好的平衡点；二、在中国发展小汽车，在选型、价格、环境保护、停车场、道路等相关问题上，如何找到一个综合的解决途径。建议国务院组织认真研究一下，这是一个大的产业政策问题，千万不能公说公有理婆说婆有理。

时任常务副总理的朱镕基对何的来信写下他的看法：

有些人对"汽车进入家庭"的意见，恐怕不是"反对个人购车"，而是"如何进？进多快？"按照现在一哄而起、遍地开花、规模小而又水平低的做法，不但导致了当前的产品积压，更可能摧毁轿车工业作为一个支柱产业的希望。

我的文章很长，但朱镕基副总理显然耐心而仔细地读过——尽管他并不同意我的观点。他作了一段蝇头小楷的评语：

新华社记者的文章有文采，可惜缺乏对宏观的了解。一是石油资源不足（已成净进口国），二是城市道路拥挤，三是购买力所限，四是人的居

在何光远的来信上，朱镕基总理对所附作者文章中的观点作了批注

住尚且艰难，何能为轿车盖库，如此等等，怎么能把"行"放在首位，而且主要靠轿车来解决"行"的问题呢！

根据江泽民、朱镕基等领导人的批示，1997年4月，由国家计委牵头，十多个相关部委开始放下门户之见，以跨世纪的发展眼光展开了综合的政策研究。最后形成了《关于目前我国汽车工业发展中几个重大政策问题的研究报告》。

其后两年，除了各单位把已经分配给员工居住的原有住房折价卖给住户外，商品房销售推进缓慢，各地建成的新住宅区"空置率"居高不下。刚刚实现了"软着陆"的国民经济急需寻找"新的增长点"。然而循着国务院领导的既定思路，"轿车进入家庭"虽然多次作为有关专家和主管部门的建言，甚至作为国家计委的建议，却一次次受阻，始终未能列入国民经济新的"增长点"之一。

直到世纪之交的"十五规划"，才把"鼓励轿车进入家庭"这个表述纳入其中。

2001，家庭轿车是一种权力

1998年3月，作家出版社推出了我的大型报告文学《家庭轿车诱惑中国》，它一时成为上榜畅销书。中国作协党组书记、著名作家陈建功说：这本书的意义远远超出了文学范畴；它提出的理念，将给中国社会打上烙印。

来自国家计委轻纺机电司、机械部及汽车司等汽车主管部门、媒体的领导和朋友济济一堂，出席了新书的座谈会。一些媒体的朋友吃惊地说，中国汽车业的权威人士今天全在这里了。有趣的是，回顾中国汽车，尤其是轿车工业的历程，大家提到最多的一个主题词是"悲壮"。

路漫漫其修远兮，吾将上下而求索。时代车轮滚滚向前。十年间，我对轿车进入中国老百姓家庭的认识产生了升华，从一个打破经济僵局的考虑，上升到一个"人民国家"中老百姓的基本权利。

2001 年 3 月，新华社开辟了我的汽车评论专栏"门外车谭"，在开篇文章中，我写道：

> 今天，越来越多的中国人在圆自己的轿车梦。什么是中国人的家庭轿车？媒体上讨论得沸沸扬扬：外形应该是三厢，还是两厢？价格应该是十万元，还是八万？不过我以为，首先应该清楚家庭轿车所包含的理念。
>
> 家庭轿车是一种权力。享有轿车文明，是一个现代社会，尤其一个社会主义国家老百姓应有的权力。这种权力的实现，既不是政策压抑限制所能永远阻止，也不靠领导人明智善举所赐予。政府部门应该做的，是采取有效措施，发展汽车工业，改善使用环境，制定严格的环保与安全法规，从而保证老百姓追求更高生活质量基本权力的实现。
>
> 认可轿车进入家庭，折射出的正是中国从老百姓的义务本位向权力本位转变的一种进步。

　　1999 年 9 月 6 日，新中国 50 周年大庆前夕。代表当时中高档轿车世界水平的奥迪 A6 在长春一汽大众驶下生产线。

　　让我记忆犹新的是，出于打造一款豪华品牌的意识觉醒，一汽大众破天荒地包下一架波音 737 飞机，邀请嘉宾和媒体飞赴长春参加新车下线盛典。厂家还在国内首次提供了新闻稿的电子版和互联网服务，这对大多数嘉宾来说都还闻所未闻。

　　发布会上，传递着"同一星球、同一奥迪"的品质理念，无疑标志着一汽大众的制造水平达到与德国高端汽车技术一致的新高度。

　　日益开放的中国，走到一个世纪门槛跟前。时代主题从"革命与战争"切换到"和平发展合作"。中国汽车业也从自尊和自卑并存的"七斗八斗"开始走向与国际汽车业"平等共赢"的平和大度。

　　在新世纪到来之际，双赢，已经成为一批新建合资企业的基调，别克新世纪、本田雅阁、奥迪 A6 轿车先后下线，从此，中国汽车业有了"中高级轿车"这个新族群。

一、帕萨特，暗度陈仓

需求，再次提出挑战

为了应对公务用车升级的需求，国家曾经在 80 年代后期特批进口过 890 台份奔驰 280 轿车散件在一汽进行组装，这批奔驰轿车随后分配到国家各部委、省市和大型国企，组装质量并不理想，过了几年，街上就再也看不到了。

1992 年，经过几年治理整顿的经济紧缩，"南巡"讲话一出，东方风来满眼春，中国经济涌起一轮新热潮。一年中，新成立的公司数是历年成立公司总和的四倍，中高档轿车的需求量猛增，轿车价格攀缘而上。

中高档轿车出现了较大的需求，桑塔纳、捷达和两厢的富康，已经不能满足官员、大中型国企领导、民营企业家的胃口，丰田的皇冠、日产的公爵，进口指标在倒爷手中几经倒手，到买主手里几近天价。

1994 年江泽民在北京国际车展参观桑塔纳 2000 出租车，本书作者（前排左三）向他介绍车上的卫星导航系统

供求关系的再度失衡，逐步把轿车推上走私热门货的"至尊"宝座。走私轿车再度猖獗。

1993 年上半年，各地海关查获的走私轿车 6791 辆，是上一年全年查获量的 4.7 倍，案值 15.3 亿元人民币。

走私轿车的巨额利润，不但使一些不法之徒利令智昏，也使一些企事业单位竟以法人的资格跻身走私的罪恶行列。轿车走私营造了一个巨大的地下市场，十几万辆走私车不但被饥渴的国内消费所吞没，而且几经倒手，价格也层层加码。

走私轿车风险大、难度高，外国走私团伙对此问津者甚寡。然而，在中国为什么竟有许多人乐此不疲？

在世界各国，轿车价格无疑居于工业产品中较高一档。但是在中国，由于人为的因素，由于市场供需之间巨大的落差，轿车价格实在贵得有点离谱。

得益于改革开放的实惠，不少中国人走出国门，看到了外面的大千世界。当他们稍稍留意了国外商品的价格，都会有一个共同的体验：国外的商品样样都比中国贵，唯独轿车比国内便宜，而且便宜得多。

一位常驻海外的朋友如此概括：在发达国家，吃的、穿的、用的商品一般是国内同类商品价格的三到五倍，而轿车价格却只有国内的三分之一。

依照 1993 年轿车进口关税税率，发动机排量 1.3 升以下的轿车，进口税率 180%；排量 1.3— 3 升的轿车，税率为 200%；排量 3 升以上的，税率为 220%。如此看来，轿车一过海关，立即身价三倍，且不说还有车辆购置费、特别消费税、层层销售利润加上去，在中国买一辆轿车的钱，在国外买四辆都不止。

高额的关税壁垒，用意自然是挡住外国轿车的倾销，保护民族汽车工业。无奈重税抑制着消费，国内轿车业始终如温室里的弱苗，病病歪歪，成不了大气候。畸形的高价，却让另外一些渴望一夜暴富的人们按捺不住。

在发展中国家，轿车进口的平均关税大约在 15%，发达国家为 5%，台湾地区也曾实行过高关税，但后来随着轿车工业的发展，关税则以每年 6% 的幅度降下来。到 1991 年，已从 65% 降到 30%，这种"不保护"政策，却使得台湾汽车产量五年翻了一番。只有中国大陆轿车进口关税居高不下，堪称世界之最。

亚当·斯密在他的《国富论》中写道："一种重税，有时候会减少所税物品的消费，有时候则会奖励走私。"中国的轿车市场似乎是这位英国经济学家一百年前论断的最贴切注脚。

中国人的汽车审美标准也在 90 年代形成，标准来自当时满街的日本车。丰田的皇冠、尼桑的公爵，方头方脑，标准三厢。当时，一汽大众选择引进车型，在同一底盘上，有两厢的高尔夫、三厢的捷达两种普及型轿车。投产前先用两种车型从风雪北国到海南椰林跑了 3 万公里，沿途 80% 的围观者都说捷达好，有气派。

当时，微型轿车天津夏利刚刚投产，这款源自日本大发公司技术的两厢新车，新潮、圆润，代表了其后全球小型轿车的时尚潮流，然而在中国不受待见，有人把夏利叫做"一只鞋"。天津夏利很郁闷，在 1992 年开发了一款三厢车。知情者言，增加一个后备箱，不但破坏了原车型的紧凑性和空气动力性能，成本也增加了两三万。厂家做了一个市场调查，答案众口一词，贵两三万不要紧，带尾巴的车乘客愿坐，司机爱开。

当时《经济日报》的总编辑范敬宜要创办一张周末特刊，由李东东主编，创刊号约我写一篇随笔，我就写了《有感于夏利长"尾巴"》复命。文中说，中国人把 Car 称为轿车，要的就是中间高、两头低，形同坐轿子的那种感觉。这种心理上的满足，比轿车的快捷、灵便更重要，以至左右了中国轿车生产者对车型的选择。不但官车如此，就是老百姓结婚娶媳妇，必选三厢车。两厢车"有头无尾"大不吉利。尽管两厢车在欧洲大都市占到六成以上，造型前卫时尚，到了中国就没人买账。我写道，何为满足市场需求？是复制、迎合人们旧有的消费口味，还是按照科学规律，引导、开拓新的消费机会？不要小看了中国人接受新事物的敏锐和灵气。

中国人轿车审美的另一个标准就是要求后排膝部空间越大越好，我称之为"二郎腿系数"。世纪之交，行政级别的中高档轿车引进中国，本土适应性开发要做的工作很多，道路条件、油品质量、南北温差、东西部湿度的悬殊，本来就叫跨国公司的技术人员煞费苦心，可是终于发现这一切都没有"二郎腿系数"来得重要。

前后磨合了十多年，外国人终于明白，引进车型的最大中国特色就是"加长"！

博弈与妥协

不断有人批评说，大众用一款桑塔纳，在中国干了十多年，而不开发新的车型进行产品升级，一门心思用老旧车型赚足了中国人的钱。其实很少有人知道，在当时的中国，一个轿车企业，甚至一个合资企业，引进什么车型，何时引进，并不是企业自己可以做主。

上海大众，早在 90 年代初就捕捉到中高档轿车需求将日渐旺盛的市场信息，早在 1995 年就向上海市主管部门申报了同步引进大众公司最新一代 B 级车——帕萨特 B5 进行国产。申请在上海压了一段时间，后来上报到了北京，但是有关部门却一直迟迟不予答复。

曾经两度担任大众驻中国首席代表的李文波博士后来回忆说：我 1996 年来中国上任时，已经做了大众汽车驻亚太地区经理的马丁·波斯特特意叮嘱，让我搞清楚帕萨特 B5 的国产项目申报为什么得不到回应。这个问题"太中国"，波斯特一直没有搞懂。

后来李文波终于搞明白，两个原因卡住了帕萨特：一是因为中央对上新车这样的大项目卡得很严，上海大众已经有了桑塔纳 2000，再批准一个新车型，会造成其他汽车厂家心理严重失衡，经贸委不好摆平；二是上海方面正在全力推动与通用合资的项目，什么时候通用项目通过审批，帕萨特项目也就有眉目了。

1997 年，接替哈恩担任大众集团董事长的皮耶希访华，在北京中南海紫光阁见到了国务院副总理朱镕基，当面请求批准帕萨特项目。朱镕基说，你们应该专注地做好桑塔纳，桑塔纳 2000 就干得不错，怎么不继续开发桑塔纳 3000 呢？上新车型被朱镕基一口否定，也就没有什么回旋余地了。

中高档新车市场的诱惑太大了，而且经过十年的发展，上海大众已经累计生产了 50 万辆桑塔纳，产品结构亟待升级。

上海人就是活络。上海大众"暗度陈仓"，将帕萨特引进拆分成"桑塔纳技术改造"项目，报了上去。桑塔纳是大众当年的 B2，帕萨特是 B5，说技改似乎也说得过去。与此同时，专为生产帕萨特而建的上海大众三厂也已经动工，先斩后奏。但是国家经贸委的人很精明，说"别拿我们当傻子，这哪里是桑塔纳技改，纯粹是引进一款新车型"。箭在弦上，不得不发。最后，经上海市政府等有关部门多次协

帕萨特在上海大众崭新的
汽车三厂生产

调，"技改项目"才终于放行。

既然是"技改"，总要对原型车做一些改动。但是对技术格外执著的皮耶希不同意，他认为帕萨特 B5 是大众一款非常完美的车型，改动一处，就会影响整体的平衡和技术参数。当时上海一位副市长对皮耶希说，帕萨特必须改，否则就通不过审批。但是怎么改，这位副市长也说不出个道道儿。最后，皮耶希只好让步说：改可以，但车辆性能不能降低。两年后，轴距拉长 100 毫米的上海大众加长版帕萨特驶下了生产线。

帕萨特上市后，朱镕基在一次接见上海大众的代表时，倒也宽容："你们在这个车上搞了小动作，现在是既成事实，只好睁一只眼闭一只眼了。"就这样，帕萨特以"第三代桑塔纳（PASSAT）"的名义开始"半合法"地产销，直到 2004 年，经过一次重大升级改款后成为帕萨特领驭，在国内中高级轿车市场上才站稳脚跟。

在帕萨特上市发布会上有一个细节，当时的上海大众总经理洪积民将帕萨特称为"第三代桑塔纳（PASSAT）"。有记者询问，为什么叫"第三代桑塔纳（PASSAT）"而不直接叫"帕萨特"的原因，被告知：这个事情相当敏感，说明白了也不能写。

资深汽车评论家何仑曾说：帕萨特的引进过程充满戏剧性，作为当事者，中国有关部门恪守自己制定的游戏规则，而上海和德国大众方面有着各自的理念和利益，三方博弈，最终达成了妥协，成就了帕萨特在中国的巨大成功乃至上海大众研发实力的提升，堪称是经济体制转轨时期一个名为技改项目实为新产品引进的经典案例。此案极具中国特色——中国的改革开放实际上就是不断突破旧体制和规则限制，并形成新规则的渐进过程。

经过 90 年代中国经济的大起大落，轿车产业逐步成熟，而有了底气，不再像一个乡下孩子念了大学，刚进大城市当上公务员，内心藏着的一种自卑，永远要用气势上的极度自负包裹着。

走到世纪之交的中国轿车，已经经历了十多年的磨砺，羽翼渐丰。除了上海大众低调试水的帕萨特，三个崭新中高端车型项目——上海通用、一汽奥迪、广州本田，不但分别建成了由全球最先进装备武装的工厂，更表现出中国汽车人观念的逐步转化。以跨世纪的智慧、远见和责任感，告别"斗争哲学"、"闭关锁国"，走向与国际汽车业"合作双赢"。

在此以前，由于技术和市场与欧美水平的悬殊，外国公司拿给中国合作伙伴的多是已经上市多年的旧产品。从 1998 年 12 月到 1999 年新中国成立 50 周年前夕，别克新世纪、本田雅阁、奥迪 A6 轿车等全球主打产品先后下线，逼迫国际对手在后来进入中国时不得不用先进产品参与竞争。同时，"中高级轿车"这个新族群开始浮出水面。

二、磨合，从奥迪 100 到奥迪 A6

奥迪缘何进入一汽大众

对德国大众来说，奥迪以年产 3 万辆的"先导工程"进入一汽，为的是拿下年产 15 万辆普及车型的合资项目；对于一汽来说，生产奥迪是单纯技术引进，由此把积累的资金和技术转移到第二代红旗轿车的开发生产中去。

一汽拿到奥迪 100 技术，利用老红旗轿车的生产场地建了焊装、油漆、总装三条简易线，从奥迪南非工厂买来生产车身覆盖件的二手设备，从 SKD、CKD 散件组装入手，边建设、边出车。

引进奥迪 100 技术，在 90 年代初，一汽开始生产小红旗

　　1989 年 8 月 1 日，在一汽生产的第一辆奥迪 100 轿车下线，当年共组装了 1922 辆。

　　奥迪的前身霍希公司至今已经有 100 年历史，创始人霍希一生对技术与豪华执著追求。1930 年，一辆霍希 853 轿车的售价为 14900 马克，相当于一座独立豪宅的价格。1932 年 6 月，奥迪、霍希、漫游者、DKW 四个品牌组建了汽车联盟，公司的标志就是今天人们熟悉的四个套在一起的圆环。"二战"结束后，汽车联盟在东德的工厂被苏军劫掠一空，汽车联盟的员工们陆续长途跋涉聚集到西德慕尼黑附近的小城英格施塔特的一个零部件中转库，白手起家，重新创业。

　　其后，汽车联盟先后被奔驰和大众收购，1968 年，联盟的设计师开发出第一款新车型，并坚持装上四环车标，这个新车型就是奥迪 100，奥迪品牌也从此踏上复兴之路。1984 年，第三代奥迪 100（C3）被评为"全球年度最佳轿车"，其风阻系数在全球最早达到 0.3，采用轻量化车身，以及 quattro 全时四驱技术，奥迪燃起了复兴著名豪华车品牌的强烈愿望。

1987 年，我有一次搭乘中汽联理事长陈祖涛的车，对那辆挂着四环车标的轿车充满好奇。陈祖涛自豪地说：奥迪 100，和奔驰一样高级。今天想来，这车应该是早年在上海大众 SKD 组装的那批奥迪 100 中的一辆。

根据一汽与大众 1988 年签署的技术转让协议，一汽以许可证和 CKD 组装方式生产奥迪 100，期限为六年；在此期间，奥迪派技术、管理人员协助一汽控制质量，提高国产化率，逐步降低进口零部件比例。

六年后的 1995 年，奥迪 100 完成了其在中国的"特殊使命"，国产化率已达到82%，一汽随后将车标全部由奥迪换成了红旗。

应该说，生产奥迪 100 为一汽重振轿车事业开了一个好头。1988 年到 1997 年，一汽生产奥迪 100 轿车 10 万辆、"小红旗"2.3 万辆，国产化率分别达到 82% 和93%；10 年间销售收入达到 311 亿元，实现利税 66 亿元，相当于 6.25 亿元人民币总投资的 10 倍。

然而，多年来只生产卡车的一汽，无论人才、管理、装备、流程、经验，应该说都还与高档轿车的生产能力相去甚远。特别是零部件国产化的质量控制，受制于当时国内机械加工和电器制造业的水平，非短时间内所能解决。

而在奥迪方面看来，这种许可证生产的最大缺点，就是奥迪根本无法参与管理，更谈不上控制。奥迪的高层看过一汽生产奥迪 100 的现场，直言不讳地称为"一塌糊涂"。眼睁睁看着一汽"贴牌生产"的奥迪 100 质量无法达标，故障率高，品牌声誉每况愈下，实在让奥迪欲罢不能。加上技术转让到期，奥迪也不愿意放弃中国这个日渐明朗的潜在市场。

大众董事长皮耶希、奥迪公司总裁戴莫尔与一汽厂长耿昭杰为此密集穿梭谈判，常常是耿昭杰和戴莫尔分头飞到法兰克福，下飞机就到一间旅馆会谈，谈完立刻乘飞机各奔东西。最后共同决定，还是把奥迪生产纳入合资企业一汽大众。

1995 年 11 月 13 日，在德国总理科尔访华期间，一汽和大众公司及奥迪公司三方在北京共同草签奥迪加入一汽大众的协议。在一汽坚持不让股比的情况下，大众从 40% 的股份中让出 10% 给了奥迪。12 月 18 日，一汽大众公司的股比改为：一汽60%，大众 30%，奥迪 10%。奥迪系列产品正式进入一汽大众生产。

话语权的坚持与妥协

产品选择，是奥迪进入一汽大众后要做的第一件事。

在德国，奥迪 100 于 1994 年已改名为奥迪 A6，奥迪准备对奔驰 E 级、宝马 5 系发起全面冲击，技术大幅度升级的奥迪 A6(C5)——第五代 C 级车——身负重任，正在紧锣密鼓的研发中。

由于 C5 要在 1999 年才能问世，而当时在德国生产的 C4 已经进入生命周期的后半段，不值得花费巨额投资引进，一汽大众股东方几经商讨，决定一步到位地与德国同步生产奥迪 A6（C5），尽管将面临艰巨的挑战。

在随后的四年里，一汽大众对老奥迪 100（C3）通过选用新 V6 发动机和部分改造，升级后叫做奥迪 200 继续生产。即使如此，奥迪 200 也成为当时国产高档公务用车的唯一提供者。

文化差异，往往是合资企业中双方隔阂与摩擦的诱因。正视差异，取长补短，一汽大众探索着健康发展的正道。

陆林奎是一汽大众第二任总经理，多年后，他回忆往事时说：由于当时我们还在"摸着石头过河"，预算往往是今天批准了，明天、后天都可能修改。但是，大众公司做一个项目，首先是要有投资预算。这个预算一经确定，就被公司视为法律来执行。德国人做任何事情都讲究"流程"，还有就是讲究"术有专攻"，在技术、生产、销售、服务等方面有职业化的人才去钻研。这些方面都规范了，企业成功的概率就高。否则，要么难以获得成功，或者是"拖泥带水"的成功。

多年来，"话语权"是合资企业最敏感，并最容易被上升到泛政治化、泛民族化的问题。人们普遍认为，由于外方提供了企业赖以生存和发展的产品、技术、品牌等，使外方占尽了优势，也令中方"话语权"缺失。

陆林奎说，严格讲，对一个合资企业来说，"话语权"的问题应由董事会层面来解决，经营层的管理人员无论是中方还是外方都应该对董事会负责。但在现实中，中外双方的经营层人员往往都程度不同地将自己视为一方的代表，情不自禁地怀疑对方某个建议完全出于"自私"的目的。弥合还是激化这种矛盾，往往决定着一家合资企业的成败。

现任一汽大众总经理的安铁成回忆说："话语权并不单纯取决于你所在的职务，

应用奥迪 quattro 全时四驱技术的奥迪 A6 在芬兰开普拉市以 60 公里的时速爬上 37.5 度冰雪覆盖的滑雪跳台，这个纪录至今未被打破

在更大程度上取决于你的能力；如果你能力不足，又要说话算数，那你就整天与外方打架好了。"

"方脑袋"的德国人其实也是最务实的。负责奥迪在华项目的施塔特对我说：在长春的一汽大众，有一万多中国人在那里工作，来自欧洲的管理人员大概只有五十多个人。如果你能理解这种不平衡，就会理解我们其实非常注重伙伴关系，不希望"大象踩死老鼠"。

施塔特说，因为要和中国人合作，奥迪公司董事施密特经常到中国来，对我们两个人来说，最有意义的是经常要去现场，我们试图学着接受中国人的思维并和中国人一起成长，因为我们制定战略不能像某些战略家在高楼大厦里凭空想象。

在一汽大众，重要事情都是一致同意了才做。相互尊重，充分沟通，相互妥协，是一汽大众这种奇特的股权结构顺利运转的诀窍。大股东没有利用控股地位侵害小股东利益，小股东也没有利用产品、技术和品牌优势要挟大股东。合资企业内部治理和谐，良性发展，实现了所有股东和国家的双赢、多赢。

10%的股份，100%的投入

不能不钦佩在合资公司中只占 10% 股份的奥迪。1995 年，奥迪在全球市场上刚刚开始恢复性增长，品牌形象还十分脆弱，追赶奔驰、宝马需要大量补课，稍有不慎便有可能前功尽弃。以当时一汽大众的技术水平，生产被寄予复兴希望的奥迪 A6（C5），风险之大可想而知。

与 1988 年开始由一汽以许可证和技术转让方式生产的奥迪 100 不同，合资生产 A6 就意味着奥迪公司将作为股东一方全面介入国产奥迪的生产管理、零部件采购、市场营销和售后服务等所有环节，并承担相应的风险。

1996 年 1 月，合资双方签署了"联合开发"奥迪 A6（C5）的协议，中方提出了同步开发加长版的要求。根据协议，在德国的奥迪总部，针对中国市场的加长版将与奥迪 A6（C5）原型车的开发同步进行。

其后三年，中方派出 6 人，奥迪投入这一开发的人员多达三百多人。开发费由一汽大众支付，奥迪和一汽作为联合开发的双方按比例收取这笔费用。加长车型的

培养一位"奥迪特"质量评审师需要 10 年，投入的资金、时长和复杂训练相当于培养一名飞行员

在新的奥迪车间上螺栓都用电控扳手，拧紧的数据上传并保存 15 年

知识产权属于一汽大众。

对 A6（C5）的同步开发，说到底就是要满足中国客户后排成员对于宽畅空间的需要。施塔特开始负责奥迪在中国的项目时，就得知中国人希望得到"加长版"。德国的工程师一开始对中国人的信号不以为然，他们认为，A6 已经是一款 C 级行政级轿车，欧美人士都没有感到空间不足，为什么中国人就不能接受？但是，他们还是认真地进行了调查研究，发现中国和德国区别很大。在行政级轿车中，德国有 90% 的人自己买车自己开，但是中国往往 90% 的汽车拥有者是坐在后座。在一系列调查研究基础上，尤其为尊重中方的坚持，奥迪董事会决定，为中国市场开发一款加长版的奥迪 A6（C5）。

为此，奥迪从 A6（C5）原型车设计初期就把加长的因素和相关的数据融入进去，充分考虑了加长后的性能、安全、美学、优雅等很多方面。从头到尾很多部件，甚至到后备箱盖都是专门为中国加长版车型设计的，从而构成一个完美的整体。"不像有些厂家，他们几乎就是从中间锯开，然后再加长，因为他们在一开始的阶段并没有想过这个问题。"施塔特说。

奥迪 100 当初在中国的退化，让奥迪深感教训的惨痛。在奥迪 A6（C5）的生产准备当中，他们坚持在质量上说了算，决不放水。当时从北京飞往长春的飞机上，坐满了来自英格斯塔特的德国人。奥迪是在一汽大众一条生产支线上组装，人们走进车间，几乎怀疑是到了德国，从管理人员、工程师到工位上的技工，数以百计金发碧眼的奥迪专家在一对一地和中方员工一起工作，手把手地传授技术诀窍。

1999 年 9 月 6 日，奥迪 A6（C5）在长春的一汽大众正式下线。它比全球版的轴距加长了 90 毫米，而整车长度也增加了约 100 毫米，达到 4886 毫米。至 2005 年 4 月被新的 C6 取代，这款车在五年多时间内共销售了二十多万辆，获得了巨大的市场成功。当初为加长而多投入的资金得到了丰厚的回报。

奥迪 A6（C5）开始的加长版，成了中国市场这一级别轿车的标杆。2006 年 10 月，宝马专门为中国市场开发了 5 系 L 车型，加长 140 毫米之后，2007 年销售增长 61%；奔驰也决定对新一代 E 级车进行加长，以满足中国用户的"特殊需求"。当然，这些都是后话了。

奥迪 A6 投产后，成功得到中南海的首肯，尤其对于领导人防弹车的提供，确保了奥迪作为高端行政级用车的地位，奥迪也由此戴上了"官车"的帽子。

三、雅阁，翻着跟头地增长

一法郎收购，标致铩羽而归

与上海大众同年起步的广州标致，也曾有过短暂的"小康日子"。然而到了1996年，上海桑塔纳已经年销量超过10万辆；而广州标致每年连一万辆的产量都压在手里卖不掉。标致505说起来在欧洲还算成功，来中国后做过改型，但是偏偏"鬼打墙"，产品积压到厂区里停不下，又把租用的当地黄山飞机场都堆满了。

广标是一个中方绝对控股的合资企业，中方广汽占46%，中信20%；法方标致占22%，巴黎银行4%；国际金融公司8%。说实话，当时双方对在轿车基础极为薄弱的广州，如何把一款欧洲车型造好、卖好，提升国产化，都不甚了了。即使同舟共济，挑战也不小。偏偏同床异梦，总担心对方"搞动作、占便宜"，企业的运营自然每况愈下。

直到今天，对于广标的失败，中方很少从自身找原因。当时，中方持股66%，绝对控股，始终把维护中方利益放在第一位，很有话语权。董事会往往开成斗争会，还把能够与法方沟通的管理人员斥为软弱、放弃原则，致使经营团队难有作为。

法国标致的高层缺乏大众决策者那样的战略家眼光，对中国市场没有什么信心。标致在广标所占22%的股份并非现金投入，而是以技术转让和部分设备投入折算，企业是赚是赔与它的利益关系不大。所以标致目光短浅地对中方增资扩产的建议一拖再拖，一门心思靠出售散件挣钱。

中方的控股地位，承担了筹措企业运转资金与背负债务的重担。广标十年九亏，靠广州市政府对银行的行政指令性贷款维持，以致当地银行行长说，一听市长请喝早茶，心就慌了。到1997年，广标累计亏损29.6亿元，债台高筑，广标甚至破产不起。贷款担保都是政府背景的"窗口公司"，一旦破产，甚至广州市政府的信誉都要搭进去。

1996年4月27日，广州市市委书记专门主持市委常委会讨论广标的前途，痛定思痛，作出"更换合作伙伴，让标致退出广州"的决议。

标致得知广州已经与其他汽车公司谈判接手，又对广标破产会对广州造成的压力了如指掌，因此即使广州市承诺替广标偿还进口散件的 5 亿元欠款，并承担一笔不小的股权转让费，标致依然软磨硬泡地赖着不退出。

最后，国家主管部门明确表态：广标亏了那么多钱，贷款全是中方担保。企业办不好，又要由我们花大钱收购，这样不行，标致的股权转让最多只能给 1 法郎。

1997 年 10 月 31 日，标致的代表在广州签约退出广标，同时退出的还有中信、国际金融公司、法国巴黎银行，每家代表拿到一个 1 法郎的硬币。

两亿美元本田拿到"进门卡"

为拿到一张"三大三小"的门票，尽管颇费掂量，本田技研社长宗国旨英还是答应了看上去有些苛刻的条件，投下两亿美元，接下广州标致的烂摊子，从而开始了后来被称为"广本奇迹"的精彩故事。

在当时严格的准入体制下，接替法国标致，与广汽合资，是进入中国轿车业的一条捷径，等在广汽门前的并非本田一家。此前，宝马、奔驰、菲亚特、福特和马自达等外国车企都表现出接替标致与广州合作的强烈意愿，但是一上来就要接手广标将近 30 亿元的债务包袱，实在令人望而却步。真正谈得比较深的，是通用欧宝和韩国现代两家。

到了"二选一"的最后关键时刻，本田半路杀了出来。1997 年 1 月，本田提出"希望加入到这个项目中去"。

把本田带到广州的是由二汽改组的东风汽车集团，当时国家希望东风出面重组一筹莫展的广汽，而东风正在与本田探讨利用被废弃的惠州熊猫轿车项目的工厂进行零部件合作。广汽同意"货比三家"。

本田不负众望，在最短的时间里拿出一整套合作方案。国家管理层也在反复掂量：通用刚拿到上海一个大项目，还在建设中，前途未卜；现代在全球汽车业刚刚崛起，实力与欧美还有一段距离；本田参与后，经过二十多个项目的逐一比对，现代和欧宝先后出局。

广州与北京的主管部门不谋而合地选中了本田。1997 年 11 月 13 日，广汽集团、东风集团和本田技研在东京签署了合作开展《广州汽车项目的基础协议》。今天的广州东风本田发动机公司、广汽本田汽车公司，就是这个协议的产物。

2004 年我曾经在东京本田总部，采访过本田社长（董事长）宗国旨英，当年任会长（总经理）的他是拿下广本项目的主谈。宗国回忆说，至今还清楚记得每一位谈判对手的脸，当然，最让他难以忘怀的是广州主管汽车的副市长张广宁。

广标重组的最大难点有三个：29.6 亿元的债务、11.1 亿元的固定资产、5000 辆库存车。精明无比的张广宁坚持将本田的入门费从 4.5 亿元提升到 8.3 亿元；把 11.1 亿元的固定资产溢价 16.1 亿元卖给新合资企业（本田按 50% 的股比承担一半，8 亿元）；等于本田一共花了两亿美元（16 亿元人民币）买了一张进入广州的门票。加上两个合资企业各自无偿承担了 5 亿元债务，5000 辆库存车以"跳水价"一次性处理套现 5 亿元。当年被债务包袱压得喘不过气的广州汽车一下子"解套"，变得从未有过的一身轻松。

宗国旨英签署协议在本田、在日本承受了巨大压力。我想，这也是大众的哈恩博士和通用的史密斯董事长所承受过的压力。正是这种看上去委曲求全的让步，让本田战胜了对手，在日系企业中第一个进入中国市场，他为本田赢得的是超值的回报。

市场导向下的滚动发展

1998 年 7 月 1 日，广州黄埔，在广州标致留下的旧厂房里，广州本田汽车有限公司成立。首任总经理门胁轰二，当时他已近耳顺之年，却仍有一股"老骥伏枥"的韧劲。

门胁在办公室里张挂出新工厂 353 项改造项目的进度表，冲压、焊装、涂装、总装四大车间和公用设施，有的全面改造，有的推倒重建。为了高质量地生产本田雅阁轿车，还要引进安装许多新装备。九个月时间，新增投资 5 亿元，大大小小 353 项改造如期竣工，年产 3 万辆雅阁的生产线宣告建成。

1999 年 3 月 26 日，第一辆 2.3 升雅阁驶下广本的生产线，前来参加新车下线仪式的本田技研社长吉野浩行感慨地说，广州本田改旧为新，生产高档轿车，是完成了一个大挑战。这样的成绩，本田在亚洲还是第一次。

在世界汽车 6 + 3 的格局中，本田是一个"独行侠"，没有"大哥大"的财势和气派；它的合作伙伴——广州汽车集团公司，是一个在合资中呛过水，不能再输一次的务实者。

广本从成立，就与主管部门立下"军令状"，18 个月完成国产化 40%。这是当时中国轿车业的最高速度，对于广本首任执行副总经理陆志锋来说，除了时间紧，还要有一个高水平。与广本同步建设的东风本田发动机公司的投产，为广本国产化的第一次达标起到关键作用。一批日系零部件厂看好中国车市走强的大势，也纷纷跟随整车厂进入广东。

在第一辆雅阁下线八个月后，机械部和海关总署审查核定，广本雅阁的国产化率达到 45%，广本的产品质量评分也迅速达到本田全球 17 个海外工厂中的第一名。

雅阁轿车一上市就抢手。当年生产的 1 万辆远远供不应求。年底，曾庆洪接替陆志锋，担任中方执行副总经理。他和门胁共同创造并见证了广本"以市场为导向，少投入，多产出，滚动发展"的辉煌。从 1999 年出车，到 2004 年门胁退休，

总经理门胁来到广标留下的脏乱厂区，第一件事是带领员工搬走垃圾山，把广本建设成花园工厂

广本年产从 1 万、3 万、5 万、10 万到 20 万，几乎是年年翻着跟头递增。

按照中国汽车业的一般规律，一个企业在突破 10 万辆规模时，最少要投资 60 亿元，一些大厂家甚至过百亿，而广本在 2003 年实现 12 万辆产能时，仅新增投资 20 亿元；2004 年产能达到 24 万辆，投资也仅为 50 多亿元，为常规的三分之一。这些钱，全部来自广本的赢利，双方股东没有再投一分钱。

回忆广本的成功，曾庆洪的概括是：沟通和信赖是广本快速发展的基础。他介绍，通过中日双方的沟通，对市场需求、国产化、成本、服务进行认识和取得一致的判断。在广本不搞由总经理"一支笔"签字说了算，大小决定都实行中日主管的"双签制度"，从投资、采购、人事到经营费用都要双方确认连署，才能执行。

四、"新世纪"，跨越太平洋

上汽人的智慧

年产达到 10 万辆以后，上海的轿车业如何发展？早在 1994 年 7 月，上海市市委书记黄菊就带领上汽高层，到北京汇报。国家同意上海再搞一个中高档轿车项目，但要自行解决资金、国产化率、开发等五个问题。

上汽董事长陆吉安带队跑了日本、韩国、美国、欧洲。他回忆说，那个时候丰田的战略重点不在中国而在欧洲，对我们很冷淡。而福特、通用提出的方案最适合上海的要求。

经国家批准，1995 年上汽开始与通用、福特进行"一对二"的择优谈判。

当时已经担任上汽集团副总裁的胡茂元说，择优是个好办法，这等于是学生选老师，谈判比较主动。我们开出条件，要有一款中高档轿车，可以改型为 MPV。除了能够国产化，还要有后续开发。1995 年下半年，两个老师都把产品拿出来了：通用是别克"新世纪"，福特拿出的是当时在美国最畅销的金牛座（Taurus）。通用的要价比较低，除了工厂，按照中方坚持的条件，同意再建一个合资的研发基地。经过比对，上汽作出了选择通用的决定。

1995 年 10 月 31 日，在底特律的通用总部大楼，上汽与通用草签了技术转让与合资意向书。通用别克"新世纪"等三个车型技术转让费 4800 万美元。工厂，包括泛亚研发中心的总投资 15.2 亿美元。

随后，上汽组织了一个谈判团队，取名为"浦东轿车项目组"，由胡茂元担任组长；通用派出了有国际工作背景的墨菲；双方继续开展谈判。

胡茂元回忆说，和墨菲的第一次见面是在 1996 年的底特律车展。通用副总裁施雷斯介绍我们认识，在俱乐部吃自助餐，墨菲一直招呼我，帮我端菜，很友好、很真诚的那种感觉。有一次我带三位领导——曾培炎、吕福源、蒋以任访美，是专机，接机的墨菲亲自动手搬箱子。后来十多年，我们的关系一直很融洽。

谈判中难度最大的是"产品责任条款"，胡茂元说。

按照中国的规定，在技术转让协议中必须包括"产品责任条款"。在世界上，美国的"产品责任"最为严厉，包括两种赔偿，即产品责任的直接损失，需要直接赔偿；如明知产品有缺陷还要生产，这个损失要追溯母公司责任，还要有惩罚性赔偿。通用的谈判代表说：为这个 15 亿美元的项目，我们不能把美国通用那么庞大的资产全部压上，而承担无限风险。

为了打破这个僵局，胡茂元走访了经贸委的条法司，他们说：世界难题啊，谈不下去，你们只能放弃此条款了。而经贸委技术司的反馈是：这个条款一定要坚持，这是对中方利益的保护。

为此，胡茂元夜不能寐，心想不管怎样，这个条款是保护上汽作为技术购买方的利益，我们一定要争取。他冷静地分析了通用的顾虑：今后发生问题的责任如果在通用，它不是不愿赔，而是怕把整个公司都赔上。

胡茂元站在对方的立场上想问题，思路豁然开朗。随后提出一个变通的方案，将赔偿限定在 4800 万美元以内。既然用 4800 万美元购买了技术，将来就在 4800 万美元里面赔。通用消除了顾虑，双方很快就达成一致。经贸委有关人士称赞胡茂元：你创造性地解决了这个世界难题。

在经济全球化格局下，体制、制度、法律的不同，常会引发碰撞。谈判中，上汽提出要把合资企业的产品出口，这是国家要求，更是企业发展的需要。通用说，出口可以，但是不能出口到恐怖主义国家，如朝鲜等。中国不能接受这样的条款写进协议，于是又出现了僵局。

这时胡茂元想到了数学里面的集合理论，一个全集由两个子集组成。全球市场可分为"通用能去的"和"通用不能去的"两个子集。我们的目的是出口，那我们就说，通用能去的我们也能去，如此写进条款，通用不能去的地方我们就不写了。结果这一难题就这么OK了。终于，项目审核程序全部通过。

其实，这就是"哥伦布竖鸡蛋"的思维。

通用志在必得

杰克·史密斯，1994年起担任美国通用汽车公司总裁兼首席执行官，他中等个儿，身材微胖，待人随和，善于倾听，颇像一个与世无争的好好先生。

在他上台时，通用公司的年亏损额高达150亿美元，濒临崩溃的边缘。而自他接手之后，经过大刀阔斧的缩减成本与构架改革，在世纪之交重振了当年汽车世界的霸主雄风。

上海通用签约后，1997年1月，低调平实而富有远见的通用董事长史密斯在底特律的办公室会见中国记者

中国经济出现持续的高增长，世界上最后一个潜在的汽车大市场的远景逐渐清晰。90 年代中期，当中国将在上海再建立一个中高档轿车合资企业的消息传出之后，史密斯果断地作出决定，上海项目通用志在必得。

通用使出了浑身解数。在美国公关界极负盛名的杨雪兰女士此时加入通用，担任副总裁。杨雪兰是民国初年外交家顾维钧的养女，气度高雅娴静，她亲自组织了一场超越汽车的全方位公关迂回战。事后，她曾在上海老锦江公寓，挂满当代顶尖中国油画的住所对我回忆：90 年代初，美国对台湾出售 F-16 战机和邀请李登辉访美，让中美关系降到低谷，使得一个美国最大企业进入中国变得不合时宜。她知难而进，动员起通用集团员工中所有的华裔，通过各种渠道，对政府、科技、文化、大学等各个领域的故友亲朋进行交流游说；美国华裔精英组成的"百人团"也发挥了积极的作用；此外，还通过通用遍布全美的经销商网，对当地的国会议员施加影响，全方位地推动中美政府间和汽车业消除误解，改善合作环境。

功夫不负有心人，通用终于击败了众多有实力的竞争者，一举夺魁。

1997 年 1 月就在上汽和通用草签合资协议不久，我第一次采访北美国际车展。离开底特律的当天，我们被告知，史密斯将要在他的办公室会见中国记者。

陪同我们的通用中国公关总监郝翠霞女士非常兴奋："我在通用公司工作了 25 年，还没有进过董事长的办公室。"显然，这一非同寻常的礼遇，表明了中国在通用心目中非同寻常的地位。

当时的通用总部还在一座组建于 1927 年的花岗岩建筑里，大门前巍峨的圆柱和大堂穹顶上精美的绘画，使这座大厦更显示出一种历史的厚重感。第 15 层更是大厦的精华所在，这里是通用最高领导层的办公区，必须乘坐专用的电梯方能到达。

走廊的尽头，是史密斯的办公室。从敞开的门，可以看到史密斯正在伏案工作。据说，他的日程是以五分钟为单位来安排的。几分钟后，史密斯站起身，走到门口和我们握手寒暄。

会见十分轻松，史密斯穿一件白衬衣，打一条深色领带，双手抱在胸前，靠着办公桌，询问我们几天来的观感。

史密斯领导通用，已经获得惊人的成绩，人们甚至把他和艾尔弗雷德·斯隆相提并论。但是史密斯本人没有沾沾自喜，他说自己的任务刚刚完成了一半。

会见比预定的安排足足超过了十分钟，史密斯送给每个中国记者一支带有通用徽记的圆珠笔，并且与大家合影留念。"新的一年，一切将会更加美好。"他用手指画了个圈，这个祝愿似乎把通用和我们都包括在内。

史密斯宣布，在北京成立通用中国公司——这是世界各大汽车公司中第一家在中国本土设立子公司的开创性举措。同时，史密斯任命了一位副手，通用公司的副总裁施雷斯坐镇中国业务，担任中国公司总裁。

施雷斯在中国上任后不久，就宣布了通用公司在中国的五条原则：一、与中国汽车业合作的长期承诺；二、提供先进技术进行交流；三、培养中国本地管理与科技人员达到国际化水平；四、全方位参与中国汽车生产，包括整车和零部件；五、帮助中国建设具有国际竞争力的汽车工业。这些承诺无疑获得中方的好评，我不止一次听到中国的高级官员引用这些原则。

一切以合资企业利益为重

1997 年 3 月美国副总统戈尔将要访华。项目组接到通知，戈尔将出席上海通用项目的草签。然而，胡茂元仍然心有不甘，"得寸进尺"地建议由草签改为正式签署。他十分清楚，如果等 10 月份江泽民总书记访美时正式签约，就意味着项目启动要延迟七个月。按当时的工程大纲计划，就是将近 300 亿元的产出将被延误，甚至可能错过进入市场的窗口。他尽力向有关领导陈说，争取理解和支持。最后传来好消息，江泽民知道了上海的建议，批示"这个项目已经成熟，即刻可以签署，不必等我访美再签"。

1997 年 3 月 25 日，上汽董事长陆吉安和通用汽车董事长史密斯在北京正式签署了上海通用合资协议。

胡茂元、墨菲和陈虹分别任合资公司正、副总经理。同年 6 月 25 日，上海通用汽车公司在浦东金桥举行了奠基典礼。

1998 年 12 月 17 日，上海通用总装车间，通用董事长史密斯、上汽董事长陈祥麟驾驶第一辆别克新世纪正式下线。当新车冲破一幅纸幕出现在眼前，人们个个热泪纵横。短短 21 个月，建成一个现代化轿车厂，实属不易！

胡茂元今天依然感慨：时间那么紧迫，当时只能立体施工。外面下大雨，我们把雨篷撑起来，下面脚踩泥水继续干，就是我们过去讲的大庆精神啊。

上海通用建立初期，员工来自不同国家，不同文化背景，矛盾很多。

1997 年下半年，胡茂元到美国底特律开董事会。倒时差睡不着觉，凌晨时分特别清醒，他静下心来，对上海通用企业文化建设做了一个通盘考虑。

在董事会上，他作完总经理报告，又按早晨理顺的思路，提出建设上海通用企业文化的一二三四。

一、"一个声音"，目标统一，步调一致。

二、合作双赢，不能是单方面赢。

三、"约法三章"。龙头出问题，龙尾就不知道拐到哪里去了。和墨菲两个人不能闹矛盾；不得在下属面前公开对立，不上交矛盾；关起门来吵架，吵过之后沉默两分钟，之后不能赌气不讲话。

四、4S 合作理念。合资双方相互学习；以合资企业利益为重；规范行为；灵活务实（英语都是 S 打头）。

胡茂元在会上说，"以合资企业利益为重"是一把尺子，碰到任何问题，不是说对哪一方有益，而是以合资企业为重，做到公正合理。放眼长远，有利于合资企业可持续发展，能做到这一条很关键。

话音刚落，中美双方都鼓掌。

多年后，胡茂元和我谈起当年自己的思想斗争：多少年我们都是说以党的利益为重，国家利益为重，人民利益为重。公开说"以合资企业利益为重"，放在"反右"的时候肯定是右派，对不对？当时我想通了，合资企业的利益都是可以按投资比例分配的，只要合资企业有利了，那么大家的利益都有了。

胡茂元说，合作共赢的企业文化大家都很珍惜。墨菲和中国工人关系很好，经常跟我讲工人有怎样的要求，我开玩笑说，你倒是像个工会主席了。他有美国企业那种以人为本的理念。为什么上海通用后来提出价值管理，满足用户需求？就是因为在国际交往当中把人家好的东西都吸取了。

通用汽车作为当时全球最大的跨国公司，在进入合资的一开始，就展示了十分开放的态度。他们集成了通用全球销售专家的经验，专门组成一个顾问团队来中国，毫无保留地传授给中方伙伴。有了他们那样一个启蒙，引进了市场竞争机制，

上海通用投产前，总经理胡茂元（右二）和中外技术人员一起进行生产线的最后检查

1998 年 12 月 17 日，第一辆别克新世纪轿车下线，中外员工乐开了花，与"头生子"合影

其后影响了整个中国汽车工业。

1999 年，应杨雪兰的邀请，我为通用的三部电视片《世界的通用》、《科技之光》、《通用别克在上海的诞生》担任了撰稿。有一点给我留下深刻印象：我的文字稿确定后，美国制片方一字不改地去配合画面和音乐。三部电视片由通用在中央电视台和重要地方台买下广告时段播出。两个月后通用汽车在中国公众中的知名度，在第三方调查中大幅提升。而由我策划的 MTV《轮子上的中国》则是一首交响乐队伴奏下的大合唱，在新中国 50 周年大庆期间中央电视台的"每周一歌"中接连播出。这首歌气势磅礴，超越品牌与产品，歌唱了中国汽车时代的到来。

上海通用车身车间。底盘和车身焊在一起，在业内把这一工序称作"结婚"

上海通用冲压车间

上海通用动力总成加工线，自动化设备广泛运用，几乎看不见工人在操作

史密斯的世纪眼光

2000 年，世纪之交。6 月，我作为唯一中国媒体代表，飞到意大利的布莱西亚，参加通用汽车"21 世纪，通用和世界汽车工业的未来"研讨会。与会的是通用全体高管层，以及来自全球 50 位最有影响力的汽车媒体人和金融分析家。

布莱西亚环抱意大利最大的淡水湖。阳光明媚却不灼热，水天一片湛蓝，清风阵阵，红瓦黄墙的古堡掩映在苍翠欲滴的绿树丛中。也许世界汽车业的全球化进程过于火爆，选择这样一片安谧的净土，倒能让人心平气和地回顾以往，畅想未来。

会场的坐席呈椭圆状排成外高内低的三层，有点像古罗马元老院开会的布置。没有既定的座次安排，更没有领导席。每个座位的桌上有一个桌签，空白的，与会者随意选定座位，然后在桌签上填写自己的名字。

人们坐定，担任主持人的是时任通用 CEO 的瓦格纳，他请求从门边的先生开始自报家门。我注意到通用董事长史密斯毫不张扬地坐在后排的一根柱子旁边，挨着一位美国记者。

瓦格纳拿着话筒，在会场中央一边踱着步，一边在作主旨演讲。他说，我们迎来了 20 世纪 20 年代以降最大的一次兼并浪潮，一次重大的关键性转变。如果说，20 世纪 20 年代的兼并是在工业化国家内部，在一个国家里几百个汽车厂合并为几个大公司；而这次重组却是全球性的。今天各大汽车生产商寻求的深层目标是：适应新的市场细分以取得增长、提高规模效益，以及依靠前瞻性的行动掌握自身的命运。

随后进入自由发言，出乎我意料的是，接连几位来自华尔街的金融分析家纷纷对通用不久前投资中国项目提出强烈质疑——中国当时中高档轿车的需求只有几千辆——作出这样的决策，似乎通用的决策层把股东的钱投到泥潭里。史密斯以及他的搭档承受着巨大压力和嘲讽。

"看来我不能从这个话题滑过去了。"史密斯从他后排的座位上站起来，平静地说："中国有十三亿人，并非所有人都买得起汽车，但是我们看到，中国已经有一部分人达到相当高的消费水平。中国沿海地区人口约 4 亿，该地区的购买力与大多数中欧国家相仿。波兰人口 4000 万，去年市场轿车销售总量为 50 万辆。而人口、面积、国力遥遥领先的中国，轿车销量仅为 65 万辆。这难道不能引起我们的思考吗？对于一个有管制的市场，最先进入的企业是一种低成本的进入，会获得可观的回报。但是，我们有个原则，一定把最强的技术和管理带到中国去，要在中国把事情做得最好。"

史密斯告诉那些持怀疑态度的金融分析家和媒体："中国市场化的进程很快，去一次上海，就有想象不到的变化。那里 24 小时都在修路，建设新的设施。通用作为第一个全面进入中国的美国汽车企业这一点很重要，我们的许多标准正在成为那里的新标准。"

当时，有谁能够想到，上海通用项目，对日后的通用汽车的命运沉浮将意味着什么？

2004 年夏天，行将结束在通用长达 41 年的职业生涯，即将退休的史密斯来到上海，我对这位可敬的老人作了最后一次专访。在史密斯与通用上海员工的告别酒会上，通用中国公司董事长墨菲高举酒杯说："在座的很多人都为通用汽车在中国的发展做出了贡献。然而，只有一个人可以当之无愧地被称为我们在中国业务的奠基人——那就是史密斯。"

门胁轰二：在人家的花园里工作

戒酒立誓

门胁先生喝酒了。

门胁轰二，62 岁，即将退休离开广州本田汽车公司总经理的位子，中方员工私下亲切地称他"老门头儿"。2004 年 4 月，我从日内瓦车展回来，直接飞到广州给"老门头儿"送行，那天晚上，我们一起喝下一小坛陈年花雕。

一年前，全球同步上市的本田新雅阁轿车在广本下线；从一万辆起步的广本，也一步跃上 5.9 万辆的规模；人们以为门胁会因功成名就而畅饮。然而，在新车下线的宴会上他拒绝喝酒。他当众宣布说，请原谅我保留一个个人的心愿，广本正在进行年产 24 万辆轿车生产能力的改造，在能力形成之前，我决不喝酒。

采访汽车工业多年，我深知年产 24 万辆对于一个生产中高档轿车的中国工厂来说，是一件多么不可思议的事情。

后来门胁告诉我，日本人有一个习惯，当决心做一件大事的时候，就牺牲一个平生的爱好，时时提醒自己，全力以赴去实现那个目标。

门胁成功地实现了他的事业上最后的一搏。2004 年春节过后，广本实现了新建 24 万辆生产线的成功切换，成为中国单一生产线产量最大的轿车企业。在门胁戒酒的一年里，广本还创造了中国车市的三个奇迹：产量当年翻番达到 12 万辆；生产的各种车型全部供不应求；经济效益同行业第一。

圆了中国梦

门胁年轻时在大学里学的是中文。毕业后进入本田一口气工作了 39 年。早先一直在美国、比利时、加拿大的工厂和日本本田本部工作，成为市场开拓方面的专家。他本来以为一生恐怕要与中国没有缘分了，没承想，过了"知天命"之年，被委任为本田公司的中国总代表，在北京幸福大厦的办公室，采访中我们曾几次见面。

门胁平时很低调、很淡泊，话不多，却能静静地听别人讲话，圆圆的眼镜片后面一双眼睛定定地望着你。他在本田与广汽谈判的后期介入，1998 年 7 月，广州本田成立，门胁担任首任总经理。用他的话说，终于有了实现中国梦的幸运。

上任时，门胁和一位比他年长的部下同车，站在工厂门前，面对广标留下的破败厂区，他有几分悲壮地对同伴说，看来这里就是你我一生中最后的一个任所了，一定要全力做好。

门胁熟知中国的成语。"身体力行"是他的行动准则。工厂改造，是从他带领全厂工人清扫厂区卫生开始的。门胁在全体员工大会上宣布："进口和出口（指食堂和厕所）我来负责，中间环节就拜托大家了。"两个星期后工厂焕然一新：办公大楼的三层上，可供 1000 人同时就餐的职工食堂开始营业；所有厕所全部疏浚；厂区积年的垃圾山被清运一空。今天的广本，完全是一座花园式的世界一流轿车厂。

2003 年 1 月，广本推出换代的新雅阁，水平配置上去了，价格反而降低了四五万元。我曾写文章称赞广本推倒了车价"多米诺"，引发了中国车市的一波降价浪潮。门胁退休前，广本又生产了一款灵秀的小型车飞度。门胁说，老实讲，我们推出飞度，目标是想让刚刚进入有车族的年轻人也能用上一款世界水平的好车。为此，我们先确定了飞度10万元的目标价格，然后按一种倒推的办法安排一切。照说零部件采购、生产成本加上不低的进口税，这个价格是很难做到的。但是人们一旦有了一个目标，团结一心去努力，就会发挥出无限力量。尽管压力很大，我们还是实现了飞度的价格承诺，而且万幸地没有亏损。

精髓在于沟通

问起门胁，这一切是预先规划好的吗？门胁摇头，不，是我们赶上中国汽车市场高速发展的好时机，快速作出反应罢了。门胁自嘲地说：两年前我带着广本年产24万辆的改造计划书回到日本的时候，总部的许多同事觉得不可思议，吃惊地说，门胁是在痴人说梦吧？按照常识来看，他们说的不错。

门胁笑了，笑得很舒畅，为他圆满地实现了他的中国梦。他告诉我，就任总经理的时候，他也没有想到广本能有今天，他看到了比梦想还美好的现实。

我曾请教门胁先生，以你丰富的海外工作经历，你以为，跨国合作取得成功的秘诀是什么？

门胁沉思了片刻说，合作的精髓在于有效沟通。作为一个身在海外的日本人，我时时留意一件事——我是在人家的花园里工作，要尊重人家的文化习惯，让花园变得更美丽、更丰富。

尽管全球化让地球变得日益平坦，在跨国合作和交流中，了解、适应、尊敬彼此的文化往往是成功的前提，虽然这只是一个软条件。

后来，有一次我在中央电视台做节目，面对一位把自主品牌轿车成功卖到欧洲去的老总，主持人让我谈谈对中国汽车走出国门有什么忠告，我就把门胁的话转告给他。我说，请记住这位日本人的话，中国汽车企业也要开始培养"在人家的花园里工作"的心态了。

"万事俱备，决定吉利生死的，就剩下生产权这一道坎儿。"入夜，秋风渐凉。李书福和几个媒体朋友走在北京亚运村附近的街道上。抬头望着天上半钩残月，英雄气短，李书福吁叹一声。2001 年中，入世在即，7 月份国家经贸委发布的那次车辆产品公告，吉利轿车依然榜上无名。

长达半个世纪的高关税壁垒，使政府有十足的理由担心汽车国企的羸弱。十几年的"入世"谈判难点和成果之一，就是给中国汽车工业争取到一个长达六年的"缓冲期"。

然而，保护的范围是有限制的。世纪之交，按照当时国家经贸委出台的汽车发展战略规划，重点保护对象是一汽、东风、上汽三大国企。利用六年缓冲期，政府首先是要保住三大国企，而对于当时初露锋芒的非行业内企业，尤其是民营企业（即今天所谓的自主品牌），则被严格的"准入制"挡在门外。用当时的话说，不能前门拒虎，后门进狼。对于竞争的恐惧，竟到了如此地步。

在某些人士冷漠和毫不妥协中，呱呱坠地的"准轿车"们，由于迟迟拿不到产品合法问世的"公告"审批，危在旦夕。而他们后来的确以"颠覆者"的作为，成为搅活中国汽车业一潭死水的"鲇鱼"。

一、"准轿车"命悬一线

WTO：淡定与惶恐

1999 年 11 月 15 日，中央经济工作会在中南海怀仁堂召开。按照惯例，只有新华社等两三家媒体参加。担任新华社经济新闻采访室主任的我负责撰写会议的新闻通稿。

当时，中美政府代表正在进行关于中国入世的双边谈判。会议的当天上午，面带倦容的总理朱镕基从谈判现场赶来参加开幕式。他简单通报说，谈判已经进行到白热化的最后阶段，磋商正在夜以继日地紧张进行。

总书记江泽民开始作主旨报告时，朱镕基又匆匆离席。

江泽民在报告里分析了中国经济在即将到来的新世纪所面临的形势，其中谈到全球化的三个特点：一、科学技术的迅猛发展，是经济全球化得以发展的动力；二、跨国公司在全球进行投资、经营、贸易、生产，成为经济全球化的载体；三、产业调整不再是在一个国家内部，而是在全球范围内进行，表现的形式是全球范围的产业大转移。

全球化在中国日后说了十多年，内涵是什么？许多人不甚了了。这恐怕是我亲耳听到的中国决策层在权威的会议上所作的最权威的表述。

直到下午 4 点，朱镕基再次出现在怀仁堂会场的主席台上。这一次他朗声宣布：中美之间关于中国入世的双边谈判终于达成了协议，最后的门槛已经跨越，中国入世大局已定。他在随后的讲话中透露了由石广生和巴舍夫斯基分别为团长，中美代表团连日来的一些谈判内幕和谋略，让到会的中国经济界高层人士们时而屏住了呼吸，时而开怀大笑。

当晚，在怀仁堂举行了例行的与会代表和工作人员非正式联欢。让人们意想不到的是，江泽民、朱镕基等常委亲自出席，朱镕基还前所未有地亲自登台，自拉自唱了一段京剧老生，神态惬意而松弛。

当时中国经济改革进入推进中的胶着状态，旧的体制、格局、利益盘根错节，难以突破。积极推进中国加入 WTO，说白了是"为了打鬼，借助钟馗"；用全球化、市场化的游戏规则，去打破几十年来旧体制留下的观念桎梏，引入竞争机制、市场规则，使中国经济在全球化的双赢中获得一片新天地。

用参加世贸谈判的中国首席代表龙永图的话说：许多事情积重难返，仅仅凭自身的力量去解决往往不行。一个健康有效的外力，则可能推动我们完成那些想做却迟迟做不成的事。

狼，终于来了。并非所有人都能解读战略家们目标达成后的淡定。

当时，国企改革已经搞了 12 年，各种办法都用过了，然而，国企的亏损面越来越大，我记得当时每年参加全国国企改革工作会，各地体改委的代表都是老面孔。相见多有几分无奈，调侃说，抗战不过八年，国企走出困境却始终遥遥无期。

人们普遍认为，随着市场的日渐开放和跨国资本的蜂拥而至，早已摇摇欲坠的国有经济体制将不堪一击，一些长期靠国家保护而毫无竞争力的产业将被逐出市场。中国汽车业就是一个对此前景颇感惶恐的产业，曾经高达 180%—220% 的关税保护，产品相当于国际市场三四倍的价格，面对严酷市场却不知竞争为何物。

2000 年中国汽车业年产值 3000 亿元，带动相关产业年产值 2000 亿元，涉及 1000 万人的就业。政府部门考虑的是，作为国民经济的"支柱产业"，绝不能轻言放弃。入世谈判旷日持久，其中的一个难点，就是对中国汽车业的保护。当时主流思想的担心是，一旦打开国门，把世界汽车产品放进来，长期享有高关税壁垒保护下的中国汽车业就会全军覆没。这种担心根深蒂固，以至于如何把中国汽车描述为"幼稚产业"，以获得五年的关税壁垒逐步降低的"保护期"，让中国代表们费尽了心力。

按照最后协议，中国加入 WTO，将逐步降低进口汽车的关税，直至 2006 年 7 月 1 日轿车进口关税税率降至 25%，零部件进口关税税率降至 10%。

"鲇鱼"搅活一潭死水

90 年代末，机械工业部撤销，汽车业的行业管理功能主要通过两个部门来实现。一是国家计委的项目审批；二是国家经贸委对汽车产品目录的管理。前者好比颁发企业合法与否的"身份证"；后者如同街道计生委手里掌握的产品"准生证"。

我在当年把汽车业的管理称为"计划经济的活化石"，市场与竞争被排除在外。1997 年国务院 24 号令就明确指出，今后全国上下，无论何种资本结构，都不得再批准汽车项目。

当时中国在册的汽车厂多达 120 家，比全球汽车厂的总和还要多。其中 80% 的企业年产量不到 1 万辆，还有十多家企业的年产量是零到 10 辆。这样的企业却死不了，靠倒卖产品"目录"，依旧过着"八旗子弟"般滋润的日子，今天听来真是匪夷所思。

而在体制之外，吉利、奇瑞、华晨、悦达等当时已经通过买壳、换股等灰色渠道，成为"合法"的汽车企业，并且用非轿车的 6 字头改装车、客车名目进入了生产轿车领域。而要名正言顺地通过产品审批，拿到 7 字头的轿车生产公告则难于登天。

到了 2001 年，中国"入世"在即，国家经贸委出台《汽车战略发展规划》，明确提出，要重点扶植三大汽车集团，要在资金投入、项目审批、兼并重组上给予支持。

当时新的中国汽车的管理部门，身兼管好行业和搞活国企的双重责任，"忠孝两全"的办法似乎只是回头走老路。明明加入 WTO 在即，却要在典型竞争行业搞排他性的"三大"。2001 年 5 月 22 日，国家对于汽车产品从目录改为公告管理，国家经贸委发布了重新认定的第一批《车辆生产企业和产品公告》。而那些"准轿车"企业，尽管产品物美价廉；尽管环保安全双双达标；尽管受到渴望享受轿车文明的平民百姓的欢迎；但是他们的产品却依然榜上无名。新产品无法投产销售，濒临绝境。

汽车工业界元老陈祖涛评价说：中国汽车产业历经 50 年而长不大，症结就在"只准我干，不准你干"的行业垄断，新兴企业难以进入。

当时，我对主管部门的这种冷漠感到愤慨。我在专栏"门外车谭"的一篇文章《"准轿车"们何罪之有》中写道：

> 有人认为，牺牲是不可避免的，"回头去补竞争的课，时间搭不起，国有资产损失不起"。我以为，"准轿车"们用自己合法挣来的钱，千难万难地去圆中国百姓做了半个世纪的轿车梦，何罪之有？凭什么叫他们牺牲？"准轿车"们曾很不服气地说："美国公司可以在中国干汽车，我一个中国企业为什么却不行？用国家的钱干汽车，赔了可以"债转股"接着干，用自己的钱干汽车为什么却不行？"
>
> 国家作为出资人，引导大型国企从脱困起步，进而打造"国家队"，

顺理成章。但是主管部门应该有这样的眼界和心胸：允许"行业外"的汽车企业参与竞争。起码为"国家队"留下一批"陪练"。如果连跟"陪练"都不敢过招，置之死地而后快，"保护期"一过，能在全球化竞争中生存，岂非一相情愿？

这篇文章，我专门送给我的老朋友，当时国家计委主任曾培炎一阅，他是中国轿车发展，尤其是轿车进入家庭的坚定推动者。他把我的文章批转给计委的有关部门，表达了对"准轿车"们的支持。

入世在即，我和几家行业外的"准轿车"们开始密切沟通，他们为中国百姓造轿车的那份执著让我感动。应该说，他们是中国企业家中最优秀、最精明的一群；他们好似"鲇鱼"，以全新的市场机制，搅活中国汽车工业一潭死水。又是九死一生地以血肉之躯，碰撞花岗岩般死硬体制的幸存者。以詹夏来和尹同耀、仰融、李书福的高智商和丰富阅历，明知不可为而为之，他们个个是不折不扣的"汽车疯子"，是他们撑起了日后"自主品牌"的脊梁。

二、奇瑞，借腹生子

执著打动拼命三郎

安徽奇瑞属于中国轿车业"无心插柳柳成荫"的一个"另类"。

2000 年 11 月 7 日，傍晚飞到南京，我在公路上颠簸两个小时到了芜湖，文人气质的书记兼市长詹夏来礼贤下士，很晚了，还一直在铁山宾馆等我。作为一个地区的党政一把手，为制造轿车，他正承担着巨大的压力。

位于芜湖经济技术开发区的安徽奇瑞汽车公司，厂区广阔，绿草如茵，给我留下了深刻的印象。后来听说，这一大片草坪是企业扩建的预留地，暂时租给社会上的草坪公司使用，既绿化了厂区，也能增加一笔收入。

奇瑞没有总经理，副总尹同耀见到我，头一句话就是：我们在这里干轿车，是一帮"亡命徒"，一步一个坎儿地走过来的。

1997 年，属于安徽地方财政的安徽省投资公司、安徽省担保公司、芜湖市建设投资公司和芜湖市开发技术投资公司，四家股东筹资 17.72 亿元成立了奇瑞汽车的前身——安徽省汽车零部件公司。拍板建奇瑞的是时任芜湖市市委书记的汪洋。当年 3 月，奇瑞在芜湖开发区破土，一年后厂房竣工。

　　既然顶着零部件企业的帽子，奇瑞从发动机干起自然也就顺理成章。他们花了4500 万美元从英国 DP 公司买了福特一个发动机厂的二手设备。当时负责设备安装的是一家英国公司，从没有离开过欧洲，到了中国处处抓瞎。比如欧洲工厂的工业

1999 年 12 月 18 日第一辆奇瑞轿车下线，虽然没有"准生证"，上市的路还很漫长。创业团队和新车合影，后排左一是尹同耀，前排右二是总经理助理金弋波，后面的那位老外，叫奥特曼，是尹在一汽大众的搭档，退休后来到奇瑞，整整干了 11 年

用电是 450 伏特 50 赫兹，中国是 380 伏特 60 赫兹，让英国人一筹莫展。但他们却非常傲慢，把中国看得连非洲都不如。尹同耀曾是一汽大众捷达总装车间主任，当年带着自己的团队去美国拆装过大众威斯特摩兰工厂，二手设备易地搬迁早就成功干过一把。到 11 月，他们赶走了干活松松垮垮的英国人，自己 24 小时连轴干了150 天，终于在 1999 年 4 月 18 日造出第一台发动机。以后，上马干轿车，总装厂的四大工艺各个车间也都是量体裁衣，自己搞设计。

尹同耀回忆说：我是巢湖人，安徽工业学院毕业后，被分配到一汽工作，后来做了一汽大众捷达总装车间主任。奇瑞创办之初，詹书记到一汽参观，耿厂长向他介绍我，都是安徽老乡嘛。晚上詹书记请我吃饭，一开始我不愿去，说饭就不吃了，谈谈就好。可是一谈，被詹书记搞汽车的那份执著感动了，他问我工厂应该怎么建，我边谈想法，边画图。谈着谈着，干一番事业的前景让我欲罢不能。最后冲动地下了决心，带上几个志同道合的同事投奔了奇瑞，这几位也大都是安徽老乡，后来被人们称作奇瑞早期技术上辅佐詹书记的"八大金刚"。这件事耿厂长并不知情，直到他来芜湖时看到我，很吃惊。我开玩笑说，你不提拔我，我来这里有干头。后来我当了副总经理，耿厂长非常支持我，把林敢为等老专家派来，一对一地给我上课，教管理、教经营、教技术。

尹同耀年近不惑，却是一张头发蓬松的学生脸，在一汽大众当选过十大杰出青年，质朴而又有一副拼命三郎的性格。奇瑞当时没有总经理，尹同耀说，虚位以待，欢迎能人加盟。

1998 年 2 月 14 日，奇瑞在台湾福臻公司开发第一款轿车车型，奇瑞派人死盯死守地一拨儿拨儿参与进去，从设计直到模具开发，1999 年 10 月在台湾搞出螺钉车，60 辆份冲压件运回芜湖。1999 年 12 月 18 日第一辆奇瑞在芜湖下线。

股份换来的"准生证"

我来到中共芜湖市委，一座大概建于 70 年代的简朴小楼，和詹夏来作了一个下午的深谈。詹夏来虽然学中文，秘书出身，却和尹同耀一样，一望可知都是"车痴"。他对我说，选择了汽车，就选择了苦难和艰辛，没有尽头。看得出来，他们不是那种把企业当人生跳板，去挤官路的干部，这一点让我十分认同。

作为奇瑞汽车幕后真正的灵魂人物，当时被四家股东推为董事长的詹夏来，更多的是从宏观上把握奇瑞的方向。詹夏来把奇瑞的精神概括为："远想、多干、快跑、少说"。他和我谈起"中国人能够造出最好最便宜的家庭轿车"的理念。他说：比起国际汽车业，中国有人工成本低、开发费用省的后发优势；中国有十多亿人的大市场，几乎还是一片沉睡的处女地；经过 20 年的改革开放，已经建立起比较完善的轿车零部件配套网络，经济规模和技术水平已经完全可以适应中国轿车市场和国情；另外中国轿车企业还有好的机制，没有发达国家汽车业存在的职工高福利、强势工会和劳资矛盾。

然而，当时奇瑞的当务之急，是车生产出来了，却上不了国家的轿车目录。这是奇瑞请我来芜湖的主要原因。

奇瑞轿车脱胎于大众子品牌西亚特正在生产的 A 级车，在我看来，做得有模有样，搭载自产的 1.6 升发动机，车长 4370 毫米，三厢，售价 8 万元，比当时的捷达便宜 5 万元，有很大的市场竞争力。后来我冒雨从芜湖赶往南京，开的就是这款奇瑞轿车。在机场路我曾把车开到 150 公里时速，依然很稳。

奇瑞当年已经形成年产 6 万辆的生产能力，由于行业准入的限制，拿不到轿车厂的合法身份，更别说上轿车目录了。仰仗安徽当地的"土政策"，轿车生产出来，可以在省内销售，芜湖市满街跑的出租车都是奇瑞。另外就是家庭轿车的先驱城市成都，允许物美价廉的奇瑞车带着安徽的牌照在成都卖，但是不久就被公安部通报全国明令禁止。在奇瑞的厂区里，停满了大量销不出去的奇瑞轿车。

詹夏来向我透露，获得合法身份的一个办法是和上海合资，转让 20% 的股份，投靠到上汽集团旗下做一个"小兄弟"，以换得"上目录"的出路。尹同耀多年后告诉我，这样的安排，也是靠在上海工作的新四军老领导出了大力。上海是华东野战军解放的，上海市最早的领导是新四军班底。许多老领导感念新四军在皖南根据地那些年，吃安徽粮喝安徽水的养育之恩。出于对老根据地的回报之情，他们牵线搭桥，让我们得到上汽集团很大帮助。

但是詹夏来不甘愿让奇瑞担当一个被别人规划、作为技术梯级转移的基地。他提出，希望我能写一篇新华社内参，谈及奇瑞投身中国轿车业的思路和实践，争取获得中央领导和主管部门的理解，从而能够获得一个正式轿车企业的资格。

由于当时经常跟随中央政治局常委外出考察和参加重要会议，我对中央宏观经济的发展思路有所了解。尽管觉得这种尝试的胜算不大，还是愿意试一试，也算对一个同样执著于家庭轿车的忘我团队尽自己的绵薄之力。内参写出来，排队等着发。2000 年 11 月 28 日，我去中南海参加一个重要会议。会上朱镕基总理谈到 2001 年中国经济的 10 项重点工作——我在后来的报道中称其为"十全大补"。他对经济形势的调控思路十分清晰，入世在即，增强国家骨干企业的活力成为重点，对新建在建工业项目的审批，将严格把关，停建、缓建。

傍晚，走出怀仁堂，我立刻拿出手机给詹夏来打了一个电话，告诉他我对宏观形势新走向的看法，建议奇瑞立即加入上汽集团，不要寄希望靠内参打动领导了。我说，现在看，是奇瑞的生死抉择。让出 20% 的股份，获得一条生路。光是在大众和通用之外，成为上汽的另一个新品牌，这个钱就花得值。詹夏来说，上汽也正等着我们的最后决定，有你的电话，我们就能拍板了。当晚，获得股东授权的詹夏来就给上汽集团总裁胡茂元打电话，通知他奇瑞决定加入上汽。

奇瑞是幸运的，以一个中国"体制外"轿车企业，出让 20% 股份，获准在 2001 年初加入上汽集团，公司改名为上汽奇瑞汽车公司。上汽也很有气度，给了奇瑞充分的发展空间，并为其申报了轿车目录，奇瑞由此获得在中国市场销售轿车的资格，在"准轿车"们中第一个得到了生存权。

奇瑞不负众望，依靠产品雍容的外形、可靠的质量、平实的定价，销售在次年火爆得一发不可收拾，几乎每个月都以 50% 的幅度递增，累计销售四万台，创造了中国轿车单一车型上市当年销售之最。

三、吉利，力量在风中聚集

永远寻找新商机

1998 年初，我在作家出版社出版的《家庭轿车诱惑中国》一时成为畅销书。李书福读后派人找到我，就吉利想造轿车的计划向我咨询。我让来人转告他，此事轻易不可为。轿车是大投入、大产出的产业，尤其在中国，水太深。作为一个刚刚挣了第一桶金的民营企业，风险太大，只怕多少投入，都会打了水漂。

后来，李书福多次在公开场合谈到我的提醒。但是他是一个不按常理出牌的人，依然按照他的思路做下去。两三年过去，吉利的豪情和美日满街跑，而且质量不是我所担心的要有"一不怕苦，二不怕死"的胆量才能驾驶。在清华大学一次和奔驰轿车同台做碰撞试验中，吉利完全合格。尤其可贵的是，他打破了原有"行业内"轿车企业的"价格神话"，造出老百姓能够承受的三万元轿车，给我上了一课。

李书福 1963 年出生在浙江黄岩海边一个很富裕的村子，那里的人们都很有挣钱的头脑。中学毕业后，他开过照相馆，干过从工业废料中回收贵金属的营生，开过冰箱厂。80 年代末，电冰箱、冰柜已经做得很大了，等着拉货的车子在厂门口排成长龙。

作为一个没有任何背景的生意人，李书福精明地躲闪着一次次可能翻船的风险。像许多浙江民营企业家一样，他是中央电视台《新闻联播》的忠实粉丝。1989年那次风波后，民营企业"姓社姓资"的争论甚嚣尘上。李书福和几个合伙人就把工厂的土地、厂房、设备全都无偿送给了乡政府，然后跑到深圳，一边在大学里进修，一边关注国家的形势走向。到了 1991 年底，李书福在《新闻联播》中看到农业部部长何康重提鼓励和支持乡镇企业的发展，他敏感地觉察，国家政策出现了调整，新一轮经济的快速发展即将开启。他立刻收拾行装，赶回家乡再次创业。

李书福回忆说，我每次做什么，马上就有人跟着学，搞低水平竞争。所以我就想，如果做汽车，别人要学就难了。当时做铝塑板，品牌就是吉利，市场非常好。手上有了一笔钱，到了 1993 年，就打算造汽车，进入一个比较大的产业作一番尝试。

李书福愣头愣脑地去黄岩找市经委主任，说是我们要搞汽车，希望能批准。主任笑了，说是不可能；李书福又跑到杭州，找到省机械厅，也说不可能，就是找到北京也根本没有门儿。国家不立项，不能建汽车厂，把车造出来也不能上牌。一下把路封死了。

这条路走不通，李书福就迂回想造摩托车。他明白，搞摩托车也不会被批准，于是找到一家濒临倒闭的摩托车厂，用人家的品牌，开始做跨式摩托车，但卖得并不好。

一个意外让事情出现转机。公司派一个员工去采购，借了一辆台湾生产的光洋踏板摩托车,不料出了车祸,公司为此赔了两万元,撞坏了的摩托车就扔在公司。踏板摩托车当时国内还没有人能够生产,李书福发现这辆车与跨式摩托车相比,就是塑料覆盖件多一点。当时,生产摩托车已经有一定实力,黄岩的塑料产业又很发达,也有引进的雅马哈发动机,这几样整合起来,用了一年多的时间摸索,吉利就把踏板摩托车开发出来了。

李书福说,踏板车造出来,市场火得不得了。一年三四十万辆,市场占有率全国绝对第一。造踏板摩托车的厂家也多起来,价格从一开始进口的两万元,降到后来的两千元。我们又兼并了临海鹿城摩托车厂,开始使用吉利品牌。

成功的李书福不忘造轿车的初衷,他用造摩托车的名义,在临海市经济技术开发区买了 800 亩地,决心大干一场,建厂生产轿车。

从奔驰、波音到脚踏实地

李书福的另类,就在于头脑里没有框框,他在 1997 年造的第一辆轿车,就是一次高水平的"模仿秀"。那时候,奔驰 E 系列刚刚换代,李书福买回了几辆奔驰 E280,拆散测绘,开始圆他的轿车梦。

中国入世前夕,李书福在《中国企业家》的专访中说,我渴望阳光的出现

李书福买了一汽红旗轿车的底盘，包括前后桥、发动机、变速箱。车身采用玻璃钢工艺，完全仿造奔驰 E280 外形，最后扣在红旗底盘上。他还专门跑到香港，买了奔驰的方向盘、前后灯散件，亲自带过来装车。

第一辆轿车就这样造出来了。李书福很得意，开着他的"奔驰"招摇过市。

李书福后来回忆说，当时，很多人要买我的车，要不是主管部门不同意，我马上可以大批量投产。问题是，在许多人眼里，我好像犯了法似的。

机械厅厅长批评我：你胆量这么大！造轿车是由国家政策严格限制的，你不能搞，想都不要想！我不死心，跑到北京找机械部，为造摩托车，那里我已经跑熟了。我拿着我的"奔驰"照片给他们看，机械部的人说，你生产这样的汽车，国营企业怎么办？就是这么一句话。

我当然不能跟他们强辩，只能跟他们磨啊：那我们可以生产什么车呢？你给我指条路。

他们也没有给我指路，就是不许干。但是我弄懂了一条，造汽车必须要上国家"目录"，轿车的目录肯定就别想了，但是客车目录各地好多企业都有。

汽车产品目录是一本书，我就翻书，发现其中有一个生产 6 字头客车的德阳汽车厂停产了，但是目录还保留着。于是我就通过四川的朋友，搞清楚是德阳监狱的工厂。我去找监狱长，买它的目录不行，只能合作生产。入门费是一个惊人的数字，几千万元。工厂更名，我说叫"四川波音汽车公司"。

汽车企业站住了，生产什么车型呢？在北京有好心人告诉我，你搞出来的车不能跟大企业竞争，车要小，前面不能有车头，后面不能有屁股。按照他们的思路，我们就在夏利车的基础上，搞了一个"子弹头"，车身还是用玻璃钢，外形很漂亮。

1998 年 8 月 8 日，打着客车"擦边球"的"豪情 6360"在浙江临海的波音分厂下线。豪情定价 6 万元，对当时国内 10 万元左右的经济型轿车很有竞争力。

李书福欣喜无比，备了 100 桌酒宴，遍请各级官员。民营企业造汽车，太不靠谱，大多数人不敢去，只有浙江省副省长叶荣宝一个人前来祝贺。望着空落落的九十多桌饭菜，让李书福再次尝到世态炎凉。

媒体报道出去，杀出一位程咬金。美国波音飞机公司找到经贸委，尽管它的产品中没有汽车，也不许李书福叫波音。后来李书福买下德阳的股份，目录也移到临海，在临海工厂生产"豪情"轿车。

接着，又把宁波汽车拖拉机厂的壳买下来，在宁波北仑征地 1000 亩，1999 年 8 月 18 日打下第一根桩，直接在宁波建立一个汽车厂。公司从此更名为浙江吉利汽车。2000 年，四缸电喷环保型轿车"宁波美日"在宁波下线，售价仅为 6.58 万元，再次创下全国同类轿车最低价位纪录。

吉利有了两个车型，一个宁波美日，一个吉利豪情。李书福因此也出了名。

"我渴望阳光出现"

李书福不是一个职业经理人，他是一个创业者，有几分无畏，甚至几分浪漫。无论在什么场合，他总能语惊四座。听上去不靠谱，但是跨越时空，却发现他的预言竟往往成真。

记得 2001 年他参加在北京中国大饭店举行的业内高层论坛，我是发起人之一。说起全球汽车格局变幻，他放言：通用、福特，还有丰田，都会垮——当时这三家正是世界汽车的三大；有人抨击吉利最初的车型是"模仿秀"，他反击：不要把汽车说得那么神秘，一百年来，轿车都是"两个沙发，四个轮子"，谁开发过 5 个轮子的轿车，所以全球都是模仿秀。

当然，因为他的草根，他的口无遮拦，他的民营企业出身，注定了"正统"中国汽车业对他的排斥。WTO 的脚步越来越近了，2001 年，国家经贸委出台了《汽车战略发展规划》，提出发展轿车，以三大国有企业为主，坚决不批新的项目。

车虽然在卖，戴着 6 字头客车的帽子，名不正言不顺。吉利和其他行业外"准轿车"企业都使出浑身解数，想拱上轿车目录，求得一个平等的市场竞争待遇。吉利甚至养了一支甲 B 足球队以求增加企业的知名度。

为了求一条生产轿车的生路，李书福从省里到北京，跑遍众多衙门，遭受的冷眼和讥讽已经让他麻木。他甚至对领导们发出了这样的恳求："能不能给我们一次机会，即使失败了，也算体现一次公平。"

是年，汽车产品由"目录"审批改为"公告"制。对于经贸委 7 月的那一批《公告》，李书福寄予了太大期望，他以为吉利上报的两款新车应该得以放行。然而，这一次希望依然落空。以至于当别人告诉他，在轿车生产企业和产品中吉利榜上无名时，李书福甚至再没有勇气翻开刊登《公告》的报纸。

为了帮助李书福，我和《中国企业家》的牛文文等朋友们策划了该杂志 2001 年 10 月号《生死李书福》的封面故事。

我在为这组文章所作的点评中说：政府的这种回避竞争的管理政策，最后会害死李书福，也会害死中国汽车工业，白白要了五六年的保护期，全浪费掉了！

李书福在与记者李岷和田炜华的访谈录中说："有人说，我像堂·吉诃德，但我会避免他的结局。我希望中国早一点入世。今天，吉利和'三大'的造车环境有天壤之别。入世后，这些'不一样'将不能被允许了；吉利不怕竞争，甚至不怕跨国公司的竞争，我们有我们的生存空间，三万元的低端车，哪个跨国公司做得出来？资本、人才、技术、零部件，人家可以利用我的，我也可以利用人家的；加入 WTO，好处太多了。"

李书福说："我现在渴望阳光的出现，这也是人们关注吉利的焦点。只要我们获得生产权，资金、技术都不成问题。中低端轿车以后被中国企业大量制造，既供应中国市场，也供应外国市场，这是肯定的。"

2001 年 11 月 9 日，国家经贸委突然增发了一批汽车新车公告，搭载着吉利自行开发的发动机，金属冲压车身的"吉利 JL6360"终于榜上有名。在中国加入世贸组织前仅仅一天，在国家批准的第一批轿车合资企业 26 年之后，才对一个执著地要"生产老百姓买得起的好车"的民营企业予以放行。

中国的自主品牌用降价迎接中国的入世。一直和吉利摽着劲的天津夏利，从十多万的价格，一路下调，入世那天宣布惊人的新价格三万元；吉利随即响应，豪情最低价格两万九千八。"中国入世"和"李书福入局"，几乎出现在同一天的报纸上。

当时我写过一篇专栏文章祝福李书福：吉利拿到了"准生证"的确不容易，但是孩子生下来，让他健康成长，长大，长结实，更不容易。当然这是后面的故事了。

四、华晨 大象无形

另类"中华"

1999 年初冬，我在清华大学第一次看到"中华"，第一次见到华晨董事长仰融。

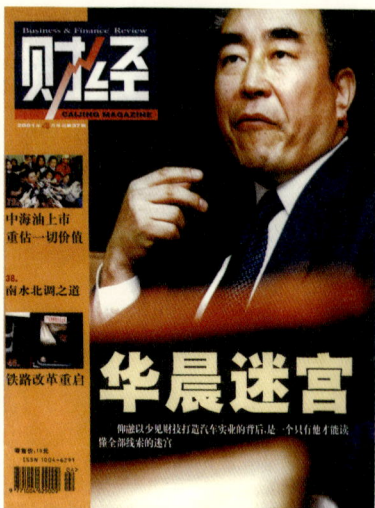

中华轿车刚刚面世，有人把仰融暗
示为借汽车做投机的金融大鳄

雍容、圆润，比起当时世界最成功的车型设计，这辆黑色样车的造型也毫不逊色。它的造型曲线、组合前灯、窄而上挑的侧窗有一种动感的超前设计。车头是一个围绕圆环"中"字车标。今天还记得看到这辆"中华"轿车时的感受：目瞪口呆。

那几年，本土开发的样车，看过不少，大都是比较粗糙的小型车。出自乔治亚罗大师之作的 B 级车，中华开了中国轿车设计的先河。

仰融，个子不高，发型吹得一丝不乱，浓眉大眼，目光炯炯有神。

"李先生，今天请你来，是因为开发'中华'，是受你的文章启发搞起来的。"仰融非常诚恳谦逊地告诉我。

1993 年，华晨刚刚接管了金杯面包车的生产管理权，百废待兴。思路活跃的仰融看到我发表在《瞭望》杂志上一篇韩国现代的访问记，触动了他立即着手搞轿车的念头。董事会开会，他复印了我的文章，每位董事人手一份。民族品牌，高起点开发，用好国内外两个市场的资源和人才，把发动机掌握在自己手里。仰融说，文章里总结现代汽车的这些路数，完全可供华晨借鉴。在他的说服下，董事会作出了投身轿车的重大决策，开始了中国轿车史上唯一以金融运作为主导，集成全球资源，高起点，自主研发本土轿车的另类传奇。

1997 年 6 月，华晨开始启动"中华"轿车开发工程。仰融概括华晨自主开发轿车的理念为"中华在我心中，世界为我所用"。

同年，仰融到意大利都灵，聘请设计大师乔治亚罗主持中华的设计，设计费6200 万美元。仰融常常是手持一杯红酒，与乔治亚罗聊天：中国人在乎有头有尾；格外看重"坐轿"的感觉；崇尚中庸、写意，车身长度为吉祥数字 4888 为宜……

华晨是开发的唯一出资人，因而拥有"中华轿车"的全部知识产权。仰融对中华的定位：中高档轿车，零部件全球采购，进口车一半到三分之一的价格。

中华起步，是自主品牌中的大手笔：在沈阳工厂，库卡公司的焊接线，杜尔公司的涂装线，申克公司的总装线，与美国通用、德国大众在上海的新厂是同样的设备。后来宝马坚持和华晨合资，一是看中华晨公司的市场机制，再就是看中这条世界一流的生产线。

2000 年 12 月 16 日，中华轿车在沈阳下线。两辆中华轿车穿过地球和国旗组成的背景板登台亮相。

纽约上市第一股

华晨介入汽车头十年，有九年保持绝对低调。尽管金杯、丰田海狮的销量已经占到同类车市场 60% 的份额，利润在国内汽车厂家中仅次于上海大众位居第二，直到中华的问世才让华晨进入更多人的视野。一本财经类杂志，更把华晨称为"迷宫"。仰融淡然一笑，听之任之。

仰融，安徽人，当过兵，西南财经大学金融学博士。从中国早期股市淘得"第一桶金"，在国家某部门安排下，到香港开设了华博财务公司。

1990 年，仰融邂逅沈阳金杯董事长赵希友。赵在汽车业率先尝试股份制改造，还把金杯的股票卖到中南海。但是几年后，总额一亿股的股票中还有小一半儿没有卖掉。仰融以每股 1 元的价格买下这余下的 4600 万股。那时候是记账式股票，装在几十个纸箱里，空运回上海，放在市委东湖宾馆七号楼地库，还专门有武警在那儿看守。

股票 4600 万，上市如果按溢价 10 倍算的话，就是 4.6 亿；如果上不了市，就是一堆废纸。

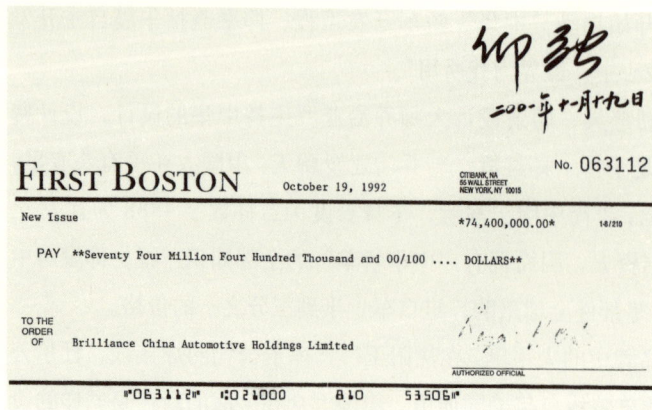

华晨在纽约成功上市后，募集资金净得 7200 万美元。这是仰融送给笔者的银行支票复印件

当时沈阳金杯旗下有一个好项目——引进技术生产丰田海狮面包车，但是缺乏启动资金。仰融看好这个全新产品的成长性，又借款投资 1200 万美元，以港商的身份与沈阳金杯成立了合资企业华晨金杯客车公司，生产丰田面包车。

2002 年 7 月，仰融发挥金融特长，推动合资伙伴沈阳金杯在上海证券交易所上市，后者成为当时沪市最大的异地股。他在沈阳金杯的 4600 万股也随之套现，还清了此前的借款。

然而，仰融以金融资本进入汽车业后，最精彩的第一笔，当属 1992 年华晨中国汽车控股有限公司在纽约上市。也许这个案例过于超前、过于神奇，以至于许多官员、经济学家也对仰融"拿不准"。

仰融的过人之处，在于他对国情敏锐的判断和不同凡响的应对。1992 年的 1 月份，小平上海度假，皇甫平文章刊出，仰融立即想到由此可能引发新的改革开放新浪潮。他对赵希友说，我要到海外上市去。

仰融总是拣最难做的事做，而且一定要做成。他选中了海外资本市场最规范最严格的纽约股票市场。他带着几个年轻的副手到了纽约，在华尔街找了几家著名的投资银行：第一波士顿、美林证券……讨论上市的可行性，把整个华尔街折腾起来，但是正式启动这个工程的导火索是小平的"南巡"讲话。是年秋天将召开中共十四大，邓小平推动的改革浪潮将交班给新一代领导人。为此仰融通过某部门给中央最高层写了一个研究报告，论证一个中国公司到纽约股票交易所上市是可行的，以此来说明中国在邓小平后继续走改革开放之路。这个题目非常之大，但是获得了批准。

其后，华晨以与沈阳金杯换股的方式获得了金客 51% 的股权。

同年 6 月，仰融以在金客中持有的股权在百慕大群岛注册了一家公司——华晨中国汽车控股有限公司（上市后代码 CBA）。华晨 100% 持股。

当时，一个中国民营企业在美国上市完全没有可能。为了给海外上市的公司安排一个"社团法人"的股权持有者，1992 年 5 月，由华晨、中国人民银行教育司、中国金融学院、华银信托发起，成立了中国金融教育发展基金会。基金会注册资金 210 万元，其中 200 万元由华晨出资，10 万元为人行教育司拨款。上市之前，华晨以"捐赠"方式把 CBA 的控股权转给中国金融教育发展基金会。

这样，CBA 的一切文件材料规范、清晰，经美国安东和嘉会计师事务所（ACC）审查完毕，9 月 18 日获得上市批准。

10 月 9 日，华晨中国汽车控股有限公司在纽约证券交易所成功挂牌上市，成为历史上第一家在海外上市的新中国企业。CBA 也是当时社会主义国家在纽约上市的第一只股票。CBA 的控股股东为中国金融教育发展基金会，持股 55.7%。CBA 发行 500 万股普通股，每股的招股价 16 美元，首日上市劲升两成半，成为当时纽约交易所最活跃的股票。

11 月 28 日，上市所获资金的支票交接仪式在北京举行。CBA 成功上市股市共获 8000 万美元，扣掉成交费、律师费，净得 7200 万美元。中央领导人在中南海会见了仰融和协助 CBA 上市的三大著名投资银行的代表。合影后，仰融留下，把股票样本交给这位领导人，当被询问股权算谁的时，血气方刚的仰融回答：是国家的。

此后，国家国有资产管理局致函中国金融教育发展基金会称：CBA 所有股权及股票收益均归国资局所有。投资 1530 万美元由国资局支付，委托该会代表国资局投资于 CBA。基金会无须承担风险，也不享有收益（意即挂名而已）。国资局另给基金会 300 万美元设立各种金融教育奖金。

函中所称国资局的投资就是来自华晨的"捐赠"。也就是说，基金会是华晨捐款的名义持有者，华晨把 CBA 的股权捐给了国家，国资局作为这笔资产的接收者，补办了这个文件，并委托仰融全权管理经营 CBA。仰融曾和我谈起过当时的想法，年轻气盛，一心报国，不求所有，但求所在。

三天后，中共十四大召开。CBA 不但成为中国第三代领导人坚持改革开放的一个注脚，也是日后众多中国企业在海外上市的一次经典范例。

湿手沾面粉

中国汽车工业在很长一段时期最稀缺的资源是钱。仰融是第一个给汽车产业接通金融管道的人。

汽车工业的"大哥大"们艰苦地在主管部门争项目、跑投资时，从来没遇见过华晨的人；技改资金、税费减免，更没有华晨的份儿。但是仰融搞汽车似乎有用不完的钱。

华晨总经理，曾经一手把金客从亏损带向复兴的苏强说，钱从哪里来？无非是市场经济的通行做法。一是来自原始资本积累。二是资本市场筹集，比如从股市上融资，光是三次从海外证券市场为金客募集的资金就有近 20 亿港元。三是企业盈利。

赵希友说，有人说华晨搞汽车是玩观念，为的是到股市圈钱，最后会抽了资金走人。其实无论华晨在金客的投资，还是后来海外上市吸收的资金，都百分之百投到了金客，扎扎实实做企业。两个大股东一开始就约定，不分利润，继续滚存作为投入，一分钱也没有往外拿。

华晨搞汽车也到银行借钱做流动资金，但是存借平衡，信用优良。一位商业银行的董事长考察了金客的财务状况后大吃一惊说，如果企业都像华晨一样，中国的金融业就没有风险了。

不知是巧合还是必然，世纪之交，世界五大汽车产业资本都已开始与华晨的合作。三江雷诺、金杯通用、丰田海狮、三菱发动机都已经是华晨的合资或合作伙伴；宝马与华晨的合资项目当时正呈报国家计委，华晨在中国的汽车业留下了一串巨大的惊叹号。

有人在呈报中央大型企业工委的报告中，把仰融说成是一个侵吞国有资产的"金融投机家"。仰融对我说，要赚钱，在金融市场搞投机最容易，一旦进入汽车业，资金变成厂房、设备、车型，钱就沉淀在那里，"湿手沾面粉，甩也甩不脱"，只有埋头苦干若干年，直到把汽车干出点名堂。

知变则胜

"知变则胜，守常必败。"在靠近黄浦江外滩的 28 层的华晨大厦，仰融和我谈到他的座右铭。他说，从《孙子兵法》参悟出的这番道理，十年股海商场征战中，屡试不爽。

对于中华完整的自主知识产权，当时流行的嘲讽是：华晨有产权没知识。主管汽车产业的一位领导曾经发问：中华车的下一代产品何时开发？仰融坦然答曰：中华车的第二代、第三代都有了，中华的下一代敢于跟国际上同等级的名车竞争。

然而，中华轿车的立项和公告还在报送有关部门等待审批，仰融说，从 1997 年决定投资中华车那一天起，他就没有把审批当作一个障碍，他当时预见，中国"入世"不可阻挡，而待到入世之后，审批问题自然迎刃而解。

仰融是精明的，他把握着中国汽车工业的变化，深知竞争早晚有一天会到来；仰融也会"冒傻气"，有一种偏向虎山行的冒险精神。

尽管华晨和宝马的谈判还在紧锣密鼓地进行，仰融的思绪已经跳到另一个也许大上十倍的项目上了。应对"入世"，仰融做了一个常规思维下几乎不能尝试的冒险——担当起根治中国汽车产业"心脏病"的重任——分两期建立一个年产 150 万台的发动机工厂，生产即使今天在世界仍然处于领先水平的涡轮增压直喷发动机。

内行人都说这是"痴人说梦"：引进谁家的技术？几十亿元的资金哪里来？那么多发动机你卖给谁？

然而 2001 年在浙江宁波北仑开发区，投资 50 亿元人民币的华晨新发动机厂已经破土动工。对比暮气沉沉的沈阳，仰融对宁波的经济实力与市场经济氛围情有独钟。当时华晨已经与德方签约，发动机由德国亚深著名的 FEV 公司开发，莱因公司提供加工设备。机加工自动化水平直逼奔驰、宝马。2004 年底试生产。一期规划 50 万台，二期 100 万台。2005 年 1.8TFI 涡轮增压直喷发动机投产。产品将全部打中华的 LOGO，60%供应中华，40%供应英国罗孚。

中华，是 1999 年自主品牌中最早利用国际资源高起点开发的车型

仰融当时的另一个大手笔是英国罗孚（MG ROVER）项目。罗孚1877年在英国伯明翰建厂，1993年被宝马收购，因经营亏损，宝马退出，10英镑卖给英国凤凰公司，被视为英国汽车工业最后一块全资的净土。

仰融说，是宝马把罗孚介绍给我的，罗孚活得很艰难，自己有技术，却没有钱开发新产品。罗孚与我们一拍即合，政府、王室都支持与华晨的合作。我们现在独举自主开发的大旗，太累，世界汽车生产能力五分之一过剩，我的新思路是把世界资产再生利用，海外购并，减少物流。仰融的这番谋划是在2001年！

双方谈定先合资建立产品开发公司。华晨出资4.5亿美元，罗孚出资3亿美元加技术，资金全部来自海外银行贷款，股权50：50。共同开发罗孚新45系四个车型、新25系两个车型，分别在2004年、2005年投产；新75系在2007年换型。2001年3月12日合资合同和18个子合同已签约。中英双方用各自品牌生产，生产一辆25系银行提成100英镑，45系提成400英镑，直到把双方投入的7.5亿美元和利息摊掉。

同时在宁波建立30万辆产能的汽车厂，罗孚的所有车型都将在中国生产。2003年投产，生产25系15万辆、45系10万辆。次年罗孚在英国停产25系，宁波产量中8万辆返销海外。内销用中华品牌，外销用罗孚。

如果这一切顺利推进的话，中国轿车业将是另一番格局。海外资本购并，世界顶端技术的引进与掌控，进程将提前八到十年。

仰融出走

2002年3月初，我得到消息，经中央最高层过问，某部把挂靠企业华晨下放给辽宁省。

由于仰融个性所致，他此时与某部的关系并不融洽。对于亲手打造的市值200亿元，六个上市公司的华晨系，仰融也从早期单纯满足于"所在"转求部分"所有"。于是，某部不但把CBA，而且把多种股权关系纠结的整个华晨系一起打包交给辽宁。

起初，馅饼从天而降，辽宁如获至宝，对仰融礼遇有加。而一个庞大的华晨系，下放地方后，对重新明晰产权也是一个好时机。按仰融的说法，华晨虽然没有一分钱国家投资，但是它的海外上市，的确依托了国家资源；另外也有仰融把CBA

股权送给国家的承诺。因此辽宁省与仰融等高管层在华晨系的产权明晰过程中是五五开、六四开，还是七三开，当时也有几种方案在探讨。

然而，这时风波骤起，发生了华晨按合同给宁波发动机项目分期打款的事。此举被辽宁方面解读为抽逃资金，掏空金杯，双方由此翻脸。风云突变，5 月，仰融被迫出走美国，华晨系全部作为国有资产落入辽宁方面囊中。

华晨自此成为辽宁省的国企，"中华"轿车项目、华晨与宝马合资企业项目终于顺利获得审批。2002 年 8 月，在所有待批的"准轿车"自主品牌中，中华最后上了《公告》。而辽宁方面没有能力，也没有兴趣顾及宁波发动机和罗孚项目。华晨易主，与罗孚的合资开发最终流产，让人痛惜无语。

此后，英国罗孚破产，这才有了几年后上汽和南汽的"罗孚之争"。

　　世纪之交的子夜，我正在澳大利亚的阿德莱德观看亚太勒芒汽车耐力赛的最后一站比赛。2001 年 1 月 1 日，我比北京的亲人们早了四个小时迎接新世纪的到来。阿德莱德闹市区的广场挤满了人，临近子夜，人们大声数着倒计时。零点的新年钟声响起，鞭炮齐鸣，礼花腾飞。人们欢呼、鼓掌、拥抱，不相识的人也真诚地相互祝福。

　　对于中国来说，这一年还是一个新的起点：中国终于打破 50 年自我封闭的樊篱，加入世贸组织，接受全球化贸易规则的约束和享有通畅互惠的开放。对于中国汽车业来说，另一个 50 年禁忌被打破：中共中央和全国人大以决议的方式，首次正式提出了"鼓励轿车进入家庭"。

　　当时人们几乎完全没想到，"加入世贸组织"和"私家车"，会成为两大推举力，成就了中国汽车市场长达十年的"井喷式"增长。中国汽车业迎来了发展最快、最好的十年，从"自行车王国"，一跃成为汽车产销量世界第一的"汽车大国"。而加入世贸组织前，对于中国汽车"全军覆没"的梦魇很快被人遗忘。

一、入世与家轿：两大托举力

2001，中国家轿起步年

为赶到底特律采访北美车展，2001 年 1 月 2 日，我一个人从悉尼搭机回国。在飞机上欣喜地遇见老朋友吕福源，他是以教育部副部长身份，刚刚与北京副市长张矛一起率团去新西兰，用新世纪第一缕阳光为将在北京举行的世界大学生运动会点燃火种。

旅途漫长，海阔天空，最好聊天，聊得最多的是我们俩的共同关注点——汽车。谈及即将面临加入世贸组织考验的中国汽车业，吕福源说：我们参与的是全球化，而不是搞一体化。一体化是发达国家为自身利益提出的，搞一体化分工中国的利益何在？九亿农民谁管？全球化同时是政治、经济的多极化——欧盟、日本、东盟、北美贸易区。参与全球化，中国必须有自己的骨干行业和骨干企业。对于汽车合资企业国家把控很成功，必须建立在双赢的基础上，按中国的长远利益搞。我们有巨大的市场，我们有资格要利润、要技术。人民关心中国汽车能否走出一条成功路。

吕福源说，中国汽车业不必妄自菲薄，其实过去 50 年的时间没有白费，汽车业的大规模建设，聚集了人才，培育了市场。"八五"期间投资 588 亿元，80% 投在 13 家骨干企业，集中度有了，13 家没有重复，可以通过兼并逐步组建大集团。美国、德国、日本、韩国都是这样走过来的。如果现在不迎战 WTO，行业地方继续搞条条块块，搞春秋战国，就难免被各个击破。留给我们的时间不多了，不能等到兵临城下再调兵遣将。现在有人幻想把汽车工业打扫一下，卖给外国大集团，让人家控股，跟着人家发展，对于中国这样的大国不可取。不久前，大众一位董事关于买断中国合资企业的谈话在英国《金融时报》登出来，话说得很直率。让中国汽车界好多人从梦里醒过来。在中国汽车工业还不够强大，还处于弱势的今天，不占50% 的股份，跨国公司掌握着技术，尤其是产品开发，随时能让你滚蛋。被奔驰兼并后，克莱斯勒高管被提前解职就是前车之鉴。

次年，吕福源调任外经贸部，2003 年，任新组建的商务部首任部长。2004 年5 月，吕福源因患癌症病逝。这位在业内获得普遍尊重的汽车人未能看到，加入世贸组织十年后中国汽车业竟然摘取了全球汽车业的产量之冠，中国老百姓起码在拥有汽车文明方面获得了"尊严"。

2001 年，是中国家轿的起步年。

3 月 15 日，全国人大九届四次会议闭幕。会议通过了关于国民经济和社会发展第十个五年计划纲要，纲要中首次写进"鼓励轿车进入家庭"。虽然在两万字的纲要中，只有这短短的八个字，却是新中国汽车工业建立半个世纪后，第一次找到了真正的大市场，1994 年《汽车工业产业政策》中对于老百姓拥有汽车文明的权力从认可升级为鼓励。

4 月 25 日，为进入中国而屡败屡战的美国福特汽车公司，终于与中国兵器工业在重庆的基地长安集团联姻，长安福特汽车有限公司签约成立。福特在中国寻找伙伴，从当年的二汽，到南京的跃进，到上海与通用争雄，到落脚重庆，转战 20 年实属不易。

5 月 10 日，国家计委宣布放开对于国产轿车价格的控制。不过，此前这种旧计划体制早已被愈演愈烈的轿车"价格战"所冲垮。

6 月 8 日，在市场预热半年之后，上海通用推出了引进南美欧宝可赛平台，进行了一百多项本土化改进的小型车"赛欧"。这款别克在中国的第二个车型，在当时的合资轿车中首次下探 10 万元，主打家庭轿车，并以 ABS 等当时的高端配置，迅速在市场上攻城略地。两年后，赛欧的销量突破 10 万辆，占到小型车市场份额的 27%，独占鳌头。

7 月 13 日，莫斯科，国际奥委会高票通过了由北京举办 2008 年奥运会。是夜，北京市民的车流自发地涌向天安门狂欢。

9 月 11 日，一个签证上的差错使我一个人滞留在伦敦，等着一个星期后飞到布拉格与中国记者会合。当天，从大英博物馆回到旅馆，看着电视画面中被劫持的飞机撞向纽约世贸大楼；听着恐怖分子扬言第二天上午袭击伦敦金融街的传闻；然而我看到周围人们不是恐慌，而是在互助，即使对于我这样一个被卷入困境的中国人也充满关切。我感到了一个新时代的切换，中国不再是对抗的一方，中国融入全球化，对世界、对中国都是机遇。

11 月，宝马董事长米尔贝格博士在北京宣布，宝马集团已经选定华晨作为伙伴，国务院高层领导对宝马的选择表示了尊重。此举使国人颇感意外，若不是加入世贸组织在即，以华晨非主流汽车厂商的身份能在与一批"国家队"的竞争中脱颖而出，几乎不可想象。

11月10日，世界贸易组织第四届部长级会议在卡塔尔首都多哈以全体协商一致的方式，审议并通过了中国加入世贸组织。

当天，我在我的新华社"门外车谭"专栏发表评论《"缓冲期"莫虚度》，可以从中看到当时百姓、政府、企业、外商对中国汽车加入世贸组织后的期盼，以及感受上微妙的不同：

中国汽车今天迎接"加入世贸组织"。对中国汽车工业将带来什么样的机遇和挑战，"狼来了"一样讨论了多年，终于尘埃落定。

加入世贸组织谈判成果之一，就是给了中国汽车业一个六年缓冲期。此举为的是给已过"不惑之年"，仍属"幼稚产业"的汽车工业一个健体强身的过渡期。

老百姓对"民族汽车工业"的险境并不怜香惜玉，恨不得"缓冲期"尽快过去，明天就买上物美价廉的进口车，或者一夜之间就让国产车价格打个对折，降至国际水平。也难怪老百姓这么"绝情"，多年的"汽车情结"屡遭关税、价格高门槛的打击，确实伤了他们的心。加入世贸组织的压力将逼迫中国轿车价格逐步和国际接轨，中国老百姓与轿车文明的距离进一步缩短。

政府部门考虑的是，汽车作为"支柱产业"绝不能轻言放弃。如何在五六年内把汽车工业做强做大，成为不可回避的课题。国家计委一位官员清醒地判断，加入世贸组织之后是两个"不可阻挡"：一是轿车进入老百姓消费不可阻挡；二是民营企业、国外厂商对中国汽车产业的参与竞争不可阻挡。正视现实才会有相应的对策，政府部门转变观念，转变角色，是迎接"加入世贸组织"的第一步。

身处生产经营第一线的汽车企业都有一种"只争朝夕"的紧迫感。我国汽车业最大的合资企业——上海通用汽车公司总经理陈虹说，加入世贸组织后，国产轿车价格立即出现"拐点"似乎不大可能。降价是个过程，我们要把价值链延伸，从工程开发、采购、物流、营销到社会服务全面提高竞争力。

西方国家欢迎中国加入 WTO，是因为中国市场的吸引力。我们必然要让出一部分市场，但是让出市场需要进入市场一方做出补偿，就是资金和技术的流入，这要看我们如何利用这个条件，学好技术和管理。

当然，加入世贸组织之后，能够生存的并非是中国汽车工业现在一百多家成员。欢呼加入世贸组织的是那些有活力、有市场的汽车企业，加不加入"三大"倒不是生存的必然条件。那些早已不生产汽车，靠行业保护卖"目录"过活的"八旗子弟"，还是早做打算的好。

入世后，中国轿车业开始学会从生产向市场延伸，东风雪铁龙赛纳和毕加索问世后，组织媒体和用户参加"龙行天下"拉力行，从北京沿丝绸之路一直到南疆的红其拉甫山口

中国获准加入世贸组织前一天的 11 月 9 日，国家经贸委发布了第六批《车辆生产企业及产品公告》，一款名为"吉利 JL6360"的陌生车型榜上有名。在中国汽车史上，这是一件"破天荒"的事件，民营企业造汽车第一次得到政府的认可。李书福和吉利，在中国入世的节点上享受到和国企、合资企业相同的"国民待遇"。

吉利、夏利、赛欧、捷达、富康，此时都把销售的主战场转向私家车。2001年于是也被称为"中国家庭轿车起步年"。

是年，日本通产省发布的白皮书中首次提到，中国已成为"世界的工厂"，在彩电、洗衣机、冰箱、空调、微波炉、摩托车等产品中，"中国制造"已在世界市场份额中名列第一。然而，2001 年中国汽车产量 234 万辆，只占世界汽车市场的4%；其中轿车还只有 70 万辆，微不足道。但是，这一数字成为其后长达十年的市场成长的一个基数。

国家统计局统计，2001 年中国人均 GDP 7543 元。按当年汇率 1 美元兑换 8.27元计算，是年中国人均 GDP 为 912 美元。国际上把车价／人均 GDP 称为 R 值，把R 值为 3 作为轿车进入家庭的临界点，以国内平均车价 10 万元（1.2 万美元）计，当年只有上海的 R 值为 2.7，超过轿车进入家庭的临界点；北京的 R 值是 4.0，处于轿车进入家庭的边缘；而全国各省市的平均水平 R 值高达 13.3。因此有关权威机构判断：我国整体离轿车进入家庭还很遥远。

当时我撰文说，在加入世贸组织和家轿解禁的双重推动下，市场是动态的，在中国，轿车进入家庭注定从沿海大都市起步，随着 GDP 的逐年提高，车价逐年下降，R 值下探到 3 以下的加速度越来越快，私家车的普及浪潮将逐步向内地成梯级状迅速扩展。

"井喷"定位中国车市

入世后的 2002 年，中国轿车产量从上年的 70 万辆增加到 110 万辆，增长了53%！让全球汽车业目瞪口呆。从此"井喷"一词，几乎陪伴了中国汽车市场整整十年。

12 亿人口的中国，每年只卖 70 万辆轿车，与年销量 1500 万辆的美国不可同日而语，谁都会看到这中间的发展空间有多大。对国际汽车大厂商来说，争夺这其中的甜头是必然的。中国加入世贸组织后，对国际汽车跨国公司的准入限制逐步放开，美国通用、福特，德国大众、奔驰、宝马，日本丰田、本田、日产，法国雷诺、PSA，意大利菲亚特，韩国现代、大宇、起亚，几乎全世界主要汽车品牌都在中国找到了合资伙伴。

以前人们关注着，又有谁来到中国？现在悬念没有了，该来的全来了，汽车"世界杯"转移到中国举办，余下的将是更加激烈的竞争。

新中国的汽车工业当时已经走过了半个世纪的历程。五十年来，曾经是"只有卡车没有轿车"的汽车工业，是"只有公车没有私车"的汽车工业，然而在 2002年，"全球化"和"轿车进入家庭"，两大推举力让中国汽车工业发生了史无前例的大变革，成为中国汽车工业一个旧时代的结束和一个新时代开始的分水岭。人们几乎转不过神来，那么多"没有想到"迎面而来：

一是没有想到轿车进入家庭的势头会如此迅猛，老百姓长期被压抑的购买力释放出来，市场出现"爆发式"行情。春节期间，北京亚运村汽车交易市场前的马路被云集的选车者完全堵死。当时北京交管部门平均每天办理新车上牌 500 辆，光是 1 月 15 日这一天，就上牌 708 辆。各企业推出新产品的频率加快。一年里，三十多款新型轿车令人眼花缭乱。赛欧、夏利 2000、派力奥、POLO 开创了紧凑型家庭车细分市场；年中，中华、宝来 1.6、西耶纳问鼎中档车市场；年末，威驰、索纳塔、嘉年华、高尔夫、千里马挟强劲的宣传攻势而来。尽管中国老百姓的汽车消费还远不成熟，但是终于第一次可以在市场上像选购彩电一样选购轿车了。

二是没有想到 2002 年轿车各厂家的价格战一触即发，并且立刻短兵相接。2002 年 1 月 29 日，菲亚特小型车派力奥在南京投放的当天，夏利 2000 和赛欧宣布降价，双双跌破 10 万元，南京菲亚特董事长恰巴和总经理茅晓明在投放仪式前紧急研究对策，当晚宣布派力奥 1.3 升基本型以 84900 元的最低价迎战。1 月份的头 20 天，单车降价一万元以上的轿车就有富康新自由人、海马、红旗、赛欧、羚羊等。重庆奥拓和吉利分别以 3.8 万元和 2.9 万元创下主流车型和新生代的最低价格纪录。持币待购的老百姓终于放开了钱袋，轿车销量的八成以上为私人消费，两三年前这个比例想也不敢想。

　　三是没有想到跨国公司热衷的不是出口整车,而是纷纷进入中国合资建厂。"准入"变得平等,世界汽车 6 + 3 格局中几乎所有的跨国公司都在中国找到了合资伙伴,中国和国际汽车业形成"你中有我,我中有你"的局面。福特集团首席执行副总裁马克·菲尔德对我说,北京、上海、广州、深圳的人均 GDP 已经接近发达国家,总人口相当于英国,而英国的汽车销售量在欧洲排名第二。欧美一些大集团,在中国开拓市场,往往作一二十年的战略考虑,他们看中的是 2015 年前后的潜在市场。

　　四是没有想到困扰汽车工业多年的顽症——"散乱差"的产业结构正在得到改观,依照市场规律进行的兼并重组取得突破性进展。上汽集团持股韩国大宇 10%,开创中国汽车工业进入世界汽车资本市场的先河。上海通用作为一家合资企业以 50% 的股权重组烟台大宇,更创造了国内汽车兼并的新模式;东风集团与日产的全面合作,不但获得轿车新的增长点,更为主导产品载重汽车的崛起赢得了新契机;一汽兼并天汽,进而与丰田联手。沈阳、广州、南京、重庆、北京、宁波等一批独具实力和特色的轿车基地与三大集团比翼齐飞,形成 3 + N 的新格局。

　　尽管如此,"爆发性行情"当时还只是轿车进入家庭消费的导入期,只是"点"上而不是"面"上的旺销。"面"上多数中小城市,轿车私人消费远远没有成为汽车消费的主流。在内地城市,普通市民买私家车甚至会被视为露富,怕单位和邻居怀疑钱的来路不明而却步。我看过湖南卫视的一档节目,说的虽然是家庭轿车,可是主持人问及几位嘉宾,家里买了车没有?刚才还说得热热闹闹的嘉宾们顿时变得支支吾吾。

　　说是"导入期",企业还在市场的增量上"跑马占地",真正的竞争还没有开始。当时我提出中国消费市场的"金字塔"理论:产品价格每往下走一个台阶,主流消费群体的底座面积就会呈几何级数增加。家轿普及期的到来还有待于轿车在车型、价格方面继续走下"金字塔"。如果普及到了金字塔基座的乡镇一级,市场之大恐怕将是一个天文数字。2002 年,几个大城市中热销的主流车型价格在 8 万—15 万元之间,打开更大市场的车型价格恐怕在 5 万—10 万元才更有冲击力。

　　我曾经把家庭轿车比作"踮起脚才能摘到的果子",但是人均 GDP 3000 美元的城市和 GDP 1000 美元的城市,老百姓能够"摘到的果子"无论车型和价位必然有很大不同。我去天津开会,看见街上跑的大部分汽车还是久违的"小面"。距离北京只有一百多公里，却仿佛回到十年前，中国经济发展的不平衡性和多元性由此可见一斑。

中国有了"年度车"

从一个较长的时间段考察，民俗与时尚都是反映一个时期社会与经济的镜子。多少年来，北京人路上见面，总招呼说："吃了没有？"而到了 2003 年，人们彼此爱问："您买车了吗？"过去被人们视为天方夜谭的轿车，忽如一夜春风般地进入了寻常百姓家。

中国轿车业忘掉了"入世"前"狼来了"的担心，感受到的是中国汽车市场在"整个世界从未有过的活跃"。

年度车2003

中华 Zhong Hua

由《AMS 车评》杂志组织的 2003 年度车评选是中国车界的"第一次"

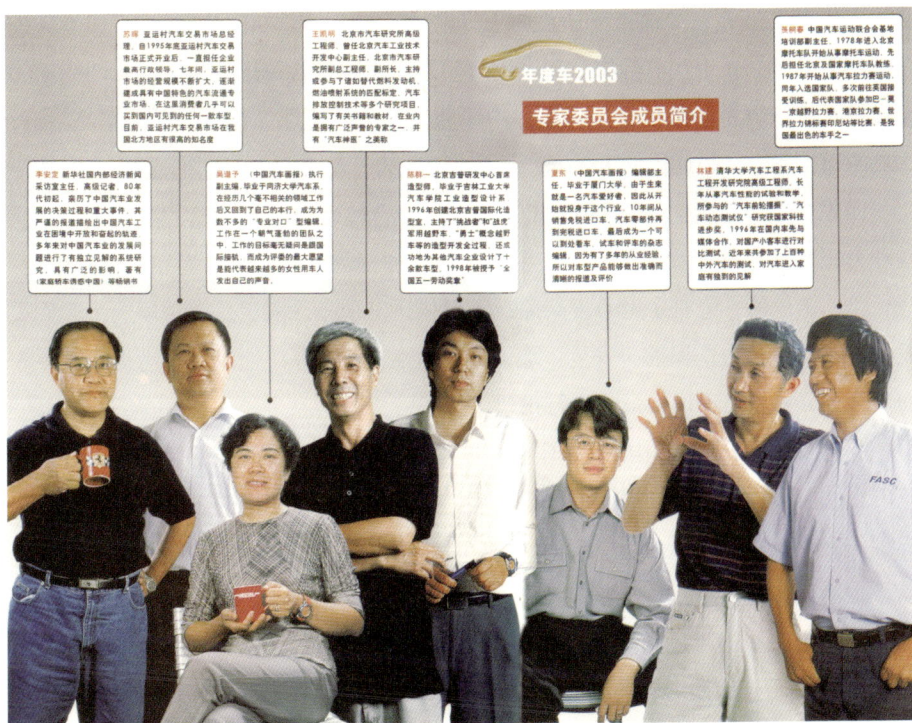

"2003年度车"评委合影。左起：李安定、苏辉、吴道予、王凯明、陈群一、夏冬、林建、张桐春

　　2003年，是中国轿车业在历史上增幅最高的一年。是年，轿车总产量203万辆，比2002年的109万辆又增长86%！一年跃上一个百万级台阶，一年成就了半个世纪没有做成的事。

　　年初，中国首次评选出"2003年度车"。华晨公司生产的自主品牌"中华"轿车获此殊荣。这次开创性评选由一家与德国著名汽车杂志AMS合作的媒体组织，我是评委之一。

　　"年度车"在欧美是由生产厂商和消费者之外的第三方每年一次评出的汽车大奖。评选方式一般是汽车类专业媒体或汽车记者协会出面组织专业人士从本年度众多的新车，包括进口车和本地车中推选出一辆（仅此一辆）最具影响力的新车型作为下一年度的"年度车"。能够获选有两个重要的因素：一是技术上有创新；二是物有所值。因此豪华车能够评上"年度车"的并不多。

当年自主品牌在中国市场还很弱小，中华轿车当选"2003 年度车"，评委认为它是继 20 世纪 50 年代"红旗"和"上海"之后，第一款按现代国际汽车产业模式研发的、中国自主品牌的全新车型。中华轿车大气的造型设计，先进的车身平台，优良的操控性能，和远远低于合资产品的实惠售价，都令它在候选车型中略胜一筹。

回想当年好执著。"中国年度车"的评选十分注重与国际接轨，有很强的专业性和公正性。记得那天天气奇冷，在京郊的交通部汽车测试场，评委们在卵石路、搓板路、错位路、绕桩急弯等复杂路况下对候选车型一一测试，并对候选车型款式及风格设计、动力、操控、安全、环保、舒适性、价格经济性、主观满意度八个方面严格打分并做出评议，最后进行投票。

我至今还很珍惜"中国年度车"评选在中国的最初亮相，比起后来评比遍地开花，它反而最规矩、最完美。记得第二年，一款装了新发动机的车型希望参评，杂志主编夏东坚持"更换新动力系统不属于新车型"的条款，面对种种许诺不为所动，拒绝其入围参评，极力维护评选的严肃性。

第一年"中国年度车"评出来以后，我曾撰文提出，不同媒体，因受众和价值取向不同，分别评出各自的年度车无可厚非，但是我希望有一天会和"欧洲年度车"一样，由众多媒体共同参与，评出唯一的一款跨越车型和媒体的"中国年度车"。

随后的几年，国内汽车的评比多起来，直到某电视台参与其中，利用其传播的垄断优势，开创了分 N 多个车型级别，评选 N 多个年度车，以扩大广告收入的不良先例，自此每年雨后春笋般地出现 N 多个以营利为追求的"中国年度车"并存，且一发不可收拾。倒是如果有一天，某厂商来点"黑色幽默"，学习郭德纲自称"非著名相声演员"，推出新车型以"中国非年度车"标榜，没准儿更能招徕消费者的眼球。

甲 A 联赛和"四小花旦"

A 级车的竞争如同足球场上的甲 A 联赛，在中国车市的竞争中最有看头。

2003 年 5 月，东风雪铁龙在昆明推出"赛纳"2.0 轿车，国产"老三样"终于全部有了换代车型。

"老三样"叫法似乎有些贬义，但是他们的历史功绩不可抹杀：一是实现了中国轿车大规模生产的从无到有；二是确立了国产轿车的主流地位。

2002年，桑塔纳生产16万辆，捷达生产12.5万辆，富康生产8.5万辆。在全国二十多个轿车品牌中遥遥领先。而且在2003年第一季度，三个品牌的销量都有三四成的增长。"老三样"风头不减。

"老三样"引进时的目的是作为量大面广的公务用车和出租车（当时老百姓的私家车尚是禁区），所以都是标准的A级车。车长4米上下，排量从1.4到1.8升。90年代中期，公务车乘用者的眼光提高，国家于是批准奥迪A6、别克新世纪、本田雅阁在中国落脚，三种车都是B级车，高级归高级，市场规模不能和"老三样"同日而语。加入世贸组织之后，世界各大厂商纷纷挤进中国汽车市场时，"老三样"已经达到经济规模，服务网点遍布全国，主流地位似乎难以撼动。

桑塔纳诞生在80年代，虽在大众旗下算不上成功之作，却在中国红了30年。我曾在德国沃尔夫斯堡的大众藏车馆，找了又找，没有我们的桑塔纳，只有一辆类似的旅行车，铭牌标着帕萨特B2，是上海大众后来引进的帕萨特B5的曾祖父。

国产捷达在德国属于第二代高尔夫平台，80年代末问世，经过从外形到动力总成的多次换型，青春永驻。1999年，我在德国第一次看见宝来，被告知是捷达的第四代。宝来引进非常及时，技术领先也不止一点儿两点儿，以"驾驶者之车"的美名在中国风行一时，荣登2002年A级车销售增幅最大的车型宝座。

富康是1992年同期上市的雪铁龙ZX两厢车，在"老三样"里最年轻。一开始许多中国人不认两厢车，说是"有头无尾"。神龙为此花了大钱做市场推广，让日后众多时尚两厢车型受益。神龙的车型引进在2003年前后进入高潮，爱丽舍、赛纳、毕加索、标致307，其中尤其爱丽舍，是本土改进型开发的成功之作。

"老三样"耕耘多年获得的细分市场，以及知名度和信任度，是一笔宝贵财富。因为中国汽车市场的梯级化和多元化，皮实耐用，价格不断下探，换代让"老三样"青春常在。

2003年，A级车的最大"搅局者"是上海通用的别克凯越，这款车的原型来自通用刚刚收购的大宇。这是通用旗下具有明显成本优势的韩系新车中，向上海通用输出的第一款车型。然而上海泛亚研发中心的内饰设计、底盘本土再开发和调校

上海大众的POLO以"激光焊"、"空腔注蜡"、"热压高强钢板"等技术，开始了国产"精品车"制造的先河

让这款车脱胎换骨，现代、优雅，体现了通用副董事长鲍伯·鲁兹的预言：有一天，中国人对内饰挑剔的精明程度会超过日本人。

鲁兹亲自飞到上海，在泛亚研发中心新址的广场上，试驾了通用在中国的产品和潜在对手的产品，敲定了上海通用这款新车的设计。有同行问他，如果由他为中国人设计一款轿车，将有哪些考虑？鲁兹回答："在中国无论设计什么车型，都要注重市场细分。首先，为中国人开发的轿车，将来不能在北美设计，而必须在中国设计。我在泛亚看到的几款新车型，具有很高水平。今后不但是为中国市场设计的轿车，就是其他市场的产品，也要听泛亚的意见。"

2003 年，凯越投放市场后，定价跨越 10 万元，消费者趋之若鹜。在当时的降价大潮中，不惜加价提车，一时成为中国车市的新明星。

我至今记得上海通用总裁陈虹在凯越新车发布时说的一句话："我们已经站在了巨人的肩膀上，现在要做的，是如何使自己成为巨人。"的确，在当时的中国汽车业已经有了如此有抱负的厂家。

面对 A 级车生产厂家既有的强势，新车型大都采取了迂回战略——引进低一档的 A0 级小型车。上海通用的赛欧、上海大众的 POLO、南京菲亚特的派力奥、天津的夏利 2000，在 2002 年短短一年间相继问世，或大或小掀起车市一片波澜，被市场誉为"四小花旦"。

"四小花旦"是中国汽车史上第一批专门以普通老百姓为消费对象而引进的车型，推动了中国轿车从以公款、大款消费为主，转向以百姓家庭消费为主的结构性转变。

"四小花旦"在价格上形成了一个 10 万元级的价位，使 10 年前还宛若梦境的家用轿车成为越来越多工薪阶层"可以摘到的果子"。

然而，往往被媒体和消费者忽略的是，"四小花旦"对于产品与世界当代最高技术水准同步的刻意追求。上海大众为争做"领跑者"，推出的 POLO 第四代，与德国大众公司仅有半年的时差。许多新技术的采用、零部件和标准的改动，都是在动态过程中进行的，技术运作和管理难度远远超过一般人的想象。如果当初引进第三代 POLO，技术是现成的，有二手设备，要省力得多，价格也会更有竞争力。但是，他们宁愿选择一条更难走的路。

争做领跑者，的确需要投入巨大的财力和精力。为生产 POLO 第四代，上海大众投入了 34 亿元，建立了一个全新工厂，采用柔性化生产技术，能够混线生产 POLO 系列的多种车型；他们采用激光焊接和焊接机器人，确保焊接的精确控制；车身选用双面镀锌钢板，还采用了空腔注蜡技术，可以确保整车 12 年防腐；所有这一切消费者看不见的投入，只是为了让老百姓在市场上多一种享有世界高水平的选择。

"家轿"是面向广大老百姓的，因此市场必然是多元的。三五万元的吉利、夏利、奇瑞 QQ，安全、环保都能达到国家标准，自有他们的热情客户；而"四小花旦"作为先进技术的"领跑者"，所追求的也许正是让中国人像享受数字彩电、宽带上网一样，开上美国人、德国人、日本人今天开着的同一水平的小型轿车。

奔驰 20 年执著花落北京

2003 年 9 月，戴姆勒—克莱斯勒与北京汽车控股公司达成总投资 10 亿欧元的全面合作的协议，合资生产奔驰轿车和卡车。此前，奔驰为进入中国汽车制造业，执著努力了近二十年。

80 年代，奔驰曾向中国的兵器工业转让技术，在内蒙古生产奔驰重型卡车，开创了中国生产高级大吨位卡车的先河；其后，一汽曾经组装了 890 辆奔驰轿车，在国内用作高级公务用车，随后就没了后续的合作；1994 年中国《汽车工业产业政策》公布，奔驰利用正在开发中的 A 级车先进技术，背水一战地开发出小型车 FCC，却难以在中国落脚；原本已获批准的奔驰厢式车中国南方合资项目又不欢而散；最后，只拿到一个扬州客车合资项目。执著的奔驰多少有些沮丧。

20 世纪末，戴姆勒兼并了美国汽车第三大——克莱斯勒，组成戴克集团。雄心勃勃的戴克曾与一汽探讨生产奔驰商用车，由于一汽总经理竺延风坚持保留"解放"自主品牌，双方陷入了僵局。戴克于是转向利用北京吉普为滩头阵地进入中国汽车业，把旗下的三菱 SUV 引进到北京，对于是否把奔驰轿车放在北京生产还在犹豫不决。

到了 2003 年，峰回路转，戴克下决心与北汽集团合作，成立北京奔驰戴姆勒—克莱斯勒（BBDC）公司。推动因素有三个：一是中国轿车市场的爆发行情；二是北汽通过与韩国现代合资，迅速崛起，成为一个有实力、可信赖的合作伙伴；三是奔驰的老对手宝马与华晨合资后，国产 3 系、5 系新车纷纷下线，直接威胁奔驰进口车的市场份额。

BBDC 决定停产吉普，在北京亦庄建新厂，把奔驰和克莱斯勒轿车集中生产。2005 年，国产奔驰 E 系列在亦庄开发区亮相，基本是 SKD 散件进口组装，由于享受本土化生产的税收优惠，价格实惠，销路甚好。

然而，此时国家《构成整车特征零部件进口管理办法》出台，把过去合资产品必须达到 40% 国产化的指标，改为做到 2＋3，即发动机和车身两大总成加上三个小总成，或者做到一大五小的 1＋5，必须本土化。这道门槛对于进口整车散件，只在中国装轮子，从而享受本土化优惠税率的合资外方，显然是一种有效制约。

一个只有两万多辆小规模的高端车，做到 2＋3、1＋5 的本土化谈何容易。而如果转为进口，在中国建厂的巨额投资岂不打了水漂。且不说，对手奥迪、宝马的零部件本地化采购已经搞得风风火火，国产奥迪、宝马会更有竞争力。此事让奔驰好不纠结。

然而奔驰就是奔驰，其后数年，奔驰一方面成立奔驰中国销售公司，强化奔驰品牌，扩大全系奔驰车型的进口；另一方面通过将克莱斯勒剥离后的产能并入北京奔驰工厂，埋头苦干地提升本土化零部件供应商的技术和质量水平，为 C 级车和新的长轴版 E 级车的国产创造条件。

有趣的是，随后欧美加拿大等国向世贸组织诉讼中国进口汽车零部件管控违规，官司打了三年，最后原告获胜，中国撤销了《构成整车特征零部件进口管理办法》。而官司原本的受益者北京奔驰，国产化却已经达到了该办法的要求，尝到了降低成本的甜头。这也是中国加入世贸组织后各国博弈的一个结果。

二、竞争从此变得血腥

好日子走到"拐点"

尽管媒体和消费者像迎接节日一样，涌进 2004 年北京国际车展的展馆，但是在刚刚过去的 5 月份，却让中国所有汽车厂商愁眉不展。在连续两年增幅保持 50% 以上的中国车市，2004 年 5 月份的总销量下滑 20%，有的企业销量下滑竟在 30% 以上。全国轿车的库存占到总产量的 20% 以上。

当时，从央媒汽车版主编转行汽车销售经理人的孙勇最早对我说：是"牛市"

蓄势盘整，还是好日子遭遇"拐点"，今天作出判断似乎为时尚早；但是有一点是肯定的，不管什么样的汽车，只要生产出来就能卖掉、就能赚钱的好日子一去不复返了。

新车上市半年前，厂家的公关部门策划一种概念，再经媒体一忽悠，消费者就揣着钱到专卖店排队订购，该是多甜美的好日子。中国人接触汽车文明，被人为地推后了一百年，市场势头真是厚积薄发。有人统计，在第一批买车的老百姓中，60%的人没有打开前舱盖看过发动机是什么样子。

一个从零到"爆发"的汽车市场，各生产厂家饕餮着市场几乎无尽的增量，从三五万元的吉利、夏利，到应该申报吉尼斯世界纪录的1000万元天价宾利、劳斯莱斯，没有一种车不是卖得火火的。坊间一则笑话说，您什么都不会干，那就卖车

2004年7月，奔驰新A系别出心裁地在希腊爱琴海上的豪华游艇"阿依达"号上发布

去吧。

正在遭遇全球"寒流"的国际汽车大厂商看得眼睛发绿，拼死拼活要挤进中国市场，合资生产，建销售网络，中国市场也给了他们超常规的回报。上海通用、广州本田在规划建厂之初，曾被外国媒体和投资分析家视为疯狂之举，今天却成为国外母公司的摇钱树；最早进入中国的大众集团，在中国的盈利与产量竟支撑起大众在全球的半边天。国内过剩资本又何尝没有搭车发财的渴望，靠卖酒、造家电，生产手机电池发了财的企业，纷纷进军轿车，来得早的也大都站住了脚，未来的规划更是大得没谱。

然而中国汽车市场的膨胀并非没有尽头，增量很快被吃尽，跑马占地很快没有了空间。

市场滑坡直接的原因似乎并不难找：经济软着陆带来的购车贷款紧缩，挡住了一部分购买力；加入世贸组织六年的保护期临近结束，老百姓持币观望车价和国际接轨；大城市轿车的购买力已经逐步释放，而新一轮中小城市市场没有未雨绸缪地得到开拓……

车市正在"拐点"来临的恐慌中。6 月 16 日夜，大众在中国车市突然扔下一颗"重磅炸弹"，大众中国公司携手在华的两个合资伙伴——一汽大众、上海大众，对其大众品牌产品全系降价。一场残酷的、你死我活的价格战在中国全面打响，竞争从此变得血腥。

大众那两年自持于自己的产品好、市场大，曾经高举"绝不降价"的大旗，为此在中国消费者中间变得不受待见。大众的高层接受中国媒体采访，一听降价的问题，就断然顶住，因此"免谈降价"成了大众在中国市场的一个"死结"，北京话叫"认死理儿"。尽管大众在中国市场一度占到半壁江山，当时也还占 31% 的市场份额，有几分"死扛"的资本。然而，加入世贸组织后，跨国公司全进来了，不再是当年大众一花独放的时代，别人的车便宜、质量好，老百姓自然舍你而去，"死扛"岂不必然"扛死"。大众脑筋终于活络了，觉悟得还算及时。尤其，借成为北京奥运会合作伙伴的契机，"回报消费者"这个台阶也下得不错，又抢占了先机。

大众此次降价联合了两个合资伙伴，形成了集合优势，且不是单个产品的单打独斗，系列全线降价，如此大的市场份额，对市场的冲击力不可低估。中国车市真正意义上的"价格战"从此翻开新篇章。

更深层的影响在于，中国汽车存量市场的争夺，从此进入"你死我活"的新纪元。什么叫"大鳄"？什么叫"残酷"？恐怕将会给所有中国汽车厂家上一课。

大哥大看中国：还是一块"香饽饽"

2004 年 5 月份以后，中国车市出现的回调，让几年来习惯于产销持续高增长的业内人士惊诧莫名。然而有趣的是，一些汽车跨国集团的领军人物却频繁造访中国，完全没有因为中国车市出现的低迷而扫兴。在他们眼里，中国汽车市场依然是一块"香饽饽"，只不过竞争更加白热化罢了。

7 月 20 日，日产汽车公司首席执行官卡洛斯·戈恩到访北京，被中国记者问到，车市下滑，东风日产会不会下调今后四年产量规划？他满脸轻松地回答：今年上半年，美国汽车市场增长 1%，欧洲是零增长，日本是负的 4%，而中国 6 个月增长 21%，答案不是十分清楚吗？中国汽车业连续两年实现 50% 的增长，这样的高增幅是不可能一直持续下去的。不要说 20%，就是 10% 的增长率在世界上也是最让人振奋的。我们的规划就是建立在年均增长 10% 的基础上，看不出有什么需要更改。

曾让日产起死回生而声名鹊起的戈恩，刚刚乘着专机掠过半个中国，一天里马不停蹄地来到广州花都、湖北襄樊、十堰，考察新生产线，讨论生产规划，又连夜飞到北京。第二天，与东风有限公司董事长苗圩会谈、到经销店和职工一起吃工作餐、接受媒体的采访，傍晚出席即将推出的豪华轿车"天籁"上市活动，行程之紧凑让人咋舌。

另一位车界大哥大——美国福特汽车公司首席运营官吉姆·帕蒂拉在戈恩露面的同一天，正从北京赶往南京，参加长安福特的第二个工厂落户南京江宁的签字仪式。这是继蒙迪欧轿车在重庆投产大获成功之后，长安福特顺江而下，建立的第二个 20 万辆规模新工厂。人们还注意到，日本马自达汽车公司总裁井卷久一的身影也意外地出现在签字仪式上。由于马自达当时是福特的子公司，可以预计，长安福特的南京新厂可能会生产福特面向亚洲开发的三厢福克斯，以及同一平台的马自达 3。

福特在 2005 年针对中国市场开发了三厢福克斯，请中国媒体到欧洲观看了研发过程和试车

　　而几乎完全避开媒体视线的是，在长江中游的南昌，福特持股的江铃汽车也在进行着产权和车型的调整，福特的"泛长江"布局已浮出水面。此举是福特汽车董事长比尔·福特在 2003 年 10 月宣布投资 10 亿美元，在中国进行业务扩张的主体部分，也是对不久前美国通用宣布在华增加投资的迅速反应。

　　而在十天前的 7 月 10 日，德国大众负责中国事务的副总裁魏智博飞到长春，与一汽集团总经理竺延风共同为"大众一汽平台零部件有限公司"奠基。这是大众进入中国后，第一次建立的先进轿车平台生产厂。这个投资 14.2 亿元人民币的工厂，主导产品是大众的新一代 A 级车生产平台——PQ35 的主要部件，包括轿车的悬架、转向和制动系统。PQ35 平台部件将能装配大众全球最先进的车型：第五代宝来（速腾）、奥迪 A3、新甲壳虫、途安和开迪等车型。使大众在中国的两个合资厂产品竞争力后劲大增。

　　最先进的 PQ35 平台的引进，也结束了大众在中国 20 年来，零部件认证只能拿到沃尔夫斯堡进行的历史。平台厂预计将在两年后投产，年产能 40 万套。大众还和一汽在大连共同投资兴建一个新发动机厂，生产具有国际先进水平的小排量、低油耗的涡轮增压发动机。在过了 20 年的好日子之后，面对来者不善的新对手，德国人终于明白，如果再墨守成规，大众在中国市场上的份额，可能就不再是高开低走那么简单了。

新掌门和新产业政策

2004 年前后，中国汽车企业的领军人物已经全面实现年轻化。三大集团的一把手，分别由一汽的耿昭杰、东风的陈清泰和马跃、上汽的陆吉安和陈祥麟交棒给竺延风、苗圩、胡茂元，当时三人都是不惑之年，被称作三少帅。其他国企集团也分别由奇瑞的尹同耀、长安的尹家绪、广汽的曾庆洪、北汽的徐和谊接掌。八大合资企业接手中方总经理的分别是上海通用的陈虹和丁磊；上海大众南阳和陈志鑫；一汽大众秦焕明和安铁成；神龙的刘卫东；东风和日产任勇；广汽本田符守杰；长安福特邹文超；北京现代郭谦和李洪炉。

加入世贸组织和鼓励轿车进入家庭，催化中国汽车产业加速了结构调整，从过去计划经济的"活化石"，转化为一个最深度竞争的市场化产业。十年前的一版《汽车工业产业政策》已经明显跟不上形势。2004 年 6 月 1 日，由新组建的国家发展和改革委员会发布了新一版的《汽车产业发展政策》，颇有许多与时俱进的地方。

新产业政策取消了与世贸组织规则和中国加入世贸组织所做的承诺不一致的内容，比如取消了外汇平衡、国产化比例、出口实绩等要求；大幅度减少了行政审批的规定，转而依靠法规和技术标准引导；首次提出了品牌战略、鼓励企业开发拥有自主知识产权的产品；提出引导企业兼并、重组，促进企业集团做大做强；要求企业改变过去销售上的粗放方式；鼓励发展能源环保型汽车和新型燃料汽车。

这些条文，外行人看上去有些笼统、有些枯燥，但是对照其后数年的实践，中国汽车业发展的大方向和大事件，大都没有跳出这些条文的框架。一个好的城市规划，恰恰在于不用年年改、月月改，如同美国芝加哥的城市发展还在严格执行 50 年前的经典规划一样。

存量竞争：非得换个活法儿了

2004 年中国汽车产业增长将近 20%，轿车增幅只有 13%。虽然在全世界也算独占鳌头，但是大多数汽车厂家、经销商、零部件供应商的实际感受却是另一番滋味。尤其到了第三季度增幅跌到 1.9%。

火爆的车市还会再来吗？有研究报告预测，下一轮热销行情可能出现在两年后的 2006 年。世上没有免费的午餐，我在专栏中提醒企业：要健康地成长，恐怕得苦练内功，换个活法儿了。

全球汽车大集团蜂拥而至，轿车生产能力空前的大增长，迅速超过市场的消费能力。虽然"买方市场"突然到来，生产厂商仍然在大干快上。中方压产量为政绩，外方压产量为弥补全球亏损。

争夺有限的市场，各品牌普遍的对策就是降价，而且降价的频率和幅度越来越大。汽车降价本来是中国老百姓最企盼的事情，可是许多人在刚刚买车的第二天，就赶上新一轮降价，一夜丧失一两万，懊恼窝火可想而知。厂家都想用降价挤占别人的蛋糕，一轮轮价格战打下来，蛋糕还是那么大，利润减少了，服务跟不上，消费者愈发不买账，市场信心丧失，形成恶性循环。

对所有中国汽车厂商来说，真正的挑战不是谁的降价幅度更大，而是要以更快的速度降低制造成本。在中国生产轿车创造的惊人高利润，当时并非来自低成本。大众汽车进入中国 20 年，最辉煌的时候每辆桑塔纳挣得 2 万元，相当于大众集团全球平均利润的两倍，这显然得益于中国关税壁垒保护下，远远高于国际市场的轿车价格。如今，各厂家价格一跌再跌，高利润还能维持多久？中国汽车业也开始讨论起零利润竞争了。

加入世贸组织的"保护期"行将过半，中国汽车业严酷的现实是，降轿车价格易，降成本难。在劳动力成本上，尽管中国要比日本等国便宜 80%，但是，采购、生产、管理的成本居高不下，合资企业在中国造车要比国际平均成本高出两三成。其中，零部件采购成本比国际平均高出 50%，制造成本是国际的两倍，日常运营成本是国际平均水平的八倍！

此外，明显滞后的汽车消费环境，如能源、道路、停车场承受能力被压得喘不过气，哪能容得轿车"狂飙突进"式的增长单兵突进。如果一个城市的道路拥堵得如同一个大停车场，难道还会有人去买车吗？

就像有经验的老农种麦子，不是一开春就让麦苗大水大肥地疯长，而得有一个"蹲苗"的阶段，让麦苗长得更健康、更壮实。经过这次"蹲苗"，聪明的汽车厂家开始从上产能、拼价格，转而向重市场、降成本求生存。但是好日子再也不会不加选择地落在每一个汽车企业身上，"跑马占地"式粗放的增量竞争的好日子一去不复返了，"此消彼长"的存量竞争将变得无情。在不断优胜劣汰中，有进有出，有死有生，竞争从此成为一种常态。

2005 年，中国轿车年产量 276 万辆，增幅为 20%；2006 年，轿车产量 387 万辆，增幅为 40%。中国汽车产业终于安然度过加入世贸组织后的缓冲期，站稳了脚跟。

好人吕福源

吕部长走了。朋友叶文在电话里告诉我。

半晌说不出话来。尽管早知道他的病，这一天已经在意料之中。

作为一个多年采访宏观经济的记者，我对汽车产业情有独钟，缘由之一，就是在这个产业的许多朋友人品好、学问好、大气、有大家风范，吕福源是其中的一个。提到他，我每每脱口而出：好人。

草根部长

认识吕福源是 90 年代初，他刚刚调到再次组建的中国汽车工业总公司当副总。到公司采访，或者一起出差，平时以朋友相处，他没有半点哼啊哈啊的当官架子，倒显得儒雅而有些书生气。

谈起汽车，他的视野总是很宽阔，观点非常独特，而且常常把中国汽车放在国际大背景之中，在那个相对封闭的年代格外难能可贵。我常常和他开玩笑说，和他聊天必须带上本子记，他说话的信息量太大，丢了什么都是我当记者的损失。

他是一位"草根部长"。"文革"中吉林大学物理系毕业，被分配到吉林梨树县一个小镇粮管所做电工，靠对调进入一汽红旗轿车厂。从冷气装配工做起，靠着读书钻研，他安装调试了一汽最早的三坐标仪，学会了计算机编程。从工人到技术员、工程师，并在1982年被派到加拿大蒙特利尔大学做交流学者，回国后任一汽技术科副科长、副厂长、总经济师。在一汽，主持了许多重要的技术革新和引进谈判。他思维敏捷，英语纯熟，是大家公认的谈判专家，被称为"一汽的基辛格"；作为行业领导，他的战略眼光、大局观念、细腻作风，很快就为各地汽车厂家所认同。

书迷的段位

中国的官员，把泡图书馆作为假日消遣的恐怕不多，吕福源却乐此不疲。当时还没有互联网，吕福源周末往往会在国家图书馆泡上一天，查阅世界汽车产业最新资料。他对我说，北京有中国最大的图书馆，这是到北京工作的一大乐事。

他的夫人苗老师告诉我，他们一家人搬到北京的第一个星期天，夫妇俩带上儿女，背着面包和水壶，兴冲冲地直奔国家图书馆，吕福源带着儿子在中外文阅览室整整流连了一天；女儿小，办不了阅览证，跟母亲学着查阅目录。吕福源出国的公务之余，最大的爱好就是逛旧书店。当时出国公家发的外币零花钱，一般人攒下来购买彩电、冰箱等"大件儿"，吕福源则全部用来买书。

许多人也爱读书，比如我，但是到不了吕福源的段位。有一次他在国外一家旧书店看了一天书。结账的时候老板说，我喜欢观察顾客，看人选什么书，我就能猜出他的职业，但是你看书很杂，猜不出你是干什么的。吕福源调侃说，我是当教师的。老板说，我这里有一本绝版书，你要是说得出内容，今天你买的书我全部给你打对折。老板取出那本书，吕福源不但说出了内容，而且说出一些相关背景，老板深为折服。原来这是一本"二战"后谈及全球经济走向的书，很有见地，但是作者去世得早，书印得少，存世的已经没有几本。吕福源曾看过这本书的评论，后来在英国一家图书馆找到这本书，看得入迷，专门复印了一本带回国细读。

从长春到北京，从工程师到部长，吕福源搬过几次家，客厅里摆的始终是80

年代一汽安置知青的三产工厂做的简易人造革沙发，添置的家具，是摆满书的几个大书架。

轿车也是生产力

当官而不说违心的话，恐怕并不容易。90 年代中期，某部门召开媒体吹风会，要刹一刹当时并不存在的"轿车热"，请主管汽车产业的机械部副部长吕福源到会发言支持他们的观点。吕福源对着别人准备的稿子念了一段，就放下了，然后坦率地谈了自己对汽车产业推动国民经济发展的看法。我后来多次引用他在讲话中的"名言"：为什么要发展载人的汽车，12 亿人的中国搞现代化，人流比物流更重要。拉 4 个人的轿车比拉 4 吨石头的卡车有更大的生产力。

1997 年北京汽车保有量激增到 80 多万辆，交通出现拥堵，限车、"总量控制"的呼声甚嚣尘上。多年呼吁轿车进入家庭的我曾直问主张"总量控制"的人：合理的"总量"应该是多少，你们心里是不是有数？他们个个语焉不详。对于北京机动车"总量"规划最早提出量化建议的，恰恰是当时的机械部副部长吕福源。他鲜明地提出，北京市如果不按照 300 万到 400 万辆汽车保有量进行规划建设，可能会产生更多的问题。他说：国际上属于经济、政治、文化中心的大都市，汽车保有量少的 400 万辆，多的 700 万辆。且不说这些城市还有发达的地铁。一个城市的经济总体规模，总是与汽车的保有量相联系的，没有足够的汽车保有量，经济就不可能充分活跃起来。

还是一个汽车人

吕福源对待朋友亲近而坦诚。1998 年，在拙作《家庭轿车诱惑中国》杀青之前，我约他作一次关于汽车产业长远发展的长谈，那天因为路上意外堵车，我让他空空地等了两个小时。赶到机械部，我内疚得不行，他却连寒暄都省略了，把我按在椅子上，立即开讲。因为后面电子部党组成员造访机械部的活动已经排定，他抓紧时间，把准备好的观点一股脑儿掏给我，意在让我能有更实质的收获。

后来，他转行做了教育部副部长，不再公开评论汽车。我们在一些会议上碰到，他说，搞教育很有意思，他正在拼命钻进去。对于我对汽车业的一些问题，他也一一作出回答，只是说明这是朋友间的探讨，不要公开引用。

我们最后一次深谈，日子记得很清楚：2001 年 1 月 2 日。那天我从澳大利亚回北京，在飞机上意外遇到吕福源。

旅途漫长，最适合海阔天空地聊天。我们谈及全国大纵横的公路建设缓慢，吕福源说，原因是各城市热衷先修环城的小圈子，对大纵横不够上心。说到北京的城市改造，他说北京应该最有条件修卫星城，这样可以卸掉城市包袱，改善环境与居住条件。在卫星城建设大的 mall，引进名牌连锁店，造就与市中心同样的购物环境，就能吸引人们居住，交通拥堵也会迎刃而解。

谈到华晨当时自主开发中华轿车。他说，一个新车，出点儿问题不可怕，奔驰 A 系列也出过大问题，翻过车，关键是企业解决问题的机制。企业要重经营，但是一定要有技术最高负责人和一个班子，处理制造和工艺方面遇到的问题，这方面请外国人都行。企业要有一位权威的总工程师，否则企业风险很大。

吕福源对我谈到当时人们关心的全球化，谈到中国必须有长远利益目标，谈到大市场是个什么概念；他说，美国就是一个大市场，5% 的汽车更新，就是 200 万辆。在新世纪，中国是全球唯一可以和美国比肩的大市场。

和吕福源的谈话，被我记在当时的日记里。几年过去，真知灼见依然掷地有声。

2003 年全国人代会上，吕福源被任命为新设立的商务部首任部长。当年 9 月，他被检查出患了癌症，急需马上进行手术治疗，但是他还是率领中国代表团第一次以正式成员身份赴墨西哥坎昆参加 WTO 第五届部长级会议。会上，他参加了 25 场双边和多边会议与磋商。回国第二天，他又飞到柬埔寨。这样，耽误了一个多月后，他才住院接受手术。但是手术的最佳时机已经错过，2004 年 5 月 18 日，59 岁的吕福源去世。

我最后一次见到他，是他出席国内某汽车集团与一个跨国公司战略合作的签约仪式。他问我为什么好久没有消息，我说，是你搬家了，我从教育部要不到你家的电话号码。他当场拿过我的笔记本，写下手机和家里的电话号码，并在旁边大大地写下"吕福源"三个字。

没有想到，墨迹未干，一位好人，一位中国优秀的汽车人，竟这样过早地离开了我们。

（这篇文字的初稿，是他去世的次日，一清早我接到噩耗，跳下床，趴在电脑前一气呵成的，并且立刻发到网上。稿子发出，我才发现，一直光着脚踩在地板上。）

第七章

直到 2004 年，自主品牌在官员和媒体面前似乎还无足轻重。

是年 2 月 20 日，"两会"即将召开，奇瑞在北京政协礼堂举行新闻发布会，宣布 600 辆奇瑞"东方之子"获得了全国政协的大会"指定用车"资格。两天后，新华社一位女记者的报道突然发表，芜湖市委书记、奇瑞董事长詹夏来在文中被称作"红顶商人"，此文引发一场政治风波。政协有老同志发话，"我们不坐红顶商人的车"，出租车公司也马上用红旗取代了已经运抵北京的"东方之子"。詹夏来辞去了奇瑞董事长的职务，转由尹同耀兼任。那一阵，奇瑞的压力可想而知。

然而否极泰来。过了不久，中央决策者对汽车业的自主品牌、自主创新做出肯定和支持。一时间，作为自主品牌国企代表的奇瑞，得天独厚地获得各方面青睐。领导考察，高端论坛，政策支持应接不暇，奇瑞过上了彻底扬眉吐气的好日子。而前些年的"国家队"——合资企业，却被弄得灰头土脸。

中国的事情就是容易"一边倒"，似乎应了毛泽东的那句名言："不是东风压倒西风，就是西风压倒东风。"

一、当自主成为国策

自主品牌"鲇鱼"翻身

2004 年起，中央决策者开始把创新理念提升到举足轻重的地位，多次提出"把提高自主创新能力作为推进结构调整、促进增长方式转变和提高国家竞争力的中心环节"。在汽车产业，自主品牌企业一时声名鹊起。

汽车业前些年几近被扼杀的自主品牌企业，突然"鲇鱼"翻身，成了"香饽饽"，成为官员、媒体追捧的对象。尽管两三年前，奇瑞、吉利、华晨、悦达们还在各政府部门为生存权而申请、求告、公关；如今，各种荣誉、政策支持，以至贷款和专项资金"及时雨"般落在以奇瑞为代表的自主品牌企业身上。

我始终感到颇有些奇怪，自主品牌们前两年怎么就没有遇到这些慧眼识珠的好官员、好媒体呢？当然，革命不分先后，尤其当改革开放达到一个新阶段，党和国

吉利自主研发的全球鹰 GX2

家确定了新的航向。

轿车自主品牌在中国汽车史上，曾是相互几乎没有血统关联的两代。

1958 年的"大跃进"热潮中，一汽的东风、红旗，北京的井冈山，上海的凤凰等，在当时国际封锁中，硬是依靠拷贝进口样车，用手工敲打车身造了出来。这些轿车不是商品，只是作为当时政治热情的一种体现。随着"大跃进"的泡沫破灭，中国轿车只留下两个品牌得以维持，一个是红旗，年产最高 300 辆；一个是由凤凰改名的上海牌，年产 3000 辆，一直维持了二十多年。进入 80 年代，大量进口轿车涌进国门，红旗和上海先后被停产，第一代轿车自主品牌由此断了血脉，实在是一件憾事。

始于 90 年代后期，野草般涌现出来的第二代中国轿车自主品牌，如华晨、奇瑞、吉利等，全部是汽车行业外的民营企业或国企。它们创业过程中最大的艰难和无奈，恰恰来自行业准入的高门槛，以及一些官员的冷漠。直到入世前后，跨国公司尽数获得进入中国合资，自主品牌轿车才获得生存权。

中国人造轿车，从 1958 年的自力更生，到 1980 年代的引进合资，到入世后的自主开发、自主品牌，历经三个发展阶段。80 年代中期，没投资，没人才，没技术，没市场，说自主开发只能是一句空话；90 年代末，在引进合资积累的人才、技术、零部件基础上，开发才终于有了可能。华晨借助全球资源开发中华轿车，奇瑞、吉利推出"中国人买得起的好车"，遗憾的是这些草莽中"无畏者"遭遇的是猜忌和责难；时至 2004 年，中国轿车产量超过 200 万辆，在决策层的推动下，有关部门才开始转而支持鼓励自主品牌、自主开发。晚虽晚矣，但还是赶上了瓜熟蒂落的时机。

来之不易的机遇

中国轿车业从引进合资起步，自有当时的历史背景，而且成绩难以否定。但是一度偏离掌握国际先进技术，迅速形成自主创新能力的初衷；甚至压制新生自主品牌的，恰恰是一些政府部门的失误，并非当年合资企业决策者、创建者的本意。

一汽大众的奠基人，一汽老厂长耿昭杰曾和我谈起，当年引进奥迪技术，继而建立合资企业的目的，就是要学习全球汽车先进技术，用于再造"红旗第二代"，这是一汽人做了几十年的梦。这种执著，外人很难体会。他强调说，合资企业与自主品牌，两条腿要一般粗。一条腿粗，一条腿细，并不是我们当年的初衷。

长安集团董事长尹家绪说：对自主品牌的追求，不仅是民族感情问题，更是企业生存和发展的需要。2004年，市场上的汽车主流产品，几乎是洋品牌的一统天下，我们虽然每年造出几十款新车，但都是从别人那里拿来的。我们要注意到浮华的表层下，自主品牌严重缺失的问题。

上汽总经理陈虹说：今后20年的发展，如果我们不能通过自主创新，主动地找准自己的定位的话，就只能等着别人帮你定位。我们要做制造业，必须要进入价值链的核心部分，增强我们的技术研发能力。一开始全面竞争不可能，可以先从局部突破。我们现在搞自主创新、自主品牌，和60年代不一样，是在一个开放的条件下进行的。我们讲合作，但是"自主"这个要素我们不会放弃。

2004年，中央决策层把自主创新提升到国策的高度，自主品牌终于从"姥姥不疼，舅舅不爱"的尴尬境地走出来，挺直了腰杆。它们珍惜来之不易的机遇，只争朝夕地奋力拼搏，频频爆发出新的"亮点"。

奇瑞、吉利、华晨、长安、长城、江淮等一批"草根"自主品牌开始进入一个快速上升通道。在品牌打造、技术研发、产品出口、海外建厂方面多有可圈可点之处。力帆、比亚迪等转行进入轿车业，也以其特有的核心竞争力，在激烈的市场竞争中站住了脚。在底特律、法兰克福、东京的国际车展上，中国的自主品牌轿车也开始崭露头角，而且成为众多国际跨国公司CEO们专门前往的展台。

值得一提的是，在中央对自主品牌的高调倡导下，多个国企汽车大集团，充分运用多年来引进合资的资金和技术积累，厚积薄发，在集团层面进行自主研发，别开生面地创立以中高端车型为主的第三代自主品牌。上汽集团先后参股韩国大宇，入主韩国双龙，收购英国罗孚的技术，创立了自主品牌荣威；一汽、南汽也分别推出奔腾、名爵等自主品牌的中高端产品。

中国人口众多，地域差异大，消费水平的多元化层次超过整个欧洲。众多的细分市场，使自主品牌在与跨国公司的竞争中，获得了宝贵的生存空间。

到了 2007 年，国内乘用车 500 万辆的总销量中，自主品牌的销量已经占到近三成。而在汽车出口市场，几乎成了自主品牌的一统天下。来自商务部的信息称，中国汽车整车出口是年将超过 50 万辆，比上年增长 60%，其中九成以上是自主品牌产品。

自主品牌开始享受到政府部门的政策支持。在改革开放初期，为吸引还处于观望的外资进入，国家对外资投资与合资企业提供了优惠政策。到 2005 年这一优惠仍在继续，在汽车行业合资企业平均税负为 11%，内资企业为 22%，国有大中型企业为 30%。不同产权企业所得税税负不统一的问题，使新兴的自主品牌以及大国企处于不利的竞争地位。为适应形势的变化，到 2007 年国家终止了外资与合资企业的"超国民待遇"，各类轿车企业得以在一个公平的税负平台上开展竞争。

丰田博物馆里当年手工造车的情形。办这个博物馆的初衷，是告诉下一代，制造业是一个国家经济的基石

市场不会同情弱者。中国自主品牌轿车最终能否在强手如林的全球市场立得住，还要在竞争中见分晓。因此，自强是自主品牌立足的关键，靠企业自身的核心竞争力、靠产品质量、靠贴心的服务，才能在激烈的竞争中胜出。

2007 年，成为中国自主品牌的一个高峰。

二、品牌背后的积淀

汽车也是一种情感诉求

80 年代初，从新建的首都机场航站楼进城，迎面第一块广告牌，大书"车到山前必有路，有路就有丰田车"，给人们强烈的视觉冲击。据说，这是在北大读书的一位日本留学生的创意，这句广告语在中国很快便家喻户晓，丰田皇冠几乎成为日本轿车的代名词。老一代中国人对于轿车造型"有头有尾，四平八稳"的审美情趣，恰恰是从当时大量进口的丰田轿车的耳濡目染中获得的。

据丰田公司中国首席代表服部回忆，1973 年进口的丰田皇冠，人民币计价，美元结算，每辆车售价 5700 元（今天看似便宜，当时相当于一个熟练技工 10 年的工资）。2005 年 4 月在天津下线的皇冠，价格在 32 万—48 万元之间，新车的技术含量和豪华程度今非昔比。

汽车产品其实是有性格的，带着生产国的历史、文化、民族特色的基因。德国轿车，不遗余力地追求新技术的运用，追求内在质量的精益求精，追求操控和动力的卓越；日本轿车，造型中庸而圆润，内饰处理考究细腻，沿用欧洲的成熟技术，把降低成本作为优先考虑；美国轿车，豪华、气派、舒适、不拘小节，却有大家风范；法国轿车，造型浪漫、典雅、不拘一格，乐于尝试各种人性化技术和配置；英国轿车，稳重、老派，不追求时髦，怡然自得……

我曾经多次访问丰田，想探究日本人造车的基因。我详细了解被世界奉为质量控制经典的"丰田生产方式"，也看过沿用 30 年代设备，却能做出当代水平零部件的工厂，还到过与年青一代沟通的丰田技术馆和台场科普园区。但是，让我理解了日本与中国的文化差异，却是源自洗温泉时的感受。

我在日本多次洗过温泉，有传统日式的，也有豪华现代的。中国人泡澡是"黑水里洗白萝卜"，把身上的污垢留在水里；而日本人是先淋浴，洗得一干二净，才去泡温泉。温泉的环境很讲究，传统园林式自不必说；有一次温泉池设在山间饭店的楼顶平台上，松林环抱。泡在温泉里，朝阳初升，松涛阵阵，风把松叶上的雪花吹到脸上。那时突然悟得，如此洗温泉，原来洗的不是污垢，而是灵魂。日本人造的轿车自然融入这种文化熏陶，这也就是日本轿车的质量与灵秀的缘由所在吧。

德国人造汽车，追求的是对于技术的执著和完美的状态。德国大众有一句口号："缘于对汽车的爱"，比如它的豪华品牌布加迪，价格 200 万欧元，发动机功率高达 1100 马力。从商业角度上讲，这样强劲的动力在公路行驶中很难全部发挥出来，但是它的设计初衷就是要挑战汽车技术的极限。这就是大众。

许多汽车厂商造汽车是在造一种实用的代步工具，大众造车是在打造一种技术精品。工程师的习惯思路是如何运用现在最新的技术，把汽车造得尽善尽美，其后再考虑成本控制。

也许这和德国人的性格有关。大众中国副总裁张绥新博士告诉我一个有趣的例子。一汽大众建设生产线时，电工正在安装配电箱，一个德国技师走过来检查布线质量。让中国人吃惊的是，他掏出的竟是一个水平仪，动手测量布好的电线线路是否横平竖直！这就是德国人的天性，也许是和他们从小受到的教育和培训有关——追求完美，一丝不苟。

对于全球亿万轿车拥有者来说，汽车往往并不只是钢铁、橡胶、玻璃构成的一部机器，它具有某种灵性，如同宠物一般成为人们的挚爱。有人喜欢强劲的动力，有人喜欢精美的内饰，有人喜欢粗犷的棱角，有人喜欢流畅的外形……多元化的情感诉求让汽车生产商获得无限商机。

2002 年，我去美国加州圣巴巴拉参加通用汽车的产品研讨会，其中一个论坛是"时尚、娱乐和汽车业的共同之处"。台上三位嘉宾：意大利珠宝商布加瑞、好莱坞著名电影导演雷德尔，以及有"产品恺撒"之称的通用汽车副董事长鲍伯·鲁兹。

鲍伯·鲁兹在开场白里说："今天的汽车不仅是人们肢体的延伸，也是一种超越理性的情感诉求。这就如同手表不仅仅是计时工具，也是优雅时尚和精工细作的结晶。"

布加瑞的珠宝店遍布世界，他称自己的工作是"出售梦想"。他说："经典的创

慕尼黑机场的宝马广告

造需要时间的锤炼，比如，凯迪拉克就历经百年打造。好的设计在于能够激发消费者突发的购买欲望，起作用的往往不是理性，而是某种情感召唤的购买冲动。"

电影导演雷德尔说："听说汽车业要讨论情感的作用，这本是电影业应该关注的事情。深厚的情感可以传得很远，好的汽车设计，激情才是首位的。在汽车设计中注重人的情感，这是一个令人欣喜的方向。"

中国有句老话：三代吃饭，四代穿衣。品牌与门第一样，是靠时间的积淀和扬弃而锤炼的。打造一个汽车品牌并非易事，历时数十年打造，投入大把金钱，还要开发出一个完整的车型系列来支撑。奔驰在全球轿车品牌中，处于不可撼动的地位，是它从1886年诞生起，125年一直处于轿车产业技术与个性尊贵的高端。

全球量产品牌中，福特、别克、雪佛兰、奥迪、雪铁龙、菲亚特、斯柯达、丰田、沃尔沃、捷豹，无一不以其七八十年，乃至百年以上的不间断历史与个性而自豪。

然而品牌的内涵并非一成不变，随着历史的演化和主打市场的变迁，品牌的性格也在作出适应性调整。2010年，宝马铺天盖地地发动广告攻势，在中国发布了全新的品牌战略——"宝马之悦"，以增进宝马的人文情感因素，摒弃少数车主横行霸道，或赤裸拜金的负面形象，增强公众的亲和力；敏感的对手奥迪迅速作出回应，将其在中国品牌形象从冰冷的"科技感"调整为"进取之美"，提出打造"最具魅力的品牌"，以保持十多年来在中国豪华车市场销量的"一哥"地位。

中国轿车自主品牌的历史还很短，除了一个红旗，老资格的也不过十年，品牌溢价远远低于百年的国际品牌已是不争的事实，其实没有什么为此感到气不忿儿的。已经独立成长半个世纪，成功进军美国、欧洲成熟市场的韩国汽车品牌，如现代起亚集团，尽管跻身全球十大汽车企业，产品质量在美国 J.D.POWER 评比中屡屡名列前茅，但是产品溢价能力比大众、丰田、福特等品牌要低 15% 左右。通用汽车收购韩国大宇，置于雪佛兰旗下，就因为韩国血统，一直卖不出高价。其实说到日本品牌，在 20 世纪上半叶，"东洋货"在中国几乎是"中看不中用"的代名词。记得 1961 年，日本第一次在北京举办工业展览会，展出的汽车产品，还都只是三轮小货车。日本汽车，靠半个多世纪的努力，尤其执著于产品质量的提升，才逐步改变了形象。

品牌发布大秀场

汽车已经成为一种全球化的产业，每下线 3 辆汽车中就有一辆是为了出口。汽车新产品的发布与推销，耗用的金钱与才智无疑高居于制造业所有产品的顶端。

也许为了给各国汽车媒体提供撰文和摄影的最佳且具有冲击力的背景，新车发布和推广的地点大都会选择在一些世界著名的旅游胜地。豪华品牌尤其如此。

1997 年，奔驰公司在北美推出首款 M 级 SUV，发布地点选择在美国阿拉巴马的国家航天博物馆，车就摆在登月舱和人造卫星中间。入夜，室外一架巨大的航天飞机机身上，被灯光打上"BENZ M CLASS"的一行大字，其视觉冲击力之大可想而知。

阿联酋的迪拜有着全球最宜人的阳光和海滩，还有世界上最高、最豪华的七星级饭店。宝马销售部一位副总裁说：宝马 760 是豪华轿车中的旗舰，一流轿车要有一流的环境来衬托。2002 年我去迪拜参加的宝马 760 发布，包括一系列文化活动：参观黄金和钻石作坊，乘坐豪华游艇，沙漠野营，参观皇家赛马场和一个建在海中的超豪华别墅群——棕榈岛。财富、速度、精致、悠远，把宝马轿车的内涵映衬得淋漓尽致。

谁能想象，一款小型轿车——"菲亚特新 500" 2007 年的上市，竟能达到奥运会开幕式的水平！这样说毫不夸张。"菲亚特新 500" 50 周年纪念暨新车投放晚会，策划和承办者就是 2006 年都灵冬奥会开幕式策划的同一家公司。

意大利第一大河波河从都灵穿城而过。波河两三公里的河面成为晚会的主会场。面对贵宾看台的河面上，有化装歌舞快艇巡游；夜空中燃放着盛大焰火组成 500 字样；水上舞台精彩不断，尤其身穿银色紧身衣的一大群男女攀上一座三层楼高的金属架，身体相连组成的一辆巨大的 500 轿车模型，再被塔吊吊上半空，在聚光灯追逐下，足以吸引半个都灵城的眼球——意大利人的艺术灵感，尤其表现一个汽车品牌深厚根底的奇思妙想的确叫人折服。

一年后举倾国之力的北京奥运会召开，我对张艺谋的开幕式设计颇不以为然。在十万人围观的大空间，常常是几个蚂蚁大小的单个演员在表演，观众席上谁能看得清？四个提线木偶的京剧表演和一辆放大 1000 倍的汽车模型吊上半空，哪个更有冲击力？

"二战"结束后，一批面向平民百姓开发的小车，成为世界汽车史上的经典，也成就了"汽车世纪"的腾飞。德国大众甲壳虫、法国雪铁龙 2CV、英国的 MINI……在意大利就是菲亚特新 500 了。老一代意大利人娶妻生子，500 往往如同是家庭的一员伴在身边。晚会当天，上万辆装扮得千奇百怪的老 500 齐聚都灵巡游，和足球一样让意大利人如醉如痴。那一晚通宵达旦参与盛举的市民有十万人之众。

顺便说，在一个成功的新车发布会上又臭又长的领导讲话是绝对不必要的。那一天菲亚特 CEO 马尔乔内是和一群孩子手拉手上台的，他和孩子们讨论汽车今后应该是什么样子，要有什么功能。孩子们天真的见解，比如汽车是用来追女孩子的，迎来台下一阵阵笑声。马尔乔内说，菲亚特新 500 的设计，有 500 万人在互联网上参与，是一次互动的设计。我们不仅仅工作在一个百年的公司里，还要永远用孩子的眼光看待汽车的明天。

品牌的文化渗透力，让人不能不服。

中国加入世贸组织后，随着世界主流汽车厂商的进入，无论本土制造还是纯粹的舶来品，新车面世的频率越来越高。在新产品推介方面也开始逐步与国际接轨。

跨越半个世纪再生的菲亚特新
500 微轿

在北极圈冰雪试驾萨博 9-3 敞
篷车，背景是冰旅馆

2010 年奔驰新 S 级车在北京太
庙举行上市活动

2002 年君威的上市是中国汽车发布的一次转折，先是交响乐队奏出雄壮的乐曲，大幕拉开，面前是刚刚启用的上海会展中心一条深邃的长廊。突然，远处黑暗中几道车灯的光柱骤亮，三辆别克君威迎面缓缓驶来，气势磅礴，确有君临天下之威。

后来，国内各个品牌的新车发布会，成为创意翻新的"豪华秀"。我看过十多辆奥迪 A6L 在焰火的映衬下表演的车舞；见过南京菲亚特西耶纳从西湖烟雨笼罩的水面跃出；看过奔驰 S 级车在北京雄伟的太庙和张艺谋执导的《图兰朵》同台。还有一次创举是奇瑞 X5 参与巴黎达喀尔拉力赛，厂家组织国内媒体飞到阿根廷助阵。看来中国人的聪明才智一点儿也不在外国人之下。

试车走天下

除了扣人心弦的展示，国际汽车大厂商更重视新车上市前，各国专业记者的试车安排。让他们对新车的优异性能体会个淋漓尽致，通过他们的文字和镜头把体验传达给广大消费者。这些记者都是汽车专家，对新车的评论有褒有贬，会直接影响全球消费者的选择。

为记者安排的试车路段，会比一般普通消费者在日常驾驶中遇到的路况更复杂多样，更有挑战性。通用汽车公司在加州安排"悍马"H2 大型越野车的试车活动时，专门租了一片丘陵，投入几十万美元，模拟修建出崎岖艰险的路况：四五十度的陡坡，泥潭，胳膊肘一样的急弯，巨石遍布、枯树倒伏、坑洼不平的险路。只有这种一般越野车视为畏途的路况，才最能显示"悍马"强劲的动力和独特的操控，让驾车者获得最大的驾驶乐趣。当然，在你冲击一个陡峭得眼前只见天空，身后是万丈深渊的陡坡时，尽管可以信赖车的独特性能，但也不是没有风险。看看山下树荫掩映着的救护车和救火车，心里就有几分明白，危险与乐趣同在。

在瑞典的北极圈，我曾在极光闪烁的天光下，进行萨博 9-3 的冰雪试驾，体验关掉 ESP 失控后的打旋和漂移；我也曾从南非的开普敦到好望角，驾驶奔驰的豪华跑车 SLR 跑出过 270 公里的时速，每当驶进休息区，打开碳纤维的鸥翼车门，就会像一块磁石吸引沿途的汽车聚拢围观；在苏格兰，阴云密布的苍凉天空衬托着色彩斑斓的丘陵和古堡，驾驶路虎发现者 3 驶进海边没膝深的泥煤沼泽，甚至冲下浅

国庆 60 周年，一汽大众生产的新高尔夫车队在阿尔卑斯山试车途中的"全家福"

滩，在海水中激起一片飞浪地前行。

然而最激动人心的，是 2009 年国庆节当天，我们正驾驶一汽大众生产的第六代高尔夫跨越阿尔卑斯山，行驶在瑞士到法国的崎岖陡峻的山区公路上。这是一汽大众"高尔夫完美体验之旅"跨越欧洲的一段旅程。新高尔夫爬坡、过弯时始终能保持 120 公里的高速，有力而流畅。油耗的显示只有 5—7 升左右。静音也达到出神入化的境界。第六代高尔夫的高质量与舒适性，突破了传统意义上车辆等级的划分。在阿尔卑斯山坡一块开阔地，一汽大众生产的六辆崭新高尔夫一字排开，车队张开一面五星红旗，拍摄了一张"全家福"，作为对新中国第 60 个国庆日的纪念。

三、从"模仿秀"到中高档

到海外车展去亮相

中国人开始造轿车时，轿车已经在全世界飞奔了 100 年。一开始真是"无知者无畏"，用李书福的话说，都是"两个沙发，四个轮子"。"模仿秀"在所难免。学写毛笔字的人都知道，一开始要"描红模子"，靠地道的"模仿秀"起步可以理解。

2005 年夏，我到宁波，吉利汽车董事长李书福告诉我，正考虑是否去参加法兰克福车展。我一听，立即说：好呀，这可是吉利品牌上个大台阶的好机会。自主品牌首次参加一流国际车展，本身就是头条新闻，你就等着新华社、中央电视台驻德国的记者上门找你吧，外国媒体就更别说了。

当时李书福刚刚造出了一辆完全自主开发的新车"自由舰"，从发动机、自动变速箱到底盘都是自己的。他要让自己的"宝贝儿子"在海外车展亮相，让全世界的汽车老大们亲眼看一看，中国吉利告别了"模仿秀"。他当时已经意识到，正向开发，自主创新，是获得生存，获得竞争力的必要条件。

草根出身始终困扰着吉利和李书福，中国人的门第观念，让官员、同行、媒体乃至消费者，长期都把吉利排在中国汽车业的垫底位置。而跨国公司对这家民营企业充满戒心，一旦发现吉利成为一个潜在对手，出手往往很不厚道。

2001 年吉利豪情起步时，曾经搭载天津丰田的 8A 发动机。当时丰田在中国投放的小型车威姿没有上批量，发动机能力富裕，和吉利签的合同很宽松，每台发动机 1.76 万元，以后如果买得多，价格还能优惠。但是后来吉利产量大幅提升，与丰田小型车正面交锋，丰田于是违背合同，每台发动机涨到 2.15 万元，供货量严格控制，而且不再执行质量索赔条款。倔强的吉利深感产品的心脏依赖外人的处境险恶，立即开始了自主发动机的研制。一年后，吉利的 MR479Q 发动机问世，价格只有丰田的一半。"技术水平如何？"我问过李书福。"比起 8A，一点不差！"他说。从此，吉利锲而不舍地研发发动机。到 2005 年，吉利开发的 1.8 升发动机，升功率达到 57.2 千瓦，与当时世界最高水平相当。

没有什么事是李书福不敢干的。自动变速箱，简称 AT，跨国公司对这一技术把持得特别紧。国家原来有意要研发本土自动变速箱，安排上汽和天汽分别搞，是国家立项的国债项目。投资八个多亿，组织上百位专家，搞了两三年，到 2002 年前后，钱花光了，项目没搞成。难度太大，不如进口，所以就停了。当年，从废物垃圾里回收贵金属起家的李书福，认定失败之中有黄金，八个亿学费都付了，放弃了太可惜。他就找到攻关团队中的专家，天津齿轮箱厂的总工程师徐柄宽，问他继续干下去，能不能搞成？徐说，有 50% 的可能。李书福就请他到吉利来，建立变速箱公司。制造设备中检测线是吉利设计的；高精度的探头、探测仪器、精密机床和加工中心分别从德国、日本进口。

日本的设备，要到日本去验收，可是李书福和徐柄宽赴日签证连续被拒签，人去不了，设备一直进不来。"一点也不大气。"李书福评论说。2005 年，三速自动变速箱造出来了，装在自由舰上，李书福说，这还不能算做成了。后来四速的、电子的都出来了，吉利的变速箱一挡速比高，省油，成本只有日本同类产品的三分之一。后来吉利成功收购全球第二大独立自动变速箱厂——澳大利亚 DSI 公司—— 一举成功，和吉利对自动变速箱技术的了解是分不开的。

李书福说，60 年代，中国底子那么薄，为什么毛主席提出搞自己的原子弹，因为掌握了这些尖端技术中国才不受制于人。动力总成就是吉利自己的原子弹。2005 年，李书福宣布，到 2015 年，年销量将达到 200 万辆，三分之二用于出口或在海外生产。而在这一年，吉利只卖出美日、豪情、优利欧等低端轿车 14 万辆，出口 4846 辆。需要跨越的增长幅度很难让一般人相信。既然海外市场十年后将占到吉利的三分之二，亮相法兰克福这样的世界顶级车展也就变得顺理成章。

中国民企要到法兰克福参加车展，连德国人都没有思想准备，李书福带领的参展团队，几乎一半人，包括李书福本人，被德国大使馆拒签。李书福最后再去签，也只给了六天的停留时间。对此，李书福不大介意：德国人还是讲道理的，中国车去了，就把代表中国的五星红旗交给吉利。五星红旗第一次在法兰克福车展升起，李书福收获的并不只是民族主义的自豪。

2005 年 9 月的法兰克福车展，我一进展馆，就先去看吉利。找了又找，最后在非主流品牌展馆的一个拐角，看到了吉利的展台。面积不算小，背景板画着大朵牡丹，很有民族特色的设计。台上摆放着五辆车：豪情 203A 的右舵出口车；吉利第二代跑车"中国龙"；配置中国首款自动变速箱的"自由舰"；最新开发的吉利顶级车型 FC-1 等。取代美女车模的，是全副京剧行头的演员，格外引人注目。吉利的发布会排在媒体日的第二天下午，被各国记者挤得满满的，李书福亲自揭开

吉利的轿车在法兰克福车展的展台亮相，是为中国自主品牌轿车在国际 A 级车展上的"处女秀"，李书福用国画工笔牡丹花和京剧人物，作为展车的烘托

覆盖在"中国龙"上的红旗，闪光灯闪成一片。我注意到，像通用 CEO 瓦格纳这样的世界级汽车大哥大，一般是很少进这个展馆的，这次也专程带着一队人马，来到吉利展台。

法兰克福亮相，吉利花了 1000 万元。全世界汽车业得知"中国龙来了"。印度有个"塔塔"，中国有个吉利。时任福特全球传播经理的许国桢说，此后，吉利的国际能见度将是持续的。

大集团：高举高打

轿车市场是一个全球化市场，中国市场如同国际大赛的一个赛区。光靠"草根"自主品牌单打独斗，越来越难以招架国际品牌的竞争和挤压。近年来政府经济调控部门，积极引导央企、国企大汽车集团，在办好合资企业的同时，创立自主品牌。

大型企业集团资金、技术实力雄厚，在创立自主品牌之初就看到，此时再从低端入手，会让其品牌的后续发展遭遇瓶颈。因此，一入手就搞高起点，产品战略有着清晰的长远目标。

在自主品牌中，上汽作为中国汽车业最大、最有技术和资金实力的国企汽车集团，2006 年推出自主品牌上汽荣威，走出一条完全有别于吉利、奇瑞等从零起步的新模式。上汽旗下，两个外嫁的"女儿"上海大众、上海通用已经家业殷实；培养的人才，积累的资金，就能让上汽自主品牌这个亲儿子站在巨人的肩膀上。底气十足的上汽，一直高举打造中高端自主品牌的大旗，高开高走。

来自权威中立第三方的数据表明，上汽品牌今天的知名度、美誉度，包括溢价能力已经超过了部分的合资品牌。

上汽集团执行副总裁陈志鑫对我说，与外国打了这么多年交道，我们知道，跨国公司最核心的技术，是不会拿给合资企业的。比如整车的集成控制、发动机的 EMS、变速箱的 TCU，这种控制软件或者源代码，你永远拿不到，我们只有立志自己干。上汽每年在自主品牌的研发投入上，大致要花 50 亿元。上汽技术中心的总部在上海安亭，在英国还有一个开发中心。我们现在整车集成、整车控制上的研发团队达到一百五十人，编源代码的就有一百多人，新能源车的开发也在做。

红旗是一汽人永远的梦

开发荣威品牌，第一步是集成全球最好的资源，借助国外运作品牌、技术的经验，然后应用在上汽的自主品牌上。第二步是不断推出有竞争力的新产品，产品架构、技术含量都是最新。技术含量是产品的基础，所有的产品配件都要一流的，比如发动机的 EMS 用博世，大灯用 Mario，坐椅用 Johnson，ABS 等与德国车型都是一样的。

从荣威 550 的"全时数字轿车"的数字化，到后来网络化的荣威 350"全时在线的中级轿车"，上汽决心要把荣威这个品牌，打造成科技与品位的完美结合，以科技的 DNA 来提升品牌美誉度。

上汽最新车型荣威 350 是上汽自主开发的重头戏，有的媒体把荣威 350 评为"最有价值车型"。它配置完全开放的 Inkanet 智能网络行车系统，也许是全球汽车业的首创。荣威 350 的目标人群比较宽泛，从 20 岁一直到 40 岁。据说，它最大的卖点，就是五个"最"："最优美空间、最优化动力、最优良安全、最优越配置、最优异静音效果"，加上互联网功能，综合而成最佳性价比。

陈志鑫自豪地介绍：对智能网络行车系统，第一个进行产业化的应该是我们。一个人的活动空间往往有限，但是利用了荣威 350 配置的 Inkanet 智能网络行车系统，你就可以全球互动。只要是开上荣威350的车，不仅可以在网上沟通，更有一键式的便捷；跨越空间的网络电话，可以与其他车主沟通；导航方面，从上海人民广场要到北京天安门，会有一百种走法。Inkanet不像GPS，驾车人要停下来设置，它只要按一个键，对服务中心说，我要到天安门广场，它就会给你引导，有多少种走法，哪些地方正在塞车，完全与实时交通系统对接。对炒股的人来说，通过Inkanet，还可以实时交易。荣威350接通了3G互联网，是中国量产的第一辆信息化轿车。

一汽轿车公司开发的自主品牌奔腾，以日本马自达6为蓝本。在品牌推出之前的品车会上，我曾向一汽集团总经理竺延风建议：就叫"解放"如何？中国汽车品牌的No.1，有极高的认知度，又有50年的积淀。但是一汽的朋友们不认可，说"解放"是个卡车品牌，做轿车起点低。其实，奔驰、沃尔沃、日产这些名牌，同一品牌下都是商用车、乘用车并存，反而彰显实力。一汽轿车借助马6平台的策略，虽然让人担心奔腾会丧失独立研发平台的后续空间，也难以招架马自达本身大幅降价的冲击。但是几年下来，奔腾不负众望，依托一汽集团半个世纪积累起来的开发体系能力，在奔腾B70成功之后，又推出B50。奔腾集丰田、大众两个合资伙伴的管理、开发所长，的确在消费者中间树立了"源于马6，高于马6"的良好口碑。

一汽轿车总经理张丕杰告诉我，在奔腾B70开发过程中，一共做了518项台架试验，300万公里的路试，78辆实车碰撞和侧翻试验，并进行了独一无二的真人侧翻和集装箱静压等试验，高刚度车身达到国家新车碰撞测试五星级标准。为确保产品质量，奔腾设定了8个领域55项管理目标，进行严密的质量控制，使整车评审分值达到或超过国外同级别产品水平。同时，一汽轿车更注重人的能动性，提倡职工参与的全员质量意识。他说起，质保部有一名年轻的女员工，被派到宁波一家零部件供应商工厂验收产品，那家工厂离她娘家只有30公里，母亲每天都做好晚饭等她回去，可是她连续工作11天，也没能抽空回家看看，工作一结束就带着合格零部件返回了长春。

一汽集团新掌门人徐建一2008年上台伊始就把形成自主品牌体系能力放在"重中之重"的地位。他告诉我，一汽一开始搞开放合作、自主发展。对不对？对，改革开放是国家的基本国策。但是到了现在，光是这种发展方式不行了，应该把自主放在前面。

徐建一说，对一汽来讲，这是一个观念和理念的战略转型，国家有要求，人民有期盼，我们现在也具备了这种条件。自主品牌战略，对一汽来说，已经不是做一个产品，而是创立一个品牌的问题，要能开发全系自主品牌车型。自主品牌战略是一汽的企业形象，是对用户的承诺，是作为一个长远目标。

徐建一特别注重体系能力。他说："过去人民关心中国人能不能造出一辆轿车来，吉利也好、奇瑞也好、一汽红旗也好，你自己能不能干出一个车，这是对的。现在人们关心的是这个车性能如何、质量如何、未来发展潜力如何。我们讲体系能力，是一把蒙上一个，还是一个个新车型都做好，做成系列。这个时候就靠你的底蕴，你的技术含量，你的可持续发展潜力。从单纯造车到树立品牌，实际上是一个战略转型，我们把品牌的核心内涵确立为"品质、技术、创新"。

东风集团轿车自主品牌起步最晚。"风神"品牌号称打造"华系车"，在一些消费者眼里，车子用的是富康的平台，借用 PSA 的发动机和变速箱指标也不够出众。然而乘用车公司主管自主品牌销售的副总经理李春荣却带着他的团队，用一股拼命三郎的劲头积极开拓二、三线市场网络，在短时间里作出起色。其中最"酷"的营销创意，当属 2010 年东风风神"征服五大洲"品质之旅。由两辆风神 S30 和 H30，以及六位草根自驾游爱好者组成的"征服五大洲"梦想小组，"零故障"地穿越亚洲、欧洲、非洲、北美和南美 21 个国家，134 个城市，行程 51000 公里。沿途通过博客、微博等网络直播，扩大了知名度和美誉度。比如他们到达正在举办世界杯的南非，在赛场外打出"中国队不在，中国车队在"的横幅，迅速引爆网民情绪的共鸣。历时八个月的巡游，博客浏览量超过 700 万人次。

四、"相持阶段"尚未到来

奇瑞的"后合资时代"

2005 年，奇瑞研发费用占到总销售收入的 7%。奇瑞董事长兼总经理尹同耀认为，正是这 7% 的投入，使得奇瑞开发了全新的发动机：两个汽油机家族和柴油机

多年来，詹夏来和笔者的交谈总是充满哲理

家族，实现了欧 IV 标准，涡轮增压等关键技术正在一个一个地被突破，一心期盼开发出能够满足欧洲、美国市场的车型。

2007 年 8 月 16 日，奇瑞第 100 万辆车下线；而四年前，我作为嘉宾，把第 10 万辆奇瑞开下生产线，还恍若昨日。说实话，能够跟上詹夏来、尹同耀的"头脑风暴"并非易事。说到底，奇瑞不是"泛民族主义"的旗手，奇瑞心里的大目标是"全球化"，是打造跻身强手之林的"国际名牌"。

奇瑞那两年频频弄出"大动静"，让人大跌眼镜。本来是一杆自主品牌、自主开发的"大旗"，却回过头去搞合资。拟议中的伙伴分别是菲亚特、克莱斯勒，以及专注金融投资的美国量子公司。

此合资非彼合资。20 年前，靠"合资"起步的中国轿车业，今天走到了成熟期的转折点。始于奇瑞的"后合资时代"的特色，将是用中国轿车的自主创新技术去赢得全球化市场。

在奇瑞的一份文件上，我看到用加粗黑体字标出的一段话："奇瑞相信——在资本结构上可以多元化，在品牌主权上只有独占性。"尹同耀在和我交谈中始终强调，品牌是企业的主权，所以必须独占。

奇瑞把 100 万辆视为一个战略转折点。

此前，是奇瑞发展的第一阶段——通过自主创新打造自主品牌。奇瑞品牌的轿车出口 56 个国家和地区，奇瑞连续 3 年蝉联中国汽车出口冠军，2007 年每个月出口 1.3 万—1.5 万辆，独占汽车出口半壁江山——奇瑞人称：把势做起来。

此后，开始的是第二阶段——坚持开放创新，打造自主国际名牌。尹同耀说，奇瑞不满足做一个国内品牌、区域品牌，从今天起，奇瑞要走出去，参与全球化价值链的广泛国际合作，跻身世界强手之林。

奇瑞在合资合作中，拥有在产品技术、品牌主权、海外市场、股权四个方面的投入和权益，拥有主导的话语权，是强势出击。而第一代合资企业起步阶段，中方往往没有自己的产品，没有独立的品牌，没有海外市场。我在当时的一篇文章中，把奇瑞以自主品牌资源为主的合资，概括为"后合资时代"。尽管后来的实践表明，中国自主品牌的功率和越野性，一时还难以应对前进道路上的重重坎坷。

扎扎实实把自己的事做好

2007 年，奇瑞成为中国最高决策层提出的"自主创新"道路的成功典范。詹夏来和尹同耀双双当选代表，出席中共十七大。大会期间，我在北京和詹夏来、尹同耀就自主品牌的发展进行了一次深谈。

"中国正在成为全球最大的汽车市场，对所有跨国公司来说，也是最后一个大市场。这对自主品牌是个好机遇，在自家门前就是一场全球竞争。"詹夏来说。在汽车业，日本丰田当下已经超过通用，产量居第一位，一心与之争个高低的主要就是大众。一项为期十年的发展规划，让大众把丰田作为在全球赶超的靶子。在大众监事会主席皮耶希眼里，大众的技术、品种都在丰田之上。从全球竞争的角度看，在欧洲，丰田只占市场 8%，不敌大众；但是在北美，丰田占绝对优势。现在，谁能在中国市场领先，谁就能称雄世界车坛。

詹夏来说，从文化角度讲，日耳曼和大和两个民族在历史上都有称雄世界的情结。现在政治上争霸已经没有可能，但是从经济上、产业上说，他们处处要争第一的追求，一点都没有变。和德国人、日本人打交道，哪怕一个小产品，他总说，他的产品是世界第几，目标是第几，总目标最后都是要争个第一。

大众和丰田在中国市场拼命争夺第一的地位靠什么？詹夏来提出：靠新技术。一个规律是，市场竞争越激烈，新技术的进入速度越快。大众头十年，在中国没有对手，桑塔纳一干20年；现在竞争如火如荼，大众最先进的FSI发动机，双离合变速箱，PQ35、PQ46平台一下子全进来了；丰田也把凯美瑞、新卡罗拉拿到中国；竞争的需要，让他们使出浑身解数。

中国已经成为国际市场竞争最激烈的一个组成部分，中国自主品牌的形势相当严峻。在官方和媒体对自主品牌的处境往往作出乐观估计的大环境下，詹夏来的头脑依然冷静，他说：必须清醒地看到，中国汽车自主品牌还在夹缝中寻找市场空白，以获得生存空间。他以毛泽东当年在《论持久战》一书中的观点作比喻说，八年抗战的"相持阶段"都还没有到来，还是"敌强我弱"的严酷局面。

他指出，中国用户的心态，包括国家的相关政策还不够到位，还不利于自主品牌的发展。中国人越来越钟爱高档和大排量轿车，比如，在2006年6月，中国轿车市场的发动机平均排量是1.53升，到了2007年6月，增加到1.66升，一年增加了9.8%。而在全球能源环保的压力下，其他国家小型车都成为时尚。国家的相关政策也并不稳定，为鼓励小排量车，国家的消费税一开始规定1升以下排量享受3%的优惠税率，现在门槛放宽到1.5升，结果，本来最应该鼓励的1升以下小型车的日子越来越难过。奥拓不行，夏利销量下降，形势越来越不利于以低端、小型为主的自主品牌的生存。

而日本政府对产业发展方向的把握就非常清晰。比如"轻四轮法"对享受税收等优惠的小型车标准非常严格，长3.4米、宽1.7米、高1.6米，排量0.66升，多少年不变。法规锁定长宽高，日本街上跑的车不会越做越大；发动机排量锁得死死的，就逼着企业采用新技术提高发动机的升功率。国家通过法规推动了技术进步，没有"轻四轮法"，以小型车在世界称雄的铃木、大发恐怕早就消失了。

自主品牌的舆论环境比前些年有了本质的改善，但大多是停留在口号上，缺乏可以付诸实施的法规。一直关注全球汽车业发展的詹夏来说，在德日两国，汽车产业的地位太重要了，政府、企业，还有行业协会，三方联手构筑完善的法律法规保护体系，即使是汽车零部件产业，也轻易不让别人染指。当大众公司的市值不高，有可能被国外买家恶意收购时，政府出面协调，由大众的股东保时捷增资，股比占到 51%，加上下萨克森州持股 18%，无论多少国际买家想控制大众，统统做不成了。对于关系国家经济命脉的产业，政府的支持就这么彻底。

德国有关汽车安全排放的法规，都是针对企业现状制定的。比如安全碰撞法规、行人保护法规、排放法规，实施两年前，就留给企业做技术准备、车型做相应调整的时间。詹夏来说，德国高速公路多数路段不限速，时速二百、三百公里地跑，也不是其他国家的产品能够适应的，这也是一种变相的市场保护。全球汽车市场竞争是一种博弈，愈演愈烈，利益高于一切，世界没有大同，汽车市场没有大同。

詹夏来认为，中国自主品牌参与竞争，人工成本、效率很有优势。中国的汽车企业的目标应该非常清晰，对准产品开发、对准质量服务，长久坚持下去，要和跨国公司做的一样好，不要把打价格战当作唯一手段。熟读毛泽东《论持久战》一书的詹夏来说，我们还没有到 1940 年、1941 年抗日战争的"相持阶段"，还是 1938 年、1939 年，"敌强我弱"；什么时候产品质量和跨国公司接近了，技术赶上去了，那才靠近 1942 年、1943 年的"战略反攻阶段"了。

今后一段时间，自主品牌一定要沉得住气。产品推出不要太频繁，但是要有一套策略；确定一个产品和一个系列的关系，完全如同一场战略布局，而且是持久战，不是一天两天的事，也不是一年两年的事。

詹夏来说：全球汽车的竞争是个世界大战。美国三大公司，是资本运作的高手；德国企业，一心一意地钻技术；日本企业则追求把盈利做到最大化。中国的自主品牌在这场世界大战中，要形成自己的核心竞争力，打赢战争要靠自己。奇瑞到了今天的规模，尽管还不够强大，但是跨国公司要击垮我们也不容易。我们一定也要扎扎实实，心无旁骛地把自己的事情做好。

学中文出身，长期做党政官员的詹夏来却对汽车无限执迷，对当前汽车业的技术进展了然于心。他说，为了提高发动机效率，缸内直喷、分层燃烧、柴油高压共轨等新技术的潜力还很大。领先的还是大众、奔驰、宝马这三家；日本走的还是拿来成熟技术，精致化，降低成本这条路。中国和国际先进技术相差多少年，我看今天的奇瑞三五年可以赶上去。关键的矛盾是采用先进技术，成本就上去了，我们的品牌还不响，产品贵了卖不出去。

今后自主品牌应该怎么走，如何健康发展？詹夏来还是拿战争来作比方。他说，有几样不能少：一是组织有序的队伍，"支部建在连上"，把一种奋发的精神变成几万名职工共同拼命、奋斗的目标；二是有武器，有好产品；三是有好机制、好体制，实行有效的管理。奇瑞也在考虑上市，但是，我们要把内部的激励机制建立起来。把机制建立好，上市迟一点没关系。奇瑞正在争取拥有与跨国公司平起平坐的实力与地位，"相持阶段"就在前头。

五、品牌的"三个世界"划分

两只翅膀都要硬

合资企业和自主品牌是中国汽车工业的两只翅膀。

汽车是国民经济支柱产业，早期合资的中方都是骨干国企，国家的把控十分严格。中外双方50对50的股比，曾是外资不可逾越的红线。

中国轿车业从来就不是跨国公司的附庸，不是外商的加工厂。在自主品牌提升的过程中，从2007年开始，作为应对，合资企业也低调地开始了一个化蛹为蝶的转变，以加强竞争力。《经济观察报》汽车版主编张耀东在一篇题为《完美的转身》的评论中写道：这是一个从"量变"到"质变"的变化期。简单地说，合资车企的转身表现在四个方面：

一是体系升级，从工厂向企业迈进。代表企业是上海通用、上海大众、一汽大众等。这些车企尽量摆脱"洋品牌"的中国工厂形象，力图从研发、生产、销售、采购、管理等全方位升级，建立体系化。

二是进行二次创造，在合资企业内部打造本土品牌。代表企业就是广汽本田和东风日产。尽管目前合资企业做本土品牌还处于初期阶段，但是几乎每个合资车企都开始对产品进行中国化的二次开发设计工作。

三是战略调整，立足更为长远。代表企业是一汽大众等。车市井喷打乱了合资车企们原来的发展规划，类似于大众在华南建厂之类的产业重新布局等战略调整成为大势所趋。

四是从点到面，全车系产品导入。在产品上，几乎每家车企都希望介入更多的细分市场。今后几年，中国车市产品类型将极大丰富。

笔者回顾中国汽车业近三十年来，尤其是入世 10 年来走过的路，深深感受到：合资企业和自主品牌是中国轿车起飞的两只翅膀，尽管观念突破道路曲折，探索实践挫折不断。年轻的轿车业必须依靠两只翅膀起飞，把握全球汽车产业结构"东移"的机遇，发现并充分利用后发优势，加快产业内涵素质的提升速度。

中国汽车工业协会常务副会长董扬曾经做过调查，与其他制造业相比，今天中国汽车工业是国有资本比例最高、承担社会责任最重、下岗分流职工最少的大产业。2005 年到 2007 年，一汽向合资伙伴支付技术服务费 27 亿元。但是一汽合资企业同期利润达 165 亿元，向国家交税 230 亿元。有了一汽大众、一汽丰田两个合资企业的利润贡献，一汽向旗下自主品牌汽车投资达 123.5 亿元。这足以说明引进合资是如何支撑了大国企的发展，支持了自主品牌。

中国轿车业从一个在十五年入世谈判中最让人担心的产业，转变成为一个发展最快速，最具备全球化、市场化特征的产业。合资企业、自主品牌，两只翅膀缺一不可。一百年与轿车无缘的中国老百姓，今天能在市场上，以相当甚至低于国际上的价格，挑选几乎所有国际和自主品牌的轿车。如果中国的房地产、中国的股市，都能像汽车业这样健康地发展，那才是民族的幸事、政府的幸事。

合资企业为何做自主品牌

2007 年 7 月 19 日，广本执行副总经理符守杰宣布：成立合资的广州本田汽车研究开发有限公司（GHRD），并将推出自主品牌车型。新车将在 2010 年问世。品牌取名"理念"。

然而这个新"理念"，却没有得到正在艰难求生存的奇瑞们的认同。本土自主品牌反应强烈。听到消息，一家企业的高层激动地说：这样所谓的自主品牌只是用外方淘汰的车型，戴上自主品牌光环，造一个廉价品牌绞杀草根自主们。他们是"忠义救国军"，替日本人去打中国品牌。

当时，我也曾撰文《对广本的半自主品牌说"不"》。然而，事后与符守杰的多次沟通才知道，当年在日系合资企业中，与美国、德国的合资企业不同，中方几乎对产品开发无缘接触，只有通过创立自主品牌，才能获得产品开发的能力。这正是他们做自主品牌的原始冲动。

符守杰，这位留过洋、当过官，从辽宁汽车业应聘南下，把广本继续做得有声有色的汽车人，到广本的一项新政，就是"自立化"。人才要自立，研发也要自主进行，一切事情都由广本解决，减少对股东的依赖。当时，整个广汽集团没有自主品牌，在合资企业做自主品牌，他的追求不是挤占市场，而是要打造一支中国人自己的研发队伍。相对于上海大众、上海通用这样自主研发觉悟早的合资企业，广本的研发能力并不强，前些年主要积累的还是生产制造的经验，依托自主品牌，他希望能够迅速把短板补上去。

广东是中国改革开放的策源地，一直以来以"敢为天下先"的精神走在全国前列。广汽本田多年来以品质、服务见长，积累了良好的品牌形象，成为自主品牌可以借力的抓手。

在当时中国决策层强势提倡自主品牌大环境下，日本本田公司也决定配合，宣布给予广本新的研发机构三点支持：一是车型，二是技术，三是人才。广本的"自主品牌"从研发能力的补课开始起步。符守杰说，人才是我们急迫要解决的问题。除了广本现有的人才，还有就是本田的专家要过来。

新成立的广本研发公司具有独立法人地位，中方任董事长，首期资金是20亿元，用于固定资产，包括试车跑道、碰撞实验室、研发设施等建设费用。至于研发费用是每年另有投入。

2008年4月，被命名为"理念"的广本首款自主品牌概念车在北京车展上亮相。广本继任的中方掌门人姚一鸣继续推进着自主研发的进程。

姚一鸣说，"理念"这个品牌不属于本田，也不是广汽的，产权归广本所有。产品与现有广本产品"技术同步、品质同源、服务同网"。"理念"以打造国际一流汽车品牌为追求目标。

广本资深而年轻的公关经理温玉贞告诉我，尽管站在本田技术的肩膀上，困难还是比预想的要多，因此新车推出得很慎重。到 2010 年北京车展，"理念"已经发布了第三款概念车。中方研发人员体会最深的是，不走这一步，永远不会了解车型开发的游戏规则是什么。随着研发公司的推进，比过去合资生产，车型全由日方拿来，明白了许多。

2010 年深秋，刚刚开过亚运会的广州还是一片花团锦簇。我来到广州本田研发公司，先睹为快地揭开了即将量产的"理念"轿车的神秘面纱。"理念"的车型基于本田成熟小型车"思迪"的底盘；虽是 A0 级小型车，但内部空间宽敞，基本配置人性化；"理念"中庸而可人的设计思路在于主打容量最大、增长最快的二、三线市场，适合不同年龄段消费者的口味。

姚一鸣对我说，作为广本自主开发的第一款车，总设计师由在本田主持过名车思域的高桥担任；规划、外观、内饰、测试等各项目组的"担当"（领头人）也都是日本人，但是中国工程师开始从学习到动手，在第二、第三款车的开发中，将会扮演越来越重要的角色。姚一鸣说，更重要的是，在开发推进的过程中，建立起广本自己的数据库，把各种实验数据、测试数据保存起来。同时建立起关键零部件的开发与采购体系，促进了人才自立化发展。

品牌是产权的"族徽"

1972 年，中国恢复联合国席位，邓小平率领中国代表团出席联合国大会，一反当时已经定论多年的世界两极划分，在大会发言中提出了"第三世界"的概念。这种划分符合当时国际形势的变化，引起全世界的关注，脱离"两大阵营"的中国后来成为"第三世界"的头儿。

谈到中国汽车市场的品牌，过去一直是两极，一极是合资企业外方手中的外国品牌，一极是草根起家的自主品牌。

最初，官方的态度是扬合资，抑自主，这才有长期拿不到轿车"准生证"的李书福感叹"请给我一次失败的机会"；2004 年，中央提出自主创新，汽车业自主品牌一时成为"香饽饽"。

用"搞运动"的办法搞经济，是几十年来的不二法门。随后数年，政治待遇、资金支持、舆论造势对于自主品牌一边倒，谁做自主品牌动作稍慢，就如同犯了政治错误。上汽、一汽、东风三大集团陆续推出各自的自主品牌荣威、奔腾、风神。此外，长安、长城、比亚迪、力帆等后来者也实力大增。几年下来，自主品牌在中国轿车市场占到三成销量，超过日系、德系、美系、韩系品牌，成为佼佼者。

然而半路杀出个程咬金。2007 年，广州本田提出，在合资企业中创立一个自主品牌。

无独有偶，2010 年 9 月，东风日产的掌门人任勇在北京宣布，将推出合资企业的自主品牌"启辰"。这一次，任勇想得更远，他对我说，要用合资企业的自主品牌整合本土零部件企业的优势资源，为中国零部件供应商开拓一个共同创新的平台。

过去，自主品牌、外资品牌两个世界壁垒分明。合资企业参与搞自主创新，创立自主品牌，是与时俱进的新尝试。但是似乎难以归类，自称自主品牌，却还有外方一半的权益，有些名不正言不顺。

2008 年广本首创的合资品牌"理念"推出第一款概念车

其实，随着汽车品牌新尝试的出现，无须政治化，面对新的品牌局面，按品牌的"产权"归属作为划分依据最为科学，汽车品牌在中国无非"三个世界"：

一是外资品牌。无论整车进口，还是合资企业生产，品牌产权都是人家的。如奔驰、丰田、雪铁龙。

二是自主品牌。无论自主研发的"草根"，还是买下国外技术和品牌全部产权的，都算。比如土生土长的奇瑞、吉利，比如买下英国罗孚技术的上汽荣威，比如吉利买下的沃尔沃、上汽买下的名爵。

三是合资品牌。即新形势下，合资企业创立的所谓"自主品牌"的准确说法，品牌产权中外一家一半。如广本"理念"、东风日产的"启辰"、上海通用五菱的"宝骏"。在国家政策和舆论上给予认同、鼓励他们自主创新的进取，确立"合资品牌"这个新划分。

80 年代初小平同志力挽狂澜，拍板"轿车可以合资"的初衷，说到底，就是"学习"二字，利用跨国公司的资金、技术，逐步形成中国汽车业的自主开发能力。我以为，无论自主品牌、合资品牌，如果目标是提升自主开发能力，都值得认可。

然而真理和谬误往往只有一步之遥。按照国家制定的汽车行业十一五规划，自主品牌要求在 2010 年底达到市场份额的 50%，实际这个目标远未达到。有扶植自主品牌之责的有关部门，发现把合资品牌当自主品牌推行，对于改变自主品牌企业总数发展缓慢的现状，可收立竿见影之功效，遂把创立"自主品牌"变成一种硬指标，近两年在各个合资企业中推而广之。红头文件是没有的，然而"合资企业不做自主品牌，不做新能源车，不批新项目"的传言不胫而走。于是就有了中国十多家合资企业在近期一下子都决定启动"自主品牌"。

我以为，是否创建合资品牌，要靠企业的中外双方，根据具体的情况作出研判；由行政部门又一次"大干快上"地搞运动，势必造成一场混乱，一场社会资源的浪费。

除了聪明的日本企业看到合资品牌带给自己的增值利益，而认同、支持这一新事物，许多欧洲汽车在中国投资公司的 CEO，脑袋是方的，他们没见过在合资企业里搞自主品牌，疑惑地问我：当年合资合同里没有的安排，现在为什么要做？

不少合资企业的中方也很纠结。一位中方总经理，曾有在草根自主品牌工作过的经历，他说，我们还在观察这样一个合资品牌到底意味着什么。如果单从合资企业本身来说，再搞一个品牌，能够把淘汰车型留在中国，既不冲击主品牌，又是市场的有效扩张，的确是个好办法；但是站在本土自主品牌角度看，一定对他们很不利，所以我们非常矛盾。

在主管部门的推动下，神龙汽车、一汽丰田等合资企业已经表示要做自主品牌，而销量排在前两位的上海通用、上海大众到目前为止尚未跟风，豪华车巨头奔驰、宝马还没有动静。《国际商报》汽车版主编何仑评论说：现在讨论合资企业该不该做自主品牌似乎没有意义了，要你这样干，没商量，这是政治，除非外国政府到WTO投诉。

我很担心，如果大众同意上海桑塔纳、一汽捷达注册成合资品牌；丰田同意合资品牌生产上一代"花冠"；广本再拿旧雅阁做一个合资品牌高端车型；把早已大批量生产的零部件标准放宽，成本进一步降低，几家合资企业肯定利润、市场大丰收，可是奇瑞、吉利、中华们遭受的冲击不说是灭顶之灾，也必然是元气大伤。

把合资品牌算作自主品牌，再搞一轮"一哄而上"，自主品牌在中国的数量必然会成倍增长。自主品牌市场占有率完成规划目标指日可待，但是"草根"们"一觉回到十年前"的边缘化窘境，恐怕也不是多余的担心。

要不要把合资品牌算作自主品牌的政绩，如同要不要靠大上"微面"充数各大集团的总产量一样；"图虚名，得实祸"的教训，在中国轿车30年中不该总是周而复始。

第八章

价值链在车轮下延伸

　　玻璃门自动打开，我和儿子短衣短裤地走进北京一家雷克萨斯 4S 店。西装革履的销售顾问迎上来问，能为您做点什么？儿子要求看一款 RX350 豪华跑车，顾问陪他坐进车里详细讲解。我说想看一款即将上市的新车，顾问说新车正要送去参加发布会，还在外面清洗，我带您去看。父子俩又被请进新车，一睹为快。路过维修部门，看见几位车主喝着咖啡看电视，隔着玻璃窗可以看到爱车的检修过程。最后顾问一直把我们送出门，鞠躬告别。虽然没有买车，也感受了一把做"上帝"的滋味。丰田中国副总经理曾林堂对我说：对人的尊重，在雷克萨斯是第一位的。

　　在美国的新泽西，我曾参观过一家雷克萨斯专卖店。意外地发现，店里有为员工设立的免费健身房；餐厅到周五甚至为每个员工提供点菜服务。归属感不光是钱能带来的，员工们被尊重的感觉很重要。曾林堂说，谈及顾客满意度，首先是要有员工的满意度。当一个员工被经理呵斥一顿之后，很难想象他能满面春风地笑迎用户。

一、卖车进化始末

从"大桥下面"到 4S 专卖店

从 1953 年一汽造解放卡车算起，中国人有了半个多世纪的造车历史；而学会卖汽车，不过是近二十来年的事。

当年，中国造汽车不是用来卖的，是供计划分配的。作为国家最重要的物资，汽车的计划归国家计委制订，生产由机械部安排，产品由物资部调拨，完全没有私人消费。

中国机械工业联合会副会长张小虞，80 年代初在一机部汽车局的规划部工作，他说，每年制订下一年全国轿车生产计划，在北京只要跑三个部门：中组部、人事部、解放军总政治部，了解第二年要提拔多少司局级干部、多少师级干部即可。那时的配车标准是司局级干部四个人一辆，副部级两个人一辆，正部级一个人一辆，军队干部比照执行。算出总数后只需做一个表，拿复写纸复写三份，送到国家计委报计划，然后计委就会安排资源配置。那时候生产什么车，生产什么型号，需要多少钢材、橡胶，准确到个位数。张小虞记得 1981 年全国轿车计划安排只有 3400 辆。

这一体制一直延续到改革开放初期。1981 年我开始采访位于木樨地的一机部汽车局的时候，认识的一位处长突然被抓起来了，还登了报，说是投机倒把。其实就是串换了一些钢材，帮一个企业计划外增产了几辆卡车。今天说起来如同天方夜谭。

1984 年上汽与德国大众谈判合资，合同里写明全部的产品由中方负责销售。德国人说，我不知道汽车在中国怎么分配，我负不了这个责任。按照德方的要求，合同里写上一个条款，要保证合资企业的税前毛利率不得低于 25%，作为放弃销售权后的利润保障。

改革开放以后，计划经济统治汽车市场的局面逐渐被打破，原有销售网络支离破碎。自 1983 年开始，国家在计划中列出 10% 的份额由汽车企业自销，以后逐年扩大自销的比例。1985 年，物资部门作为流通改革的试点，在北京、上海、沈阳、武汉、重庆、西安建立了计划内外销售一体化的"汽车贸易中心"。其他条条块块的销售公司也雨后春笋般建立起来。不过那时候随着经济大环境的火爆或调整，汽车市场像打摆子一样忽热忽冷，市场好的时候，客户追得销售经理没处躲没处藏；

过两年滞销，销售公司又门可罗雀。

90 年代中期，轿车全面进入市场，1994 年《汽车工业产业政策》中，强调了建立厂商为主的汽车销售体制。有关部门决定以提供流动资金为杠杆，着重培育一汽、东风、上汽、天汽、南汽建立代理制汽车流通体系。

记得当时北京工商局每个季度在全国农展馆举办汽车展销会。单位和个人可以带着支票和现金到会上买车了。经销商的构成，有物资系统、汽车修理厂的销售公司，以及背个书包"拼缝"的个体户。民营或个体的经销商占了八成。先是没有店面，租用北京二环、三环立交桥下面的空场摆几辆车卖。人们借用当时一部电影的片名，把这个卖车阶段叫做"大桥下面"。

到了 90 年代后期，轿车开始进店销售。不同店家、不同品牌的扎堆儿效应，让大卖场式的汽车市场应运而生。北京的亚运村汽车市场、北方汽车市场，业主用建设市场、分租摊位、提供服务招徕商户，市场人气如火如荼。我记得，一走进市场，就有"车虫"蜂拥而上，口若悬河地介绍车型、价格。市场里只摆几辆样车，卖车开了票，经销商带车主到郊区的停车场把车开走。1998 年，亚运村的销售量达 5 万辆，交易额 57 亿元，居全国之冠。

2001 年，中国入世，车市开始出现连续十年的"井喷"，与国际接轨的品牌专卖经销店模式开始萌芽。世纪之交，中国第一家汽车 4S 品牌专卖店——广本第一特约销售服务店——在广州黄石路开业。主打豪华车型的奥迪紧随其后，全国统一设计搭建的金属框架、玻璃幕墙的"飞机库式"奥迪 4S 店在各大城市拔地而起。

4S，就是集销售、零配件供应、维修服务、信息反馈四个功能为一体的销售店。过去的车主，买了汽车后，要经常和汽配城、路边修车铺打交道，挨宰和配件以次充好是家常便饭。4S 店，把卖车与服务的延伸绑在一起，得到逐渐成为消费主流的私家车主的青睐。

敢于第一个吃螃蟹的人，收获颇丰，2001 年北京第一家奥迪 4S 经销店"中润发"开业，投资 3000 万元，当年就收回了成本。2003 年厂家给广本经销店的回报，则是明里暗里认可他们对当时最紧俏的本田雅阁轿车，收取 3 万元的额外加价。而宝马经销店的利润预期，更让全国 3000 多家竞争者去争夺 24 家首批经销商名额，激烈程度和其中的"猫儿腻"可想而知。

周勇江和一汽大众销售团队

由轿车厂商建立自己的销售体系，厂家控制销售权的模式90年代中期始于一汽大众。

多年来，在一汽集团，卡车和轿车一直混在一起销售，这种粗放模式到90年代中期已经无法适应市场竞争。捷达加上奥迪，年销量始终徘徊在两万多辆。生产能力为15万辆的一汽大众，因产品滞销严重亏损。

为改变这种窘境，一汽决定把轿车销售单独剥离出来。一汽集团和一汽大众各出资50%，成立一汽大众销售公司。一汽贸易公司副总经理周勇江临危受命，担任一汽大众销售公司总经理，并成为一汽大众总裁陆林奎的搭档，任商务副总裁。

1997年4月，一汽大众销售公司成立，一汽集团掌握的股份以每年10%转给一汽大众，最终五年结束。

销售公司是一个崭新的班底。周勇江手下，有华明耀、王法长、付强、董海洋、石涛、熊伟、杨波、王枫、柳燕，这些人后来成为中国轿车业各个品牌独当一面的销售老总，都是业绩颇佳的风云人物。第一批进入销售公司的骨干，甚至来不及办理调入一汽大众的手续，一开始拿着每月五百到一千元的生活费。

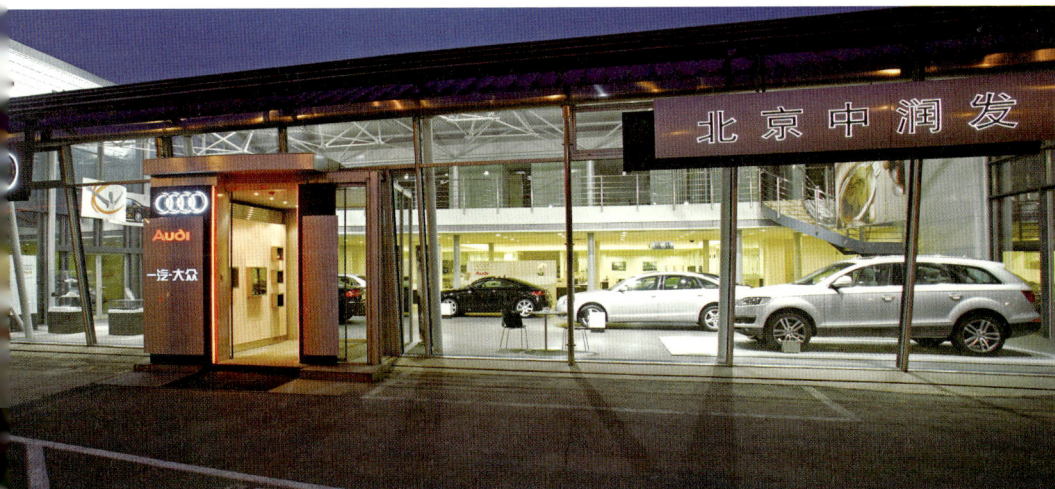

北京第一家采用4S模式的奥迪专营店2000年开业，
全球统一的高标准销售服务体系引进中国

新公司提升销量的任务压倒一切，耿昭杰给销售公司制订了一个看上去难以实现的目标——从上年的 2.6 万辆，一举突破 4 万辆。苦干一年下来，公司的销售业绩 4.1 万辆，比上年增长了 57%。而且靠产品拉动，一汽大众当年扭亏为盈，首次取得 1.95 亿元的利润。

销售公司做的第一件事是通过筛选重建网络。先和卖解放卡车的经销商一家一家地沟通，最后选定了 100 家左右做一汽大众轿车的经销商。周勇江当年告诉我，小胜靠智，大胜靠德。销售公司和选定的经销商们一起制订投资和财务计划，为他们的营销方案做参谋。公司还设立了一系列专项资金。比如"形象建设费"，帮助经销商建立高品位的品牌专营店；提供"功能完善补贴"，支持经销商发展销售、维修、配件三位一体的延伸服务；提供"流转费用补偿"，鼓励经销商建立备件库存；提供"风险补贴"，作为产品一旦调价的差价补偿。依靠理智和情感结合的机制，一汽大众获得了一个稳定、通畅、同心同德的销售渠道，市场份额不断攀升。

1998 年，我从周勇江那里最早听到"整合营销"的理念。周勇江说：整合营销的内涵就是市场相关要素的合理配置，使营销环节成为产品最大的增值部分。所谓整合，就是改善最薄弱的环节。整合的指挥棒是用户各种层次的需求；所谓营销，就是创造价值、树立品牌形象的过程。

周勇江说过：营销没有定式，它是一种艺术，有极大的创造空间。销售公司初创时，手里只有捷达一款产品，红白蓝三个颜色，单一手动挡。我们就努力把捷达当作一个品牌来做。发掘捷达的价值——强劲的动力、优越的性价比、不断增加的新配置新功能。在短短五年里，捷达的发动机、外形、内饰都做了脱胎换骨的更新：捷达在中国轿车业中第一个推出金属漆，第一个配置 ABS，第一个自动挡，第一个 20 气阀和电喷发动机，第一个外观改脸，这些都被作为市场传播的热点。在捷达下面还派生出"都市阳光"、"都市春天"等车型。当时，一汽大众还抓住珠海一位出租车司机 60 万公里无大修的案例，赠车、授奖，搞得轰轰烈烈。按照市场的竞争需要来进行合理的整合，让皮实、耐用、实惠，逐步成为消费者对捷达普遍认可的口碑。

一汽大众销售公司舍得用两个市场部专门做品牌，分别形成捷达和奥迪各自准确的品牌形象。市场部的一切工作的出发点都是围绕品牌形象。我记得，奥迪市场部当时精心策划，给长年采访奥迪品牌的编辑记者订阅了一年刚刚创刊的《中国国家地理》杂志，以衬托奥迪的文化品位。

周勇江对我说，销售公司应该是一个学习型机构，任何一个外来的好理念、好经验，都应该变成大家共同的知识积累。他转述一位跨国公司副总裁讲的故事，一个中国人和一个美国人走到一起，如果彼此交换了一块钱，每个人带走的还是一块钱。但是如果说两国的销售专家碰在一起，交流了各自的一个经验，他们分手时，每个人带走的就是两个经验。

从 1998 年起，销售公司各部门来了德方顾问，后来和中方的部长、经理对应任职。熊伟回忆说，2001 年宝来"驾驶者之车"的卖点就是大众顾问史密斯的点子，它强调了优异的动力和操控，回避了后排局促的不足。

二、销售体系的中国印记

上海通用何以成为常青树

进入新世纪，上海通用在中国车市始终是一棵不断创新的常青树。业内都赞叹他们的市场销售做得如何了得，把并没有突出卖点的美系车在中国卖得风生水起，连续多年夺得销量冠军。

上海通用公关总监李征卉跟我说，大家看到的是浮在水面上的冰山一角。上海通用的营销团队历经多年打造，终端销售的确很有执行力。但是以市场为导向的美国式开放文化与海派市场把握的结合，形成了贯穿企业运作的体系竞争力，这才是上海通用营销成功的灵魂。

孙晓东和刘曰海，是中美双方派出的一对营销搭档。十年间，一起从销售总监做到公司的副总。孙晓东，年轻，善思考，长于对中国市场的理解、对营销策略的把控，以及对经销网络的管理与沟通。刘曰海，早年在福特六合作销售，台湾汽车市场发育早，竞争激烈，颇有心得。他理念新，有营销创意的新点子，把一系列新观念带到上海通用。

美国通用从一开始，就毫无保留地把近百年的市场营销成功经验带到中国。上

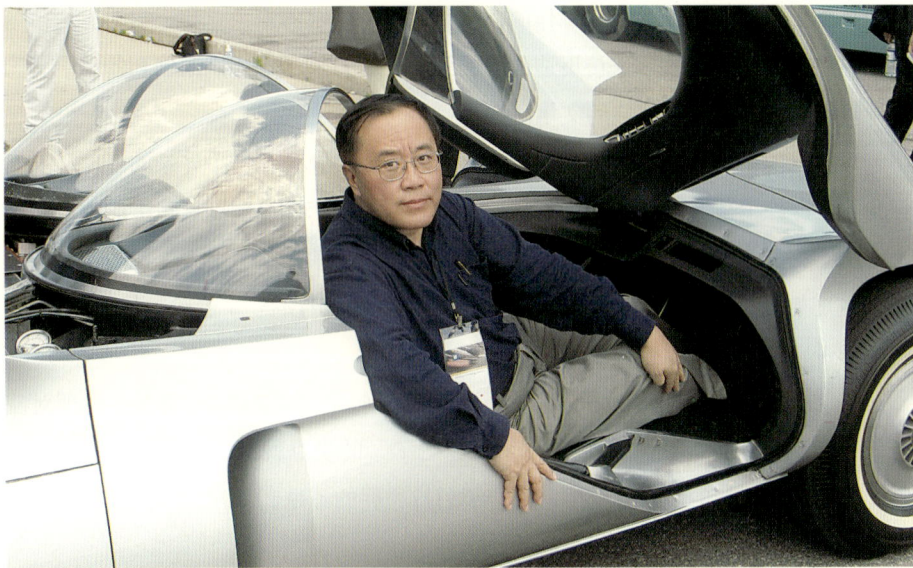

2003 年，底特律，美国通用设计 70 周年庆典上，许多历史上著名的概念车让参观者试乘试驾

海通用的营销体系，在业内最早实现了两个突破。一个是把服务做成品牌，一个是把经销商的营运流程规范化。

中国人卖轿车，开始的时候没有服务的理念。新世纪初，通用旗下的土星公司推出了服务品牌"真实的一刻"，强调顾客和产品接触的那一刻，就开始了对品牌的持续体验。这种"以客户为中心"的理念，当时在全球汽车业刚刚提出来。孙晓东亲自到美国纳什维尔的土星公司参加培训。其后，在上海通用推出了"别克关怀"服务品牌，公开向客户承诺收费透明化、预约服务、24 小时星月服务等，把卖车、修车转成服务体验；另一方面，上海通用改变过去厂家是老大，经销商做代工的老观念，把经销商视为亲密的合作伙伴，推出 DOS（dealer operation standards，经销商运营标准）。用先进和规范的管理模式和金融支持，为经销商创造最佳的盈利环境。

别克新世纪进入中国时，中国人已经被日本车光鲜亮丽的精美内饰洗了脑，美国汽车舒适、宽畅、不重细节的特色并未得到中国消费者的认同。来自市场的信息，被上海通用的营销部门很快反馈到总经理陈虹那里和整个运营体系。正赶上别克新世纪的换型产品别克君威本土开发项目刚刚启动，中国消费者的审美需求，立即影响了上海泛亚研发中心参与的内饰设计。

2002 年上海通用的别克君威推出时，内饰的材质、色调、做工，精益求精，且追求人性化，和新世纪比有了脱胎换骨的变化。通用副董事长鲍伯·鲁兹当时正在推动一场变革，要把通用的内饰做得像日本车一样精致。看到上海通用的新君威，鲁兹大喜过望，立即把这个"活样板"运抵底特律，放在通用总部大厅展示，要求公司的管理层前往参观。

作为上海通用营销总监的孙晓东和刘曰海，每周要有两天到泛亚技术中心和工程部门沟通。把市场需求翻译成工程语言，直接影响着新车的改进和开发进程。

消费者对别克品牌的安全性和车内的安静性有着良好口碑，两人就要求所有别克新产品的碰撞安全必须达到五星级，静音标准达到上佳。在上海通用，有一个评委会，其中营销经理有颇具权重的一票。孙晓东说，为了 2009 年版的新君威，过去四年里他在上海、德国和美国之间已经记不得飞过多少次了。从新君威开发之初，孙晓东就从市场的角度"横挑鼻子竖挑眼"，许多设计和配置被他推倒重来。

2009 年春，蔡宾接手孙晓东任上海通用主管营销的副总裁，正赶上美国通用在次贷危机中的困境。他一是带领营销团队赢得了别克换代新车的"开门红"；二是进一步完善了"多品牌"的布局。

在中国车市，一个企业的双品牌或者多品牌的尝试近年来有许多案例，成功的如神龙公司的雪铁龙和标致，上海大众的大众和斯柯达，还在纠结中的奇瑞旗下的奇瑞、瑞麒、威麟、开瑞。但是上海通用旗下别克、雪佛兰、凯迪拉克的多品牌战略却是最成功的。

到了新世纪之初，别克已经是通用旗下一个老态日显的品牌，当时在北美市场，别克用户的平均年龄为 68 岁，市场销量萎缩。是上海通用在中国把别克品牌做得有声有色，刻意打造成一个设计流畅，安全、静雅、雍容的中高级经典品牌。别克在中国的广告语一开始是"心静致远，志在千里"，2009 年，配备新的增强动力的新君威、新君越问世后，"志在千里"改作"致行千里"，略作调整，突出了新别克品牌的动感和行动力。可以毫不夸张地说，如果不是上海通用成功的重塑，在中国实现了别克品牌 90% 以上的销量，别克也许如同庞蒂亚克一样成为通用淘汰的一个老品牌。

2004 年 9 月，我到法国尼斯参加通用全球媒体年会。会议的最后一天，瓦格纳宣布了通用全球的品牌战略：最好地平衡全球资源和当地产品需求的关系，改变通用的诸多品牌更像一个个区域性品牌的状况。他宣布将把雪佛兰打造成一个国际品牌。傍晚，在一个高尔夫球场，展示了借助大宇的开发力量，在过去 20 个月里推出的 10 款雪佛兰新车。其中不乏在欧洲获得成功的马蒂斯等小型化车型。

每 7.2 秒卖出一辆新车，这是雪佛兰最鼎盛时期在美国创下的纪录。"棒球、热狗、苹果派、雪佛兰"曾是一个时代美式生活的典型标志。在今天的上海通用，别克是西装领带的正装；而雪佛兰是休闲装，更运动，更年轻。这是两个品牌最大的差异。

2005 年上海通用在烟台发布雪佛兰品牌，当时所能做的，只是把别克旗下的赛欧，转入雪佛兰旗下。但是紧随其后，新景程、乐骋、乐驰、SUV 科帕奇，迅速完善了产品线。尤其 2009 年通用全球平台克鲁兹的降生，让雪佛兰终结了技术上源自大宇的时代。

2010 年 1 月，在成都举行的雪佛兰新赛欧"幸福上市会"，给我留下难忘的印象。

上市会的幕后总策划是上海通用市场营销部副总监、雪佛兰市场部部长任剑琼，10 年前，正是她策划了上海通用赛欧"十万元家轿"；随后，凯迪拉克的北京太庙上市会和 BBC（奔驰、宝马、凯迪拉克）的豪华品牌"捆绑"，都是她的创意；然而，品味过辉煌，品味过坎坷之后，她又回归平民情结。雪佛兰"新赛欧"舞台的主角都是来自生活中普普通通的小年轻、小夫妻，他们对于新赛欧由衷喜爱、幸福感的真情表露让在场的观众热泪盈眶。

蔡宾说，"青春、活力、值得信赖"的品牌定位，让上海通用雪佛兰的"金领结"在中国成为各细分市场中的佼佼者，创造了 65 个月内突破 100 万辆的奇迹。未来更让人期待，2011 年，增程式电动车 Volt 和美国人最引以自豪的跑车"科尔维特"的加入，让上海通用雪佛兰成为一个不折不扣的国际名牌。

北京现代的"组合拳"和"卫星店"

2008 年下半年全球金融风暴阴影袭来，这一年北京现代的悦动上市，9.98 万元起的定位精准，立即获得市场热捧，成为一款经典的 A 级家庭轿车。北京市市长郭金龙说，如果一款车一年销售超过 5 万辆，就应该挂金牌，超过 10 万辆，就是功勋车了。北京现代副总经理熊伟告诉我：用了 9 个月，就把悦动卖够了 10 万辆。

对于 2009 年的预期，行业内普遍比较悲观，有人说增长是 6%，甚至是负增长。而在 2008 年底，北京现代就发现，经销商的压力不那么大了，市场动起来了。中方常务副总经理李峰，是当年创造过奇瑞销售奇迹的行家，拍板北京现代 2009 年的计划 36 万辆，增长 20%，有人说他们疯了。结果，国家对 1.6 升小型轿车鼓励消费的政策一出台，中国车市又一次井喷，北京现代增产计划应对得当，产量达到 57 万辆，增长 94%，远远超过这一年 54% 的全国平均水平。

2011 年北京现代的第八代索纳塔，不但以"流体雕塑"外形设计为卖点，也以五年十万公里保修为号召

北京现代是后来者，压力大。韩国现代的企业文化，就是一种危机文化，有应对困难的充分准备。熊伟说，我的韩国同事，每天工作12个小时是常事，有休假，但是从来没有人休，除非父母去世，回去料理一两天，立即赶回来。

2009年北京现代的超常发挥，除了对形势的准确判断，还是机制和策略选择的结果。新产品上市，老产品退出，是一般企业的做法。但是在中国也有另外的情况。首先是"老三样"，20年了，捷达、桑塔纳不但活着，而且月销过万。此外，还有丰田花冠和卡罗拉的并存。借鉴对手的成功案例，北京现代近年先后推出了四套"组合拳"：B级车名御和领翔、A级车伊兰特和悦动、SUV途胜和ix350、A0级的雅绅特和瑞纳，可谓新老同堂。"组合拳"的基础是差异性。一是沿海和内地的差异。二是城乡差异。比如北京市区悦动为主；远郊，伊兰特多；再到周边市县，几乎就完全是伊兰特的天下了。三是不同年龄段的差异，途胜的用户40岁以上为主，ix350的用户可能就差了一代人。组合式销售让销量快速增长有了广泛的产品基础，拉动了生产和需求的最大化。

谈到渠道管理方面，熊伟说，过去单一的4S店在渠道、营销、效率方面已经不能满足需求。北京现代正在尝试推进以4S店为主，卫星店为辅的多层次渠道建设。鼓励一级经销商在同城、在周边建卫星店，以缩小服务半径。2009年，北京现代有350家4S店，150家卫星店；2010年将增加到420家4S店，200家卫星店。我们还会向下再铺快修店。

李峰提出2010年是北京现代"内涵式增长的管理创新年"。他说，这些年，北京现代发展太快，有一些缺课，需要补上，要在速度稳定下求发展，抓内涵式管理创新。如果2013年三工厂建成，我们还有三年抓一些事情，向一个百万辆工厂迈进。

东风日产的"哥德巴赫猜想"

在东风集团旗下，东风日产有着当年"体制外"借壳造轿车的"苦出身"。

然而，东风日产无疑是中国汽车业的一匹"黑马"。从风神蓝鸟一个产品起家，如今产品线从A0级的骊威、玛驰，到A级的TIDA（骐达、颐达）、逸轩，到SUV逍客、奇骏，再到高端B级新天籁。十多个车型，无不畅销。2010年的销量

东风日产生产的玛驰精美可人

达到 66 万辆，产量七年增长了十倍。东风日产不但是日系汽车企业中的销售翘楚，且是国内为数不多利润过百亿元的车企之一。

任勇，中国汽车界的一位传奇人物，90 年代，在东风集团南方事业部旗下，转战广东，创办从零部件到发动机生产和贸易的"东风置业"。1999 年，用公司积累的第一桶金 2300 万元作为启动资金，创立风神品牌。与台湾裕隆汽车合作，以日产已经停产的第一代蓝鸟为基础，开发轿车。

风神蓝鸟，没有国家投资、没有产品目录、没有生产基地。在中国造车的三个基本要素全都不具备，"三无"起步谈何容易。1999 年正赶上总书记江泽民考察转型危局中的东风集团，作为国企解困的一揽子对策之一，集团向国家要来神龙公司曾经组装 4000 辆雪铁龙桑迪亚轿车的生产资质，给了风神，使其获得了 2.0 升排量轿车的生产目录。没有生产基地，风神找到广东花都一家濒临倒闭的走私拼装车企业"京安云豹"，接手进行"托管"。用日产的转让技术和散件，利用"京安云豹"的生产能力搞代工生产日产的蓝鸟旧车型，卖一辆车，给云豹 18000 元的加工费。风神靠"借窝下蛋"，当年成立，当年出车，当年盈利。

见到有钱可赚，云豹翻了脸。接下来，经过一系列令人眼花缭乱的资本运作，风神用四折的代价，买下云豹众多债权人的全部债权；然后以最大债权人的资格继续申请云豹破产，最后云豹只好把股权出让给风神。这也许是中国轿车业资产重组的第一次"小试牛刀"。风神不但百分之百地掌控了股权，而且完全规避了云豹可能遗留的债务风险。2001 年 12 月，云豹更名为广州风神汽车有限公司。在当时一个轿车企业动辄百亿投资的状况下，风神用以贸养工，从代工到收购，走出了一个投资小、见效快的新路。

这样的投资模式，让风神蓝鸟从问世起就具备其他品牌所不具备的产品成本优势，与裕隆合资开发了三代国产蓝鸟，始终供不应求，三年累计实现利润 45 亿元，为东风集团解困立了头功。

风神蓝鸟的成功，让本来作"壁上观"的日产看到了风神的潜力，提出了与风神建立合资企业的建议。以这一"着力点"为契机，按照国家"小合作小支持，大合作大支持"的原则，2003 年 6 月，东风集团和日产公司一举实现了整体合资。风神也转而成为东风日产乘用车公司，由日方担任总经理，任勇任常务副总经理。

东风日产用一年半的时间在广州花都建立了年产 18 万辆规模的新工厂，生产天籁等中高端车的襄樊基地、生产 SUV 的郑州基地，以及花都第二个工厂先后建成或在建。TIDA、骊威、逸轩、新天籁已经成为单月销量过万的东风日产"金砖四车"。

我曾一直想搞明白，当年"姥姥不疼，舅舅不爱"的东风日产，销售靠什么做得这么好？

任勇回答：我们只不过始终保持了当年创业时的那份激情。仅仅以营销方式中"品牌体验架构"为例，东风日产人的那份执著和较真儿就可见一斑。

汽车企业年年都要参加各式各样的车展。北京、上海、广州三大车展，各个企业会比赛一样往里砸钱，东风日产当然也不能免俗。但是东风日产对于许多企业往往忽视的地方车展，像辽宁抚顺、河南安阳的车展也不放过。每年东风日产参加的地方一级的车展多达七十余个。东风日产还有常年的产品展示大篷车队，各地啤酒节、服装节、风筝节，一片广场，六辆大篷车三面一围，中间搭台，就是产品亮相的一台戏。

然而，展示并非车展和大篷车队的唯一目的，工作人员忙着搜集参观者的现场评价，筛选意向客户，统计订单率。除此以外，在各网站点击东风日产车型信息的网民、正在驾校学车的初学者，都是东风日产关注的潜在客户。公司电话中心有七八百个席位，随时应答客户的各种询问。方方面面搜集的数据反馈到公司的数据库，由程序筛选出有高购买意向的客户，销售专家有的放矢地与之进行沟通，最后形成消费者精准的购买行为。

用任勇的话说，我们的一套"品牌体验架构"，就是"把海水晒成卤水，再提炼成精盐"的过程。每年售出的五六十万辆东风日产轿车，恐怕有不少就是这样找到了它们的主人。

2010年11月，在北京国际会议中心举行的2011款天籁发布会上，任勇擂起了换代后的新天籁进军同级别冠军车型的鼓点："我们的目标绝不只是三甲，全新天籁将成为中高级车市的No.1。"站在他身后的，是群情激昂的各地经销商团队。

东风日产拥有国内最具实力的销售网络，近年推行的"1+1"区域专营活动，曾被任勇称为"哥德巴赫猜想"。在花都任勇的办公室里，他向我透露了"猜想"的

在世界上最大淡水湖——俄罗斯贝加尔湖畔的越野路段试驾斯柯达 Yeti

谜底：所谓 "1+1"，就是强调在一个城市中，全体经销商守土有责、精耕细作，共同力争实现 "东风日产品牌市场占有第一、天籁在同级别竞品中销量第一"。

任勇说，汽车销售，最忌同一地区的经销商相互拆台，而通过 "1+1" 活动，推动经销商相互配合，从单打独斗到集团作战。目前已有北京、广州、东莞等 35 个城市保持或达到 "1+1" 的市场优势。

任勇是东风日产的创业者，因而他是企业中的强者。早年，业内流传日产总裁戈恩的一句话：在合资企业中，中方的贡献度几乎为零。这句话传到任勇耳朵里，他义正词严地提出了抗议。在他的要求下，戈恩用书面形式向中国汽车业表示了歉意。

三、品牌专营得失考

纠结中的《品牌管理办法》

对 2005 年 4 月起开始实施的《汽车品牌销售管理实施办法》，我很难给出一个简单的评价，长期以来对它的诟病甚多，它的推行却依然很彻底。当时，实行多年，带有浓郁计划经济色彩的进口车配额审批制被取消。作为替代，《品牌管理办法》应运而生。

《品牌管理办法》是一个借鉴了国际轿车销售的通行模式，涵盖了在中国销售的所有品牌轿车的体系。体系的一方，是厂家和由厂家派生出来的供应商；另一方，是由供应商考核后授权的特约经销商。尽管是 "一对多"，供应商制依然保持了强势，因为它是厂家供货的唯一出口，也掌控着特约经销商的建店标准、运营模式。

按照《品牌管理办法》，凡得不到汽车供应商授权的企业均不得销售汽车和进行工商登记，此举改变了汽车销售商散乱游离的状态，让消费者权益获得保障，也增强了汽车经销商的服务意识。

对于这个办法，厂家普遍认同。尤其在轿车销售的幼稚期，可以保障厂家从店家标志、销售、服务、维修、正品零部件供应，直至二手车置换的标准化推行到位，从而实现打造品牌的长远目标。厂家在维护这一网络正常运转中，也要投入大量资金和人力，资助和培训经销商。

经销商则普遍感到面对厂家的弱势。但是大多数生意稳定的经销商还是很知足，拿到一个著名品牌的经销商地位，终归是自己打破脑袋获得授权，并且花费真金白银买地建店。抱怨总是有的，早期遇上不够厚道的厂家，连宣传的纸贴、展车前的脚垫，也要统一提供，件件都是天价。更可怕的是厂家为争年末销量排名，拼命向经销商压库，大量挤占经销商资金。但是这样的状况近年有所改善。

《品牌管理办法》出台时恰逢对于"跨国公司阴谋论"、对于垄断经营的警惕的敏感时期，当时刻意提防跨国公司轻易获得合资企业多年打造的销售网络。《办法》提出了同一品牌的合资产品和进口车分网销售的设计。可是事物的复杂性，完全出乎设计者的预料。最后的现状是："三好生"如奥迪公司，把进口车销售完全交给一汽大众奥迪事业部，由合资企业并网销售；中庸的如雪铁龙，进口车的总经销是在北京的雪铁龙中国公司，合资品牌总经销是在上海的东风雪铁龙；另类的如宝马，成立宝马中国销售公司，外方主导全权遴选宝马的特约经销商，独揽进口宝马与华晨宝马的销售大权。所有跨国公司的应对，尽在以上三类之中。

《品牌管理办法》实施五年来，自主品牌、合资品牌相对平静，倒是跨国公司进口车供应商的门前是非多。这两年闹得沸沸扬扬的有奔驰、沃尔沃等事件，虽被攻击为"垄断国内销售渠道"，报料方甚至启动了修改《品牌管理办法》的浪潮，但是至今未见突破。

简单地说，奔驰事件起于一场历史遗案。《品牌管理办法》实行后，奔驰在国内注册奔驰中国汽车销售公司，承担进口车供应商的大任。奔驰不忘旧情，把过去的区域进口代理商马来西亚利星行作为合作伙伴，以利用其资金和成熟网络。奔驰与利星行成为奔驰中国公司的两大股东。其后，奔驰与北汽合资的北京奔驰上马，产品迟迟不上量，于是合资奔驰与进口奔驰并网。在奔驰的授权经销商中，利星行的队伍占大头，北汽的队伍是中头，新入网的独立经销商是小头。2009年中国车市再次井喷，进口奔驰资源紧俏，自家的孩子自家心疼，非亲非故的独立经销商们没有奶吃，巨额投入眼见打了水漂，自然拍案而起。

沃尔沃案更简单，沃尔沃出马成立中国销售公司，亲自做中国的供应商，把原来的总代理中汽南方公司降格为普通经销商地位，中汽南方顿失众多权利与利益，焉能咽得下这口气。

资深市场人士还透露，与丰田汽车有股权关系的丰田通商已经参股或是控股了许多一汽丰田和广汽丰田的经销商，它甚至还收购了一些难以为继的经销商，并将其变为丰田的厂家直营店。这些店享受特殊的商务政策，进货价格也会优惠，独立经销商面对这些潜规则，往往选择了沉默。

经销商的柴米油盐

北京运通集团，是一家规模较大的汽车销售集团，在世界 500 强云集的北京经济技术开发区，有七家 4S 品牌专卖店。大多是中高端品牌：奥迪、英菲尼迪、别克、一汽大众、一汽丰田、东风本田、斯柯达。

运通也是在 2002 年"井喷"之后，从修理业转行进入品牌经销的，运通老板很有战略眼光。当时北京有一些民营汽修厂，像三联、腾飞，做得很火，但是在商业模式转变的当口，没有掌握转型的机遇。

运通这些第一批 4S 店如果没有差池，日子过得都很滋润。2002 年，五环路还没有建起来，北京周边的土地还很便宜，换到今天，按汽车公司店面面积要求起码一万平方米的杠杠，光是买地就得两三亿元。租地，风险更大，把客户做熟，得个十年八年，租期也快满了，地主把地收回去，你就白干了。

经营 4S 店，并不指着卖车挣钱，卖车的利润是很薄的，挣钱主要是维护好顾客关系，靠日常的保养、维修、保险等售后服务长流水地挣钱。

卖一辆 10 万元的车，工厂给 6 个点的佣金。但是为了多卖车，4S 店把大头让给了消费者；工厂的考核还要扣点；各个品牌一般年景能有一到两个点的利润；像 2009 年这样的井喷年，能有三四个点，一汽大众的车一辆能挣两三千元；可是以前也有过卖一辆捷达赔 7000 元的时候。

目前国内汽车 4S 店大约万家，前两年的经营状况大致是：三分之一亏损，三分之一勉强维持，三分之一盈利。一家经营低档品牌的 4S 店一年起码要卖 1500 辆车左右，中档品牌店的盈亏点大概在 1000 辆左右，高档品牌店 500—600 辆。但即使在北京这样汽车市场发达的城市，能达到这样的销售成绩的经销商也仅有一半左右。

开 4S 店，第一年只能靠销售维持，不赚钱；到第三年，销售和服务的利润就可以各占一半；到第五年，服务就占到成本吸收率的百分之七八十，进入良性循环。现在运通在北京的几家店，大都是主流的合资品牌，每年的单店销量在 2000—

3000 辆不等。进口车英菲尼迪，运通是北京第一家，生意红火，年销量 800 辆，业绩在北京堪称上乘。

扎堆儿，4S 店最乐见其成。运通所在的亦庄北京经济技术开发区，全球 500 强企业和高档住宅区云集，加上区内区外交通顺畅，现在成为北京最大一片汽车 4S 店聚集地，以至于厂商在亦庄没有 4S 店，仿佛就不是一线品牌。

四、汽车销售是个 MBA 课程

把销售集团做成世界 500 强

汽车销售，今天已经在许多大学开设了 MBA 课程，培养出来的人才依然供不应求。

尽管投资大，尽管利润薄，尽管受制于厂家，想成为汽车经销商的投资者依然如过江之鲫。在后汽车时代，随着一批国际资金大鳄的入场，中国的 4S 店恐怕要面临一轮新的大洗牌。集团化已经初现雏形。

2010 年底，我和广汇汽车集团总经理金珍君聊天。金珍君是韩裔美国人，从小就对中国文化感兴趣，自称在哈佛大学的毕业论文是关于邓小平的改革开放的。

总部设在上海的广汇汽车集团，由上市公司新疆广汇和美国 TPG 投资公司合资建立。TPG 在中国有很多成功的案例，如投资深发展、投资联想电脑等。

目前，广汇汽车旗下拥有经销店和汽车销售总量，在中国汽车销售行业中名列前茅。从新车销量来说，广汇汽车 2010 年达到 35 万辆，近两年的目标是做到世界第一。金珍君说，广汇的愿景是跻身世界企业 500 强。对于中国汽车经销商来说，这不能不说是一个三五年前不敢想象的大抱负。

70 年代，美国大部分汽车经销商也是个体户，80 年代开始慢慢有一些小的整合，90 年代才出现真正大型的集团，现在规模最大的汽车销售集团旗下经销商有 400 家左右，其他大都在一二百家。如果规模小，一遇风浪，很难维持和发展。金珍君说，在中国要做大一个产业，只有制造业是不够的，必须有零售业和服务业配套一起发展。

有人担心，汽车经销商集团做大了，厂商无法控制。金珍君不认同这个观点。

他说，关键在你怎么做，比如一个制造厂商前半年经营很困难，我们会承诺全年完成一个可观的销量；而与另外一个厂家商定，我们的销售一定会超过该品牌市场增长的百分比。信任广汇，广汇一定作出更大回报。金珍君说，如果业务单一，经销商也许只是厂家的附庸。但是如果业务多元化，比如汽车金融服务、二手车交易、汽车租赁业务等全价值链的延伸，你就能东方不亮西方亮，就不必整天跟主厂商博弈。

广汇汽车当初重组时，最积极支持的就是店面员工。金珍君说，因为资本的进入，除了员工收入有提升，还有了一个更大更广的事业发展平台。我们有一支国际化的精英管理团队，会把经销商过去很多陈旧的、效益比较低下的东西去掉。企业做好之后，最大的利益获得者不仅是股东，还有当地政府和员工。

二手车销量何时超越新车

二手车的销量超过新车，往往成为一个国家汽车市场成熟的标志。

在日本坐车驶在街上，常常可以看到路边旌旗招展，旗上大书"中古车"三个字。旌旗阵中，整齐排列的是擦拭一新的各色轿车。这就是日本的"二手车"专卖店，没有时下中国二手车市场的纷乱和嘈杂。一切都那么恬淡、清静和从容。

在美国，在欧洲，二手车的销售和在日本的情形大同小异。只是在日本上市的二手车比较漂亮一点，大都有七八成新。美国二手车新旧都有，几百美元买一辆20年前的旧车，曾是当年许多中国留学生购买第一辆车的经历。

对比日本国内市场新车和二手车历年销量增减的曲线。新车的曲线是一条山峰型，顶点是 1990 年，总销量是 778 万辆，随后是下滑的大趋势，2002 年落到 578 万辆；2009 年低迷到 429 万辆。而二手车的总销量是一条上升的斜线。在 90 年代后，与新车销量逆向攀升，几度超过当年的新车交易。

在美国也是同样的情况：2003 年新车的总销量 1670 万辆，而二手车销量高达 4300 万辆，是新车的两倍多。2008 年，英国的新车销量 200 万辆，二手车则达到 700 万辆。

出现这种情况的原因是：在日本和欧美发达国家，轿车消费接近饱和，几乎家家有车，而且不只一辆，因此，汽车的主要功能就是代步工具；加上路况好，保养规范，二手车的状态也和新车差不多。是追逐新车型，还是图实惠买一辆二手车，完全凭个人的经济状况和喜好。尤其在经济持续不大景气的年代，物美价廉的二手车自然大行其道。

二手车市场在中国尚在新旧交替，面对传统露天市场上落满灰土的二手车，除了出厂年份、累计里程（难免做了手脚），其他信息，如机械是否有故障，是否曾有大的碰撞等等都无从知晓。买二手车不啻撞大运。信息的不对称，购车者尤其私人购车者往往望而却步。

在国外，二手车的销售分两级市场，在日本，我曾参观了东京近郊的 HAA 二手车拍卖市场。HAA 是一个遍及全日本的大网络，实行会员制。一级市场的收购由 HAA 统一进行，有专业人员对旧车进行检测评估，对存在的故障进行维修，并有专业的摄影棚对车的各个角度拍成照片，然后上网准备拍卖。拍卖只限于会员参加，会员大都是二手车的零售商。我参观的拍卖场有 300 个席位，每个席位前面的长桌上都有数字键盘。拍卖场前方有两个大屏幕，飞快地跳动拍卖车的照片和相关

日本街头的二手车专卖店。日本的二手车大都有上好的"卖相"

资料，参与者电子应拍，价高者得。这里没有拍卖师的吆喝和锤声，却让人在一边看得眼花缭乱，一个拍卖场一年可以交易二手车 10 万台！

国外一些品牌的经销商，也用置换同一品牌新车的办法收购二手车，从品牌经销商来说，保住了用户，让用户一辆接一辆地购买本品牌的新车；从客户讲，自己的二手车在置换过程中只要补个差价，省去分别买车卖车的两道麻烦；并且二手车的出手价格比较优惠，能卖一个好价钱。可谓一举两得。

这样的模式，也已经为一些有远见的中国轿车成熟品牌所看重，2004 年前后，别克、奥迪、丰田率先推出诚信二手车业务，对置换新车收来的二手车进行全面的检修保养后，定出合理价格进入二手车品牌专卖店。与国内一般二手车不同，这些车不但有品牌企业的质量认可，甚至会有一定期限或公里数的免费保修。给二手车的购买者送上一颗定心丸。

报载，2009 年底，一家在二手车行业从未涉足的公司"帅车"突然异军突起，经过三个月试营业的发力，月销量近 300 辆，做到了中国第一。这家新型业态的公司号称"永远不聘用从事过二手车业务的人"。这一理念来自"帅车"的 CarMax 背景。CarMax 在美国二手车市场，如同超市业中的沃尔玛。在帅车的旗舰店里，陈列的奔驰、宝马从外观看，如同新车一样光可鉴人。对于每一辆收购的二手车，帅车都要做 125 项监测流程的评估认证。科学的质保期，质保由于携手各品牌的 4S 经销店来做，可以达到新车的质保水平。

在中国轿车的使用周期，过去新车一直用到报废；而在美国，新车卖一次，二手车转手七次。2000 年到 2008 年间，国内二手车平均增速超过 20%，二手车科学的评估认证让帅车有了"一口价"的底气。帅车还为售出的每辆二手车提供 6+1 个月 8000 公里的质量保障。

中国汽车市场二手车与新车的销售比例只有 1∶3，与发达国家 3.5∶1 的比例相比，发展潜力巨大。建立现代的、规范的、诚信的二手车市场，无疑会给轿车制造企业、给消费者带来巨大的好处。也许在三五年后，一个由新车和二手车共同组成的轿车多层次销售体系会在中国初见端倪。

然而，由于历史和文化的差异，美国成熟的销售模式，在中国往往水土不服，就在本书的出版过程中，广汇的金珍君、"帅车"的外资合作方最后壮志未酬，黯然出局。

吉利淘宝：网购汽车不是梦

2000 年在美国通用，我第一次听到网上购车的设想。然而，10 年过去，尽管网购快速消费品在人们生活中已经成为家常便饭，对于汽车这样一个高价值、注重直观体验、使用期长、需要常年维护保养的耐用消费品来说，尽管实现网购步履艰难，但是在欧美已经不乏尝试之举。通用复苏之后，最先做的几件事之一，就是和易趣 eBay 联手合作，打造与网络购车相关的电子商务模式。

在网民全球第一的中国，2010 年，网购汽车也开始试水。

2010 年 9 月 9 日，淘宝网举办团购奔驰活动，原价 17.6 万元的奔驰 smart 小型车，团购可优惠约 4 万元，活动一推出立刻受到热捧，24 秒后售出第一辆 smart，6 分钟售出 55 辆，3 个半小时后 205 辆 smart 就全部告罄。

如果说，这只是一次促销活动，但是，它展示了一个年轻的汽车销售业态的巨大前景。

刘金良，吉利集团副总裁兼销售公司总经理。这位当年最早加盟李书福团队的职业经理人，成为国内轿车"网上销售"最积极的推进者。2010 年底，吉利正式进驻淘宝商城开启旗舰店，成为淘宝商城上首家汽车销售企业。

刘金良将吉利与淘宝的结合比喻为：中国车企和网购巨头的第一次"法定、持久的婚姻"，而不是"秒杀"、"团购"这类火爆的"一夜情"。

吉利和淘宝的结缘，也许是两家公司的总部都在杭州，也许李书福和马云都是不拘一格的永远"尝鲜"的人物。刘金良说，我们毕竟卖的是汽车不是玩具，眼下，不可能听见有人敲门，出去一看，快递将网上购买的汽车送到门口了。汽车交易牵涉到试驾、上牌、验车、保险以及使用期的保养维修，这些在网络难以实现，离不开实体店的配合。

我问刘金良，如此努力地把网购引进传统汽车销售，出于什么样的考虑？他说，是要抓住互联网给传统销售带来的机会。一是今天 80% 的人通过互联网了解信息，对于一款车型的各种技术，在网上比店面你能了解得更细。通过 3D、通过解剖，能够更充分地展示、传播新车信息；二是逐步实行的网络实名制，让我们可

凯迪拉克成为上海通用多品牌战略中的高端品牌形象。

以把握客户群的需求信息，为精准传播打好基础；三是为异地购车这样的新型交易行为提供方便，比如一个成功的青年人，为远在家乡的父母买一辆车，可以通过网购，把新车和定制的服务，送到父母手中。

许多人担心，网上销售，会不会冲击传统经销商的业务？刘金良说，一开始，我们确定用一个特殊车型——双色版熊猫轿车进行尝试，这款车只做网购，不会对 4S 店里卖的车型带来冲击。事实上，双色版还会在 4S 店进行展示，买家在网上通过支付宝先交订金，余款到指定的经销商处缴清，完成提车、验车以及开票、上牌等诸多事宜。

吉利已经成立了"在线营销科"从事网购业务。刘金良告诉我：吉利旗下传统经销商对此反应很积极——因为他们无须为此增加投入和人手，却能增加不少销售量。所以，他们希望线上销量越多越好，厂家当然对这款车型的产量也不会有限制。全球鹰旗下的双色熊猫实施网购如果成功，我们还会把帝豪、英伦品牌的车型放进吉利淘宝店。

坐在龙井一号和刘金良聊天，窗外绿竹摇曳。刘金良说，吉利要做汽车网购的开拓者，但吉利提倡的是渐变式变革而不是激进式革命。我们和淘宝的结合只是一只破土的春笋，我们希望这只笋尖能以互联网的速度拱出地面，两三年后长成大片竹林。

业内，还有上海大众推出的"斯柯达 e 购中心"。借助 3D 实时定制工具，用户可以直接进行个性化定制，进行订金在线支付。订单下达生产后，斯柯达 e 购经销商将有销售顾问上门提供一条龙服务等等。越来越多的中国车企都表示开始对网络售车产生了兴趣。

车轮转动出的新财富

汽车和一般快速消费品最大的不同，在于一辆汽车在整个使用期的持续消费，远远超过买车的价格本身。这才是汽车产业链中的一块最大的奶酪。

汽车产业链的延伸，并非仅仅是汽车的维修和保养，汽车保险、汽车融资、汽车广告、汽车美容、汽车音响、汽车旅游，甚至智能化交通都有望在中国形成独立的大产业。

通用中国曾经给我一个统计资料，在 1932 年的美国和 1986 年的巴西（当时它们各自的汽车总产量基本接近世纪之交的中国），一个汽车制造厂的就业岗位，可以为上下游产业提供 11 个就业岗位。另外有一种说法，在美国每六个就业人口中，就有一个人服务于汽车及相关产业。

以汽车养护为例，国外的车主，重养护而少维修；如同注重健康而少看病一样，由此使汽车养护市场大增。美国每年汽车养护的营业额都在 1000 亿美元以上，占到汽车保修行业的 80%，减少汽车报废率 21.7%。

再说汽车保险，目前汽车保险已经占到世界非寿险的 60%。日本在 20 世纪六七十年代进入"汽车社会"的过程中，汽车的保有量增长了 4 倍，而汽车保费收入增长了 11 倍。即使在中国，汽车保险营业额也已居于财产保险的第一位，今天中国车险的主要问题是操作不规范，险种少，重收费而轻服务，难以使投保车主满意。

在发达国家，消费者通过信贷和租赁买车，是汽车销售方式的大头。美国的比例为 92%，英国为 80%，德国为 75%，日本为 44%。这不但方便了消费者，还让金融机构获利。除了银行，全球各大汽车集团自营的汽车金融公司，车贷经营也成为超过汽车制造的主要利润来源。

入世前后，中国贷款买车一度成为雷区，曾有一批最初试水的商业银行，因购车者的商业信用无从查考，遭遇不少恶意的呆坏账，最后在金融秩序整顿中偃旗息鼓。历经数年的等待，第一家来自汽车业内筹组的金融公司终于获得"准生证"。2004 年 8 月 4 日，上汽通用金融有限责任公司被中国银监会批复同意开业。

紧随上海通用之后，福特中国、大众中国、丰田中国等汽车金融公司也陆续通过了中国银监会的审批。传闻数年的汽车金融公司终于来了。这意味着，在诱人的汽车金融市场，又多了一批经验老到、实力雄厚的竞争者。

这批有强大外资背景的汽车金融公司是在一个相当微妙的时刻进入中国的：2004 年，车市低迷，消费者观望，尤其是银行纷纷加强对车贷的风险控制。招商、民生银行退出车贷，工行、农行等将首付提高到 30%—40%。提高的门槛挡住了几乎一半潜在车贷客户。

上汽通用金融服务公司注册资本 5 亿元，首先在北京、上海两个城市开展业务。第一步向别克品牌车型提供贷款服务，之后，逐步扩展到集团内其他品牌以及其他汽车公司的产品。

　　起步中的汽车金融公司暂时对车市大局产生不了多大影响，但无疑可以对汽车销售商给予大的支持。一旦车市持续低迷，汽车经销商库存增加，现金流减少而难以周转时，各大银行对贷款审核往往更为严格，雪上加霜。汽车金融服务公司的开办，会比起银行对一荣俱荣的经销商更加支持。

　　由于中国老百姓与"汽车社会"尚有一段距离，围绕汽车的一些延伸服务人们还闻所未闻。在美国的高速公路开车，遇到的 motel（汽车旅馆）恐怕会比 hotel（饭店）多；到汽车快餐店、汽车电影院，车主坐在车里就能享受到便捷的服务；你车里的汽车专业音响和娱乐系统可能比一辆轿车的价格更贵；车窗外一闪而过的汽车广告牌，恐怕会组成世界最大的广告客户；而装在轿车里的卫星定位系统、感应式公路收费系统只不过是数字时代经济新热点——智能化交通的一个小小分支。

1987 年底，时任国家经委副主任的朱镕基在中汽联理事长陈祖涛的陪同下来到底特律，参观通用汽车研发中心。研发中心里面有一大片湖水，湖边的绿荫中是成片的三层建筑——通用旗下各个品牌的设计室、技术实验室和中央控制中心。

陈祖涛回忆说，当时在我的脑子里，已经有很明确的主张，中国汽车一定要注重发展开发能力，将来可以开发出自己品牌的汽车，所以我首先带朱镕基来参观研发中心。

朱镕基看得很仔细，边看边问边记。通用接待人员中有一位来自上海的年轻工程师，刚刚 30 岁的陈实。他当时是通用智能识别研发小组的负责人。朱镕基问他："你一年的科研费多少？"

陈实回答："500 万。"

朱镕基反问："500 万美元？"显然他有些意外，"整个研究中心一年的经费有多少？"

陈实说："每年二三十亿美元。"

朱镕基沉默了，看得出，他很受震动。他在通用看了好几个实验室和汽车道路试验场。通用的道路试验场是 20 年代建的，六十多年过去了，现在仍然是世界上最大最现代化的道路试验场。看完后，朱镕基很有感触地说："祖涛啊，咱们中国汽车工业将来要翻身，就要建这样的科研机构。"

陈实后来成为朱镕基的忘年交，回国探亲时被朱镕基请到中南海。从 90 年代起陈实被派到中国工作，后来担任了通用中国公司的副总裁。

一、起步始于创新

"市场换技术"何罪之有

2005 年前后，在决策层大力推进自主创新的高潮中，出现了针对中国轿车业的一种误读——把"引进合资"等同于"市场换技术"，并且导出"以市场换技术，丢了市场，技术一点也没得到"的荒谬结论。

某部一位官员公开批评中国汽车："以市场换技术方针当年缺乏完善的制度和政策设计，导致的结果是事与愿违。中国轿车工业在技术能力上长达 20 年的停滞不前，原因就在这里。"我总想问问那位先生，真是 20 年前中国技术水平的汽车，采用 20 年前的安全标准，今天您敢坐吗？

借助当时的社会气候，这些无视事实真相的臆断在上自官员、学者，下到网民、愤青中间竟然以讹传讹、广为流传。

轿车业的"引进合资"，是中国"改革开放"的一个缩影，今天，尽管可以批评"贫富差距拉大"；批评"腐败猖獗"；批评"发展中环境和资源的代价"；但是不能得出全面否定"改革开放"的结论。同样，"引进合资"在实践过程中，出现这样或那样的偏差，无论是某一阶段政策的失误，还是企业一时的短视，都不是全面否定引进合资的理由。80 年代，走出"文革"噩梦的中国，如果继续搞阶级斗争，搞闭关锁国，只有死路一条！

说到中国轿车业从引进合资到自主创新的制度和政策设计，不能不说到一个人——邓小平。在改革开放初期，新旧观念激烈交锋，1982 年邓小平以"轿车可以合资"一锤定音，抓住了世界从冷战对抗转向和平发展的历史机遇，开创了合资企业这种独具中国特色的创新模式。今天的年轻人难以想象，建立合资企业，首要的障碍是传统意识形态的束缚。

"市场换技术"的提法最初出自何处？ 1984 年底，应对国民经济迅速升温的需要，外贸部门准备从日本五十铃公司进口四万辆轻型卡车。这在当时是一个相当于中国汽车年产量十分之一的"大单"。而国产轻型车的升级却正为缺钱、少技术而发愁。中汽公司董事长饶斌获得消息，立即写报告给中央，要求在外贸公司进口汽车的谈判中，作为附加条件，由五十铃无偿提供相应动态技术。国家批准了这一建议，在外贸进口五十铃轻型车的同时，为汽车工业引进了 N 系列轻型车 29 个车型的驾驶室、汽油和柴油发动机、变速箱等全套技术，供汽车工业消化吸收。这一技术先后扩散到北京、四川、云南、贵州、重庆等地的轻型车厂。在国家没有另花一分钱的前提下，推动中国轻型车技术水平上了一个新台阶。两三年后，国产轻型车全面占领了中国市场。这一案例最初就称作"以市场换技术"，后来规范为"技贸结合"的书面表述，凸显出改革开放初期中国汽车人的使命感。

中国汽车工业协会的常务副会长董扬最近撰文指出：30 年来，我国汽车工业从未真正将并不能准确概括中央改革开放方针全部内涵的"市场换技术"作为发展指导原则。

即使有人硬要用"市场换技术"泛指轿车业的引进合资，导出"丢了市场，技术一点也没得到"的结论也是站不住脚的。

整个 80 年代，中国经济百废待兴，建立轿车工业几乎是无源之水，号称"举全行业之力"建设的二汽，也因投资短缺一度被国家列为停缓建项目。1987 年，中

分单双年举办的法兰克福和巴黎车展是世界上规模最大的车展，是新车型、新技术的擂台赛

央在北戴河确定了首批轿车"三大"骨干企业，依然没钱投资，被要求资金自筹的一汽大众和东风神龙最后只能选择合资之路。

改革开放的一个大突破，就是中国走出自我封闭，有条件地开放了轿车市场；同时要求进入中国市场的跨国公司做出补偿——资金和技术的流入。这是一种智慧的选择，也是一种艰难的博弈，考验中国汽车能否抓住机遇，尽快缩短和世界一流汽车制造管理和研发水平的差距。

谁说引进合资"丢了市场"？1984年，国产轿车加北京212只有六千辆。进口车、走私车独霸95%的中国轿车市场。北京每年开全国"两会"，人民大会堂台阶下，黑压压停的都是进口车。那时才真是"丢了市场"！然而到2010年，中国轿车市场销售1000万辆，95%是国产车，完全颠倒过来。其中挡住跨国公司大量进口整车的，恰恰是合资企业的国产车。

谁说"没有学到技术"？论管理，中国的合资企业，已经是大众、通用、本田等跨国公司全球管理最好的"样板工厂"；论人才，许多经过海外企业同岗位培训的经理、工程师、技工，今天已经成为合资企业和自主品牌的总经理、专家和骨干。在上海大众和上海通用的泛亚技术中心，中国工程师大都是学有专长，经验丰富的硕士、博士，和美国、欧洲的工程师平起平坐。做新赛欧、新帕萨特车型开发的技术课题的领头人的中国专家，被上汽调去搞自主品牌，马上就能打开技术新局面。

谁说"中国汽车技术能力长达20年停滞不前"？80年代中国整车企业的劳动生产率仅为人均一辆，而到2009年提高到人均100辆以上。无论自主品牌，还是合资企业，几乎都把建立研发中心放在首位，其中不乏业内公认的全球一流汽车研发机构。对比20年前用"电葫芦"吊装车身，和今天的数字化工厂，说20年技术停滞不前，不是睁眼说瞎话吗？

自主开发是"第十个馒头"

自主开发一直是中国汽车业的"软肋"。怀着一种"恨铁不成钢"的急切心情，政府和舆论一直在敲打中国汽车业自主开发的步子迈得太慢。直到2007年前后北京、上海的车展上，一批自主开发的轿车概念车频频登台亮相，让国人好生振奋。在欢呼之余，就有不少"聪明人"质疑，20年来，中国轿车起家于"引进合资"是否明智？如果 20 年前就启动轿车的自主开发，中国今天岂不早已是汽车开发大国？

这让我不禁想到一个故事：一个饥肠辘辘的"聪明人"得到一大盘馒头，吃了一个不饱，吃了两个不饱，吃了九个还不饱，吃到第十个馒头终于吃饱了。他非常气愤地说，早知道这个馒头一吃就饱，前面的九个馒头根本就用不着吃了。

在《汽车产业发展政策》发布前，国家发改委（即原来的国家计委）产业司主管汽车业的陈斌、陈建国请我和《人民日报》记者王政去三里河国家发改委大楼吹风，我曾谈起过"十个馒头"的笑话。

汽车业的发展有其内在的客观规律。日本、韩国当年自主开发一步到位主导国内市场的时机中国也曾有过，可惜被大跃进、文化大革命耽误了。过了那个节点，在汽车市场全球化到来之际，再想这样做，既不可能，也没必要。

实践证明，中国轿车自主研发今天能提上日程，恰恰是有"引进合资"在前面垫底的九个"馒头"。

回忆中国轿车的第一个十年的引进合资，汽车业的老人往往用"悲壮"来形容。底子薄、基础差，达到跨国公司的技术标准谈何容易。但是攻下一个又一个制高点，就是有了轿车业的第一个馒头、第二个馒头的逐年积累，中国人不但掌握了当代一流的轿车制造技术，也形成了庞大而配套的一流零部件产业。并且初尝了本土开发的滋味。

20 年的引进合资功不可没。上海大众、一汽大众、神龙等合资轿车企业培养的人才、积累的管理经验，尤其是逐步接触到的开发流程不但使今天本土品牌的自主开发成为可能，也使后来的加入者大受其益。无论本土品牌奇瑞、吉利，还是风头正健的上海通用、北京现代，担纲的管理人和技术骨干大都有在第一代轿车合资企业中接受洗礼的经历。20 年来形成的庞大的零部件体系，不但使后起的本土品牌和跨国品牌大大降低了投资成本和采购成本，并将在今后数年逐步让中国轿车业获得像中国家电业一样的世界竞争能力。

在全球化的今天，我们的官员、学者，也犯不着为跨国公司没有把看家的核心技术、把开发技术的源代码交给中方而耿耿于怀，外国人不是活雷锋，换作你，不是也得留一手吗？通过学习、竞争、创新和积累，中国轿车业最终形成系统的研发能力才是硬道理。

话语权，先把本事学到手

"中方丧失话语权"也是一顶大帽子。如果说，在80年代轿车合资企业开办之初，中国轿车制造业还在"描红模子"阶段，没有什么"话语权"，的确是不争的事实。上海大众开办两年后，围绕国产化零部件要不要送到德国去认证，一度曾有爱国和卖国之争。正是先后担任上海市市长的江泽民、朱镕基拍板："要坚持德国大众的标准，绝对不许搞瓜菜代。"正是合同中无可争辩的高标准，逼出了中国轿车业起步的高起点。

李洪炉，北京现代第二任常务副总经理，一个在北京汽车业干了大半生的新中国同龄人，我问他，什么是北京现代成功的诀窍？他的回答让我有些意外：是学习。韩国现代汽车，就是靠学习起家的，最早和三菱合资，从学习到超越，表现出一种勇气和智慧。2001年合资之前，北京汽车业正处于低谷，我们没有真正做过轿车，即使是制造技术，也要从头学起，在合资过程中虚心学习韩国现代公司的经验，多听听他们的意见，并不是坏事。

对于合资企业的话语权这个敏感话题，李洪炉说，过去学手艺，要学徒三年，不可能一上来就做掌柜。百分之百的话语权我们曾经有过，但是三十多年并没有把北京的汽车工业搞好，所以才要合资，要学习。没把本事真正学到手，就谈不上超越。

2008年秋天，德国莱茵河畔，我用了整整三天时间，驱车在高速路和蜿蜒的山路上，试驾上海通用即将投产的别克新君威。它搭载通用欧洲最新研发的涡轮增压2.0T发动机，以及2.4升智能全铝发动机。动力总成的更新，让新君威发生了脱胎换骨的变化。

尽管来自一个全球车型平台，但是新君威上的中国元素加起来有一百多项。上海通用项目负责人武东海和上海泛亚的开发主管卢晓告诉我，四年前研发团队一成立，他们就参与进来了。像前脸、格栅、车灯的处理；以及车里面很多看不到的配置，包括动力总成，都是针对中国中级车市场的主流选择的，操控、底盘和用油标号都应对中国路况做了调校。另外整车的舒适性和安静性，也是特别按上海通用提出的要求加强的。

在上海通用和泛亚，中国人因为对市场和技术的逐渐把握而有了更充分的话语权；通用方面也很开放，他们没有什么政治和民族主义的考虑因素，上海通用的发

中国媒体在莱茵河畔试驾新君威

采用了通用全新平台和涡轮增压发动机的新君威的研发有上海通用的充分参与

莱茵河边的公路是试车的好路段

展和盈利就是价值取向。

二、"耐住寂寞 20 年"

走出"模仿秀"

全球汽车技术在过去一百多年的锤炼里，已经成熟到一个如同中国围棋对弈的完善境界。有一批九段围棋高手在，一个初学入门者要想赢，绝不是三冬两夏就能一蹴而就的。

对于中国汽车业而言，汽车研发能力的培育正如曾任一汽集团总经理的竺延风所说，是一场"耐住寂寞 20 年"的攻坚战。虽说此言当时不合舆论大气候，而饱受媒体和网民的攻击。然而这是一句实实在在的真心话。十年生聚、十年教训，卧薪尝胆 20 年，能够形成九段棋艺的开发能力也绝非一件易事。

当今轿车已经是一个全球化的产业，产品开发是轿车王冠上的宝石。

1958 年，面对国外的封锁，中国人发挥自力更生的精神，测绘国外样车，一锤一锤敲打出车身，制造出东风、红旗、上海牌。这些车批量小，技术落后，可靠性差。当紧闭的国门刚一开启，市场顿时就被进口轿车摧垮。今天我们所说的自主开发已经和当年不可同日而语。现代意义上的自主开发能力，必然是在全面掌握轿车制造和管理技术，形成庞大零部件体系的基础之后才能形成。30 年前说自主开发是一句空话；15 年前仰融提出开发中华轿车，人们仍然充满疑惑；只有到了今天，中国轿车产量上千万辆，自主开发才到了瓜熟蒂落的时候。

自主开发能力不会因为舆论提倡，就会一夜之间从天而降。第一批自主品牌起家大都靠的是"模仿秀"。没有钱买人家的知识产权，也没有什么路可以绕过去。要另辟蹊径，除非破解《三国演义》中诸葛亮的自动车——"木牛流马"。

严格说，第十个馒头才刚刚放到嘴边。

2002 年奇瑞推出微型车 QQ，通用中国公司经过调查，随即控告奇瑞抄袭了其旗下大宇开发的"马蒂斯"车型。不但外形、尺寸相同，连零配件都能互换，天下哪有这样的巧合。通用还称在网上发现 QQ 通过国家检测的照片，原本用的就是一辆稍加改动的马蒂斯。可是通用以为板上钉钉的指控，最后却输了官司。国家保护知识产权工作组办公室主任、商务部副部长张志刚表示，美国通用关于奇瑞 QQ 车型侵犯其 Spark 车型外观设计一事，依照中国法律和外方提供的证据，无法认定奇瑞公司侵权。国家知识产权局的官员表示，除非通用能够提供确凿的证据，证明奇瑞公司通过什么非正当手段获取了 Spark 的资料，侵权说才能成立。

此案之后，再没有一家外国公司能在中国打赢轿车外观侵权公司。于是就有四环、长城、比亚迪惟妙惟肖的车型模仿秀。经销商甚至为"山寨"车提供外国品牌的换标服务。

随着自主品牌在成长，尤其产品已经开始出口，知识产权的纠纷势必成为障碍，于是，学习当年仰融的做法，堂堂正正地花钱请意大利的设计公司代为设计成为主流。一时间，意大利大大小小设计公司门庭若市，甚至专门雇用中文翻译进行沟通。

但是，不久前我在三亚见到意大利著名设计大师乔治亚罗的儿子，他告诉我，中国人对轿车设计的理解还不够透彻，往往坚持要许多复杂的线条，其实像大众辉腾这样的旗舰车型，也不过三根简洁的线条而已。

应该说，在自主品牌车型开发中，外形和内饰的设计和做工整体都取得了突飞猛进的成长，一年一个样。几年前，一款 QQ 的变型车，在底盘不变的基础上为了扩大车身宽度，竟把横截面作成倒梯形，被媒体称为"最不靠谱的车型设计"，而看看最近的奇瑞 G5 设计，匀称、和谐，已经有了很大跨越。

百川归海，开发中国人自己的轿车，毕竟是一代又一代中国汽车人的共同夙愿；自主开发也并非只有一种模式，也并非自主品牌的一家追求。人们即使是对自主研发的关爱，也不妨平和些，持久些。说到底，中国轿车业的自主开发才刚刚起步，话还不能说得太满。搞运动，大轰大嗡在中国汽车业留下的苦果太多，炒作的热闹过去，企业的路还是要自己走。

不打"悲情牌"，要打"争气牌"

尽管旗下有华晨宝马这样一个国际豪华品牌的合资企业，华晨汽车集团依然心无旁骛地把打造中华轿车自主品牌作为主战场。

华晨自诞生起，就有一种创新机制。在仰融时代，车型开发摒弃了众多自主品牌模仿抄袭起家的套路，集"中国智慧，世界精华"，坚持自主开发，最早具备了高起点的底蕴。华晨被收归辽宁后，成为国企。直到今天，发展道路依然举步维艰。

我曾问过做企业出身，担任过大连市副市长，在 2005 年华晨最艰难的时刻受命担任华晨董事长的祁玉民：在中国，自主品牌产品研发的主要瓶颈在哪里？

祁玉民说，华晨和许多自主品牌一样，一个影响生存的重要因素，就是高成本，低价位，销售利润空间极其有限。比如说，我们采购零部件优中选优，有的是和奥迪的零部件同一供应商，零部件水平相当，但是整车终端售价低，单车的盈利空间就大受挤压。

祁玉民说，自主品牌都很年轻，品牌价值和有几十年甚至上百年历史的国际品牌有很大差距。这一点要有清醒的认识，既要有所作为，又不能指望一蹴而就。华

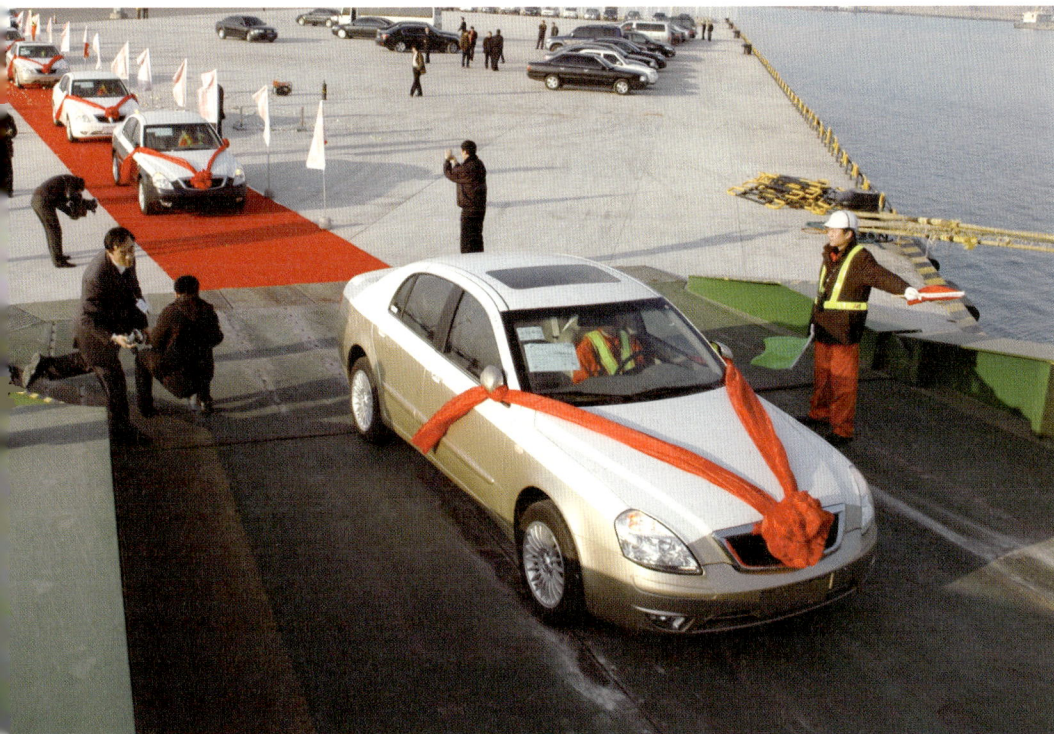

通过欧洲权威机构重新认证的中华轿车装船销往德国市场

晨的一个深切体会是，自主品牌要获得更大的市场份额，就要占领技术和质量标准的制高点，做自主品牌轿车中的精品。尤其一定要跨越欧美的安全环保标准，才能源源不断地走出国门。

2007 年 6 月下旬，万里之外的全德汽车俱乐部（ADAC）传来一则消息，一辆中华尊驰轿车在 ADAC 的安全碰撞试验中，只获得了一星的成绩。并且为了迎合"中国制造就是安全隐患"的那股西方人的偏见，该机构一改单纯技术测评的惯例，在报告中称，中华轿车要达到他们的标准，其距离像"柏林墙到长城那么遥远"。此前华晨已实现在德销售。全德汽车俱乐部是欧洲 NCAP 授权的六大试验室之一，在欧洲普通消费者中具有较高声望。"碰撞门"事件让华晨遭遇空前的信任危机，欧洲一些经销商停止了中华尊驰的销售。"一连几天，我都睡不着。"祁玉民面临着巨大压力。

然而，祁玉民说，华晨不打"悲情牌"，我们要打"争气牌"。承认差距，苦练内功，做争气的企业，造争气的车。公司领导牵头，经过五个月的攻关，对中华轿车做了 50 项技术改进。力求做到三个负责：对欧洲消费者负责；对华晨品牌的声誉负责；对中国制造的荣誉负责。然而，华晨请 ADAC 对改进过的尊驰再做测评，被其以排期的理由推到一年之后。

祁玉民说，再拖一年，中华尊驰就死在德国了，也别想走向欧美。华晨决定，把全面改进后的新车空运到欧洲，请同级别权威机构西班牙 IDLADA 再次做碰撞测试。结果取得评分 20.46 分，达到三星（17—24 分是三星）的好成绩。随后，华晨立即把车送到当年法兰克福车展亮相，并公布了新的测评结果，立刻引起轰动。当年华晨手里的轿车、卡车、面包车的出口订单激增到 58 万辆，报价 56 亿美元。

后来，祁玉民找到第一次尊驰测试的分数——12 分。按 NCAP 的标准，9—16 分应该是二星，而不是一星。很明显，这是一个"乌龙"。祁玉民表示，这不是一个费解的问题，再深究也没有意义了。ADAC 是一个民间机构，代表的是消费者的声音，我们尊重它的结果。

共享"中国轿车平台"

汽车诞生百年来，对人类生产史最大的贡献之一就是"规模化生产"。一个车型短期内连续生产十几万到几十万辆，设计开发、工装模具、生产准备的巨额投入才能摊薄。

然而，在全球汽车生产能力过剩的今天，如果一个厂商一味强调规模效益，无视消费者对于产品个性化的需求，无疑等于自杀。

近年来，为找寻规模化与个性化的平衡点，"平台战略"在全球汽车行业成为共识。"平台"是一套精确的数据要求：相同的长度、宽度，以及相同的悬架，是汽车里面"看不见的部分"。同一平台，扣上不同的外壳，就能从一种车型变换为另一种车型。

比如雪铁龙的多功能车毕加索和两厢车C4尽管外形大相径庭，却属同一平台；"平台战略"甚至可以用在一个集团旗下不同品牌、不同风格的产品中，比如90年代的宝来，以及大众的新甲壳虫、奥迪TT、捷克斯柯达的欧雅、西班牙西亚特的莱昂都同属大众集团的A级车的PQ34平台。变化的主要是外形"看得见的部分"。

2008年秋天，我去冰岛雷克雅未克参加大众高尔夫A6全球媒体试车，因为高尔夫A5属于PQ35平台，作为中国记者，普遍很关心A6是不是采用了大众新的A级车平台。为此大众的技术总监还专门和中国记者交流，刻意淡化了平台，提出了新车开发中的"模块"概念。在其后的两年，在大众新辉腾上市以及和奥迪A1德国试驾的过程中，我们又和大众、奥迪的专家讨论了"平台"和"模块"的关系。

以2010年底在西欧上市的奥迪A1为例。A1小巧时尚，底盘扎实，操控精准，得益于模块化的运用。小型车A1与旗舰A8，尽管外观和尺寸大相径庭，但是都采用同一标准。"平台"是横着走，确定了车型的大小级别；"模块"是纵着走，同一模块在奥迪家族中可跨平台共用。如动力系统、信息娱乐系统、起步停车系统、自动泊车系统。奥迪的基因由此可以自上而下地移植。

早在2002年夏天，在圣巴巴拉——洛杉矶附近的度假胜地——通用汽车公司就举行了一次全球产品研讨会，每天专题会议和试车交叉进行，与会者可以任意选择一辆车上路，科尔维特、凯迪拉克、悍马……而且可以在路上随时调换另一款新车。别克君越的原型车，那时第一次亮相。

通用汽车当时如日中天，保持着全球业界大哥大的地位——着力把规模潜力变成它在全球进取的优势。在研讨会上通用把"平台战略"进一步提升，推出了一种

奥迪 A1——"平台＋模块"技术的结晶

叫做"全球构架"的新体系。

"全球构架"事实上是"平台"概念的延伸，是把呆板的平台通过接口与多变的"模块"相组接。

通用汽车副总裁鲁兹对"构架"作了如下的解释：运用一个基本的中心底盘，同时辅以一系列的前后模块形成的体系。通过模块灵活地与底盘拼接可以形成不同宽度、不同轴距、不同外形、不同动力传动系的平台，在全球规模的汽车设计与生产中表现出比"平台"更大的灵活性和多变性。

"全球汽车构架"像一个魔方，在千变万化中，实现了规模与个性的双赢。中档车 Epsilon 的构架变换出 7 个品牌，13 个车型，年生产量 120 万—140 万辆。它代表了通用产品中的最高生产规模以及跨度最大的品种构架。

当上海通用推出新君威时，许多人说，它是引进欧宝的车型，其实它是与欧宝同一构架上同步开发的上海通用别克车型。

造汽车正从流水线大批量变得像玩儿魔方。无论通用的"构架"，还是大众的"平台＋模块"，在新世纪的汽车开发与制造中都凸显了多重优势：

——多样化。全球消费者能在众多产品中找到自己的所需。

——加快开发速度。由于拥有共同的工艺流程，可以对市场变化做出迅速的反应。由于有了"全球构架"及"平台＋模块"理念的共享优势，一个车型的开发从过去的两三年缩短到半年之内。

——整体提升质量和技术水平。一旦某个模块取得突破，整个产品系列的技术水平和质量都会大幅度提高。

——零件共享和及时运输。减少必须单独生产的零部件和相应的库存。

国外一个平台往往多个车型、多个品牌，甚至是多国企业共用，开发产品的巨额费用摊薄在动辄数百万计的产品上；而中国的自主品牌一个车型几万辆，最多十几万辆，每辆车背负的开发成本之沉重，如何与国际品牌竞争？推动自主研发，要有大举措。中国自主品牌"遍地英雄起四方"的草创时代越早结束越好。首先终结众多自主品牌互不买账，个个要当"山大王"的局面。

我曾撰文提出，既然国家确定，自主创新、自主研发的主体是企业，建议以大集团为龙头，由其他自主品牌企业，用集资入股的市场化办法形成合力，共同开发一个"中国轿车平台"，甚至有从小到大 N 个平台组成的平台系列。然后由不同品牌共享这些成果，用不同的外形和配置，针对细分市场生产不同品牌的不同车型。这一想法，最早是华晨汽车总经理苏强在 2002 年向上汽董事长胡茂元提出的。集中开发，可以先从一个大集团内部做起。一汽旗下有红旗、奔腾、天津夏利、雅森多个自主品牌，车身平台为什么就不能集中开发，实现共赢？

测试中的福特新车装满各种传感器和测试仪器，如同重症监护室

汽车工程学会的新使命

在中国科协下属的一级学会中，中国汽车工程学会无疑是最活跃的组织之一。学会常务副理事长兼秘书长付于武是一位高级工程师，做过厂长、局长，过了"知天命"之年来到这个岗位上。他没有把学会看成是退休之前的安置所，而是凭着一股激情，把推动学会转型做得风生水起。用他的话说，是"用一种国际化、市场化的办法，把学会'经营'起来"。

今天，中国汽车工程学会的目标，是打造一个"汽车科技的沟通平台"。与许多行业学会的墨守成规、坐吃行政经费不同，汽车工程学会拥有一支一百多位工程师和战略研究人员组成的职业化团队。学会下面成立了汽车产业研究院和多个事业部，进行国际竞争力、中国汽车市场和技术创新走势的研究。学会和国务院发展研究中心合作，每年出版一本的《汽车蓝皮书》已经成为最具权威的中国汽车产业发展报告。

在国际交流中，中国汽车工程学会一样活跃。在学会的积极努力下，2010 年11 月，世界电动车大会第 25 届年会在中国深圳举行，规模空前，参展车型、提交论文都是历史上最多的。2012 年，国际汽车工程学会联合会（FISITA）也将在它成立的 64 年后，首次来到中国举行年会。

作为一个非政府的学术组织，中国汽车工程学会利用它的行业影响力，开始着手中国创新"产业联盟"的有益尝试。

付于武秘书长告诉我，学会牵头 12 家"产学研"单位组建了"汽车轻量化技术创新联盟"。其中有东风、一汽、奇瑞、吉利、长安，有华南理工、吉林大学、哈尔滨工大，也有研究院。设定的目标就是通过轻量化材料、设计、制造等途径，用三年时间把选定车型的自重降低 10%。

付于武说，坦率地讲，中国汽车企业多是竞争性关系，共性技术合作是缺乏的。所以，这个联盟，自愿参加，签订合同，共守契约。联盟风险共担、利益共享、知识产权共用，有严格的进入和退出机制。成果数据库对联盟单位开放，更重要的是通过技术规范把研发成果固定下来。以"齿轮钢"规范为例。宝钢的负责人很有感慨：中国有几百个汽车齿轮厂，齿轮厂跟钢厂订货，要求各不一样。如果

"规范统一"这个事做成了，简直就是一次革命。能让中国齿轮钢生产，在成本不变的情况下，产量和技术标准就会大幅度提高。

付于武认为，创新能力赶上发达国家，十年并非就能变成最强，但是能逐步形成中国汽车自己的技术话语权，占据在世界汽车业中应有的位置。

多少年，在世界汽车学术界高层，没有中国工程师的身影。付于武说，2009年10月，经中国汽车工程学会推举，一汽集团副总工程师、技术中心主任李骏博士当选为国际汽车工程学会联合会 2012—2014 年主席。这是中国汽车工程师第一次在亚洲候选人中取代日本人担任这一职务。技术创新的长足进步，让中国工程师和研发人员获得了全球同行的尊重。

三、自主品牌进入"正向研发"

吉利，赵福全和五星熊猫

一个本土自主品牌，如何摒弃"模仿秀"，建立当代汽车自主研发体系，实现"鲤鱼跳龙门"的跨越？一个海归在吉利的故事，也许能够作出诠释。

2006 年，海归赵福全加盟吉利，担任吉利集团副总裁、吉利汽车研究院院长。他带领一支高素质的研发团队，向着李书福"造最安全环保的好车，让吉利汽车跑遍全世界"的新目标，开始了艰难的征程。

赵福全毕业于吉林工业大学汽车系发动机专业。后到日本深造，获广岛大学硕士、博士学位。1994 年他到美国，在大学做研究工作。1997 年进入克莱斯勒，2003 年任研究总监（Research Executive），参与克莱斯勒与欧洲、日本车企的战略合作与高端交流。2004 年，赵福全举家回国，担任华晨主管技术的副总。

赵福全在华晨的工作成效，吸引了李书福。2006 年 4 月，李书福和赵福全在香港机场候机室相遇。两人都是独自出行，从而有时间详谈一番。李书福承诺给他一个"干事业的平台"。让他自由地规划短期、中期和长期的目标，并付诸实践。这种来自集团最高层的信任打动了赵福全。

赵福全来到吉利后做的第一件事，就是和李书福一起到英国，参加收购英国锰铜公司股份的最后谈判；2009 年，吉利成功收购了澳大利亚 DSI 自动变速器厂，赵是吉利第一位带队的高层；举世瞩目的吉利收购沃尔沃案，已经是赵福全参与的第三次大规模海外并购项目，负责主谈最重要也是最难攻克的堡垒——知识产权。

赵福全刚接任吉利汽车研究院院长之际，研究院仅有三百余人，一年所有新车开发项目是个位数，而且质量与进度都不受控制。当时吉利的"老三样"——豪情、美日和优利欧还在市场上苦苦打拼；而"新三样"中自由舰刚刚打开局面，金刚和远景也才上市不久。吉利后续车型的开发任务非常紧迫。

吉利原本就不强的技术力量十分分散，有临海、上海和济南三家研究院。为此，赵福全接管吉利研发之后开展的第一项重要工作，就是"统一六国"，整合技术体系。

以前由不同基地开发的远景、金刚和自由舰，虽然都是吉利产品，但各自的数模竟不相同，以至于彼此技术交流还需要"翻译"图纸。经过整合，技术语言——图纸、标准等——终于统一。另一方面，所有的设计权限只赋予吉利汽车研究院，研发人员和资源都集中到浙江临海，在短时间内凝聚起了强大的合力。深知基础工作重要性的赵福全，在入主吉利研究院的三年里，组织编印了 21 册 174 万字的《吉利汽车技术手册》、17 卷 27 册的《吉利汽车设计和试验标准汇编》，以及 6 卷 52 册的《吉利产品开发流程》。

2006 年李书福宣布吉利的发展目标是"到 2015 年达到年产销 200 万辆"。赵福全加盟后，曾问李书福，这 200 万辆的目标是实的还是虚的？李回答，当然是实的。赵福全根据经验与惯例，算了一笔账。一款车型的平均年销量为 2 万—8 万辆，因此 200 万辆的年销量至少需要 40 款车型的支撑。

赵福全因此推出了整车 5 大技术平台、15 个产品平台，总计 40 多款车型产品的总体规划，以此支撑 200 万辆的产销目标。在这个规划中赵福全第一次把自己对大众和丰田车型平台的理解融入其中，并形成了自己独到见解的平台理论。

赵福全说，按照隐性化设计原则，也就是新车"看不见的地方都一样，看得见的地方都不一样"，在全力推进通用化的同时，确保产品具有足够的差异化，以满足不同的消费群体需要。同一平台的通用，避免了重新开发，减少了质量问题出现的几率，节省了新的模具等制造装备的投入，从而节省了开发时间，降低了开发、采购及产品维护成本，提高了产品质量。

吉利汽车研究院院长赵福全打造的不仅仅是几款新车，而且是一个持续有效的开发体系和开发团队

吉利专门成立了通用化科，按照"通用的是产品，不通用的是问题"的硬性要求，对通用化指标进行严格考核。例如帝豪品牌下的 EC7 两厢版与三厢版是两款造型完全不同的车型，但是它们却有 80% 多的通用化率。赵福全告诉我，在吉利主流平台上，针对不同细分市场，已经开发出两厢、三厢、SUV、厢式车、轿跑车、旅行车等多达 11 种功能和外形完全不同的车型。

传统动力总成方面，吉利从 1.0 升到 2.4 升全系列 GeTec 发动机系列的十余款机型均已接近开发完成；这些机型性能先进，均可直接满足欧 V 排放标准，将在未来两年内爆发性量产。其中最值得一提的是涡轮增压 1.3T 发动机，兼具 1.3 升的油耗和至少 1.8 升的动力，将成为吉利未来的主力发动机。同时在研发的还有高效的 7 速双离合器变速器，这在国内目前是第一家也是唯一一家。这些产品将保证未来十到十五年，吉利在传统动力总成方面不会有任何问题。

开吉利车要有"一不怕苦，二不怕死"的精神，曾经是人们对吉利轿车安全的担忧。赵福全刚刚加盟吉利时，自由舰首次参加 C-NCAP 碰撞测试，只取得了两星成绩。当时的研究院只有两个工程师兼职负责安全项目，一人负责安全带，另一人负责气囊。虽然自由舰是赵福全来吉利之前的车型，但其两星的成绩也让他感到非常尴尬，他对媒体说：我一定要把吉利汽车的安全性能搞上去。

短短的两三年间，赵福全兑现了自己的承诺：2008 年远景在 C-NCAP 测试中成为第一款自主品牌四星级轿车；2009 年 9 月吉利熊猫又以 45.3 分获得五星级评价，成为自主品牌最安全的经济型轿车。

A00 级别的小车也能取得五星成绩，标志着吉利在集成安全技术方面取得了突破性的进步。2007 年上海车展，赵福全宣布吉利未来所有车型至少达到 C-NCAP 四星标准，其中 80% 的车型将实现五星。"许愿容易还愿难，当时我还是有些担心。"赵福全略带调侃地说，"但现在熊猫这样小的车我们也能拿到五星，相信没人再怀疑我能兑现自己的承诺了。"安全成了吉利的卖点。

在吉利建立起一个具有自主研发"造血功能"的技术体系，打造出了一支实力强大的自主研发团队。"技术是根，管理是魂"是赵福全一贯秉承的理念。吉利研究院目前也不过 1400 人，仅在 2009 年就承担了包括 26 项整车、13 项动力总成开发等 95 个研发项目，推出了 EC7、EC7-RV、中国龙、熊猫自动挡等多款车型，其中的精髓就是以具体化的绩效考核保障矩阵管理的效能发挥至最大，从而实现有限资源的最大化利用。

2009 年，吉利的"技术体系创新工程"荣获了国家科技进步二等奖（一等奖空缺）。在全国五百多万家企业中，这项面向企业设立的国家最高科技奖项目前仅授予过 12 家。

长城，每天进步一点点

长城汽车，位于河北保定的一家自主品牌，从当年做皮卡起家，后来在低端SUV 作出了名气。2008 年前后和力帆、江淮等企业千辛万苦地通过层层审批，成为第二批获得轿车生产资格的企业，产品上了轿车目录的自主品牌。

长城这两年主打精品小车，新产品脱离了当年"山寨"SUV 时的粗笨，新车做得精巧可人。我十分欣赏长城的一句口号"每天进步一点点"。就是这样不求大，不求快，能够明智地转向坚持走技术发展路线，脚踏实地，日积月累，让长城有了今天的辉煌。

为了达到轿车生产资格的技术和资金门槛，长城在研发硬件投入上可谓不惜血本。从 2004 年到 2007 年，为了上轿车就投入资金 28 亿元，今天，在长城的研究院、动力总成和整车生产线，许多测试设备和加工设备在国内都属于先进水平，与一些合资企业不相上下。

资深汽车媒体人吴迎秋曾经感慨地谈道：尤其在汽车的安全方面，长城的碰撞实验室可以说在中国汽车业首屈一指，投入非常大，仅一套"假人"就要 10 万美元。没有跨国公司的援助和血统，完全靠自己做，这种投入，这种坚持，实在难能可贵。

从做皮卡开始，长城就一直是国内出口大户，曾经连续多年保持中国汽车出口数量、出口金额第一。长城有国际市场的质量意识，轿车起步就拿国际标准来衡量，对质量的重视已经融入整个企业文化当中。2009 年 9 月，长城旗下的四款产品——炫丽、酷熊、哈弗 5、风骏 5 通过了欧盟 WTA 整车形式认证，意味着长城汽车获得了在欧盟国家的自由销售权。获得这一认证，需要在安全性能、排放等方面达到相当的水平。WTA 苛刻的技术要求，曾让一些国内车企知难而退，像长城这样坚持到底，并最终通过认证的，据说目前还是唯一一家。

此外，长城是一家很能沉得住气的企业，这或许和长城的企业文化有关——以稳健见长，在国内许多厂商大举扩张，四处圈地建厂的时候，长城一直小心谨慎地控制着规模。

四、海派汽车"火候"到了

上海，轿车百年

说起培育汽车自主研发能力，大可不必妄自菲薄，改革开放以来，上海的汽车发展为什么后来居上，根深才能叶茂，"海派汽车"的根基不可小视。

"海派"一词缘于清末画家任伯年、吴昌硕的"海上画派"。他们是中国文人画向市场转化的鼻祖。其后"海派"扩大成为上海本土文化，乃至商业文化的概括。

上海，本身就是一部完整的中国汽车百年史。

这里曾是远东轿车保有量最多的都市，老上海曾有"万国汽车博览会"之称，留下开放、时尚、追求技术精湛、品质高端的汽车基因。

1901 年（清光绪二十七年），匈牙利人李恩时运入两辆奥斯莫比轿车，是上海有汽车之始。1911 年辛亥革命前夜，上海工部局已给 217 辆各类汽车发出执照。

作为民族汽车工业的雏形，1912 年（民国元年）机工出身的应宝兴在云南北路创办宝昌号，并在 1918 年制造出第一只雪佛兰铸铁活塞；1921 年，王德茂以 500 银元为资本，在威海卫路开设王德记钢铁号，从事汽车车灯、汽缸垫等修理业务，成为今天上海小糸车灯有限公司前身；1925 年，车工出身的郑才宝集资 1000 元，在宁波路开设郑兴泰钢铁机器号，制造简易汽车配件、汽车齿轮，也是今天上海汽车齿轮厂的渊源。

30 年代，民族资本逐渐强大，上海汽车的研制也上了一个新台阶。1936 年，上海新中工程公司对进口柴油机进行测绘，试制出中国第一台柴油汽车发动机，并装车进行了试验。同年，仲明机器公司试制成第一辆煤气发生炉汽车，定名为仲明燃炭汽车。1937 年 1 月，中国汽车制造公司设立上海分厂，占地 30 亩，组装成奔驰中国号 2.5 吨柴油汽车。

到了 1947 年，全上海共有各种汽车 26.8 万辆，是 1949 年北京汽车保有量的五倍多。

解放后，上海的汽车零部件工业为朝鲜战争，为一汽、二汽的建设提供了技术、配套和人才支持。1958 年 9 月 28 日在上海诞生的"凤凰"，是新中国自主开发的第一代轿车，其后更名为上海牌，一度是中国唯一的量产轿车。鲜为人知的是，即使在"文革"中的混乱局面里，上海还曾自主研发出国际汽车发动机另类技术的转子发动机，搭载于 2 吨汽车上，曾有 150 辆的规模。

改革开放后，1985 年成立的上海大众，是中国最早一代汽车合资企业。其最大的贡献，就是坚持德国大众的高标准，使中国汽车标准体系跨越了 30 年。90 年代末建立的上海通用，又带来当代汽车市场化操作的全套模式：网络、品牌、公关、服务、二手车，从单纯的制造进而形成价值链的体系竞争力。

到 2011 年，汽车登陆上海整整 110 年。百年历史沉淀造就了上海汽车的"海派"内涵：开放、市场化、讲诚信；精工细作、品质上乘；兼收并蓄，善做中西桥梁。"海派汽车"文化是一种建立在深厚底蕴上的广博与自信。

这种风格的包容性让中国的合资企业、自主品牌在上海这片沃土上都能茁壮生长；同时顽强的本土化风格也给哪怕最强的合作伙伴打上"海派"印记。无论上海大众，还是上海通用，都是中外双方沟通得最好，双方话语权最接近平等的汽车合资企业。

百年海派轿车文化的积淀，不但让上海成为中国轿车制造业的中坚，也让上海成为最早起步、最具功底的轿车研发创新基地。这一点，尽管主管部门和媒体并未充分关注，但是跨国公司已经将其视为一支不可多得的合作力量。

上海大众研发中心1：油泥模型是外形设计的真实体现

上海大众研发中心2：台架试验模拟各种复杂路况的行驶

上海大众，自主开发的"破冰者"

早在90年代末，上海大众的自主开发就扎扎实实开始起步，开创了中国轿车自主开发的先河。

1997年，上海大众投资三十多亿元，在中国汽车合资企业中建立了第一个技术研发中心；耗时四年，建成当时国内唯一，也是亚洲最大的专业轿车试车场。到目前，上海大众已基本具备了德国大众的开发标准和流程，开展车身开发，

上海大众研发中心3：噪声实验室

获得 2011 年必比登新能源车大赛第三名的上海牌氢燃料电池车在柏林勃兰登堡门前参加展示

电器、底盘、驱动传动系统与整车匹配开发的能力。

从 1998 年起，为了获得轿车开发能力，上海大众先后派出两批年轻有为的工程师和技术人员到德国进行"开发全过程培训"。

在上海大众研发中心，继成功开发帕萨特领驭之后，朗逸早在 2004 年就开始市场调研，2005 年立项开发。我曾两度采访当时秘而不宣的开发进程，发现开发团队中绝大多数都是在德国大众经过培训实习的中国年轻科技人员。

朗逸，是上海大众中方主导开发的一款成功车型。最大特点在于外形设计的流畅、和谐、一气呵成。既不是大众某车型的改头换面，更不是多个车型局部的大拼盘。后来试驾朗逸，发现同样的流畅也贯穿在扎实的底盘、准确的操控和黄金组合的动力总成上。

2007 年 7 月，上海大众和德国大众低调发布声明，合作开发基于大众新一代 B 级车平台上的新车 NMS，面向北美和中国市场销售。

上海大众总经理张海亮，当时是主管开发的产品工程部经理，谈起上海大众用四年时间打造这款高端车的初衷。他告诉我：过去，帕萨特在美国市场卖得并不好，大众看中上海合作伙伴对于新兴大市场的理解和开发能力，决定和上海大众共同打造一款面向亚洲和北美市场的 B 级车。当时大众同时开发两款车型，一个是大众自己的帕萨特 B7，一个是以上海大众为主导的 NMS（英文，新的中级车）。

张海亮说，NMS 选择大众最新的平台 + 模块，拥有全球最新的技术。我们根据中美两个市场的需求的调研结果，决定把车型加长、加宽。尤其底盘加宽技术难度很大。我们组织了两个团队，一个研究底盘的改进，大众的工程师牵头；一个进行外形和内饰的设计开发，完全以中方为主导。于是在新平台的基础上，NMS 和 B7 的底盘和车身都是各自开发，最后的设计定型在德国认可。说来有趣，大众的高层和主造型师一次次审查设计时，对 NMS 的外形更加满意，倒是 B7 的设计比对 NMS 作了许多改进。

NMS 是一个完美之作，在中国称作"新一代帕萨特"。2011 年 4 月 17 日在上海世博中国馆隆重发布，将在上海大众南京工厂投产。媒体称，"新一代帕萨特"以其 8 项全新技术 20 个亮点，拥有挑战市场上所有对手的实力。

二十多年的合资合作，上海大众的开发团队已经谙熟大众汽车先进开发体系，如同一位书法家，通过多年苦练，终于把名家碑帖的精髓了然于胸，达到融会贯通，自成一家的境界。这正是朗逸、NMS 和任何一款从国外设计公司买进的设计的根本不同之处。尤其 NMS 的成功，让经过 30 年历练的上海大众成为一家具有开发全球化车型能力的企业。

2011 年 4 月 14 日，上汽和大众在沃尔夫斯堡签署协议，双方将共同支持上海大众基于德国大众最先进平台及发动机技术，面向中国市场开发一款 C 级别的高端轿车。这一车型将成为全球大众品牌产品中首款 C 级别的高端产品。

新赛欧为何还挂"蝴蝶结"

成立于世纪之交的上海通用，按规划本来以中高端车型为主打，但是在 2000 年底推出一款在南美欧宝可赛基础上改进的小型车赛欧。随后十年，家轿已是中国轿车市场占八成的主流，总保有量已逾 2000 万辆。尤其小型车领域，本土品牌，合资企业，车型不胜枚举，竞争如火如荼。

2009 年秋，在上海泛亚研发中心，见到了全新开发尚未面世的雪佛兰新赛欧。一辆黄色一辆蓝色，三厢和两厢两种车型。分别搭载 1.4 升和 1.2 升发动机，外形设计灵动，内饰做工精细。车身是拥有完全自主产权的 SII 平台。车头是雪佛兰的"金领结"商标。

新赛欧的开发，与一般合资企业，甚至自主品牌当下的新车开发不同。底盘、发动机、外饰，都是由上海通用和泛亚研发中心开发。超越了中国轿车业十年开发历程中"模仿秀"、"造型外包"、在别人平台上做"改进性设计"等一个个台阶。攀上了国内自主研发的最新高度。且新赛欧的设计完全按照通用汽车设计的流程、规范，在性能、质量上达到雪佛兰的全球标准，能够纳入雪佛兰全球网络销售。

新赛欧开发历时四年，可谓励精图治。车型小巧灵秀的新赛欧竟有一支 500 人的庞大开发团队，全部是具备丰富项目经验的中国工程师，覆盖整个业务链。团队中，平台执行总监张立人从业 40 年，是中国汽车业资深权威，领衔过君威、君越、GL8 等重大开发项目；团队核心成员也有多年开发经历，是平台、发动机、外形设计、制造过程方面的专家。

上海通用总裁丁磊很有棋高一着的战略眼光。他和我说，我现在不认为我们

新赛欧走出一条自主研发的道路，为广大中国老百姓提供一辆完全达到国际名牌标准而价格便宜的车型

是美系公司，我们是立足于中国本土，能够整合世界优势资源的一个有生命力的公司。不管风云变幻，我们前进、突破，追求不断适应市场需求的能力。开一句玩笑，中国有 56 个民族，我们的开发团队自诩为第 57 族，叫"不满族（足）"，总有新的目标在前头。

我问丁磊：上海通用今年的新产品新君威、新君越、克鲁兹个个卖得十分火爆，为什么要在利润空间很薄的小型车上大试拳脚？丁磊回答说：出于我们的基盘战略。小型车是中国车市最量大面广的车型，坐稳这个市场，才有上海通用今后的可持续性增长。

低成本，一直是本土品牌的长项。在六七万元以下的低端车，几乎没有合资品牌敢于染指。丁磊却不以为然：一百年汽车发展的规律证明一点，成本控制来自规模效应。上海通用的原材料、零部件都是国际一流标准，不能打折扣，但是采购 100 万套零部件肯定比采购 10 万套便宜得多，这是对比小批量车型的优势；而完全自主开发，无须支付技术转让费、品牌使用费，成本又比一般合资企业更具竞争力。

　　既然是自主开发，何不也在合资企业中再创个自主品牌？丁磊说，做企业要从市场实际出发。当然也可以叫个雪莱自主品牌，但是对比百年名牌雪佛兰，市场更欢迎哪个？新赛欧的追求是要打造一款按照国际开发流程、达到国际质量，老百姓能够承担得起的好车。挂雪佛兰品牌，就要让更多年轻人花费不多，也能享受到国际大品牌轿车的质量与服务。

　　虽然在合资企业中再创建一个自主品牌，和上海通用掌握了自主开发能力，反而借用国际品牌，各有各的道理。但是我更对上海通用的能力和境界感到钦佩。

　　至于出口，上汽和通用已经拟定共同把新赛欧推向印度轿车市场的具体计划，不久即可初见端倪。

　　上海通用当初由中美双方共同出资 15 亿美元。投产十年来，光是在中国上缴的税赋就高达 1000 亿元！上海通用已成为中国最富有活力的轿车企业。一个最具说服力的事实是：2009 年通用被奥巴马总统宣布破产，上海通用非但没有被其拖垮，当年销量反而大增近八成。美国新通用重组后的一个重要机构设置，就是将其国际部迁往上海。表现出对于上海，对"海派汽车"的敬意和期望。

　　我常常想，美国通用当年进入中国把沈阳作为第一个落脚点，结果赔了个"底儿掉"。如果不是后来在上海另起炉灶寻求合作伙伴，通用哪能有今天在中国的辉煌？"海派汽车"的生命力和整合创新能力就在于此。汽车产品的竞争，说到底是品牌背后汽车文化的竞争。形成自主开发能力不仅仅是一个口号，对于有关部门和学者来说，"海派汽车"现象不是个很有趣的研究课题吗？

范安德，大众的回归

　　范安德，大众中国投资公司总裁兼
CEO。浅色头发，身材强悍，浑身洋溢
着一股猛打猛冲的气场。一周两个早晨，
上班前他会带一帮年轻人在公司后面的
英国学校踢足球。球踢得很激烈，一次
他的腿部肌腱被部下铲伤，只能挂着根
拐杖上班、出差。

我是个不服输的人

　　出生于1957年的范安德是个硬汉，
一个强势人物，无论两个中国合资伙伴，
还是他的部下，都曾经怕他、恨他、背后
骂他，被他裹挟着往前走。但是当他五年
任期结束的时候，人们看到的是一个从 V
字峡谷底部冲向顶峰的大众中国。

　　当他离任的时候，北京、上海、长
春，都为他举办了隆重的告别晚会，有香
槟、有焰火，挂在人们脸上的是成功的喜
悦、是依依惜别之情。

　　而2005年范安德来到北京的时候，

大众这艘大船，在中国的航道里正走得有些艰难。范安德上任不久，与我和三五位媒体同行交流，我直言道：90年代大众独占市场半壁江山之后，自诩常胜将军。当时大众在中国车型大多老旧，却无视价格竞争，以为在中国买车的都是有钱人。面对中国入世后的市场井喷，大众决策流程长而缓慢，两个合资企业各行其是，在成本控制、市场销售方面，被来势凶猛的美国和日韩对手追得喘不过气来。

对于我的批评，范安德回应说：你说的还很客气。看到大众在中国的市场份额从当年的50%到今天的17%，我心里很难受。卡洛斯·戈恩在日产取得成功在于用三年降了20%的成本，这个时间是必要的。但是，我们对一汽大众、上海大众降低成本的要求还要高。我来中国后，已经和一汽、上汽的领导人交流，共同拿出办法，争取在短期止住下滑，让份额与市场同步增长。这需要从思维方式到行动的改变，每个部门、每个工序都要参与。我已经把大家集中在一起，50位德国工程师，150个中国工程师。从早到晚，一个个零件讨论了一个星期，确定降低成本的方案。

不久，范安德推出大众在中国著名的"奥林匹克计划"。其中一个标志性目标，是到2008年底达到降低成本40%的总目标。此外，每年要推出10—12种新产品，在2008年后，使大众成为最有竞争力的品牌；大众在中国生产的产品，国产化要达到80%以上；范安德对我说，我是个不服输的人，为了保持大众的领军地位，会不惜一切代价。但是大众在质量标准上一毫米也不会降。

到了第二年，大众在整个中国市场的销售增长了24.3%，刷新了大众进入中国22年以来的纪录。

"T时代"功不可没

其后"动力总成战略"、"2018战略"、"南方战略"接连出台，而且都取得了实实在在的成效。在范安德五年的任期里，大众在中国的销量翻了一番多，2009年达到了140万辆，市场份额始终稳定在18%左右，保持了领先地位，而且利润也大幅增长。

特别值得一提的是"动力总成战略"，德系车注重安全，车身重，油耗长期高于日系车，范安德决心让大众车在中国打一个节能减排的翻身仗，实现2010年全部车型平均油耗和排放降低20%的目标。在范安德对沃尔夫斯堡锲而不舍的力争下，德国大众把全球最先进的涡轮增压和缸内直喷发动机（TFSI）、双离合变速箱（DSG）技术引进中国。为使新动力总成立足国产，大众迅速在大连和上海建设TFSI 和 DSG 工厂。2010 年 5 月，大连年产 15 万台的 DSG 工厂启动，仅仅两个月之后，范安德就拍板把工厂分两期扩建为 60 万台。

范安德给中国轿车业带来一个"T"世代，在动力总成方面树立了一根技术标杆，让对手们不得不咬牙跟进。此外，这一战略还包括推广发动机小型化、大众BlueMotion 清洁能源等，从技术上保证了油耗和排放到 2010 年前大幅度下降 20%。

和一般按部就班遵循程序办事的德国人不同，范安德有一种不达目的绝不罢休的执著，为了争取新技术和车型资源，他会回到沃尔夫斯堡大声疾呼，执意争取；为了一个车型的引进，他又会调动一切人脉说服合资企业的中方决策者。他的用意好，眼光独特，执意推荐的车型无一不在中国市场热卖。

如何评价范安德的个人作用？一个参照是，大众在美国的新工厂生产的车型，还都没有采用缸内直喷和双离合等先进技术。

五年前，大多数中国消费者更青睐日系车，丰田、本田的精细内饰，稳定的质量，低油耗，是他们的首选；而今天，大众为代表的德系车，技术领先起码 10 年，造车工艺一丝不苟，节油与安全技术领先，已经成为车迷广泛的共识。

大众在中国品牌的回归，范安德功不可没。

背地里叫他"法老"

范安德的德语读音更接近"法兰德"，一开始公司里的中国雇员私下叫他"老法"，日子久了，背地里大家都叫他"法老"，古埃及国王的称谓。

范安德从不按部就班地过平静日子。他很有远见，头脑里想的不是一年两年，而是十年二十年；然而他又很注重细节，比如，每天都要看前一天大众在中国的销售报表。

大众中国投资公司副总裁杨美虹曾经参与了"大众中国 2018 战略"的制订，感受颇深。她告诉我，长远规划在范安德眼里绝不是大而化之的事。他要主持各部门开很多会，分解指标。为完成战略目标，要更新设备、调整生产流程、制定产品规划、网络建设、人员培训。事先让她一个一个部门地去协调，会上，有问题，他亲自帮你解决，每个细节都经过梳理。分解的目标定下来，然后要求与会者签字，签一个出去一个。这样，长远战略就和大众每个部门的日常工作息息相关，签过字的感觉就是不一样。

范安德的思维节奏很快，他的下属们要跟上他，很不容易，像一辆开得很快的车，你跟不上就被拽着走，跟他一起工作的人，没有一个不累的。你要对情况很熟悉，对问题能拿出对策，做不到这些，他就会很生气。跟他开会，比如"产品封闭会"，找一个酒店集中住下，沃尔夫斯堡总部、中方伙伴都要参加。问题没有找到解决方案，谁也别想走。但是这种高强度的"运动"，时间长了，适应了，你会提高很快。杨美虹曾是大众中国的公关总监，范安德经常通知她参加业务范围以外的会，杨美虹一开始感到不解，后来逐渐明白，范安德希望身边的人都能够更多地掌握情况，融会贯通，以便理解和帮助他作出决策。

"我的孩子们"

但是范安德并不是一个听不进意见的人。关于两个合资企业差异化的建议，最早就是我提出来的。记得 2005 年范安德刚任大众中国 CEO 不久，我们谈到两个合资伙伴。我说，一汽有严谨的造车传统，一汽大众能够造出原汁原味的大众车；而上海大众更理解本土市场元素，精于本土开发。我当时专门提及我的"海派汽车"理念，我说，任何一个外国汽车来到上海，无论大众还是通用，无论生产还是营销，都会被打上"海派"的烙印。

作为一个初来乍到的外国人，当时范安德很难了解近百年来，上海工业品在中国市场的丰厚文化积淀和口碑。他当时说，都是合作伙伴，大众应该一视同仁。可是过了不久，他再和媒体交流，已经正式表述两个伙伴的"差异化"定位。

本土化开发，在范安德任内做得最实在。在"奥林匹克计划"中就确定，在合资企业设立开发机构将发挥作用，所有新产品，一半在中国开发。

2008 年，一个春风拂面的傍晚，范安德借用他居住的小区会所，邀请两个合资企业的中方管理层和少数几位媒体朋友，参观以合资企业为主体开发的两款大众新车，朗逸和新宝来。范安德亲切地把两款新车称为"我的孩子们"。

　　大众是最早在合资企业中推动本土化技术开发的国际汽车厂商：从90年代初的桑塔纳2000，到其后捷达轿车的一次次换型；世纪之交，上海大众又建立了汽车合资企业中第一个轿车研发机构，曾经开发过概念车"哪吒"。上海大众和一汽大众与大众集团共同开发的朗逸和新宝来，同是源自大众成功的PQ34平台，两个车型却有明显的差异化追求，新宝来侧重原汁原味的德国大众豪放硬派的风格；朗逸更追求海派汽车细腻柔美人性化的内涵。

　　范安德端着一杯香槟把我拉到一旁，问我更喜欢哪款车的外形设计。我说：朗逸，它的设计既是大众的，又把中国人的汽车审美融会贯通。我问：你喜欢哪辆车？他说：新宝来。我笑着说，看来，德国人还是喜欢原汁原味的大众。

斯柯达将是新的骄傲

　　大众是一个多品牌的汽车集团，旗下既有布加迪、兰博基尼、本特利、奥迪等顶级品牌和豪华品牌；又有大众、斯柯达、西亚特这样的量产车品牌。正是范安德，把斯柯达带到中国，成为上海大众的又一颗陡然上升的新星。

　　有一次，在三亚一个椰林环抱的酒店。范安德告诉我，正是在这里，世纪之初他曾经和上海大众的陈志鑫进行谈判，当时他还是斯柯达的副总裁，谈了两天没有突破。陈志鑫就建议到楼上的敞厅去谈，那里面向大海，眼前一片豁亮。双方终于达成了在上海大众合作生产斯柯达轿车的协议。

　　有趣的是，范安德离开中国的下一个岗位是斯柯达董事长。范安德一去，就把斯柯达搞了个"底儿朝天"。不但产品规划重新来过，就连斯柯达LOGO的图案和颜色都改了。这才是范安德。

　　斯柯达让他和中国又将保持密切联系。2010年12月，范安德来到上海，和上海大众新任总经理张海亮联合会见媒体，宣布了斯柯达的中国新战略和新车投产安排。他很自豪，斯柯达进入中国三年来，每年都以60%以上的速度增长，中国已成为斯柯达全球最大的市场。夏天的时候，我曾到俄罗斯的贝加尔湖试驾了斯柯达的SUV耶替（Yeti），这是一款充满越野乐趣的车。在巴黎车展我见到范安德，向他建议说，应该把耶替尽快引进中国，并且千万不要加长。会上范安德宣布耶替将在 2003 年在上海大众投产。但是我听张海亮说，中方认为，耶替加长更合乎中国国情。

　　见面会结束，范安德走过来对我说，李，明年请你来斯柯达，我要让你看看斯柯达还没有向外人展示的新车型。

　　我期待着这一天。

第十章

兼并重组没有温情

　　2003 年底，中央电视台"经济年度人物"评选，我发现，候选名单中竟然没有汽车界人士。一直担任评委的我表示质疑，并提议增补东风汽车集团总经理苗圩作为候选人。我提出：是年东风与日产的整体合资，是中国央企最大的重组举动；带领东风走出困境的苗圩无疑是一个"企业再造"的高手，入选年度人物当之无愧。评委会采纳了我的建议，苗圩不但增选为候选人，而且顺利当选为 2003 年中央电视台"经济年度人物"之一。

　　认识苗圩，是在 90 年代初。后来苗圩随吕福源从中汽总公司到机械部任汽车司副司长，出差、开会常常见面。尤其对中国汽车发展道路的看法一致让我们成为朋友。当时我策划一档电视汽车栏目，常常请他作点评，都是"急茬儿"，有时他正拿上饭碗要去食堂了，被我堵住，在摄像机前讲一番，观点犀利，流畅，无须重录。

　　2003 年 7 月，在苗圩和日产汽车总裁戈恩的共同主持下，东风和日产汽车合资的东风汽车有限公司成立，开展卡车、轿车、零部件等领域的全面合作。东风与日产的整体合资成为中国汽车业规模最大、产品型谱最广、合作层次最深、涉及员工最多的一宗合资案例。

一、为了走出困境

"天一重组"，对接丰田序幕

兼并重组，是 30 年来中国汽车业一个永恒的、而又进展艰难的话题。

早在 80 年代，中国汽车"散乱差"的格局就备受诟病。全球最多的汽车整车厂，全年的总产量，却不如跨国公司一条生产线的产量，曾经是这种格局的最具讽刺的写照。然而，企业分属中央、地方、不同部门；各有国有、合资、民营不同背景，条块分割，利益纠葛，尤其地方税收、产值的压力，更让跨地区的兼并重组障碍重重。

汽车产业的兼并重组从来都不是孤立的，它是在全球化浪潮下的一个组成部分。全球汽车业的兼并重组的推动力，一个是技术，一个是市场，再一个就是成本。

说到技术，中国汽车业最早从 80 年代开始，通过国有企业和跨国公司合资经营的方式起步，就是为了能够看到、学到、拿到国际先进汽车制造技术；说到市场，全球汽车业一个世纪以来的重心的东移，本身就是一个追逐市场的过程；至于说到成本，汽车业与生俱来的一大特点是靠规模化生存，因此成本就如同一双无形的手在起作用。开发一款车的费用全世界相差无几，但是一个车型年产一万辆，还是一百万辆，设计、制造、零部件成本的分摊可就是天差地别。

世纪之交，跨国公司之间的兼并与重组，成为全球汽车业的主旋律——赢家动辄斥资上百亿美元，弹指之间吞噬一批昔日明星企业，没有丝毫的客套与温情。美国第三大汽车厂商——克莱斯勒被德国戴姆勒兼并；英国汽车业的皇冠——劳斯莱斯竟被大众和宝马横切一刀，分别买下曼彻斯特的工厂和商标使用权；法国雷诺兼并日产后，派到日产的总经理戈恩扭亏的杀手锏就是砸烂终身雇用制，大刀阔斧地裁员。随着加入 WTO，全球化的兼并重组之风终于吹到中国汽车产业来。

加入世贸组织后，中国的整车厂依然有一百多家。多数痛感竞争乏力，经营每况愈下，巨额亏损让一些汽车企业从"摇钱树"变成地方财政的沉重包袱，为了摆脱困境，中国汽车企业的兼并重组，终于迈出了艰难的"第一步"。

经过一段时间的扑朔迷离，备受关注的"一汽天汽联合重组"，终于在政府机构主导下浮出水面。中国"入世"半年后的 2002 年 6 月 14 日，一汽集团与天汽集团在人民大会堂正式签署了重组协议，一汽集团受让了原由天汽集团持有的天津夏利 50.98% 的股份，并对公司拥有控股权。重组后的新公司——天津一汽夏利汽车股份有限公司正式并入一汽体系。

"天一重组"的实质是中国汽车的龙头老大——一汽集团通过收购和国有资产划拨，对经营状况不佳的天汽集团属下的优质资产——天津夏利和华利两家汽车公司实行控股，并承担其巨额债务。

对于天汽来说，这是一次绝处逢生的机会。当时，天汽集团已陷入经营泥潭，曾经火爆一时的小型车夏利的月销量一度甚至跌到区区几百辆；而中国汽车"头生子"一汽集团刚刚被上汽集团所超越，失去了稳坐了近十年的国内汽车产销冠军宝座；双方的重组，不仅能让创立自主品牌举步维艰的一汽填补空白，获得自主品牌经济型轿车的一大块资源；还能帮天汽走出困境。而天一重组的更深层次内涵，还在于拉开一次国际对接的序幕。

购买夏利 50.98% 的股份和偿付债务一共需要多少资金？当时天一双方都秘而不宣，但是可以相信，这笔钱在当时的中国汽车业绝对算得上一个天文数字。然而在官方宣扬的"强强联合"背后，一汽集团还有更深层抉择：重金购得一张登上"丰田号"巨轮的船票，为做大做强赢得主动。

在北京人民大会堂举行的签约仪式上，天汽的合资伙伴丰田公司的高层代表不动声色地稳稳坐在后排。事后，丰田中国的首席代表，"中国通"服部先生透露，他曾主动做了天一重组的牵线人。

世界汽车业重组后的"6 + 3"中，六大集团的年产量都在 400 万辆以上，最多的有 870 多万辆。相比之下，中国汽车业的"三大"集团——当时生产能力 40 万辆上下的一汽、东风、上汽都成了"小儿科"。加入世贸组织后，中国汽车企业靠单打独斗，一旦大风大浪袭来恐怕难逃覆没的命运。

在这种背景下，一汽只有大众一家合资伙伴不但显得势单力薄，更少了回旋余地，而已经与天汽合资却颇感实力悬殊的丰田也频频向一汽暗送秋波，"天一重组"也就在这样的背景下获得成功。

一汽总经理竺延风和天汽董事长张世堂、总经理林引都有不拘泥眼下得失的长远战略眼光，使"天一重组"造就了一个双赢的结果。通过"天一重组"，一汽不仅一举进入经济型轿车领域,在销量和利润上均得到了有力的支撑,还顺利借路实现了与丰田的合资,最终于 2004 年成为国内首家年产销量超过百万辆的汽车企业集团。

处境艰难的天津夏利也因"天一重组"获得了重生的机会。一汽派出年富力强的许宪平担任天津一汽总经理,原夏利总经理田聪明,重组后转任天津一汽主抓营销的副总经理。新班子通过输入人才、强化管理等措施激活夏利品牌,销量快速提升。重组第二年,夏利就扭亏为盈。 2005 年,夏利成为第一个年销量突破 20 万辆的自主品牌车企,打破了合资品牌占据单一品牌销售排行榜首位的惯例。

不过好景不长,令我感到有些心酸的是,到 2009 年底,天津一汽推出夏利 N5 作为"复兴之战"的新产品,夏利车头还是被换上了一汽的同一车标。中国百姓最早的耳熟能详的夏利车标被弃而不用。当年火爆一时的夏利创新研发进展缓慢,在竞争激励的小型车市场面临被"边缘化"的窘境。夏利不但无法和其他自主品牌的创新步伐比肩,也远远低于一汽嫡系车型的换代速度,相比其他从事经济型轿车业务的比亚迪、吉利和长安铃木三家企业的财务数据,一汽夏利在产品档次和盈利能力上都处于下风。

东风日产:整体合资的尝试

东风的资产重组最早始于 90 年代,不过并非大张旗鼓的"明媒正娶",而是尝试从"偏房"起步。在不事声张中,先后建立风神、东风悦达起亚、东风日产、东风本田、东风裕隆五个轿车项目。

1992 年,东风集团为了走出神农架,成立南方事业部,当时陈清泰已调到北京,继任的总经理马跃,给南方事业部的使命是做战略发展的"种子队"。选用年轻人,采用新模式,不看中短时间的产出,用十年时间生根发芽。东风派出副总经理周文杰担任南方事业部总经理,后来他被称为东风集团开拓诸多新项目的"第一棒"。

南方的第一个项目是与福特的轻型车合作,谈判进展顺利,却遭遇宏观经济调整而搁浅。当时中央的政策是,整车新项目一个不批。国家计委主任曾培炎建议东风先从零部件做起。于是,周文杰带着他的团队,从浦东、珠海、顺德、惠州到处选址,最后落户广东大亚湾,开始生产发动机和汽车底盘的零部件出口。

当时广标正在紧锣密鼓地重组,已经身在广东的周文杰感到机不可失,尽管广汽与欧宝、现代的谈判接近尾声，东风还是联合本田向国家计委提出要求参加竞标。东风的"搅局"让广汽很不爽，但是国家正对广汽当时的能力心下存疑，很愿意一家央企大集团参与广标的重组。于是东风—本田联合进入重组谈判，并且后来居上。国务委员邹家华亲自拍板，新的广州本田项目采取特殊合作方式：广汽和本田合资生产整车，东风和本田合资生产发动机。国家也采纳了周文杰代表东风提出的"123"建议：与本田的合资作为一个项目；分别成立整车和发动机两个公司；业务、资本金投入、利润分配，三个"三七开"。

其后，东风南方事业部做整车的初衷不改，又以 75∶25 的股比，与台湾裕隆成立了风神公司。风神兼并花都的京安云豹，技术引进生产日产的蓝鸟车型。成为日后东风和日产全面合资的一棵"迎客松"。

后来，还是周文杰作为"第一棒"，在 2000 年，谈判重组东风悦达起亚。让这家偏安江苏盐城的地方企业，走上快速发展通道。2005 年，借壳武汉万通轻型车，成立了东风本田汽车公司，刘裕和、刘洪作为正、副总经理。东本一开始没有轿车资质，从生产本田 SUV "C-RW"起步。低调儒雅的刘裕和在产品策略上独辟蹊径，追求小市场中的大份额。信奉的是少而精，不事迎合，重在引导消费。一路把东风—本田做成东风旗下产品最俏，效益最好的企业。

1997 年，苗圩临危受命，从机械部副总工程师任上空降到在转型中陷入困境的东风集团，先后担任党委书记和总经理。当时东风经营连年亏损，无论卡车还是轿车，销售业绩都很差，甚至无法按时发工资。1998 年，经中介机构审计，东风公司累计亏损 5.4 亿元，连生存都成了问题。苗圩上任，经过调查研究，向湖北省委省政府和东风职工立下军令状，"两年实现集团整体扭亏"，令外界从此对他刮目相看。

在苗圩主政下，1999 年，东风借助国家增订军车以及"债转股"缓解的市场压力，走出多年"以车抵债"，车价恶性下跌的怪圈，遏制了效益下滑势头。2000 年，随着中国汽车市场"井喷"行情，东风南方事业部生产的日产蓝鸟和东风本田发动机，成为东风经营效益的一个新的增长点。东风集团实现了整体扭亏。到 2001 年底，东风的汽车销量、收入、利润的增幅已居三大集团之首，实现利润 25 亿元。

2002 年 1 月我来到东风，正赶上苗圩带领东风领导班子向前来调研的新任省委书记余振声汇报。我根据汇报内容，写了一条新华社内参《东风汽车利润创 32 年最高纪录》。扭亏为盈，让东风为利用国际化资产重组，实现老国企振兴打下基础。当时，我已经知道，一项东风与雷诺—日产集团结盟的"金三角"计划正在紧锣密鼓的推进中。

2003 年 7 月，整体合资的新东风成立。两家股东——东风和日产各占 50% 股份，但是合资公司不叫"东风日产"，而叫"东风有限"。公司注册资本为 20 亿美元，东风汽车公司以其旗下七成存量资产：子公司、相关企业的股份等分阶段出资，生产经营主体和八万名职工进入合资公司；日产汽车公司硬邦邦掏出 10 亿美元现金。

11 月 24 日，"东风有限"总裁中村克己在北京谨慎地宣布了 2004 年至 2007 年的中期事业计划。四年间"东风有限"的汽车产量、销售额、利润将全部翻番。到 2007 年，卡车进入世界三大商用车企业行列；轿车成为中国消费者最信赖的品牌之一。董事长苗圩说，我们的目标是迅速打造成一家具有国际竞争力的汽车企业。

| 2003 年 7 月东风和日产整体合资。双方掌门人——苗圩和戈恩签约

苗圩首先是一个脚踏实地的"企业再造"高手，当年东风集团亏损得几个月发不出效益工资的时候，谁会肯拿出 10 亿美元与你合资？在其领军东风的头几年里，东风这样一个特大型老国企，扭亏为盈，年盈利 20 多亿元，这样才会有与日本第二大汽车制造商——日产门当户对的联姻。

然而，"新东风"的顺利运行，必须是双赢的合作。日产也是个近年来扭亏为盈的国际企业，为了实现其总裁戈恩提出的"180 计划"中，到 2006 年产量达到 100 万辆的目标，日产势必要进入中国这个大市场，势必选择一个强有力的、产品涵盖从重中轻型卡车到轿车的中国成功企业做伙伴。

东风与日产联姻并非一拍即合，而是经过了 23 个月的艰苦谈判，涉及谈判的各个层面的参与者有 2000 人。这种磨合，不但创造了中国汽车合资企业的许多新形式，也使合作在一种同舟共济的层面上平稳推进。

"东风有限"的卡车产品采用"东风"品牌。同时，"东风有限"与日产及欧洲著名卡车公司签订了技术合作协议，以提高新型卡车驾驶室和大功率发动机的开发能力。东风乘用车采用"东风日产"品牌，以广东花都和湖北襄樊为基地，连年来，东风日产以新车型层出不穷傲立于中国轿车业。

东风与日产的跨国重组，受到"国资委"的高度关注和指导，国资委主任李荣融曾以东风与日产重组、柯达收购乐凯作为他拍板的两大成功国际并购案例而沾沾自喜。

合资后，东风集团总部走出神农架，迁往武汉。"东风有限"的管理班子"经管会"，中外各四人，仍然坚守在东风当年创业，今天仍然是东风卡车生产基地的鄂西北大山中的十堰市，条件还有些艰苦。

东风日产合资重组过程中，对富余人员处理不是采取下岗、买断工龄等方式遣散，而是以开发性安置、岗位培训分流为主，发展新事业，创造新的就业机会。同时在"东风有限"中，党群工作体系完整保留。党委书记、政工人员岗位、职责、待遇明确，为国企的合资重组作了有益的新探索。

走出大山之后，苗圩则通过主辅业分离，以及集团海外上市来推进东风的国际化战略。东风集团的发展也很惊人，神龙汽车、东风悦达起亚、东风本田汽车（武汉）等乘用车合资公司，以及东风康明斯和东风本田两家发动机合资企业都业绩斐然。

2005 年 5 月，苗圩离开了工作八年的东风，离开投身 27 年的中国汽车业，转行担任武汉市市委书记。东风的掌门人由老成持重的徐平接任。

二、做大做强的试水

上南重组：碗里有肉才是硬道理

2007 年 12 月 26 日，上汽和南汽在北京签署上南重组的合作协议，把中国汽车兼并重组的规模、范围推上一个新高度。对于一件事，中国人爱谈"重大意义"，却往往把事情的实质内容忽略了。

我以为上南合作的关键点说白了，是资本摆平了一切。南汽的优质资产全部纳入了上市公司"上海汽车"。上汽集团为此掏了 20.95 亿元的"真金白银"。跃进集

2011 年 7 月，由上汽自主开发的 MG6 在英国长桥工厂组装上市，MG 经销商向第一位购车者交钥匙

团拿了这笔钱，从上汽集团在"上海汽车"所持有的投资份额中"买下"3.2 亿股，同时在新成立的（纳入其他剥离业务的）东华公司里占了 25% 的股份。

南汽不但卖了个好价钱，而且可以坐收红利。3.2 亿股，按照上海汽车 12 月 27 日的股价 27 元一股计，其总市值是 86.4 亿元，高出南汽进入上汽汽车资产的估值一倍多。此外保持上南双方原各自企业的法人地位和纳税渠道的"中国特色"安排，也充分照顾了双方的面子和既得利益。

此举摒弃了过去无偿的"国有资产划拨"，真正按照市场规律，按照上市公司的规范运作，进行了一次成功的资产重组。企业发展的内在动力的作用，远远大于政府部门的推动作用。

跃进集团的前身南京汽车厂，论起资格比一汽还老，是随解放军攻克南京，一同进城的。做了近半个世纪的"中央企业"。在一汽、东风"另立门户"后，还一度独撑着"中汽总公司"的门面。90 年代后期下放给了南京市时，就有与上汽合作的消息不时流传，如果那时真要谈成了，倒是门当户对。无奈"婆婆"们的利益，企业决策者的面子，屡谈屡崩。尤其自身经营的失误，让企业状况每况愈下。虽有对英国 MG 的成功收购，也看不到集团经营整体翻身的希望。而当年"地方企业"上汽在最近的十多年里，依靠上海大众、上海通用两个合资企业积累的丰厚资金、技术和人才储备，实实在在搞自主研发、自主品牌，迅速壮大为中国最有活力的汽车集团。此消彼长，今非昔比。

到了今天，嫁妆日渐凋零的"大龄女青年"南汽，能够与风头正健的上汽集团结亲，已经从"下嫁"转为"高攀"。今后的日子应该能说"衣食不愁"了。碗里有肉才是硬道理，对于上汽南汽的职工，对于南汽资产进入后的上汽汽车的股东，对于中国汽车业的明天都是如此。

为缔结这门亲事，上汽和南汽集团的两个当家人胡茂元、王浩良，真是焦头烂额，压力如天。但是他们胸怀宽广，立足全局，既考虑了本企业的前途，又为对方的难处作出明智的妥协。在这次重组中表现出的大智慧、大手笔值得钦佩！

上南合作的"切入点"，就是双方自主品牌"荣威"和"MG 名爵"的恩恩怨怨。2006 年上汽斥资 6700 万英镑买下英国罗孚公司的 75、25 车型和发动机技术；南汽则用 5300 万英镑买下罗孚的设备和 MG 品牌。双方先后推出"荣威"和"MG

名爵"两个中高端车型自主品牌，并形成捉对竞争的态势。

2007年上海车展媒体日，上汽董事长胡茂元向南汽董事长王浩良抛出"橄榄枝"。当晚胡茂元宴请各参展商，餐后与王浩良私下会晤。双方高瞻远瞩，以两个车型拥有同一技术渊源为纽带，开始了"全面合作，融为一家"的探讨，并在中央和两个省市领导的推动下于年末实现了重组，化干戈为玉帛。

上南重组，南汽进入上汽的主要有三块：南京菲亚特轿车、MG名爵、南京依维柯商用车。

南汽与菲亚特合资的南亚公司，曾是南汽集团最大的"出血点"，累计亏损22.2亿元，资不抵债。2007年12月21日，上南合作签约前5天，菲亚特终于"被同意"与南汽"友好分手"；大众也同意把南亚改造成上海大众的新厂，虽然他们对短时间内能否改造成功半信半疑。

上汽还拿出4亿元替南汽偿还了南京依维柯商用车的债务，充实了南京依维柯的现金流，催生了依维柯新车型的上市。其后，以南京依维柯为龙头，在上汽成立了有重卡、大型车用柴油机、轻卡、MPV的上汽商用车公司。

2008年新年刚过，上汽集团执行副总裁陈志鑫、副总裁蒋志伟带领合作团队进驻南汽，开始上南合作的"百日整合"。

4月1日，由原南京菲亚特脱胎换骨的上海大众南京分公司开始生产大众桑塔纳。此前，南亚1200名员工都去了上海，按照上海大众的规范进行了全员培训；南亚工厂的设备和工艺流程也全部实行了上海大众的新标准。德国大众的董事长文登恩到现场考察，非常吃惊。工厂、员工、产品，这样高速度的转型，全世界也很少见。到10月份，月产量就超过一万台，当地也增加税收近两个亿，这在南亚历史上从未有过。上汽的工作做得好，南亚没有一个员工下岗，员工们过去一个月收入1500元，现在一个月3500元，南亚被盘活了。

陈志鑫、蒋志伟精力投入最大的另一项基础工作，就是推动源自罗孚的两个自主品牌——荣威和MG名爵，从冤家对头走向融合的五个统一：统一规划、统一采购、统一研发、统一营销、统一制造。以解决名爵投资过大，销量不足，无后续产品的弊端。

经过统一规划，由一个平台生产荣威、名爵两个品牌，充分发挥协同效应、规模效应。在品牌定位上进行了差异化分工：荣威，体现贵雅，品牌定位中国中高端主流汽车市场；MG 名爵具有 84 年汽车历史的底蕴，操控动力是它的品牌传承。在生产布局方面，原南汽的浦口工厂被规划为 A 级车生产基地，不但生产 MG 名爵，也生产荣威，加强其造血能力。浦口工厂二期工程启动，包括一个发动机工厂，两年内完成 27 亿元的投资。而原来上汽的两个自主品牌轿车厂——江苏临港和仪征工厂主要生产中高端 B 级、C 级，以及小型 A0 级车型。

上汽技术研发中心和南京、英国的研发分院，以上海为主，三地联动。总共有 1800 个工程师支撑自主品牌的研发。设计、产品、工艺都要接受一个统一的标准，用一种技术语言说话。

已经停产了三年多的 MG 英国工厂，也在 2008 年 8 月恢复生产高端跑车 MG-TF。

然而，作为上汽董事长的胡茂元，似乎更关注上汽与南汽人心与文化的融合。他把融合比喻为"一种化学反应"。他亲自到南亚公司员工在上海培训的工作场所、宿舍、食堂一一看望，让南亚员工感受一种回家的温暖。在重组韩国双龙的过程中，文化的隔阂、韩国工会的抵制和对抗给新企业带来的毁灭性伤害，让上汽体会颇深。他说，重组的最终成功在于真正做到"全面融合"。

弹指一挥间，2010 年 12 月，上南合作三周年，胡茂元和王浩良在南京一同宣布：上南全面合作千日融合已经成功告一段落，在连续两年分别减亏 40% 的基础上，南汽实现扭亏为盈，员工没有一个下岗。三年，南京员工的精神面貌发生了深刻的变化，过去是等着看，后来是跟着学，现在是拼命干。实现了胡茂元"融为一家"的目标。

当年背负"把南汽全卖光"骂名的王浩良终于露出了欣慰的微笑。

2010 年，上汽集团产销量超过 350 万辆，其中，南汽集团 2010 年产销整车近 30 万辆，是重组前的三倍。2010 年荣威和 MG 品牌实现产销 16 万辆，为中国自主品牌从中高端起步打下了坚实基础。"十二五"期间上汽还将在南京投入 100 亿元，实现产能 100 万辆，形成 1 千亿元的年销售收入。

媒体人贾可评论说"上汽救了南汽，南汽帮了上汽"。这是对于上南合作成功的公允的评价。

新长安，兼并中航跻身四强

2009 年初，作为全球金融风暴的对策之一，国务院办公厅公布的《汽车产业调整和振兴规划》，其中重提要求"兼并重组取得重大进展"。与以往的提法不同，《规划》把长安汽车与一汽、东风和上汽三大集团并列，提出鼓励一汽、东风、上汽、长安等大型汽车企业在全国范围内实施兼并重组。支持北汽、广汽、奇瑞、重汽等汽车企业实施区域性兼并重组。

国务院文件中首次把长安汽车归于中国汽车第一阵营，无疑增强了长安决策者的使命感。

2008 年，一汽、东风、上汽三大汽车集团分别销售了 153 万辆、132 万辆和 172 万辆汽车。长安汽车销量为 86 万辆，如果并称"四强"，尚有差距。

早在 80 年代，我就开始分工采访军工部门，亲历了兵器、船舶、航空、航天、核工业在实行"军转民"转折时的艰辛。其中兵器和航空工业，因其拥有强大的发动机和机加工能力，都把发展民用产品的重点转向了汽车。

1987 年我受西南兵工局之邀，来到重庆，采访生产高炮的望江机械厂研发的重型车"铁马"以及长安和嘉陵厂的摩托车。后来，长安引进铃木技术生产长安微型面包车，厂长谭细绵拿出一些图片给我看，告诉我长安正在准备上轿车，就是后来中国最早的微型轿车——长安奥拓。

当时，军工企业属于"行业外"汽车企业，上轿车难于获得审批，搞汽车多是微型车起步，后来生存下来，并且成了气候的有兵器的长安，航空的松花江、昌河。

到中国"入世"前的 2001 年，微型汽车年产 60 万多辆，其中长安、哈飞和昌河共产销 47 万辆，军工企业在微型车行业占了绝对地位。

随后几年，长安励精图治，实现了快速发展，而哈飞、昌河发展并不尽如人意，双双出现亏损。到 2008 年，长安销售微型车 86 万辆，哈飞 22 万辆，昌河不到 11 万辆。

就在国家提出鼓励长安汽车实行兼并重组任务的同时，渴望了近三十年的"大飞机"的研发重任落到了航空工业的头上。剥离辅业，收缩战线，心无旁骛地造飞机成为中国航空业责无旁贷的选择。

2009 年 2 月，兵装集团总经理徐斌与中航工业集团总经理林左鸣开始重组双方汽车业的实质性谈判。3月，中航汽车（中国航空工业汽车有限公司）在北京正式挂牌，中航集团将哈飞汽车、昌河汽车以及生产小型汽车发动机东安动力纳入其中。7月，兵装集团旗下的中国南方工业汽车股份有限公司更名为长安汽车集团股份有限公司，双方都为整合理顺了各自体系。国庆节过后，徐斌和林左鸣相约在北京一间茶楼喝茶，将兵装与中航联手重组的细节最后敲定。

对于这次顺应国家产业政策的重组，政府部门一路开绿灯。审批速度之快前所未有。

11月10日，北京人民大会堂，央企汽车首例重组协议签署。通过国有资产划拨，兵器、航空两大集团重组成立了新的中国长安汽车集团股份有限公司。兵装集团持股77%，中航工业持股23%。涉及划拨资产总额过百亿元。

"今天北京大雪，瑞雪兆丰年，我觉得这也是一个好的兆头。"刚刚被任命为长安总裁的徐留平在签约仪式上说。长安汽车集团至此当之无愧地跻身中国汽车业四强。新长安拥有重庆、黑龙江、江西、江苏、河北、安徽、山西、广东、山东九大整车生产基地，整车及发动机年生产能力220万台。徐留平提出的目标是"向世界一流汽车企业迈进"。2012年实现销售整车260万辆，2020年达到500万辆。

长安的触角已经伸向海外，在马来西亚、越南、伊朗、乌克兰、美国建有生产基地，墨西哥、南非项目正在推进。在研发方面，继重庆、上海、意大利都灵、日本横滨的研发中心建成之后，长安已在北京和伦敦组建新的研发中心。

股权结构为整合成功提供了保证，但是作为中航被整合公司的员工的情感一时难于转弯。重组签约第二天，徐留平对原来的属下提出，公司上下必须讲大局，坚持"尊重、平等、合作、互信"的八字方针，达到重组"1＋1＞2"的效果。兼并难，重组中的文化磨合更是一种艺术。

为此，徐留平行色匆匆。11月22日下午，徐留平飞赴广州，亮相广州车展；24日早上飞往南昌，转汽车到景德镇，带工作组入驻昌河。当天晚上飞往北京，25日一早从北京飞赴哈尔滨，带另外的工作组入驻哈飞、东安动力。当晚返回北京已经是26日凌晨1点，因为当天早上8点要赶回重庆，徐留平只能夜宿机场。

过去分属兵器、航空两家的长安铃木和昌河铃木合并，现在新长安已经是中方唯一的股东，对铃木的新产品和技术引进更便于统一规划。而铃木也不再有面对两个合资伙伴难于摆平的尴尬，新长安与铃木的合作更加走向双赢。

中航汽车被长安兼并，许多媒体认为哈飞与 PSA 接触多年达成的初步合作协议将胎死腹中。徐留平完全不认同这种猜测，他在北京对我说，新长安成立只会进一步加快和 PSA 合作的进程。谈到一些媒体担心，雪铁龙、标致的车型大部分已经被东风神龙拿走。徐留平非常坦诚地告诉我，我们首先将在深圳基地生产雪铁龙的 DS 系列。

DS 诞生于 50 年代，曾是雪铁龙的旗舰车型，是前卫、创新、时尚的象征。2009 年 2 月 2 日我曾赴巴黎参加雪铁龙推出新车 DS3 小型车的仪式。雪铁龙称，与一些推出复古历史经典小型车的品牌不同，DS3 是"反复古"的典型代表，我们的设计理念不是复制那些老车型，而是以一款彻底时尚的新车型，创造明天的记忆。新的 DS 将是一个系列。在 DS3 之后，还会推出 DS4、DS5，分别与雪铁龙 C3、C4、C5 对应。第二天，我驾驶 DS3 从巴黎经凡尔赛到伊林，进行了 150 公里的试驾。DS3 外形别致，有一个"飘动"而且可以做个性彩绘的车顶；搭载的是雪铁龙和宝马共同开发的 1.6T 涡轮增压发动机，功率 115 千瓦，动力和操控俱佳。

雪铁龙新推出的 DS 系列将落户长安与 PSA 在深圳的合资企业

2010 年 7 月 9 日，中国长安汽车集团与 PSA 集团在法国巴黎正式签署了合资协议，双方将共同投资近 85 亿元人民币在中国成立合资公司。与之前势单力薄的哈飞不同，跻身"四大"的新长安汽车接手与 PSA 的谈判，态度更主动、话语权更强，不在谈判中搞拉锯战，速战速决，媒体把这一举动称为"闪婚"。

根据合资合同，长安与 PSA 的合资企业将落户在原属于哈飞的深圳基地。此举不仅激活了一个闲置三年的 10 万辆产能的生产基地，并将极力推动长安在华南地区布子。长安汽车与 PSA 如此大手笔的联姻，必将再度影响国内汽车产业版图，是新长安重组后收到的第一个"大礼包"。

三、海外兼并得失考

"纸上得来终觉浅"，上汽兼并双龙始末

自主品牌走出国门，从出口卖车到海外建厂，再到参与国际资本运作，这是中国汽车做大做强，融入全球化，从小学生到读大学的成长之路。上汽收购韩国双龙汽车公司，是中国汽车跨国兼并第一个吃螃蟹的尝试。四年风风雨雨，起起伏伏，不料在全球金融海啸中功亏一篑。

我以为，收购韩国双龙汽车的失败，主要源于文化差异，尤其是全球金融海啸的不可抗拒力。但是上汽在并购时机选择，自身管理团队实力，危机处理能力方面尚有欠缺；虽然也做过前期的案头准备和对策，"纸上得来终觉浅"。摸爬滚打一番，终于知道了螃蟹的滋味。失败也是财富，且不说，这财富是中国汽车业今后再度出击的垫脚石。

2004 年底，上汽斥资约 5 亿美元，收购了经营状况岌岌可危的韩国双龙汽车 48.92% 的股权；次年，通过证券市场交易，增持双龙股份至 51.33%，成为绝对控股的大股东。

双龙是韩国第五大汽车制造商，主要生产大型 SUV 和高档豪华轿车，既有 20 万辆的产能，又有研发工程能力。

上汽实施海外兼并的目的，一是通过区域性兼并，试水构筑全球经营体系；二是双龙的 SUV 以及柴油发动机与上汽的产品体系有较强的互补性，重组后，可

以发挥双方在产品设计、开发、零部件采购和营销网络的协同效益，提升核心竞争力。

然而事与愿违。上汽进入双龙后，才得知中韩汽车企业文化的沟壑有多深。

韩国社会商业贿赂成风，经济犯罪成本极低，造成原管理层能力低下。供应商与管理层和工会多有利益关系。但是董事会罢免了原社长后，中方没有一个国际收购的整体团队，对比美国通用收购韩国大宇后，马上从通用全球机构中抽调50人的经营团队整体接管，并有500人的后方支持。即使上汽这样外向度在中国汽车业处于领先地位的企业，也凸显国际经营人才体系、人才培养的缺失。

为了复兴双龙，上汽作出种种努力。

2005年，上汽入主双龙，撤换原社长苏镇琯。

2006年，上汽管理层通过整顿长期散乱生产秩序，建立精益生产体系，实行质量控制的"全面振兴计划"，当年实现主营业务盈利。

2007年，克服韩国政府取消柴油车补贴的不利因素，通过扩大海外市场销售、降低成本等措施，进一步取得整体扭亏增盈的业绩。

此外，利用大股东上汽的影响力，双龙先后四次成功地进行了包括获得巨额贷款和发行债券的融资活动。

其间，原通用中国公司CEO墨菲，受聘任上汽执行副总经理，坐镇双龙一年有余，其丰富的海外管理经验，对双龙的扭亏和劳资矛盾的化解，颇有建树。

然而，2008年下半年，双龙突发财务危机，断了资金链，经营难以为继。

回顾双龙危机，上汽人士称，没想到全球金融海啸来得这么猛，排浪打来，双龙瞬间就垮了。以往双龙的产品一半销往欧洲，现在几乎完全没有了销路。在俄罗斯，连信用证都开不出。在韩国国内，买车80%靠贷款，现在消费不振，银行惜贷。双龙又不像现代、大宇还有自己的金融公司，因而只能坐以待毙。

除了产品开发有合作外，双龙是经济完全独立的韩国公司，因而双龙出现的危机对大股东上汽的直接影响不大，截至2008年11月底，上汽拥有双龙的股份权益为18.51亿元。

几经抢救无效，双龙董事会于2009年1月9日申请破产保护，2月6日，申请生效，法院接替董事会，对双龙进行托管，指定两位韩国人为共同管理人。他们的任务就是制订企业回生计划，并在 5 月 22 日通报关系人。如果法院批准该计划，双龙将步入正常经营。"回生"不成，则进入破产清算。

上汽人士感叹，过去从书本，从中介机构，从使领馆了解了不少信息，有思想准备。但是真正进到一个韩国企业，想不到有这么难，和过去对韩国汽车业的感受完全不同。

韩国工会势力强大，动辄以罢工相要挟，要求分享管理层的利益。"斗争成果"累积下来，双龙汽车的单车人工成本占到 20%，远高于韩国汽车业 8% 的平均水平。工会之强势，令人瞠目：百余工会专职干部不参与生产劳动，还配有专车；管理层经营决策须经过工会许可；每年伴以罢工的劳资谈判，都给企业带来巨额损失。

在上汽重组双龙的短短五年，针对管理层的大罢工就发生过三次。

2006 年的"玉碎"罢工，就造成双龙当年亏损 1960 亿韩元。出于一种岛国文化，韩国人抱团，有强烈的民族自尊，是其可敬之处，但也有其狭隘的一面。新的双龙管理层曾经计划，为了摊销小型越野车 S100 的开发成本，除了继续在韩国生产外，拟将部分产品在中国组装，既可增加销量，又可扩大双龙 CKD 出口。这一打算却被双龙的工会指为盗取技术和就业岗位流出而拼死抗争，甚至向司法部门举报，由检察部门对中方管理人员进行限制出境的高强度传唤。

自双龙陷入危机以来，韩方一直在使用"敦促"、"要求"、"抵制"等措辞与上汽进行交涉，这种姿态似乎与其处境格格不入。其间，双龙工会就一直扮演着过激的角色。双龙申请企业"回生"的这一天，被双龙汽车工会指定为"中国践踏韩国日"。

2009 年 5 月 22 日，为反对管理方的裁员计划，双龙工会再次发动大罢工，数百名骁勇的工会成员占领韩国平泽工厂 3、4 号组装车间和 1、2 号涂装车间，与警察"全武行"对抗 76 天，最后经过一场好莱坞大片似的"攻防战"，在付出二百多人受伤的代价之后，工会成员终于自行走出车间。

为了帮助双龙"回生"，上汽承诺愿意以它在双龙的股权作抵押筹措资金，愿意帮双龙寻找接盘的战略投资者，继续在中国维持双龙的销售渠道。即使如此仁至义尽，双龙工会仍然组织工人到中国驻韩国大使馆抗议。

有消息说，双龙提出，要已经被迫退出管理的上汽继续追加投资。金融海啸当前，现金为王，已经寒心的上汽没有再往无底洞里扔钱的打算。2010 年，双龙由印度最大的拖拉机生产商马亨德拉集团接手。

萨博落袋，北汽"贴地飞行"

徐和谊，冶金工艺专业出身的北京经委副主任，2002 年接过建设北京现代汽车公司的重任，短短一年，索纳塔下线，圆了北京汽车业盼了 45 年的轿车梦。2006 年，有着"拼命三郎"般冲劲，又是性情中人的徐和谊接手北汽控股董事长。短短四年之后，北汽销售汽车超过 150 万辆，并成为新中国成立以来北京市属国企中第一家年利润过百亿元的企业集团。

徐和谊的成功之道，在于他高瞻远瞩的"整合式思维"——无论对内的改革调整，还有对外的收购与兼并。在成功把北京现代和北京奔驰两个轿车合资企业做得有声有色之后，高起点地打造自主品牌，成了北汽的头号使命。在我眼中的徐和谊，与经历大相径庭的李书福一样，有一种常人难以跟上的跳跃式思维和几分诗人般的浪漫情怀。他们都不约而同地把眼光投向欧美著名轿车品牌的并购。

北汽的海外并购之路，从 2007 年与印度塔塔争购路虎开始，还尝试过收购欧宝、克莱斯勒，可谓孜孜以求。对手有的对中国一家国企的并购戒心十足；有的想以"不关厂、不裁员、承接巨额亏损的包袱"为条件；有的从中方经营团队的资历上设置障碍……然而，北汽坚持在开放中自主创新的大局已定；收购海外先进技术，高起点、抢时间开发自主品牌的初衷不改。

一次次碰钉子，并没有让徐和谊气馁，只是让他更有心计。2009 年初，通用旗下的瑞典萨博（SAAB）濒临破产，这个造飞机起家，首创涡轮增压发动机的高端轿车生产厂商，进入了徐和谊的视野。这一次北汽用的是迂回战术，不再出头，找了一家瑞典公司科尼赛克合作，由科尼赛克出面做买家。

收购萨博技术的计划，2009 年 8 月 24 日立项。徐和谊称之为"借帆出海"。北汽通过换股取得科尼赛克 20% 的股份，进而获得萨博技术用于打造北京的自主品牌。北汽集团总经理汪大总，北汽研究院院长顾镭，直接参与了科尼赛克与萨博的谈判。他们都是在海外工作十多年，并且在通用、福特等公司做到技术高管的"海归"，谈判进行得很顺利。

萨博藏车馆。萨博以生产飞机和航空发动机起家，"二战"后转产轿车

2009 年 11 月 24 日，离萨博的母公司通用汽车提出的签约期限 11 月 30 日只有六天。汪大总刚刚登上广州飞往北京的飞机，突然接到一个电话，是科尼赛克公司总裁从瑞典打来的，告诉他，与瑞典萨博旷日持久的并购谈判实在撑不下去了，科尼赛克决定退出，五个小时之后公开宣布。

听到电话，汪大总的脑袋"嗡"地一响。他预感到，推进了三个月，与科尼赛克合作"借帆出海"收购萨博技术的全套方案有可能功亏一篑。

与科尼赛克共同参与全面并购萨博，是一项十分复杂的交易，北汽的标的一开始就很明确，直奔萨博当前的轿车和发动机技术。至于工厂和品牌，则由科尼赛克接手。谈判虽然达成初步共识，但是由于整个并购的工作量大，成本高，欧洲银行贷款条件十分苛刻，科尼赛克始终拿不下来，实在拖不起，只好撒手退出。

飞机落地北京，已经过了三小时。北汽高层连夜开会。董事长徐和谊拍板：科尼赛克退出，我看也是机遇。我们要在已经达成的协议基础上，单独与萨博继续谈判，聚焦技术收购。

在萨博即将面临破产或关厂的厄运面前，通用同意萨博和北汽直接谈判。谈判夜以继日。在北京坐镇的董事长徐和谊、飞到瑞典主持谈判的总裁汪大总和北汽研究院院长顾镭都几天几夜没有合眼。

与萨博在此前两个月的沟通没有白费。汪大总、顾镭的海归背景一方面让他们和萨博高层在沟通中没有文化障碍，另一方面对于北汽开发自主品牌轿车最亟须的关键技术了如指掌。

也许破产的期限迫在眉睫，三天之内，萨博和北汽拿出协议草案，共 14 个文件。通用同意了北汽只买发动机和整车技术，品牌和工厂另找买主。剩下的三天，时间更紧。光在萨博董事会一方，就要通用总裁、通用国际、通用欧洲和美国财政部的签字。且不说，还有中国国内的审批和银行贷款需要徐和谊一家一家地破例同步完成。最后期限临近，谈判团队屏住呼吸，直到汪大总的手机上突然收到一条短信：哈哈哈，老汪头儿，董事会通过了！大家才情不自禁地欢呼起来。当晚一场简单的"庆功宴"上，55 岁的汪大总问别人，叫我老汪头儿，我有那么老吗？

随后的进程都是国际收购罕见的快节奏。12 月 6 日，北汽和萨博就收购萨博9-5、9-3 的三款车型，两款涡轮增压发动机的完整技术正式签约；12 月 11 日，双方在瑞典进行交割。北汽支付的近两亿美元到账。同时，3.5 吨重的纸质资料装上北汽的卡车；次日，顾镭带着载有全部技术电子文件的 1000G 硬盘，"雄赳赳、气昂昂"地登机回国。

交易落袋为安，也获得萨博、瑞典政府和舆论的关注与好评。

萨博（SAAB）是瑞典飞机有限公司的缩写，以生产飞机和航空发动机起家，"二战"后进军汽车。近年来萨博的涡轮增压发动机技术在全球汽车业首屈一指；萨博9-5 和 9-3 轿车平台分别对标宝马 5 系、3 系和奥迪 A6、A4，产品以动力、操控、安全、环保作为追求。因为缘于航空技术，萨博轿车的品牌号召锁定为"贴地飞行"。

此次北汽出资两亿美元只买萨博技术，不买工厂，不买商标，为的就是打造自主品牌，重塑"北京"牌轿车的辉煌。而且规避了收购品牌，经营海外工厂的巨大风险。毫无悬念的是，两三年后，新一代的北京牌轿车，将会全面植入萨博豪华品牌的 DNA。

汪大总曾是上汽集团副总裁，并参与过荣威品牌本土开发，特别得意这次买回来的是完整的技术体系，包括数模、设计规范、工艺、质量、标准、流程，甚至零部件供应商的管理体系。这些都是几十年，上百万辆车的数据积累凝聚的技术诀窍。

"什么是诀窍，外国人学京戏翻跟头，帽子老掉，最后中国老师只告诉他两个字'咬牙'，帽子果然不掉了，因为一咬牙，头皮就把帽子绷紧了。"汪大总说。买来完整工艺体系，自主开发的时间可以缩短五六年，更重要的是少走弯路。有内行人说，拿下萨博升功率 84.7 千瓦的双涡轮增压发动机，从技术到工艺，光这一项，2 亿美元就值。

徐和谊告诉我，采用萨博技术的三款新车将在顺义的北汽自主品牌新基地研发生产，2012 年陆续上市，最顶级的车型长达 5 米。北汽从萨博买到的是否过时技术？我问徐和谊。他回答说，一个简单的常识是：现生产技术绝不等同落后技术，以双涡轮增压发动机为例，在国内，无论自主品牌、合资品牌，升功率能达到 84.7 千瓦的水平，几乎鲜见。

吉利沃尔沃，完美"天仙配"

2009 年，全球金融海啸的多事之秋，也把机会给了中国汽车业内有准备的企业。10 月 28 日，福特公司对外发布正式声明，宣布中国吉利控股集团为沃尔沃汽车公司的首选竞购方。12 月 23 日，吉利与福特就收购沃尔沃签署框架协议。福特宣布：不计划保留沃尔沃的股份，吉利是全资收购，李书福再次令人刮目相看。

此前，业内和舆论界普遍不看好吉利的收购，嘲笑为"八字没一撇"的作秀。这也难怪，一个中国年轻的草根企业，收购欧洲一个百年豪华品牌，岂不成了"天仙配"？ 1999 年，福特出巨资 64.5 亿美元买下沃尔沃，苦心经营十年，而情愿要价 15 亿美元售出这块"烫手山芋"。李书福何德何能，能让沃尔沃重整旗鼓？且不说沃尔沃的工会何等难缠，有上汽收购韩国双龙的前车之鉴在那里摆着。

对吉利而言，收购沃尔沃是极其审慎迈出的一步。项目启动之初，李书福在杭州私下对我说：收购沃尔沃的打算，2002 年我就在公司内部提出了。从内心深处讲，是想通过收购国际著名品牌，明媒正娶地获得一个"好出身"，彻底改变自主品牌汽车靠"模仿秀"、"山寨版"起家的坏形象。以"根红苗正"的技术渊源，不但进入第三世界，而且堂堂正正地立足欧美市场。

近两年，在国际汽车资本市场，吉利出手控股生产伦敦 TX4 经典出租车的英国锰铜公司，收购澳大利亚自动变速器厂 DSI 都运作十分成功；看中吉利的盈利前景，世界著名投行高盛公司经过严格的评审，通过可转债和认股权证投资吉利 3.3 亿美元。吉利国际资本的运作日渐成熟。

进入 2010 年，收购沃尔沃进程如同进入一马平川。3 月 28 日，吉利和福特关于收购沃尔沃的正式协议在斯德哥尔摩签署，工信部长李毅中出席；7 月，欧盟委员会批准该协议；中国商务部和发改委随后批复同意这一交易。

8 月 2 日，伦敦，吉利收购沃尔沃最后落锤，当地时间下午 1 点，吉利以 13 亿美元现金外加 2 亿美元票据的支付方式，正式与福特汽车完成了沃尔沃轿车资产的交割。至此，控股英国锰铜公司，拥有澳大利亚 DSI 和瑞典沃尔沃全部股份的草根吉利成为中国第一家汽车跨国公司。并跻身全球企业 500 强之列。

来自不同背景的国际知名人士组成了新的沃尔沃董事会。李书福担任董事长；另一位在沃尔沃一直工作了 40 年，其后担任福特全球营销高级副总裁的奥尔森担任沃尔沃副董事长；原大众北美首席执行官雅克比进入董事会，同时担任新沃尔沃总裁兼首席执行官。引人注目的是他的丰富国际工作背景，尤其曾经长时间主管大众在中国业务的经历。

沃尔沃过去亏损的关键在于，作为福特旗下的子公司，市场与产品战略完全统一于福特的全球战略。而当福特自身问题成堆的时候，对沃尔沃往往无暇顾及。因此，让沃尔沃重生的关键就是让沃尔沃重新做回自己。

谈起旗下两个品牌，李书福一语中的：吉利是吉利，沃尔沃是沃尔沃。吉利作出承诺，今后沃尔沃将坚守其安全、质量、环保和现代北欧设计这些核心价值。沃尔沃目前在瑞典、比利时的工厂、研发中心、经销商网络和采购渠道，以及工会协议都将得以保留，同时，积极开拓包括中国在内的新兴国家市场。沃尔沃将由独立的管理团队领导，总部仍设立在瑞典哥德堡。

在李书福眼里，与其他企业的海外并购不同，吉利不需要对沃尔沃做整合。"它本来就是一棵树，种在那里好好的，你能帮它弄一些水，弄一些肥料更好，你不用动它。"

吉利要为沃尔沃做的不但是浇水施肥，还要提高它的"造血功能"。

　　按照吉利的复苏计划，将在中国建设沃尔沃的新生产基地，总产能 30 万辆，使其总产量提升近一倍。并在 2011 年前扭亏为盈。五年内让沃尔沃这个豪华品牌的全球总销量达到 100 万辆。

　　注册地在上海嘉定区的上海吉利兆圆国际投资公司是吉利收购沃尔沃的主体。通过这家公司，吉利向福特支付了 13 亿美元。吉利兆圆为吉利集团、大庆国资委、上海嘉尔沃投资有限公司（嘉定开发区持股 60%，嘉定国资委持股 40%）三方按51：37：12 出资比例组建的合资公司。

　　按照吉利与嘉定区政府签订的《吉利沃尔沃上海项目框架协议》，吉利将在上海建立沃尔沃中国公司总部、研发和生产工厂三大中心。有消息说，注资不菲的大庆也将建立沃尔沃生产基地。两个基地的一期建设规模共 40 万辆，由于工期需要两年，不排除在吉利原成都基地代工的可能性。李书福 8 月下旬在香港说，沃尔沃在中国建工厂，由沃尔沃董事会说了算，最后由中国政府批准。

　　在全球汽车业和市场的怀疑和期待中，李书福带领沃尔沃开始了涅槃之旅。

走进沃尔沃

　　2010 年 9 月 16 日，我和几位媒体同行应邀飞到位于瑞典哥德堡的沃尔沃汽车公司总部，窗外是瓦蓝的天空和浓郁的绿茵。吉利收购沃尔沃之后第一次董事会上午刚刚结束。我们和董事长李书福、总裁兼首席执行官雅克比共进午餐。

　　"我们要把沃尔沃打造成全球独树一帜的豪华品牌。"雅可比说，"产品和品牌将是我当下工作的重点，沃尔沃将开发更有竞争力的产品，这些产品将传承沃尔沃安全环保的理念、经久耐用的质量、斯堪的纳维亚简约的设计和以人为本的技术追求。"面对发展迅速而又竞争激烈的豪华车市场，雅克比说："眼下沃尔沃还无意挑战对手，当务之急是作出努力，扩大市场份额。"雅克比认为："中国市场是沃尔沃再造的决定性因素之一。沃尔沃将在上海安亭设立研发中心，和设在斯德哥尔摩、洛杉矶的研发中心全天候地运行。"

　　2010 年上半年沃尔沃已经走出亏损，在全球开始盈利。在全球汽车业和市场的怀疑和期待中，美好的愿景和正视现状的脚踏实地，沃尔沃开始了涅槃之旅。

　　认识李书福十多年了，他不再是那个执著、不安分、口无遮拦的形象，在全球

沃尔沃第一次董事会后，董事长李书福和 CEO 雅克比在午餐会上会见媒体

化的大博弈中，摔打出的那份大智大勇，那份运筹帷幄，那份缜密推进，的确让人刮目相看。但是他率真、质朴、平等待人的本色不变。

李书福私下曾对我说，"我关注的目标不是盈利，而是让沃尔沃重新回到当年奔驰、沃尔沃、宝马这样的豪华品牌全球排序。这当然有难度，但是必须攻下来。不然就是失败。"

我问："靠什么实现这样的目标？"李书福说，"重生的关键，就是让沃尔沃重新做回自己。沃尔沃现在还缺一个像奔驰 S 级、宝马 7 系级别的旗舰产品。技术不超越，领先地位就不可能。新产品靠抓两头：一个是顶级车的开发；一个是 1.3 升、1.5 升排量的小型车，新的平台，发动机、变速箱、底盘全是新的。"

吉利收购沃尔沃，被人们称作"天仙配"。但是天上的种子必定要在中国落地生根。沃尔沃中国建厂已成定局。李书福说："中国人的天下，豪华车市场怎能只是奔驰、宝马、奥迪独占呢？沃尔沃 S80L、刚刚全球发布的 S60，如果全部实现国产化，会把对手杀倒一大片。"

沃尔沃的安全碰撞试验。一辆 S60 和一辆 V70 各自以 56 公里的时速迎头相撞，驾驶舱安然无恙，燃油没有泄漏，安全状况良好

强烈碰撞之后 A 柱不变形，门能打开，碰撞机器人毫发无损，
显示了车型的安全性（左页左上图）

沃尔沃碰撞的能量，大部分被车头的吸能区吸收（左页右上图）

　　然而李书福的雄心壮志，并没有得到他的经营团队的完全支持，他们认为当务之急是发展节能环保的小型车，而非最高端的大型轿车。对此，李书福态度很豁达：我不能说服他们，但是我接受他们的想法。

　　他不无调侃地说："我们会有一个大发展。沃尔沃的人，总是太保守，有 200% 的把握才敢干；我有 80% 的把握就敢干；保守派和我这样的激进派结合起来，一起努力，埋头苦干两三年，就能看见变化。"这段话最能体现李书福的哲学。

　　我问："沃尔沃的技术，能不能转移到吉利本土的产品体系中去？"李书福回答很干脆："不能，这个力借不了。一个是高端产品，一个是大众化产品，技术体系不一样，一定要用，成本就上去了。"

　　董事会召开的当晚，李书福去和哥德堡大学与查尔姆斯大学的两位校长共进晚餐。饭后，他向我透露了他内心埋藏许久的心愿：借助两所著名大学的力量，在国内成立查尔姆斯大学沃尔沃工程技术学院；成立哥德堡大学沃尔沃商学院，培养研发、制造、营销、企业管理高级人才。他还筹划在上海建立沃尔沃汽车博物馆，展示沃尔沃在世界汽车史中的地位，尤其是安全与环保的贡献。

　　在完成全部收购程序后，李书福也是第一次被允许走进沃尔沃。安全是沃尔沃与生俱来的基因。在沃尔沃博物馆，创始人格布里森和拉尔森在 1927 年推出第一代沃尔沃汽车时所说的一句话赫然在目："汽车是人来驾驶的，因此，我们做任何事情的指导原则必须是——把安全放在第一位。"时至今日，沃尔沃已经成为了安全的同义词。

　　1959 年，沃尔沃推出了三点式安全带，此后，这项挽救过无数生命的创新发明被应用在全球每一辆汽车上。沃尔沃还创造了 ABS 防抱死制动系统、安全气囊等众多安全保护装置，在安全领域独领风骚。2010 年，全新沃尔沃 S60 在日内瓦车展发布时引起轰动，这款车第一个配备了创新发明——能够自动刹车的"行人探测保护系统"。沃尔沃首先提出，到 2020 年，沃尔沃生产的新车，都能实现"零碰撞，零伤亡"，将翻开汽车历史的新篇章。

　　在沃尔沃安全中心，我们目睹了模拟交通事故实例的一次碰撞试验。在亮度是阳光 10 倍的灯光照明下，一辆 S60 和一款 V70，以各自 56 公里的时速迎面相撞，10 台高速摄像机记录着碰撞的全过程。由于车头缓冲区等一系列保护措施，两辆车的发动机和驾驶室得以有效保护，燃油没有发生泄漏，验证了沃尔沃极高的安全性。

沃尔沃也是环保领域的先行者。早在 1972 年，沃尔沃就制订出了自己的第一个环保章程，1976 年，沃尔沃装有带氧传感器的三元催化转化器的轿车在美国上市，现在所有汽车排放控制，都是以这项技术为基础发展起来的；2002 年起沃尔沃汽车还实现了 85% 的材料可再回收利用。

沃尔沃将在五年间投入 15 亿欧元用于节能减排。计划从降低现有发动机油耗、采用替代燃料、电动车三个方面入手。打造一个节能减排的"DRIVe 绿色驾控"战略。到 2009 年底，沃尔沃汽车公司已经推出七款高燃油效率的 DRIVe 超低排放车型。

吉利对沃尔沃的收购实在是一笔超级划算的好买卖。

我们参观了位于哥德堡的沃尔沃托斯兰达工厂，这个工厂建于 1964 年，现有员工 2300 人。女工占 27%，比例全球最高。沃尔沃 V70、S80、XC70 以及 XC90 都生产于此。流水线是订单生产，73 秒一辆。

沃尔沃还为中国人开放了设计中心、风洞实验室，进行了包括混合动力和电动车在内的全系车型的试驾。

我在沃尔沃交谈的每个人，都对吉利的收购表示出真诚的认可。雅克比称李书福"开放、创新，具有企业家精神"。从高层到一般员工，提到"董事长"都饱含敬意，他们的表达多是包含着一个主题：吉利和福特不一样，吉利不是把沃尔沃当作小兄弟，李董事长非常尊敬沃尔沃，尊敬沃尔沃的文化，尽力恢复沃尔沃的辉煌。沃尔沃有了一个好的投资人。

墨菲，放弃了的午餐

墨菲，个子不高，敦实而干练。刚过"知天命"的岁数，已是早生华发。他为通用在美国和海外工作了 32 年，做到通用中国公司总裁；其后担任过上汽集团副总裁和克莱斯勒亚太总裁；但是做派中没有什么大老板的傲慢和威严。

他很善意，性格开放。他说过，最初认识我，是在 1997 年底特律车展。通用亚太总裁施雷斯指着我告诉他：李这个家伙对中国汽车了解得很多。此后我们成为好朋友，每次见面都高兴地用拳头捶打对方的肩膀，虽然也常有意见相左的时候。墨菲对别人说，李说话很尖锐，听了不大受用，但是他的意见对我特别有价值。

大市场能够独立开发产品

中国官方给过墨菲许多荣誉："白玉兰"奖、上海"绿卡"，墨菲为此很自豪。

墨菲做人很真实，容易与人相处。无论 90 年代在上海项目充任谈判小组成员，还是随后担任上海通用副总裁，他都与中方的搭档胡茂元、陈虹相处甚好。

"换位思考"是墨菲常说的一句话。合作中，对于一件事双方有异议，墨菲总要了解对方出自什么考虑，他说，解决矛盾，并非一定要我赢你输，可以做得对双方都有利。一块饼，两人分，无非你多我少；但是一起把饼做大，双方都能拿得更多。

隔一段时间，我们会见上一面，吃一顿他喜欢的川菜。不是采访，只是一种交流。记得中国入世的第二年，有一次中午我到上海他的办公室，谈得兴起，一口气聊了两个钟头，没吃午饭，却留下一份访谈记录，有些话到今天还很有针对性。

当时我想知道，中国和美国汽车的价格构成有什么不同。

墨菲说：在上海生产的别克，价格中除掉成本和利润，还有17%的增值税和3%—8%的消费税；消费者还要再缴10%的购置税；加上30%的零部件进口关税等；消费者把一辆车买到手，花费中40%—45%是各种税费。以别克GS为例，在中国光是税费就要两万美元。在美国，汽车产品联邦政府税收为4%；州税各州税率不同，分别为0%—10%，就是说买一辆汽车，税收占4%—14%。在中国，扩大轿车消费，看来有必要调整税收的杠杆。

我问，媒体常常认为汽车厂家的盈利就是降价的空间。通用的盈利都用来做什么？

墨菲说，一般企业不会透露自己的盈利率，可以参照的是，全球汽车行业的利润率平均为3%，当然，上海通用的利润率要高于这一水平。企业的利润主要用于资本的再投入、长远新技术、新车型研发费用的分摊、退休基金和员工的福利基金，此外就是股东的分红。如果企业盈利减少，一个最直接的结果就是产品开发力度减弱。长期没有新产品满足市场，企业就会失去用户。

我说，很多人担心，中国会不会成为汽车跨国公司的世界工厂，即开发的核心技术在国外，中国只做单纯的制造中心。

墨菲说，理论上这种可能性是存在的，但是我不认为真的会在中国发生。因为中国汽车市场不但很大，而且很独特，客户需求与全球其他地方很不相同。

比如环境、驾驶条件就有很大差别。在中国以外设计开发的产品，几乎不可能完全适合中国。这是为什么通用汽车要在上海建立泛亚研发中心的初衷。世界其他市场情况也是一样。通用底特律总部有很强的研发能力，但是我们在德国欧宝、在澳大利亚霍顿、在巴西都建有研发中心。起步时做技术改进、本地化，最后都会形成自主开发能力。

中国成为外国汽车公司单纯的生产中心概率非常小，因为大家都认同中国是一个最大的市场，我的经验是，大的市场都能支撑大的研发中心，独立开发产品。

2004 年初春的一天，我接到通用中国公关总监郑洁小姐的电话，墨菲突然辞去了通用汽车中国公司 CEO 的职务。只差几个月，他在中国工作就届满十年。

离职的原因，众说纷纭，但是当事人通用汽车公司和墨菲似乎有约在先，三缄其口。但我听说，他与底特律的上司意见相左，又不肯妥协，导致了僵局。墨菲在中国的十年，为通用开拓了中国这个最大市场；也为中国汽车工业融入全球化，做了许多好事。

不要拿意识形态说事

离开通用不久，墨菲受邀加入上汽集团。当时上汽刚刚收购双龙，初涉海外经营，又碰上韩国工会这样难缠的角色，磕磕碰得颇有些灰头土脸。墨菲加盟上汽，即被委以主管上汽海外事务的执行副总裁。并担任双龙的代表理事，副董事长。

上任半年，墨菲来北京，我们见了一面。我问起明年双龙是否会有转机，墨菲做了个一上一下的手势。"我不知道，要看运气。"他说，"美国有句谚语，一件事只有到了 20 码的最佳视距，才能看清楚。"

墨菲说得很直率：上汽买双龙，买回一个包袱。不是买得不聪明，买现成企业，好处显而易见，产品、网络、人才都有了。问题是买之前，没有做好"尽职调查"，历史和一些侧面问题没看到，进去了才发现。

墨菲说，把产品线拿过来，韩国人说是技术外流，谁都知道没有那么回事，政治借口而已。现代、大宇，那么多车型在中国生产没问题。双龙一个车型"享御CYIRON"刚和上汽签了技术转让许可，韩国大报小报就一起上，政府还通过了《反技术外流法》。韩国和美国不同，是民族主义最强的国家。美国人或者其他人在那里投资，也会遇到民族主义的麻烦。他说，上汽从双龙获得了经验，在买罗孚时

"尽职调查"做得很周密，规避了各种风险。

我谈到其他中国企业海外收购也遇到种种问题，是不是出于意识形态的原因。

墨菲不认同：不要一遇挫折，就归结到意识形态。美国企业20年前刚进入中国时一赔钱，就拿政治因素作借口；到90年代中期，了解了中国市场，获得了成功，又都说自己的战略如何好。这是"面子"，不是政治。中国经济发展太迅速，外国人猜疑、惊恐都很自然。关键要拿得出在当地市场有竞争力的车，价格绝不是取胜的唯一因素。中国汽车业不能强迫国际市场就范，只有迎合、了解一个新市场才会成功。

墨菲说，其实，中国汽车在海外遇到的问题再多，比起当年日本人遇到的障碍要少许多。日本是唯一侵略过美国的国家，曾经造成几代美国人的心灵创伤，这给日本汽车进入美国带来很大困扰。日本车70年代曾在美国市场几进几出，但是他们顽强地一家一户地走访客户，了解美国人的需求，锲而不舍地用省油的产品、便宜的价格、周到的服务去开拓市场。美国人开放，讲实惠，最后终于被打动了。

墨菲在上汽主管双龙的那段时间，双龙曾一度盈利。

直言不讳往往没有好果子吃

戴克全球分拆后，墨菲去了克莱斯勒，担任克莱斯勒亚太区总裁。在中国，他首先面临克莱斯勒在北汽和奇瑞两个合资企业的去留问题。

墨菲进行了深入调查，毫不客气地认定，这两个企业当时的文化、技术水准、质量管理都达不到克莱斯勒的合作标准，快刀斩乱麻地决定了从这两家中国企业的合资谈判中撤出。

对此奇瑞和北汽并不认同，认为墨菲是在刁难，其实是两种文化的不同。墨菲私下对我说，奇瑞要改进，必须换掉所有的经理。我了解墨菲的为人，这话听上去很残酷，但是说到了实质，汽车的竞争，不但是技术和资金的竞争，也是理念的较量。

墨菲为此在中国挨了不少骂。克莱斯勒也认为他不够进取，墨菲只好再次离开。可是今天回头看，墨菲判断十分英明，无论对克莱斯勒还是北汽、奇瑞，结束合资都是一件好事。金融危机中克莱斯勒遭遇破产保护，两个合资企业要是还在，它们可不是上海通用，能够跨过合资对手濒临倒闭这道坎。

我常常想，圆滑一点，墨菲的职业生涯可能会顺利得多，但是中国汽车更需要直言不讳，我敬重墨菲。

第十一章

新能源，别在一棵树上吊死

中国人享有汽车文明久违了几乎一个世纪，许多新理念，是和汽车一起来到我们身边的。

1995年，我第一次参观斯图加特的奔驰工厂，在车间里，我看到一台水泵下面放置着一个不锈钢方盘，我很好奇，陪同的技术人员告诉我，这是防止设备表面的冷凝水珠直接滴到地面。我不解，水珠滴到地面有什么关系呢？对方回答说，如果水滴里溶入什么有害物质，日积月累就会在水泥地面积存起来，一旦有一天工厂拆除，废弃的水泥块就可能会污染环境。因此要用不锈钢盘把水收集起来，集中处理。这件事给我很大触动，是我树立惠及子孙的环保理念的一次启蒙。

作为中国人，又怎么能够想象，奔驰在荒地上建一座新工厂时，为了不破坏当地昆虫们在夜间的生活环境，厂房建造前专门请了昆虫学家，配合灯光设计师，安排了一种不打扰昆虫繁殖生态的室外照明。

走进奔驰当时刚刚盖好的新总部，百叶窗的窗叶由电脑控制，达到最佳的通风量和光照，以降低能耗；屋顶和院子里的雨水全被收集起来，用于绿色植物的浇灌。

这是我上的汽车节能环保第一课。

一、应答世纪课题

节能减排路线图

没有石油，就没有汽车。汽车是 20 世纪石油时代的产物。在一些人士眼里，汽车的原罪之一就是消耗了大量汽油。

20 世纪初，汽车，随着全球石油产量的激增而大发展。70 年代和 90 年代，曾经出现过两次全球性石油危机。有趣的是，全球汽车业的发展并没有因此受到遏制，人们开始寻找用有限的汽油养活更多汽车的技术，在全球经济的节能努力中，汽车业始终走在前面。今天汽车的平均油耗，大约只有 30 年前的三分之一，也就是说，30 年前能够供应 1000 万辆汽车的汽油，今天能够满足 3000 万辆汽车的需求。按照欧盟和美国的规划，未来 30 年，汽车的油耗还将再降低一半。

20 世纪上半叶，中国是个贫油的国家，从点灯的煤油到开车的汽油、柴油，几乎全是"洋油"——解放前从美国进口，解放后全靠苏联。1961 年，中苏交恶，进口断绝。北京长安街头行驶的公共汽车，车顶上都顶着一个巨大的煤气包作为驱动能源。这一段历史，老一代中国人至今还记忆犹新。直到六七十年代大庆等一系列大油田的发现，中国才把"贫油的帽子甩到太平洋里去"，"大庆精神""铁人精神"，也由此成为中国自力更生的代表。国产石油不但满足了汽车、拖拉机的需要，而且在中国建立起巨大的石化工业，提供着一半纺织品原料和大部分塑料的来源。

这期间，出现过两次石油危机，让全球经济发展受挫，而对封闭的中国影响不大。80 年代中国经济开始起飞，对石油的依赖度越来越高。随着逐步融入全球化，中国从石油出口国变为石油进口国。全球石油价格的激增和石油即将枯竭的噩梦也开始困扰中国经济，尤其是正好赶上中国汽车业"井喷"式的发展。

90 年代初，就不停地听到预言，30 年内，全球的石油资源即将耗尽，当时我曾十分当真；今天，新油田不断发现，采油技术不断发展，但是这个永远预支 30 年的预言还在重复。不过来自 2009 年全球石油业的信息是，全球已探明储量，用今天的技术可以开采 50 年。

毋庸讳言，到 2020 年，估计将有 11 亿辆汽车在全球的路面上行驶。单纯依赖石油显然难以承受，目前，中国三分之一的石油消耗是用在汽车上。如果目前趋势延续，到 2020 年，估计中国交通运输将需要两亿五千万吨石油。寻找新能源作为补充和替代已是当务之急。明天的汽车将使用多种的能源——燃油、天然气和所有可再生能源，如生物能、核能、氢能、风能和太阳能。

汽车的另一个原罪是排放污染。

同蒸汽火车要竖一根烟筒冒烟一样，早年汽车尾部的排气管也是突突地冒黑烟，那是汽油燃烧不充分排出的碳颗粒，以及眼睛看不见而对环境和人体有害的一氧化碳、二氧化硫、铅、氮氢化合物等。一氧化碳是不完全燃烧的生成物，过去北方冬季许多人死于煤炉逸出的一氧化碳，俗称煤气中毒，可见其毒害之烈；氮氢化合物由二百多种不同成分组成，其中含有四苯丙蒽等九种致癌物质，在光化学反应下会生成有毒烟雾，和二氧化硫同是酸雨的组成物。

但是全球汽车业对于排放污染的治理，几十年来成绩斐然，人类治理汽车尾气排放是从 20 世纪 60 年代开始的。最早是美国加州公布了一系列法规控制排气管、曲轴箱、车内蒸发物的有害气体排放，这些法规的执行早于美国联邦政府两年。至 70 年代，欧洲和日本也相应制定了一系列控制汽车污染的法规，这些法规一个比一个更苛刻，推动汽车业不断技术创新。到世纪之交，一氧化碳、碳氢化合物、氮氢化合物的排放，在美国分别下降了 96%、96%、76%；日本下降了 95%、96%、92%；欧洲下降了 85% 和 78%（后两项综合统计）。

进入新世纪，全世界环保意识空前提高，尤其对于碳排放造成的大气变暖、温室效应甚至提高到人类生存危机的高度。对于汽车来说，即使不直接有害于人体的二氧化碳排放也在限制之列，欧盟和美国都提出到 2020 年，平均每辆汽车每百公里碳排放 90 克的严格控制指标。

就在 20 世纪末，北京许多超载的大货车在二三环路爬坡的时候，排放的尾气还是黑烟滚滚，我曾在文章里称之为"墨斗鱼"。从 90 年代以来，伴随汽车业的大发展，中国加速了对于汽车排放污染整治的补课。逐步执行了《环境保护法》、《大气污染防治法》、大气污染质量标准，以及等效采用欧盟的欧 1、欧 2、欧 3、欧 4 汽车尾气排放标准。

从 19 世纪末奔驰发明第一辆汽车开始，迄今已有 125 年，汽车技术现在更具革命性的变革——包括先进的动力、电子控制和材料。目前，各国汽车业在动力能源技术的"路线图"已经形成共识：从低到高分别是：一、高效内燃机和生物柴油、乙醇等生化燃料；二、油电混合动力；三、插电式混合动力车(也叫增程式电动车)；四、纯电动车(只适合作短途)；五、氢燃料电池车。氢能源蕴藏丰富、排放为零，是汽车新能源的终极方案。

汽车全面优化不可忽视

直至今日，全球每年生产的 7000 万辆汽车大都是内燃机汽车，传统内燃机的科技创新是节能减排的主流。在全球、在中国，节能与减排已经合而为一。比如涡轮增压和缸内直喷技术（简称 FSI），就大大提升了汽油在发动机里的充分燃烧。而双离合变速箱（简称 DSG）的发明，使换挡过程的能量损失几乎为零。

今天在全球主流汽车公司，节能减排，已经不光是动力总成技术创新的目标，而是一个复杂的系统工程。包括车身空气动力学、车身轻量化、轮胎摩擦阻力、电器设备智能化和能量管理等多学科构成。

台架试验表明，如果车辆风阻系数减少 10%，比如从 0.36 减小到 0.32，每百公里油耗就可节省 0.15 升；而在畅通无阻的实际驾驶中，每百公里油耗可减少 1 升或更高。奔驰新一代 E 级轿跑车凭借 0.24 的风阻系数成为目前世界上空气动力学最出色的量产汽车。在瑞典哥德堡，为不断降低新车设计的风阻系数，沃尔沃建立的风洞实验室，最新一次技术改造投入就高达 2000 万欧元。

车体轻量化并非单纯的偷工减料，高强度铝合金正越来越多地替代沉重的钢材。奥迪早在近 30 年前就建立了车身轻量化实验室，以其全铝车身技术在业内遥遥领先，车重每减少 100 公斤，每百公里油耗可降低 0.3 升；如果应用在电动车上，则能增加 7.5% 的续航能力。应用这项技术的奥迪车可比同级车型轻 150 公斤以上，在豪华品牌中独占鳌头。

柴油轿车，何以成了欧洲主流

在欧盟，汽车节能减排的一个重要措施是柴油发动机的采用。轿车柴油机的技术研发最执著的当属大众。从 1976 年吸气式起步，进而涡轮增压、直喷、泵喷嘴到时下的 TDI，可谓锲而不舍，其成果十分显著。在油耗方面以 2.0 排量的宝来为例，汽油机和柴油机百公里平均油耗分别是 8.1 升和 5.1 升；在排放方面，柴油机高尔夫轿车从第一代到第四代，氮氢和碳氧化合物下降 95%，颗粒物下降 93%。在德国沃尔夫斯堡的大众研发中心，我曾见过 2002 年大众前董事长皮耶希驾驶过的一款"路波"柴油车。0.3 升排量，百公里油耗仅 0.99 升。法国 PSA、意大利菲亚特在柴油机研发方面也成就卓著。

新世纪以来，一些跨国公司为推进节能减排，也不断下工夫在中国市场推进柴油车技术，大众为说服中国有关主管部门，组织过专门团队，花费数百万欧元进行推广，雪铁龙等公司也跃跃欲试，却都铩羽而归。有关部门一开始是说石油部门拿不出生产清洁柴油的技术改造的巨额资金；后来又说国产柴油目前已经不够重型卡车、工程机械、农用拖拉机，以及出口的需要，哪能发展柴油轿车；北京等大城市的环保部门也对柴油车充满偏见，成为坚定的否决者。

2004 年 9 月，我在新疆曾经参加过一次"一箱油挑战千里无人区"的活动。这是我见过的推进柴油车最令人信服的一次策划。从古边塞轮台到南疆民丰的高等级

一箱油挑战塔克拉玛干，在往返 1000 公里的沙漠公路上，柴油捷达百公里油耗仅 2.82 升

公路穿越塔克拉玛干大沙漠，全长 500 公里，是世界最长的沙漠公路。50 辆各种国产轿车，凭借在 0 公里处加满的一箱汽油或柴油，参加了这次穿越。我至今记得路边那些枯死后仍然千年不倒的胡杨林；记得露宿时沙漠中令人恐怖的绝对寂静。近一半车辆用一箱油跑完了 1000 公里的赛程。而参加挑战的 6 辆柴油车，继续跑到 1500 公里还意犹未尽，来自贵阳的两位出租车司机驾驶捷达 SD 柴油车，凭借一箱油竟跑了 1952 公里，百公里油耗仅为 2.82 升，柴油车对比汽油车表现出的燃油经济性让人刮目相看。

2010 年秋，我先后访问沃尔沃和雪铁龙，得知沃尔沃在瑞典销售的柴油轿车与汽油车比例 2000 年是 1：9，到 2009 年猛增到 9：1；雪铁龙 2009 年在欧盟销售的轿车 70% 是柴油车。可见柴油车在环保和经济性方面受欢迎的程度。

柴油的来源，不但是石油，近年来在欧洲，油菜籽、速生秸秆等也是绿色柴油的新来源。在中国，近来"地沟油"正成为人们餐桌上的梦魇，然而，这些餐桌废弃物，经过处理，恰恰是生物柴油的好原料。

混合动力是一座桥

2001 年 1 月 3 日，我到美国采访底特律车展，这是新世纪第一个国际车展。在车展上，对丰田汽车公司社长张富士夫的专访给我留下难忘的印象。当时，正逢全球汽车业一次大兼并，我问他，丰田如何迎战这次大潮。他的回答似乎和企业重组并无关联：新世纪的主动权在那些掌握节能环保最新技术的企业手里。

当时，丰田的确在节能环保新领域中获得了新突破——油电混合动力技术。这一技术让丰田在 21 世纪头几年出尽风头。

2001 年春天，我在日本丰田公司试车场试驾了刚刚面世的混合动力车"先驱Prius"。它同时装有汽油发动机和电动机两套系统以及蓄电池。启动、加速和上坡时两套系统同时出力，刹车时能量逆向存入蓄电池；平稳行驶时，由蓄电池驱使电动机单独出力，不再烧油。按照丰田的说法，混合动力车可以节省一半汽油，尾气污染自然也减少一半。

当时在丰田听到介绍：混合动力车的市价 210 万日元（折合人民币 16 万元），比同级车贵 40 万日元。但是政府对私人购车补贴 25 万日元，车主多花的钱一年多就能在节省的汽油费中赚回来。尤其让消费者感到方便的是混合动力车只需到平常的加油站加油，不用改变汽车的使用习惯；政府和企业推广这种产品也无须投资新建充电装置或加气站。

精于市场运作的日本人很快就把混合动力车包装成一种市场流行时尚。在美国，尤其在加州，节能和环保的压力，使混合动力车成为一种时尚，连男女明星出席奥斯卡颁奖仪式，也要乘一辆混合动力车亮相。在 2004 年上半年，在美国销售了 21783 辆，增幅为 120%。客户要等上六个月甚至加价才能拿到车。"先驱 Prius"因此被称为丰田在美国市场的"挣钱机器"，让同行看着流口水。

其后，在 2005 年秋天的法兰克福车展，宝马、奥迪、通用纷纷宣布推出自己的混合动力概念车，令人眼花缭乱；在国内，一汽和丰田宣布，合作生产的"先驱Prius"将以"普锐斯"的中文名字在年内问世；中国一些车企和科研机构也纷纷宣布了各自的混合动力计划。如果不是混合动力的技术门槛高，混合动力车也会像今天的电动车一样在中国一哄而上。

关于混合动力车，我也听到许多不同的声音。在 2004 年通用纪念研发中心创建 70 周年的年会上，通用汽车董事长瓦格纳对我说得很坦率：混合动力必然要有内燃机和电动机两套设备，因此，无论如何成本也降不到传统发动机的水平；而且在顺畅行驶时，电动机失去频繁刹车而积聚的能源，反而成为轿车的重量负担。而依靠政府补贴也绝不是长久之计。混合动力技术仅仅是一座桥梁，新能源的终极解决方案，还是氢动力的燃料电池车。通用汽车虽然也做混合动力，但是思路和丰田不同：混合动力主要装载在耗能较高的中大型产品，如皮卡和 SUV 上。其后，通用和上汽在混合动力的合作，也只限于大巴方面的尝试。

大众负责柴油机项目规划的辛德勒博士认为，日本人的宣传夸大了混合动力车的节能效果。他们说，根据互联网上美国消费者提供的测试，在城市工况，混合动力车和柴油车节能效果差不多；在高速路，柴油车的节能明显好于混合动力车。

说到混合动力车的研制，也并非是日本人遥遥领先。

奥迪公司董事副总裁施密特先生告诉我，他们是在十年前和日本同步搞混合动力的。当年奥迪一共生产了二百多辆混合动力车，技术很成功，0—100 公里加速达到 7 秒。但是没有搞下去，因为成本高，即使上批量，也要比汽车贵三四千马克，

（上图）丰田最成功的混合动力车型
"普锐斯"是世界上最早商品化的混合
动力车。目前已是不断改进的第三代，
可以减少油耗 50%

（下图）通用新推出的增程式混合动力
车，一次充电可行驶 60 公里，然后由
汽油机发电行驶，节油效果可达 70%
以上，但成本更高

结果有一半儿没有卖出去。

雷诺日产总裁卡洛斯·戈恩也说过：混合动力是一个成功的技术故事，但不会是一个成功的商业故事。

在中国当一汽丰田的国产"普锐斯"推出后，身价最初高达 28 万元，是同级别车型花冠价格的三倍，在最初几年乏人问津。

然而，丰田始终以一种"百折不挠"的精神深化混合动力车的研发，最新推出的"插电＋混合动力模式"，节油效果提升到 74%。使用成本降低，一定程度抵消了买车的高花费。

第一辆汽车的发明者奔驰公司，也把混合动力用于最顶级的 S 级轿车 S400 Hybrid 上。2008 年秋天，我和几位媒体朋友应邀在斯图加特到巴登巴登的路段上试驾了奔驰这款混合动力车。试驾路段有高速路、乡间公路、盘山弯道，总长 200 多公里。天气如同路边的景致一样多变，阳光、暴雨、浓雾交替，享受驾驶乐趣之外，还有几分惊险。

S400 Hybrid 采用 V6 发动机，279 马力，加上电机做功功率高达 299 马力，最高扭矩 385 牛米。搭载"即停即起"技术，进一步提升了节能效果。相比同级别传统动力，它的紧凑混合动力系统重量仅增加了 75 公斤（雷克萨斯 LX600H 增加了 200 公斤），百公里油耗 7.9 升——这一成绩使 S400 Hybrid 成为全球顶级豪华轿车中的节油冠军。

奔驰 S400 Hybrid 的亮点在于锂电池的应用。我看到 S400 Hybrid 动力总成的展示，发动机、电机、变速箱融为一体。印象最深刻的是它的锂电池，用高强度钢壳包裹的电池组只有两块砖头大小，作为对比，竞争对手采用的镍氢电池组体积犹如一个轿车后座的坐垫。

负责奔驰 S400 Hybrid 技术开发的主管说，S400 Hybrid 的设计要求是：节能、低排放，同时不能牺牲客户的需求。他说，奔驰不会为混合动力开发专门的车型，而选择用户喜爱的车型配置相应节能环保系统。同时实行模块化设计，使混合动力可以适用于汽油、柴油不同发动机。

我认为，混合动力技术的精髓——回收怠速、制动、滑行等一点一滴原本浪费掉的能量，都转变为汽车行驶动能的思路，将在 21 世纪能够应用于一切节能减排和新能源技术的尝试中。

2008 年，通用在北京国际车展首次推出的雪佛兰 Volt 增程型电动汽车，其实就是一种插电式混合动力车。电池和电动机成为 Volt 的主要驱动能源；它另有一台小汽油发动机，作备用驱动。雪佛兰 Volt 的锂离子电池，通过外接电源一次充电最多能够驱动汽车行驶 60 公里。当电能即将耗尽时，汽油发动机自动启动，不过汽油机并不驱动车轮，而是带动发电机，发电驱动车辆，从而使 Volt 能够继续行驶450 公里以上。

如果 60 公里基本可以满足用户每天的出行需要，Volt 只要每天充电，就无须启动汽油机；如果要出远门，加满汽油，电能耗尽后用发动机接着发电，依然可以胜任跑长途。难怪通用中国总裁甘文维调侃说，Volt 可以挑战任何一款电动车，完成从上海到杭州的不停歇的行程。

按照最乐观的估计，21 世纪第二个十年全球混合动力车市场达到百万辆级的规模，但是这在汽车总产量中也是个很小的比例。如果油价出现大幅攀升，或是在交通拥堵，车辆走走停停的大都市，混合动力的优势会明显发挥出来。

二、节能减排的终极方案

氢动力"重新定义汽车"

170 年前，英国物理学家格鲁夫爵士，第一次成功地实现了电解的逆反应并产生了电流。这正是今天氢燃料电池的基本原理。格鲁夫也许想不到，他的发现在几代人之后会用于太空旅行和汽车新能源的一项关键技术。

氢动力车，以其氢资源在地球上最为丰厚，排放污染为零，而成为实力最强的一批世界汽车大厂商极力攻占的技术制高点。奔驰和通用在氢燃料电池车的研发上下了大工夫。

早在 1997 年 7 月，在斯图加特奔驰研发中心的院子里，我看到奔驰刚刚开发出的第一代氢燃料电池车。当时的燃料电池体积还很大。那是一辆类似国产金杯大小的面包车——奔驰 MB100，除了前排驾驶座，车厢全部被巨大的燃料电池组所占满。

在新世纪的头十年，我也目睹并且试驾过美国通用三代氢燃料电池车。

混合动力奥迪 Q5 成为全球紧俏车型，奥迪通过 2010 年在桂林举行的科技日，把它带到中国展示

2000 年 10 月，第一代通用氢燃料电池车"氢动一号"来到中国，在北京交通部试车场向中国汽车业和科技界进行展示。它以欧宝赛飞利为基础，方向盘、刹车、离合器、仪表盘一应俱全。介绍氢燃料电池原理时，陈祖涛前辈拉我坐在会场前排。

简单说，燃料电池是由极板夹着极薄的电解膜构成，电解膜两侧覆有铂层，构成电池的正负两极。在电解膜一侧的阳极上，氢气被铂催化剂分解为电子和质子。质子可以穿过电解膜，与空气中的氧生成水雾排出；电子则统统被电解膜拦下，集中起来生成电。电流储存下来，从而带动电动机驱动车辆。

我最难忘的体验，是 2003 年 7 月在底特律附近的米尔福德试车场驾驶通用第二代氢动力概念车 Hy-wire。从严格意义上说，Hy-wire 甚至比一架直升机与传统汽车的差异还大。

通用推出 Hy-wire 成为全球汽车业公认的一次革命性突破。它不但使用了氢动力，而且摒弃了传统汽车上必不可少的方向盘、变速箱、传动轴等传统部件，实行了电脑产品类似的"线传"控制，开车完全改变了今天的方式。"氢动力＋线传"，使 Hy-wire 真正成为"重新定义"的汽车。

阳光下的 Hy-wire 闪着银光，大小如同一辆流线型豪华轿车。没有支撑车顶的 B 柱，前后车门对开，车内宽敞，上下自如。Hy-wire 的氢燃料电池、电动机和线传系统都藏在车的底层，上层就完全成为乘坐空间，坐进车里，前窗玻璃一直延伸到脚前，空空荡荡的车头和座舱连成一体。坐在车上有一种坐在玻璃阁楼里的宽畅和通透感。

Hy-wire 最吸引人的地方是没有方向盘，只有一个如同游戏机用的双握手柄。操控之便捷超乎想象，握住手柄轻轻向外翻，起步，加速；向内收，则减速，刹车。左右转动手柄，即可自如转向。而且手柄可以在左右两个前座自由移动，换个人驾驶，连车都不用下。双握手柄中间的摄像屏幕即后视镜，车后情景一目了然。没有油门，也没有制动踏板，双脚得到彻底解放。

试车跑道呈圆形，用红色雪糕桶桩标出弧线，我驾车有意贴近雪糕桶，以测试操控的准确度，的确得心应手，而且有一种车随心动的驾驶快感。Hy-wire 在行驶中几乎没有噪声，勉强可以听见电动机轻盈的哼唱，流畅得如同轻舟无声地划过水面。

Hy-wire 喝的是液态的氢。在车门下有个像笔记本电脑的电源插口的输入孔，

"氢动力＋线传"技术，使Hy-
wire"重新定义"了汽车，动力系
统置于底层，前舱有了通透的空间

掌控全靠一个如同游戏机的手柄，
手柄可在左右两个前座移动

没有了B柱，前后门可以对开

直径两三厘米，通用的技术专家告诉我，那就是加氢的接口。氢在燃料电池中与空气中的氧结合，产生的电能驱动电动机，形成 Hy-wire 行进的动力，如果说有什么排放物的话，那就是纯净而雾化的水。

作为概念车，Hy-wire 价格不菲，但是通用汽车公司负责研发的副总裁 2003 年自豪地宣称："我们正在努力，使燃料电池车在十年后成为人们买得起的轿车，并能行驶在大街小巷和高速公路上。"通用汽车对氢燃料电池车商业化的目标是：批量生产，售价合理，能够盈利。在 2010 年之后成为第一家售出 100 万辆燃料电池车的公司。当时美国总统布什对氢动力车十分关注，政府部门也作出了建设多处加氢站的规划。

两年之后，通用汽车能源动力高科技全球巡展来到上海，其中最引人注目的是第三代氢动力燃料电池车雪佛兰 Sequel。比"Hy-wire"概念车，我说它走了一条复古路线，更加像一辆普通的 SUV。它的动力系统由燃料电池与 3 个电动机和一个锂电池组成，具有类喷气式加速特点和全轮驱动；它继承了"线传"的理念，制动、操控和避震的底盘全都一改机械系统为电子控制，这些技术都装配在底盘之下，提供了稳定的低重心。众多创新科技结合使这款车成了世界上第一台一次加氢可持续行程 480 公里的氢动力车。同时，由于大量机械传动转换为由软件控制的电气系统，与传统汽车相比，雪佛兰 Sequel 只有十分之一的运动部件。

比起外形、操控和传统汽车已经完全不同的"Hy-wire"，雪佛兰 Sequel 不但有了品牌，而且从外形到车内的配置都和传统轿车有一种密切的传承，人们在车里又会看到熟悉的一切——尽管眼睛看不到的地方发生了颠覆性的改变，雪佛兰 Sequel 的确使氢动力燃料电池车迈出了从概念车向量产车型的关键一步。

悲喜氢能源

然而令人遗憾的是，在传统汽车还占据绝对主流的今天，氢动力车的推进有些超前，研发的投入巨大，外部支撑条件尚不具备。2008 年开始的金融海啸，令通用汽车的资金链断裂，最终破产重组。加上新总统奥巴马对新能源车的兴趣点转向电动车，接近曙光的氢动力车功败垂成。

可喜的是通用汽车在 2010 年春宣布，在年底推出 Volt 插电式电动车的同时，将重拾氢燃料电池车的开发，并最终实现商业化生产的目标。在加州举行的一次发布会上，通用全球动力总成系统执行总裁 Freese 表示：在公司最困难的时候，我们也没有放弃燃料电池技术，而是继续原来的计划，向前推进。尽管政府的资助已经从氢燃料电池车转到锂电池车上，但是在 2015 年前，通用将推出用于零售的氢能源车。

氢燃料电池车研发起步最早的奔驰在 2009 年推出奔驰 F-CELL。这款奔驰 B 级车据称是全球第一款量产的氢燃料电池车。

2011 年上海国际车展期间，F-CELL 跨越四大洲的"125 天环游世界"示范车队刚好到达上海。在世博展区宽阔的街道上，我兴致盎然地试驾了这款奔驰最新氢燃料电池车。安静、平顺、提速快是我最大的感受。它使用的最新氢燃料电池驱动系统，输出功率 100 千瓦，续航里程可达 400 公里，而每次充满燃料只需 3 分钟。首批约 200 辆 B 级燃料电池汽车于 2010 年在欧美上市。

丰田、本田、大众也开始加入氢燃料电池车研制的行列。德国和日本已经宣布了建设 1000 座加氢站的计划。

在中国，从 2006 年起，燃料电池车也有可喜进展。在从奥迪公司归来的万钢教授主持下，上海同济大学汽车学院从自主研制的氢燃料电池车"超越 1 号"起步，走了一条独辟蹊径的技术路线。在 2007 年"米其林必比登新能源车挑战赛"上，同济的"超越 3 号"获得了氢能耗最低、噪声最低的好成绩；2008 年奥运会上，同济大学与大众联合研制的 20 辆帕萨特领驭氢燃料电池车已经露面，其后还被送到美国底特律国际车展亮相，并在加州进行路试。有专家评介说，在全球氢能源车的研发方面，中国在第一方阵已经占有一席之地。

尽管燃料电池车日渐成熟，但是受技术、成本和基础设施的制约，普及起来尚待时日。同济大学汽车学院院长余卓平介绍说，我们的燃料电池车一次加氢可以跑 300 公里，百公里加速 15 秒，性能和汽油车很接近了。在工程技术方面，比如储氢技术和国外还有差距。通用的储氢罐的压力是 780 帕，我们是 350 帕；因此行程短一些。但是我们率先在氢动力车上嫁接了混合动力技术，使氢动力车的效率有效提高。另外随着氢燃料电池技术日益完善，铂金属的用量下降，燃料电池的成本越来越低，到 2015 年，中国的氢动力车也将接近商业化。

让我感到特别振奋的是余卓平教授谈到氢来源的多元化。他举例说，氢比电池的储能密度高。太阳能、风能发电的电力存储是一个难题，一个解决办法就是用来电解水，制氢气。他还告诉我，在上海进行燃料电池车示范的时候，用的是工业副产氢气。上海有庞大的钢铁产业、化工产业，生产中有大量氢气副产品。他作了一个统计，如果把上海工业的副产氢气拿来给燃料电池汽车使用的话，大概可以支撑 40 万辆汽车。工业副产氢气一公斤 35 元，1.1 公斤氢气可以跑 100 公里，比较一下，已经比汽油便宜了。在上海发展燃料电池车，氢气资源就是一个优势。

三、电动车中国大跃进

电动车的前生今世

把纯电动车划在新能源车范围内实在有点儿牵强。早在 1834 年，美国托马斯·达文波特就造出世界上第一辆电动车，比汽车问世早了近半个世纪。电动车曾在 1899 年创造过时速 100 公里的纪录，当时的汽车都不能望其项背。19 世纪末期到 1920 年是电动车发展的一个高峰，形成了以蒸汽、电动和内燃机三分天下的汽车市场。此后，由

一幅 1899 年刊登的 baker 电动车广告，搭载爱迪生发明的镍铁电池，续航里程 80 公里

于技术进展缓慢，1960 年代电动车只占世界汽车保有量的 0.1%，几乎退出历史舞台。

20 世纪后期，石油短缺和环保呼声日高，电动车枯木逢春。通用、丰田等公司开发出镍氢电池替代铅酸电池，商业化生产的电动车应市，受到一些影视明星和环保人士的追捧。1997 年，我曾试驾过到北京演示的美国通用电动车"大冲击"，提速和操控俱佳，行驶中格外安静，留下深刻印象。

但是成本高、续航里程短的百年痼疾并没有根本性突破，到世纪之交，全球共销售电动车 6 万辆，占全球汽车保有量 6 亿辆的万分之一。

2003 年春天，电动车出现一次全球性大退潮。电动车生产大户通用和丰田正式宣布放弃电动车生产，推行电动车最卖力的美国加州，承认无法达到电动车在市场所占比例的预定目标。当地报纸评论，电动车是一种商业上的失败，因为它始终没有改变造价高、充电后行驶距离短的基本事实。通用汽车宣布，停产电驱动环保汽车，在以租赁方式销售的汽车合同期满后，把电动车收回，然后将部分电动车送到博物馆和大学保存，另一部分送到相关实验室，取出零件，为少数仍在使用中的电动车做维修配件。

随着锂电池的开发，纯电动车的研发近年来在国际上再一次成为热门。但是并非要"全面取代"传统汽车。

2008 年底，我去洛杉矶试开了宝马最新研发的 MINI-E 电动车。0—100 公里加速仅为 8.5 秒，最大续航里程 250 公里。靠一个增强电流的装置，一次充满电只需两个半小时。然而锂电池组完全占据了后排空间。价格也是普通 MINI 的 2.5 倍。近年欧盟颁布了对于厂商单车平均排放的苛刻标准，像宝马这样以大功率豪华车为主的厂家，生产一些零排放的电动车，用以降低总产量的平均排放，醉翁之意不在酒。

"同一起跑线"忽悠了 20 年

比起混合动力和氢燃料电池车，电动车的技术门槛比较低，工厂中运货的电瓶车、满街跑的电动自行车，还有高尔夫球场的用车，全是纯电动车，技术简单，作坊式小工厂就能做。尽管此电动车非彼电动车，中国科技主管部门对电动车的开发却一直情有独钟。

早在 20 世纪 80 年代，科技部门就曾确定在众多汽车新能源和环保技术中把电动车作为主攻方向。此举最初出于如下考虑：中国传统汽车技术比欧美晚了几十年；而电动车技术全世界都还没有大突破，中国现在与欧美站在"同一起跑线"上，完全可能后来居上。这就是今天盛行的中国电动车"弯道超车"论的基础。

电动汽车列入国家重大科技攻关项目贯穿"八五"、"九五"，1998 年 6 月，我曾采访汕头南澳岛"国家电动汽车试验示范区"的启动仪式，当时，有 10 辆国产电动车、5 辆丰田 RAV4、5 辆通用 EV1 投入示范区运行。两年后，再去，丰田电动车跑了 10 万公里，除了换了电池，没有大问题；国产车，光是电池爆炸的大事故就发生过 10 次，小故障更是不断，"造成司机都不敢开车出去"。示范区一位专家表示，"没有什么'同一起跑线'，说到电动车，除了电池等局部技术，我们还是'小学生'。电动车技术涉及电池、电机、控制系统，外国人已经跑得很远。"

"十五"期间，鉴于前期纯电动车的研发几乎没有什么像样的突破，科技部门把世界上开始热门的混合动力、氢燃料电池车的研发也打包列入 863 电动汽车重大科技专项。该项目国家投资 8.8 亿元，加上地方和企业配套资金总共约 24 亿元。钱和项目很快分下去，国产电动汽车三五年内进入百姓家的说法不绝于耳；各地电动车"研发成功"的报道频频见诸报端；有趣的是，报道多是一次性的，往往再无下文。五年过去，没有一个纯电动车项目进入商业化生产，24 亿元的投入，是成果斐然，还是打了水漂？至今没有一个交代。

电池的储能极限是个死结

新世纪的头十年，全球所有大厂商的天然气车、生物柴油车、甲醇乙醇车、混合动力车、纯电动车、氢燃料电池车百花齐放，对于新能源车几乎都保持着"多领域研发，小批量试探，全局观望"状态。跨国公司都在蓄势待发，审慎等待全球能源结构调整的形势明朗。

在中国，许多人往往低估了纯电动车技术突破的难度。有人说：20 年前手机像砖头那么大，电脑重达 10 公斤；如今的手机可以攥在拳头里，笔记本电脑可以放到裤袋里，可见新技术的发展是多么快。但是用这个逻辑去推断电动车的核心——电池的发展，却站不住脚，手机和笔记本电脑的体积，取决于芯片的发展速度。按照摩尔定律：集成电路上可容纳的晶体管数目，约每隔 18 个月便会增加一倍，性能也将提升一倍。而电池的发展却不适用这个定律。电池是要在单位体积的化学物质里储存一定的能量，人类在这个领域里的进展相当缓慢。大家可以回想一下：十年前，你的手机电池待机多久？2天至3天。笔记本电池呢？2小时。如今，是不是还差不多？可见，电池的发展速度远远跟不上芯片的发展速度。

一百多年来，电动车潮起潮落，而困扰着电动车工程师的问题，始终只有一个——电池储能水平的提高。我相信这和超导技术一样，只能一点一点突破，而不会像芯片技术一样飞速增长。制订电动车发展规划的人，首先心里要有一个动力电池创新规划，弄清三五年内电池的能量储存密度能否会翻着倍地增长。这方面没戏，对纯电动车广泛应用的期待恐怕就要大打折扣了。

2008年，我采访奔驰主管研发的董事韦伯。谈到电动车，他说，发展电动车的最大关键是电池。世界所有电池厂商我们都有接触和交流，包括中国的比亚迪。我们更关注谁能在中期取得电池技术的实质性突破。比如能量储存，现在汽车和电动车储能之比是100∶1，我们的目标是努力提高到10∶1，这样的水平才有实用性。

除了储能量的制约，还有就是电池组的集成和控制。现在国际上小有成功的电动车，只有电池单体是买来的，汽车厂商再把几百个单体集合成电池组、电池包。集成控制软件都是企业的核心技术，各有各的诀窍。中国的电动车研发，还处于从电池做起的阶段。电池组的集成，电控、电机的开发匹配，到车体的设计制造，多数还是手工拼凑的试验品，离成熟的商品尚有很大距离。

电池的安全始终是个未知数。2010年9月，联邦快递的一架波音747货机在迪拜爆炸坠毁，全球哗然。经查，罪魁祸首就是飞机上运载的手机和电脑用的锂电池。在高温状态下，锂电池会发生一种叫做"热逸走"的现象。一块电池发生"热逸走"，会引发周围电池的连锁反应，导致爆炸。小小手机电池都可能炸掉一架波音747，谁能保证，当驶着上百公斤动力电池的电动车达到百万辆的规模时，不会接二连三地发生电池爆炸的新闻呢？

千亿元红包引领全球电动潮

然而到了2009年，电动车在中国，继而在全球突然异军突起。

这一年中国政府颁布的《汽车产业振兴规划》中提出，到2011年，中国以电

奔驰在海南三亚举办的"科技日"上展示的纯电动车，奔驰很注重电动车的小型化

动车、混合动力车、氢燃料电池车为主的新能源车将达到 50 万辆，新能源车将占到乘用车销售总量的 5%。不能不说是一个非常大胆的"跨越式"计划。

随后，13 个电动车示范城市启动，购买国产电动车，每辆车补贴高达五六万元。在中国汽车业半个多世纪的历史中，这种高额补贴真是闻所未闻。

而到 2010 年，媒体曝光的《汽车和新能源汽车产业发展规划》征求意见稿，政府财政对于电动车补贴的计划额度，迅速从百亿元计提高到一千亿元。发展目标更为抢眼——到 2020 年，以电动车为主打的中国的新能源汽车市场规模要达到世界第一，保有量达 500 万—1000 万辆。

来自政府大力度的鼓励措施，让电动车在国内陡然升温，光是在山东一夜间就冒出上千家电动车厂；更有企业以建立电动车基地为名向地方政府圈地；汽车大集团，不拿出几款电动车样车，就要面临巨大的政治压力。

重赏之下，必有勇夫。中国对电动车如此情有独钟，也给全球跨国公司提供了一个大好商机，中国第一次"引领"了全球汽车业的一个电动车技术热潮。

在 2010 年北京国际车展，几乎所有跨国公司都力推最新研制的电动车，奔驰和奥迪也把每年一度的"科技日"移师中国，并以电动车为主打。连一向以传统内燃机节能减排为首选的大众董事会主席文登恩也高调表态："大众车型的心脏也将借助电力而跳动。"

日产是最早看好中国电动车市场的，甚至是歪打正着。

2009 年初日产驻中国的首席代表约我见面，向我咨询日产电动车在中国几大城市作示范运行的事。我想，日产的本意是在混合动力车方面比丰田 Prius、本田 Insight 失了分，想靠电动车扳回一分。

为向中国政府示好，2009 年 4 月，日产还掏钱在钓鱼台国宾馆赞助了一次有科技部、财政部、工信部高级官员出席的电动车研讨会。以这次会议为分水岭，电动车在中国突然就从一个科研课题，变成了如同北京奥运会、上海世博会一样显示雄厚国力，立志领跑全球汽车业的举国体制样板项目了。

日产的电动车"聆风"（Leaf）也将可能是顺势第一个进入中国市场，并在中国的合资企业生产的纯电动车。政府对于每辆电动车六万元补贴，恐怕会第一个落在日产的腰包里。

当中国的汽车企业还在玩儿电动车概念，忙于作秀的时候，跨国公司已经从它们的新能源车武器库里，拿出了接近商品化的电动车型，投身到中国人发动的这场新一轮电动车热的竞赛中。

奔驰除了在 2010 年有 1000 辆 smart for two 双座电动车投入实验使用外，还将投入 500 辆电动 A 级车进行实际使用实验，2012 年实现量产。

大众将逐步实现电动汽车量产。2011 年，将推出 500 辆电动高尔夫来扩大测试车队，2013 年起将电动版微型车"UP"投入量产。到 2018 年大众希望能够占据全球电动车市场 3%的份额。

我曾私下问过一家跨国公司的科研人员，为什么他们对电动车的态度发生了 180°的大转弯。他诚实地说，中国政府拿出几千万元的巨资培育电动车市场，我们怎么能放弃这样千载难逢的好机会？

怕的就是头脑发昏

著名学者、外交家吴建民说得好："中国人不怕大风大浪，怕的就是头脑发昏。"动车如此，对电动车也是如此。

中国是政府和百姓对于纯电动车期望值最高的国家。一项跨国调查显示，60%的中国受访者称，会考虑购买电动车。比在美国、日本、德国、英国、意大利和法国的调查结果高出近五倍。这主要缘于政府，尤其是科技部门对于电动车的大力提倡和政策支持。虽然，绝大多数中国老百姓没有见过任何在街上跑的电动车。

面对电动车的举国狂热，科技界也有冷静的思考，2009 年 5 月 22 日，某经济大报受委托在北京人民大会堂举行电动车论坛，曾在福特中国工作的技术专家杨嘉林面对科技部长万钢，在业内第一次对电动车热从能源结构、技术成熟度、电动车与传统汽车优化孰轻孰重等问题，提出质疑。然而该报总编辑在最后审定论坛报道时，完全删去了杨嘉林的观点，整篇报道只剩下双手拥护的一种声音。

我尊重中外科学家们一百多年来对电动车研发的孜孜不倦的追求，但是不赞成用搞群众运动的方式搞电动车。2009 年 6 月，我在中国汽车花都论坛上，作为主讲嘉宾正式质疑中国发展电动车的模式；2010 年 11 月我在《三联生活周刊》发表的专稿《中国电动车大跃进》，引起巨大反响；越来越多的人冷静下来，开始用一种科学的眼光审视这次电动车热。

我始终认为：一个最起码的常识是，和一切创新产品一样，电动车的事，要分两步走：第一步，完成研发实验过程，拿出安全可靠完善的定型产品；第二步，才是商品化推广，并接受市场考验：消费者是否买得起，用得是否可心，日常维护是否方便。

如果说，电动车的技术瓶颈在电池，那么，电动车推广的难度则在充电。电动车充电一次充电耗费的长时间和频繁程度，将是电动车推广中的死结。

假如你兴冲冲买来一辆电动车，从上海去苏州，开到半路没电了，找不到充电站；或者说找到充电站，前面排着两辆车，也得等五六个小时才轮到你，多堵心；晚上在家充电，也并非想象的那么容易，动力电池充电需要二三十安培的强电流，一般楼房和小区无法承受，立马全楼跳闸，需要电力部门上门重新布线建桩。一套沉重的充电连接件和电缆的安装拆卸，对于车主的体力绝对是一种考验。且不说，充电的频率每天一次，你能始终乐此不疲吗？此外，温度太高或者太低，电池都会效率下降，乃至停止工作。一旦被抛在路上，你大概就不会庆幸得到一大笔补贴，而买了一个大铁坨子。

再说驾驶习惯。2008 年，我曾经在洛杉矶试驾宝马的 MINI-E 电动车，在街上走错了路，突然紧张起来，生怕电力耗完停在路上，这种心理压力是没开过电动车的人难于体验的。通用汽车的技术专家告诉我：当年在美国加州压垮上一代电动车的"最后一根稻草"就是这种"距离恐惧"。且不说，现在的电动车，厂家宣传一次续航能力一二百公里，基本都有很大水分，往好里说也是一些理想值。来几次急加速，开一会儿空调，耗电激增，续航里程就大打折扣。

当在这一切消费者尚不知情的前提下，就鼓励购买，不是头脑发昏是什么，没有经过一般汽车在极端冷热温度和 10 万公里以上的路试，消费者岂不取代了工厂跑路试的试车员？

在中国，电动车的目标一开始就是要"取代"传统汽车，这个出发点今天颇值得反思。在国外，电动车追求的不是对汽车的"替代"，而是城市短程交通的"补充"。现在的锂电池技术，做得好的，基本上是背一公斤电池，可以跑一公里。所以国际上的成功的纯电动车，基本保持在一次充电，一百多公里的续航能力，接送孩子、卖菜购物、看个社区医生，足够了。但是城际出行，就非开汽车不可了。因此纯电动车在国外主要作为"第二辆车"。在中国大城市，把纯电动车当第二辆车买，而且价格不菲，买车停车都不现实。

于是我想，何不换个思路，把电动车的起点定位从"替代"汽车，转向于电动自行车的升级。中国已经是年产千万辆级的电动自行车泱泱大国。生产小型，甚至更多是微型的电动车，主要满足中小城市以及大城市的卫星城人们日常的出行需求，让过去骑电动自行车、骑自行车的亿万同胞出行时不再顶风冒雨，不是更加功德无量吗？

"肮脏的电"难圆"零排放"之梦

一些似是而非的理念，在大轰大嗡的传播中，往往偏离了初衷。比如在中国，电动车被热炒的一个主要优点就是"零排放"。果真如此，对于一个碳排放大国的减排进程，真是善莫大焉。然而，稍加探究，竟如同中国那个古老寓言：江南甜美的橘子，移栽江北，变质成味同嚼蜡的枳。在许多国家可能做到"零排放"的纯电动车，在中国的能源框架下，减排功效荡然无存，"零排放"成了无稽之谈。

到瑞典采访新能源车。说到纯电动车的销售，主人告诉我，生产厂家每卖出一辆纯电动车之前，都要求用户签署一份协议，保证他充电的来源必须是一家"干净的"电力供应商。如果用户做不到这点，汽车公司宁可失去这单生意。

何为"干净"的电，在欧洲十分清晰，即利用风力、潮汐、水利、太阳能、可再生生物发出的电能。煤在燃烧中排放大量有害物质和二氧化碳，用煤发出的电在欧洲被指为"肮脏"的电。与风力、潮汐、太阳能发电的"干净"程度相比，真是一个天上，一个地下。

在瑞典，作为一种"二次能源"，电力供应"干净"的比例占几何？我被告知：水力发电占50%，风力和其他生物能源发电占45%，用煤发电只占5%。在那里使用纯电动车，有很大几率可以选用"干净"的电，真正做到"零排放"。

而在中国，根据国家电网统计，2010 年，82% 的电力来自煤炭，而且是含硫高、灰分高的劣质煤。中国今天被视为全球碳排放大国，烧煤的贡献度名列前茅。未来的形势也不乐观，到 2020 年，用煤炭发电仍将占到电力供应量的 71%。而水电、风电、太阳能发电，加上还在争议中的核能发电，比例仍然不到三成。

数据表明：采用先进技术的燃油发动机的排放，已经做到比煤电更干净。以国产 1.4TSI 高尔夫为例，从油井到车轮能量消耗的整个周期中，二氧化碳排放为每百

纯电动车在中国的出路与其奢望做传统汽车的替代，不如致力于电动自行车的升级。连宝马 MINI 在 2010 年的巴黎车展上都推出多款电动摩托车

公里 143 克，搭载柴油发动机排放 111 克；而同等功率的电动车所需的电能，在用国内煤炭发电过程中产生的二氧化碳相当于每百公里 171 克。这里还没有算上使用大量重型卡车排成长龙，把煤炭从产地运到沿海电厂途中的燃油能耗与排放。

一个简单而质朴的事实：在煤电占绝对份额的中国，原本可能做到零排放的纯电动车完全失去了节能减排的意义。且不说，还没有算上电池在生产和废弃后的高污染以及安全方面的高风险。以"零排放"鼓吹在中国发展电动车，不过是排放污染前移的"皇帝的新衣"罢了。

电动车胜算几何

2010 年 11 月，第 25 届国际电动车大会在深圳成功召开。过去开过的 24 届，中国人绝大多数闻所未闻，而这一次正逢中国电动车热达到顶峰。国际电动车大会来到中国，成为国内外厂家和媒体蜂拥而至的"世博会"。

然而有趣的是，这次大会，并没有给中国电动车热加温，反而让更多的人看到了中国和跨国公司在电动车技术方面的差距，回到科学的基础，对电动车热进行了冷静思考。我以为，除了电动车的展示和国际交流，在大会的传播方面，也有三大亮点。

一是中国承诺对各国新能源车在中国市场享受补贴方面"一视同仁"的待遇，过去有的部门曾主张，电动车补贴，只给自主品牌，或者在中国合资生产的电动车。这次具有本质性转变来自最高层的决策。"一视同仁"的原则，在履行加入世贸组织承担的义务，推动中国企业投身全球化竞争方面的意义，怎么估计也不为过。

二是戳穿了"同一起跑线"以及"弯道超车"一类的在中国盛行 20 年的"大忽悠"，让电动车研发创新重新站在科学技术的地面上。电动车大会上，各国展出的二百多辆电动车，无论电池、控制技术、电动机，还是整车的匹配都已经接近商业化的边缘；而中国还停留在"汽车厂造电池、电池厂造汽车"的初级阶段。论规模世界第一，论水平，我们只是小学生。中国汽车工业协会秘书长董扬作出判断：目前中国的电动车与世界巨头根本不存在"同一起跑线"，也无法在短时间内实现超越。媒体的共识是：承认差距，才是学习各国先进经验、有的放矢地调整中国电动车的开发模式的起点。

三是从单独"押宝"纯电动车，逐步认识到国际公认的混合动力、增程式电动

第 25 届国际电动车大会。各国电动车竞相亮相

车、纯电动车、氢燃料电池车多种电驱动车齐头并进的研发方向。而中国此前拟议中的新能源车发展规划、示范运行和巨额补贴，一边倒地倾向纯电动车，这种"押宝型"战略风险极大。一旦氢动力车，甚至核能等其他技术取得突破，难免重蹈当年中国彩电业押宝电子显像管，而当液晶和等离子平板彩电技术成熟普及，只能推倒重来的尴尬境地。

国际电动车大会结束后的第三天，我飞到英格斯塔特，参加奥迪的科技日。

上午，我试驾了多款最新"电驱动车型"，在试车跑道、城市道路，甚至高速公路试驾了奥迪的混合动力 Q5、带转子发动机的增程式电动车 A1、高性能的纯电动跑车 R8。说实在话，不是车身上的字标，驶进高速路上的车流，这些新能源车外观和性能几乎与传统同型号车无异，在加速性和静音方面还略胜一筹。

奥迪的新能源车有两个特点，一是混合动力、纯电动车、氢能源车等以"e-tron"的电驱动车大概念齐头并进，并且接近从开发到商品化的临界状态；二是把电驱动动力系统作为一个动力模块，植入奥迪现有的相关车型，保持甚至提升奥迪在传统汽车整体技术方面取得的突破和领先地位。

来自世界各国的媒体还用了一个下午，参观了奥迪历时五年建起的"电驱动模块开发和测试中心"。中心总投资 1 亿欧元。其目标是开发从小型车到超级跑车不同车型的电驱动模块。在大楼的三四层有 390 个工作站，数百名工程师在这里开发新的动力系统；二楼是实验室和试制车间；一楼有电驱动系统和整车匹配的大型测试台架，通过让人眼花缭乱的传感器和连接线，24 小时不间断地对台架上搭载新动力模块的电动车进行测试。

奥迪电驱动车的开发测试流程特别值得中国借鉴：

第一步是设计驱动方案，按车型特点，决定采用弱混、中混还是全混，纯电动、增程还是燃料电池系统。奥迪的电池单体是外购的，与日本电池制造商三洋合作。全球范围优中选优。

第二步是开发电池管理系统，包括纯电动车或混合动力车的电控系统等核心技术。

第三步对上述系统进行测试。模拟不同的温度、湿度、高压和运行状态。其中，冷却系统是电池管理的关键，必须保证电池组内一两百个单体电池之间的温差不得超过 5℃，否则会导致电池组整体性能衰减、老化乃至爆炸。

第四步是将动力电控系统与车辆其他系统二十多个电子控制单元进行复合测试，以保证和各系统运行程序精准无误地协调工作。

第五步是在封闭的室内大型台架上，把所有系统集成在一起，模拟如海拔 4200 米的气候，−40℃低温和 130℃的高温，260 公里 / 小时的车速，各种复杂的路况等等，用以检测整车性能、空气动力学、耐久性、安全性和排放是否达到设计标准。

据专家介绍说，奥迪的电动车开发流程与燃油汽车一样，路试周期为两年，至少要经过两个冬季和两个夏季的路试。其中第一年的路试主要解决设计方面存在的问题，第二年则是对所有改进和车辆耐久性进行测试。也就是说，即使成功地开发出新车，最快也要经过两年的路试才可能投产。

电动车大跃进三年过去，架势还在，但是业绩惨然。由于多数国产电动车生产厂家重忽悠、轻研发，东拼西凑做出几辆样车，可靠性、安全性完全得不到消费者信赖。尽管到 2010 年底，共有 54 家汽车生产企业的 190 个电动车型列入《新能源汽车示范推广推荐车型目录》，而当年电动车总产量仅为 7181 辆车。

据媒体披露，上海迄今已经上牌照的电动车仅为 10 辆，其中可能只有两辆属于私人购买；在杭州，有 25 人购买了纯电动汽车；而国内电动车销量最高的车企比亚迪，三年来电动车 F3DM 总销量仅为 365 辆，80% 作为深圳市出租车的形象工程，15% 被竞争对手买去拆卸研究，卖到老百姓手中的微乎其微。

倒是电动车的下游产业，对电动车的热情与日俱增。2010 年，中国成立央企电动车联盟，石油和电力部门的老大们获得一个新的兴奋点。石油部门期待依托加油站网点优势，拓展电动车充电新业务；国家电网称，按照国家现行电力法规，电力的销售，只能由电力部门独家经营。中国的电动车还没成气候，圈地建充电桩已如雨后春笋，远远超过国家先后批准的 13 个电动车示范城市的范围。

据媒体对这些充电项目的实地调查，一个充电站的投资从 1000 万—4000 万元不等，而大部分建成的充电站几乎都是完全闲置，门可罗雀。即便如此，也难挡地方政府和电力、石油公司的投资热情。"目标很明确。现在土地资源越来越少，电力公司和石油公司只要圈到地，不管以后做什么，都是稳赚不赔。"业内人士一语中的。

其实能源央企掺和电动车，是件好事，是件正事。只不过应该先从"干净"的电抓起，这件事比埋几个充电桩对社会的贡献大多了。

电动车"主战派"的新思考

王秉刚先生，863 计划新能源汽车重大项目监理专家组组长，在我们共同参加的"中国汽车 50 人论坛"上，他冷静地谈到，如果电动车不考虑人性化，只依靠行政化，这条路走不通。王秉刚建议，采取一条更贴近人性化的电动车技术路线：

第一点，要从中国的国情出发。中国电动车应该走小型、短程、低价路线。如果继续去发展中高档电动车，失败就会等待着我们。

第二点，要研究和发展增程式的电动车，弥补目前电池性能的不足。目前的电池不能支撑更长的续航里程，如果把续航里程弄得很长，这样电池要增加，就很贵，很重。

第三点，充电方式，不能不提方便性。让大家开车到离家很远的充电站充电，是一厢情愿。人性化是把车停在哪儿，就在哪儿充电。

第四点，立足于第四代电池的开发。电动车的成败取决于电池，现在美国、日

中国电动车的最大厂家比亚迪，至 2010 年三年中共卖了电动车 365 辆，80%做了深圳出租车

本都在花巨大的资金和人力在研究第四代电池，中国在第四代电池上投入太少，如果不重视这件事，未来的电动车不属于我们。

比亚迪的老板王传福在中国是个毁誉参半的人物。对于我来说，宁愿对比亚迪和王传福抱着更厚道一点的态度。电动车吹牛说大话也好，借巴菲特作秀圈钱也好，都是中国汽车企业起步时不能免俗的老招数，只不过被比亚迪做到了极致而已。不管怎么说，比亚迪造出的电动车能够满街跑；传统轿车达到了年产 50 万辆的规模。

在论坛的发言中，王传福觉得，电动车的路线问题，从优先度来讲，公交大巴应该放在首位，公交和出租车在中国加起来有 1170 万辆。总耗油量占到整个交通 25%。一辆出租车耗油量和排污量相当于 10 辆私家车，一辆公交相当于 30—40 辆私家车。尤其是大巴，固定的营运时间，夜晚集中停放，便于充电管理，应该优先电动化。

20 世纪 60 年代初，在封锁和失误中，中国人正勒紧裤腰带过着最艰难的日子。张爱萍将军对毛泽东说，给我十个亿，一定造出个原子弹。1964 年 10 月 16 日，第一颗原子弹爆炸成功，中国人好不扬眉吐气。今天，为了做个电动车全球领先的大国，上千亿元砸下去了，希望能听见些响动。

危局中的中国机会

  2008 年 9 月 16 日，刚刚落成的 492 米高的上海环球金融中心顶层观光廊，阴霾笼罩的暮色中，通用汽车正在这里隆重地举行它的百年诞辰。拔地而起的高度，让不少恐高的宾客感到目眩。大屏幕上正转播着通用全球 CEO 瓦格纳的讲话。除了上海，美国、德国、墨西哥的会场，都在同步庆祝着通用百年的辉煌。

  今天想来，这次庆典，颇有些"冲喜"的意味。2008 年，由美国次级房贷危机引发的金融海啸，此时正滚雪球般在美国、在欧洲、在全球迅速蔓延开来。几年前，全球经济还沉浸在一片泡沫生成的狂欢中，金融衍生物、互联网、房地产似乎带来了无穷无尽的财富，然而让人们始料不及的是，华尔街几家金融机构的倒闭丑闻，竟引发如此轩然大波。雪崩的冲击波所到之处，银行倒闭，工厂裁员，进出口萎缩，百业凋零。进而形成一场席卷全球的经济危机，在 2009 年达到高潮。

一、始料不及的全球危情

通用在百年庆典后倒下

全球金融风暴来袭，刚刚度过百年寿辰的通用汽车首当其冲。与工会谈判破裂，重组方案被总统奥巴马拒绝，2009 年 3 月 30 日，CEO 瓦格纳被迫辞职，5 月债转股计划遭拒，直到 6 月一切挽救计划失败，通用汽车宣布破产，在 101 岁时怆然倒下。

这一天也被称为美国工业史上最黑暗的一天。

"大有大的难处"，百年老店，包袱沉重。通用汽车员工每小时的平均工资高达 70 美元，是日本对手的 1.75 倍；百年通用还要养活退休员工多达百万；光是通用员工的医药费摊进每辆车的成本就高达 2400 美元。劳方且有强大的工会"全美汽车工人联合会"（UAW），为争员工的福利可谓寸土不让。各种成本居高不下，让通用早已不堪重负。金融危机一来，老百姓收紧了钱袋子，通用产品销量大减。2008 年，一下子亏了 153 亿美元。到 2009 年，政府先后输血 250 亿美元，不但没有起

底特律温莎湖边复兴中心的通用总部，刚刚庆祝了百岁生日，不料在金融海啸中就遭遇破产危机

色，第一季度就继续亏损了 60 亿美元。

大限已到，回天乏术，奥巴马政府忍无可忍，先是逼瓦格纳下课，后是宣布通用进入破产保护，由美国和加拿大政府接盘。联邦政府出资买下 61% 的通用股份，加拿大 10%，欠工会和债主的钱债转股，通用成了全球最大的"央企"。

对于百年老店通用的倒下，业内有人评说，通用抱残守缺，不重视新产品新技术的研发，只满足于生产 SUV 等高油耗大型车辆，导致竞争中失利。我却觉得此论有失公允。

从 20 世纪 90 年代，史密斯、瓦格纳都对通用的痼疾进行了大刀阔斧的改革。首先是带领通用从多个品牌各自为政的困局中走出来。从 2004 年开始，瓦格纳宣布通用新的品牌战略：开发全球产品平台，通过模块化的"架构"，满足不同品牌和市场的需求，从而降低开发成本。到 2008 年底，在通用全球最新开发的全球平台上，光是上海通用就有雪佛兰克鲁兹、别克君威、君越等最新车型相继定型。说起来，也是运气不佳，金融海啸来得太急，新车还未上市，通用就已倒下。

据我的观察，通用对开发新能源车可谓倾注了全力。从 90 年代起，纯电动车、插电式混合动力车、氢燃料电池车的研发有声有色。然而 2003 年，通用提出了五到七年后"重新定义汽车"的宏图大略。用新能源"重新定义汽车"，进而取代传统汽车的规划是否过于超前，今天值得反思。

在 2003 年的那次电动车全球退潮之后，通用独辟蹊径地研发插电式混合动力车 Volt，称之为"增程式电动车"，它没有像其他电动车一味在增加续航里程上较劲儿，而是提供汽油和电力的两种能源选择，解除了纯电动车的后顾之忧。是电动车可行性扬长避短的一次突破。可惜的是，尽管"增程式电动车"Volt 在 2008 年就已面世，但是还要进行三年的技术完善，又慢了半拍儿，没有能为挽救通用出一把力。

新能源的孤军深入，踏空了全球能源结构转变的支撑，雪上加霜，让通用数百亿美元的投入功亏一篑。时不我待，成全瓦格纳做了一个悲情人物。

通用汽车申请破产保护，是全球金融海啸危及实体经济的一个里程碑事件。斗转星移，到了 2010 年底，尽管通用 CEO 不断更换，但是通过重组，终于卸下历史包袱，剥离不良资产，在危机期间，通用累计接受美国政府 495 亿美元救助金，元气恢复了不少。但奥巴马政府对拥有一个"央企"并没有兴趣，11 月 18 日，通用汽车重返纽约证交所，筹资总额达到 231 亿美元，成为全球有史以来规模最大的公开募股。通用汽车获得新生已经指日可待。

丰田绊倒了自己

"车到山前必有路，有路必有丰田车。"丰田质量可靠的好名声似乎从 30 年前就在中国市场扎下根。直到今天，买丰田车的人，大都是冲着品牌去的。

我从 80 年代起，和丰田交往多年，一个感觉是丰田很牛。丰田是中国汽车业改革开放进程中最早被求助的企业。30 年来，众多中国汽车企业都把"丰田生产方式"奉为质量管理的经典。但是丰田早年的兴趣点只是在中国卖车，对于一汽、上汽技术引进，合资生产的要求不理不睬。老一代汽车人至今回忆起丰田当年的傲慢，还忿忿不已。

在 2011 年上海国际车展，丰田推出新车，曾经做过赛车手的丰田章男在发布会上一跃坐上车顶，传达新车的一种动感信息和内心的喜悦

丰田海外扩张的重点是先美国，后欧洲。在中国这块轿车产业处女地，德国大众、法国 PSA、美国克莱斯勒和通用拓荒多年，跟头栽了无数，还不敢说是站稳了脚跟儿。等到世纪之交中国轿车市场终于成熟，丰田才姗姗来迟。靠着卖进口车赚下的口碑，后来居上。当年"丰田没有对手"的自诩，今天看来实在有点飘飘然。

2005 年，接替张富士夫成为丰田新社长的渡边捷昭，暗下决心在规模上超越通用，争做全球老大。被称为"成本杀手"的渡边，要求员工"拧干毛巾上最后一滴水"，为丰田节省了几百亿美元。一味降低成本，并不能改变丰田极度扩张带来的厄运。受全球金融危机冲击，2008 年丰田出现了 70 年来首次年度亏损，渡边捷昭引咎辞职。

2009 年 6 月，临危受命的丰田章男进入公司，接过了丰田汽车的最高权杖，出任第十一任社长。他上任讲演中说："我在按动汽车喇叭告诉大家，车子已经开到了悬崖边上。"一语成谶，三个月后，丰田在美国的"召回门"爆发。

毫无疑问，这将是丰田创立 70 年来一个"划时代"的严重事件。对丰田品牌的伤害怎么估计也不为过。

2010 年农历除夕，丰田中国的一位朋友来我家，代表公司就丰田在全球召回事件和我沟通。我对他说，丰田该做的，是亡羊补牢。虽然因油门踏板和制动问题，丰田在全球已经召回 850 万辆汽车，但是新的质量问题还在不断暴露，丰田的危机如同深井中的自由落体，还远远没有触底。

果然，春节期间，丰田车意外加速导致美国 34 人死亡，再召回两款丰田问题车。2 月 24 日应美国国会要求，丰田章男出席丰田质量危机的听证会并道歉、赔偿。随后，他来到中国道歉。

我不认为这次危机是美国政府为了本国汽车业的利益在打压丰田。美国政府前些年召回福特、通用的问题车也不是小数。为了丰田供应商和美国职工的利益，美国政府曾选择了长达一年多的"失语"。最后，是丰田对于上千次的质量问题投诉和涉及生命安全的事故遮遮掩掩的态度激化了事端。

冰冻三尺，非一日之寒，史无前例的召回是丰田造车和经营理念中一系列积弊的总爆发。丰田近年来把产量做到世界第一的心气太旺；把降低成本，获得盈利最大化作为核心追求，这才是这场危机的根本缘由。

丰田的新车测试多是在室内台架和赛道等试验场地进行的。而欧系车的新车测试则要经过 300 万公里，有的高达 800 万公里的长距离的实地行驶，包括极寒的北极、干燥的撒哈拉、高湿度的热带雨林。比如此次的油门踏板问题，所谓"长时间暖风环境导致结霜"造成的刹车失灵，如果有长途测试，就会早早发现。

应该承认，丰田的节能减排如混合动力新技术领域取得了很大成功，但是由于一味压缩成本，在传统汽车的新技术新产品开发上，拉大了与欧洲对手的差距。以大众高尔夫与丰田卡罗拉为例，同是总销量突破 2600 万辆的"全球最畅销车型"，但是对比第十代卡罗拉与第六代高尔夫，在发动机、变速箱、底盘、悬挂等技术方面，丰田起码落后五年。

这场涉及全球多个市场的召回是一个苦果，当事人必须选择"咽下去"，进行自省，尤其找到杜绝这样大面积危机发生的"治本之策"。中国汽车企业，也应该从丰田的"绊倒"中引以为鉴。

2010 年，沾中国车市"井喷"的光，丰田在中国的销量不但没有下降，反而创造了 84.6 万辆的历史最高纪录。两个合资企业的中方伙伴功不可没。广汽丰田中方总经理冯兴亚、一汽丰田销售公司总经理田聪明，都是在中国汽车市场历练多年的高手，他们处乱不惊，立足消费者需求，精准地调整产品结构，强化二、三线销售网络，创造了产销逆市攀升的奇迹。中国合作伙伴和消费者对于危难中的丰田的厚道和信赖，让丰田公司社长丰田章男好生感动。

丰田，是一个有着"百折不挠"传统的企业。1936 年春天，丰田 G1 卡车推出不久，一辆用户满载货物的新车就抛锚在滨名湖畔的大道上，丰田立即派了一辆车把货物运走。已经 42 岁的丰田汽车创始人丰田喜一郎还一路奔跑赶到现场，钻到车下检查故障，从而重新获得客户的信任。

危机，也是正视自己的一个好机会。创业 70 年，丰田难免地染上"大企业病"。前丰田中国总经理加藤曾对我说：他进到丰田已经 33 年了，当初在生产线上，一个工人忙不过来，同伴们都会自发地过来帮忙。组长也像大哥带小弟一样关心年轻人。现在公司越来越全球化，级别越分越细，当年前辈创业的初衷许多都迷失了，也许这正是出现危机的原因。社长丰田章男多次提出丰田要"回到原点"的主张。现在丰田上下每一个部门都要找到和当年"原点"背离的地方，一一认识并改进。比如

大众在德累斯顿的玻璃工厂。大众旗舰产品"辉腾"全部出自这里

对于卖出的每一辆丰田车，是不是像当年的销售人员，熟悉每一个用户的脸。

在2011年上海车展，在日本丰田市的鞍池会馆，我两度对丰田章男做过采访。我问，什么是"回到原点"的内涵？章男说，"回到原点"就是要回到祖父丰田佐吉发明自动织机时的人性化初衷：让织工从艰苦的手工劳动中解脱出来；用一种现代化的方式生产高质量的产品，给社会带来财富。作为继承人，许多老一辈人对我说，要打起精神，给丰田带来明天的希望。今后丰田要造出好的汽车，给消费者带来怦然心动的价值感受。

丰田刚刚发布了中国战略。人们最关心的是丰田是否真正重视在中国的本土化开发。丰田章男说，我们将在江苏常熟建立一个研发中心，这次最大的变化，是把以往在日本开发的部分职能拿到常熟，并在那里建立一个世界最大的试车场。丰田是一家在全世界范围内生产销售汽车的企业，我们要结合不同地区消费者的需求，

来提供最适合当地消费的汽车。尤其要研发对地球环境最友好，最善待资源的丰田汽车。力争在中国市场占到 15% 的份额。

大众靠什么站稳脚跟

2009 年 3 月，大众集团 2008 年报出台，董事长文登恩在沃尔夫斯堡宣布：即使在 2008 年艰难的市场环境下，大众汽车集团仍然实现了高于历年水平的新车零售量，全球新车零售量达到 623 万辆。在全球金融风暴中，大众成为唯一销售额、盈利全面增长的大集团。

今天看来，大众汽车集团具备抵御金融海啸的能力并非偶然。与通用、丰田大张旗鼓地发展新能源车背道而驰，被称作"工程师文化代表"的大众汽车，十多年来一直心无旁骛地致力于汽车传统的核心业务，成果斐然。涡轮增压小型高效发动机、清洁柴油技术、轻量化车身、双离合变速箱等适用技术的研发，使产品在小型化、低能耗方面，迎合了节能减排的主流时尚。

80 年代，担任大众董事长的哈恩极具战略眼光，注重市场和集团规模的扩展，任期中把西亚特、斯柯达纳入大众，积极拓展与中国合作。

哈恩博士的继任者，出身汽车世家的皮耶希，是贯穿于近 20 年大众公司的代表性人物。从 1988 年起，皮耶希先后担任奥迪公司董事长，大众汽车集团董事长，其后一直担任大众监事会主席。

皮耶希是个技术狂人，一位朋友告诉我，看见皮耶希在宴会上，当别人寒暄的时候，他却闷头在一张餐巾纸上画一幅机械草图。主政奥迪期间，面对日本汽车的挑战，他痛感当时欧洲汽车业迷失了方向，下工夫推进各种传统技术的创新。

在奥迪期间，皮耶希先后推出涡轮增压、Quattro 全时四驱技术、铝管式轻质车身（ASF）等技术，至今还在全球汽车业处于领先地位。

在皮耶希担任大众集团董事长的 10 年里，大众收购了顶级豪华品牌布加迪、兰博基尼、本特利，研发大众旗舰豪华车辉腾，开发 16 缸大功率发动机。而在另一个极端，他主持开发了当时世界上最省油的百公里耗油 3 升的路波，当他离任董事长的那天，他终于开上刚刚研制的百公里油耗不足一升的概念车。相对而言，他对金融市场的资本运作并不热衷，他的所作所为也一直受到批评：对于技术的过分追求增加了成本压力，出现了"技术过剩"。而今天看来，这些举措，为大众成为拥有品牌最多、技术根底最扎实的跨国集团铺平了道路。

2006 年以后担任大众董事长的文登恩对皮耶希的思路进行了延续和发挥，在经营方面，继续回归核心业务，完善平台战略和模块化，加快产品开发周期，不遗余力地对传统汽车的所有技术领域保持着创新的领先地位。正是大众，开创了汽车动力总成创新科技的 FSI+DSG 的"T 时代"。让竞争对手纷纷效仿。当下，绿色高效动力（电动车也是其中的一个子项目）、模块化战略，让大众继续保持着在竞争中取胜的源源不断的后劲。

依靠坚实技术功底立足的大众集团，在全球金融风暴中罕见地保持了稳定增长与活力。

2009 年 7 月，在一度传出将被保时捷兼并的传闻后，大众出奇制胜地宣布了一项交易计划。反客为主地将以 80 亿欧元的价格全额收购保时捷。全球顶级豪华品牌保时捷将被纳入大众麾下成为第十个品牌。完成重组后的大众，将如愿以偿地实现它多年来的夙愿——最终在销售和利润方面超越丰田，一跃而成全球汽车第一方阵的擎旗手。

作为最早进入中国的跨国公司，大众对于中国轿车工业的高标准起步功不可没；中国市场也给了大众丰厚的回报。2010 年，大众在华两个合资企业的三个品牌奥迪、大众、斯柯达旗下的几乎所有产品都成为市场上供不应求的热门货。中国被大众集团董事长文登恩称为"大众的第二故乡"。

菲克重组，"技术换资本"的经典案例

2009 年 6 月 10 日，马尔乔内来到底特律克莱斯勒大厦他的新办公室，担任新组建的菲亚特—克莱斯勒集团首席执行官。这一天，距离美国总统奥巴马宣布克莱斯勒进入破产保护程序仅仅 42 天。此举也开创了"技术换资本"，甚至"以小搏大"的全球汽车业新一轮重组。

财务出身的菲亚特集团总裁马尔乔内，2006 年亲自接手濒临破产的菲亚特汽车公司，上台后大刀阔斧地进行改革。首先是退出当年与通用的联姻，拿到 20 亿美元的"分手费"；接着，菲亚特旗下 Grand Punto、Bravo、Linea 等一批小型车和高效节能发动机接连问世。尤其 1.4T 发动机的推出和菲亚特 500 的新生，正好契合了时下对节能减排的世界潮流，重塑了菲亚特"小型车之王"的金身，也让菲亚特汽车打了一个盈利翻身仗。

2008 年秋，金融风暴尚未充分显现，马尔乔内就预言：汽车业面对的是沃尔玛连锁超市一样的市场，有人却当成豪华消费品来做，陷入困境不可避免。汽车"盛宴的时代"结束了，一些身居高位的人将因不能胜任而离开。他还预言，汽车业在一轮新的兼并重组后，可能剩下五六家大集团。年销量必须达到 550 万—600 万辆以上，才有可能盈利。马尔乔内谦虚地将菲亚特定位为"潜在于欧洲、将由中型集团扩展向上的新势力"。

一场不期而遇的金融危机，让菲亚特实现梦想的时间大幅度提前。

2009 年 4 月底，克莱斯勒进入破产程序，美国最高法院批准了菲亚特对克莱斯勒的重组。菲亚特将在新克莱斯勒公司中持有 20% 的股份，价值 80 亿—100 亿美元。这些股权的获得，是由菲亚特向克莱斯勒提供一款能在美国本土生产的小型车平台作为交换，不需要支付一分钱现金；其后，菲亚特还将以提供高效节能发动机和开放菲亚特经销网给克莱斯勒等为筹码，分三次再增持 15% 的克莱斯勒股权。

马尔乔内的高明之处，在于拿出菲亚特先进的技术、车型、管理、动力总成、分销网络——这些克莱斯勒急需的救命稻草换取股权，而并非用现金购买。由此可见菲亚特近年来技术创新的高价值。巴菲特有钱，却救不了克莱斯勒。

菲亚特以小搏大的智慧和底蕴，很难用传统的思维去把握，马尔乔内说："我们生活的世界每天都在周而复始，但是事实上，未来由过去复制的可能性微乎其微，因此，需要不断创新。"

重组一年之后，马尔乔内让嘲笑他买了一张"前途未卜的彩票"的人闭上了嘴。2011 年 1 月，菲亚特对克莱斯勒的持股比例从 20% 提升到 25%，马尔乔内表示，菲亚特最终的持股比例会达到 50% 以上。菲亚特—克莱斯勒，一场"蛇吞象"的活剧，就是这样在我们眼前展开。

面对中国巨大的市场前景，曾经在"上南合作"中"被离婚"出局的菲亚特再选一个家底殷实的"如意郎君"，更是当务之急。广汽已经和菲亚特达成协议，菲亚特将为广汽研发中的自主品牌小型轿车和发动机提供技术支持。来自菲亚特旗下阿尔·罗密欧中高档轿车平台技术和各个级别的先进发动机，将有助广汽从一个高起点上打造自主品牌。此外，一个新的，广菲合资轿车企业也在 2010 年掀开了"盖头"。

至于克莱斯勒——全球 Jeep 越野车、SUV 和 MPV 车型的开创者，在 2011 年 4 月庆祝旗下 Jeep 品牌诞生 70 周年，并决心重新做大中国市场。在频繁更换了几位亚太区、中国区的总裁之后，2010 年底，郑洁，一位道地的上海姑娘，被任命为克莱斯勒中国销售公司总经理。

2002 年，《中国日报》记者出身的郑洁，曾经是第一个在通用汽车这样的大公司中担任总监的中国人。在她十年的公关和市场主管生涯里，以其职业化的全身心投入、力求完美、一丝不苟的作风在业内著称。此次郑洁以本地化人才入选克莱斯勒中国销售总经理这样一个独当一面、无可躲闪的大任，祝愿她也能创造一个新的菲亚特—克莱斯勒式的神话。

一场令人眼花缭乱的世纪大剧，伴随着一场史无前例的全球金融风暴呈现在我们面前。通用、丰田都是历史悠久，对全球汽车业作出过卓绝贡献的企业航母，然而一个战略选择的失误，也可能遭遇灭顶之灾。

大众、菲亚特在这一波风浪中，专注于传统汽车动力优化，智慧地把握着稍纵即逝的重组机遇。看起来没有什么炫目的噱头，却在金融海啸的惊涛骇浪中占据了市场的主动。

时势无常，让人欷歔不已。

二、"风景这边独好"

寒冬里的一把火

2008 年下半年，中国还没有从北京奥运会的举国欢腾的极度兴奋中回过神来，全球金融危机的阴云就飘浮到中国经济的上空，上半年还借"火炬传递"的热情而热卖的中国汽车市场突然之间就跌进低谷。原来已经准备停当的中国汽车生产突破 1000 万辆的庆典，也因产量的陡然下滑而黯然取消。

2009 年初，业内笼罩着一片悲观情绪，是年中国汽车市场出现零增长或者负增长，几乎是经济界一致的判断。

春节前，我去中央电视台参加一档《中国汽车如何过冬》的对话节目录制。当主持人问起对于国内市场形势的判断，作为嘉宾的李书福语惊四座：我没有感到寒冷，要说冬天，对于我们吉利也是一个暖冬，生产在加班加点，许多机会在等着我们。

和李书福许多听上去不大靠谱的判断一样，他的预言往往成为现实。

头四个月过去，中国车市止住下跌，陡然而上。到 9 月底，全球汽车产量依然一片萧瑟秋风。前三个季度全球汽车产量同比下滑 22.9%，欧洲下滑 30.5%，北美下滑 41.5%。而中国市场"风景这边独好"，增长近 46%！非但抵消了全球金融危机和国内经济下滑的影响，而且创造了 21 世纪以来第二次"井喷式"销售浪潮。

2009 年 10 月长春一汽——中国当年生产的第 1000 万辆汽车下线庆典，跨入"千万级"俱乐部圆了几代中国汽车人的梦。是年底，中国汽车以 1364 万辆和 1379 万辆的产销量，超过美国，成为全球第一

10 月，在长春，作为中国汽车业热切期盼的——当年生产的第 1000 万辆汽车，一辆红色解放 J6 载重车终于在锣鼓喧天中驶下生产线。建立半个多世纪的中国汽车业终于跨过年产量"千万辆"的门槛！

2009 年 12 月，上海通用新赛欧在成都上市。上海通用非但没有被通用破产拖垮，当年销量反而大增近八成。过去通用集团的亚太中心是澳洲，后来是韩国，现在转到中国。

城门失火，池鱼未被殃及。上海通用看起来像一个独立程度极高的企业，即使通用破产，大不了上海通用自己干，甚至有过把别克品牌买下来归上汽或者合资企业的动议。是年，上海通用以历史最佳业绩通过了最严重的外部危机考验。

上海通用总经理丁磊告诉我，通用的危机，反而使合资企业产品出口成为可能。上海通用现在的车型来自通用的全球平台，换句话说，通用在某个国家生产的产品成本太高，可以把厂关掉，转而从中国出口。至于说到上海泛亚自己主导开发的车型，成本又要比现在通用全球平台低很多，在全世界范围更有竞争力，今后不排除大量出口。自主开发的普及型轿车新赛欧，完全可能通过通用雪佛兰销售体系进入全球市场。

2010 年 10 月，第一批雪佛兰品牌的新赛欧在烟台装船出口。

2011 年 2 月，上汽集团副总裁叶永明接手上海通用总经理。叶永明也是中国轿车销售体系开山人物之一。世纪之初，在他担任上海大众销售总经理期间，建立了上海大众新的营销体系，为上海大众扭亏为盈、全面复兴、重振竞争力打下了良好基础。

高位接盘上海通用，叶永明提出：要承前启后，发挥集成优势，创领发展，以"品牌创领"、"科技创领"、"精益创领"、"绿色创领"和"文化创领"，实现上海通用十二五战略规划，使之成为中国最具实力的轿车企业。是年，中国轿车市场大幅滑坡，但是上海通用推出了雪佛兰科迈罗、爱唯欧等六款新车型，款款供不应求。1—8 月份，总销量 80.8 万辆，取得同比增长 26.1% 的骄人业绩。上海通用泛亚的新车研发也在紧锣密鼓进行中。

叶永明说，10 年前，上海通用选择，从通用拿来什么车型在上海生产；10 年后，可能是通用考虑，用上海开发的什么车型，去提升通用产品的全球竞争力。

上海通用能做到的，其他合资企业也将可能做到。

2009 年，中国汽车产销分别是 1364 万辆和 1379 万辆，比上年增长 48% 和 46%。其中，乘用车产销分别是 1038 万辆和 1033 万辆，增长 54% 和 53%，出现了超常的增长。寒冬变成了盛夏。为促进中国经济复苏和保持经济稳定增长立下了汗马功劳。

中国超过了因金融危机而大幅滑坡的美国汽车业，成为当年全球第一的汽车产销大国。

说到车市大幅增长的原因，自然要归功国务院在年初及时出台的《汽车产业调整和振兴规划》，以及一系列有关汽车消费的鼓励政策：1.6 升以下小排量车购置税减半；汽车下乡；黄标车置换。在我的记忆里，政府鼓励汽车，尤其是轿车的消费，恐怕还是 50 年来第一次。据称，当年轿车增量中，75% 得益于小排量车的优惠政策。

然而市场增长的更直接原因，是中国轿车消费时代到来的刚性需求。

中国人均 GDP 从 2000 年的 1000 美元迅速增长到 2009 年的 3700 美元，生活水平和购买能力明显提高，轿车大量进入城乡家庭，给中国汽车市场提供了强劲支撑。

轿车消费主流从沿海少数大城市向内地中小城市的波及效应日渐显现，一改前些年北京、广州、深圳、上海独占鳌头的局面。2009 年车市销量分布为：一线城市占 26%，二线城市占 40%，三线城市占 34%，并且随着中国车市消费金字塔层次的下移，消费基座将越来越大。

根据世界汽车市场规律，乘用车每千人拥有量达到 20 辆以上，就会出现高速增长期，中国现在平均达到了 25 辆，已经进入高速增长期。今后 15 年内，将是中国的轿车需求旺盛期，尽管其间会有波动起伏。

中国几个大城市，千人轿车保有量已经达到 86 辆，而三线小城市只有 8 辆，二、三线城市的人口足足有 8 亿人，只要中国经济保持 8%—9% 的增长，中国广大内地城乡就是今后数年中国汽车业最大的市场支撑，一些微型车企业，销量达到上百万辆，就是一个明证。

"入世"十年带来的底气

入世十年之后，中国汽车已经越来越深地融入全球化，赢得的技术、资金、重组、创新、市场、人才、机遇超乎任何预想。十年飞跃的积累，在全球汽车的危局中成为中国汽车掌握自己命运，逆市而上的"底气"。

张小虞，中国机械工业联合会副会长，作为中国汽车工业改革开放全程的参与者，他在谈到中国汽车何以能够战胜全球金融海啸的原因时，特别感慨加入世贸组织的十年给中国汽车业带来的底气。

"我从 1992 年就开始参与关贸总协定的谈判，后来变成 WTO 的谈判。"张小虞回忆说，"主题就是要谈对中国汽车业的保护。谈判过程中把整个中国的产业分为三类。A 类：挑战大于机遇，就是农业、汽车工业、金融业；B 类：机遇和挑战并存，机床行业、机械工业；C 类：机遇大于挑战，当时的轻纺工业。最后的实际情况整个反过来，这在当时无论如何想不到。"

张小虞说："从 1994 年一直到 2000 年，汽车工业几乎没有增长，低速徘徊，1992 年我们就已经达到 120 万辆，一直到 2000 年才达到 200 万辆，这一个台阶爬了 8 年。到 1998 年、1999 年真是过不去了，全行业亏损，一汽、二汽发不出工资。中国入世前就是这么一种形势。

"2001 年，国民经济正在连续的调整中，很艰难。中国的轿车工业只有几十万辆的产能，狼来了，小绵羊眼看就完了，真是令人担忧。我们向中央报的谈判方案，强调说入世后起码要再保护八年，以轿车为代表的进口关税不得低于 30%。最后谈下来是六年的过渡期，关税逐年递减到 25%。

"当时中国对 WTO 做了一个承诺，开放市场，进口汽车包括零部件以入世那一年的 60 亿美元作为进口基数，允许每年增长 15%，直至到 2006 年取消配额为止。结果，2008 年进口就达到 300 亿美元，差不多增了五倍；整车的进口从一年 4 万辆增加到 40 万辆，大大超过了我们的承诺。但是中国汽车的出口增长得更快，出口的总额从 20 亿美元增长到 2008 年的 460 亿美元，出口远远大于进口。"

张小虞还说："入世后的进一步开放和全球化竞争格局，甚至带来过去做梦也想不到的多元化资金高强度投入。从 2001 年到 2005 年，汽车行业固定资产投资 2350 亿元，相当于前面四个五年计划 20 年累计投资的总和。2006 年开始的'十一五计划'，每年的投资都上千亿元，2009 年固定资产投资 2900 亿元。2010 年可能超过 6000 亿元。又要比前面 25 年的累积还要高。这些巨额投入中，90% 来自外资、企业盈利和股市，国家投资不到 1%。"

入世十年，中国汽车业从一个最令人担忧的产业变成一个最令人振奋的产业。以 2000 年作为一个原点，中国汽车年产 200 万辆，其中轿车 60 万辆；到 2010 年产量已经达到汽车 1800 万辆，其中轿车 1000 万辆。十年，汽车产量增长了 9 倍（轿车增长了 16 倍），平均年均增长是 24%，而且是连续的。

连续十年保持百分之二十几的增长，中国汽车史上没有过；世界汽车史上也罕见；在后起国家，像日本、韩国从来也没有过，它们只有五年左右的快速增长。

入世之前，汽车工业国企独大，对行业外资本有严格的准入限制，以致当年李书福为获得造汽车的资格，悲壮地提出：能不能给我一次失败的机会？ 2001 年后，市场开放，民营企业进来了，更多的国际品牌也进来了，当时所谓的"大狗"、"小狗"、"野狗"都引进来了。

按国务院发展研究中心和中国汽车工程学会联合编纂的 2010 年《汽车蓝皮书》提供的数据，2009 年，中国汽车业主营业务收入近三万亿元，利润总额两千亿元，上缴各种税超过三千亿元。本来担心入世难免"全军覆没"的中国汽车业，在十年之后，从全球化的规则和运作中获得了惊人财富。

由于充分的竞争，合资企业投放市场的大都是达到世界水平的最新产品，跨国公司在中国举行的新车型"全球首发"越来越多。和 80 年代在"准入"及关税壁垒保护下，合资外方把退市的产品拿到中国来也能赚大钱的情形相比，有了翻天覆地的变化。

危机催生的中国机会

中国汽车能否借这次危机崛起，从而拥有更大的影响力？

外交家吴建民说："在危机尘埃落定的时候，21 世纪新的国际格局会初现雏形。这次危机对于中国非常重要。应对的办法何在？就是依靠科技创新。人类历史上任何一次巨大的危机，都是新技术、新发明、新突破的催生婆。危机就是契机。世界上很多国家在应对危机的时候，既考虑眼前，又考虑长远。你看美国三大汽车公司，政府不光是拿出钱来救，而且要求它脱胎换骨，去占据 21 世纪汽车科技的制高点。我的看法，这场金融危机会催生三大革命：能源革命、产业革命、人类生活方式革命，推动人类社会的进步。对中国来说，这也是一个非常好的时机。如果转型成功，可能在新的世界格局里占据一个非常有利的地位；如果我们做不好，那我们自己也会倒霉，中国的地位就很难说了。"

从学习到创新，在全球汽车业出现低谷的特殊环境下，国际并购机会诱人。无论零部件、整车，还是设计公司，跨国并购正在向汽车产业链的上游延伸，中国汽车整合全球资源的步伐会越来越急促。

2010 年年中，吉利上演了收购沃尔沃的重头戏，下半年，吉利与全球第六大汽车零部件供应商法国弗吉亚集团建立合资公司，并在浙江、山东等地吉利工业园区内设厂，生产世界一流的汽车内饰，让吉利汽车的内饰水平发生脱胎换骨的变化。

北汽等多家中国车企还参与对意大利设计公司宾尼法瑞那（Pininfaniya）的竞购。

11 月，美国通用走出 16 个月的政府破产保护，重返华尔街时，"中国元素"无疑起了积极作用。在全球金融危机肆虐之际，中国的合资公司始终增长强劲，成为通用重新上市的一大亮点。在新通用首席执行官和首席财务官向投资者的"路演"说明中，一直强调其"在像中国这样的主要增长市场的成功表现"。

在通用汽车全球募股中，上汽集团斥资 5 亿美元，购得通用汽车 0.97% 的股份。上汽参股通用汽车，象征意义大于现实意义。它所标志的是，经过十多年的风雨同舟，双方已经成为相互理解和支持的合作伙伴。

2009 年 12 月，为帮助上汽按照中国《企业会计准则》的规定，合并旗下合资企业财报，通用出售上海通用 1% 的股份给上汽，使上汽成为持股 51% 的控股方；作为回报，通用获得柳州方面的股权转让，在上汽柳州五菱中的股份从 14% 增持到 44%，圆了多年夙愿；双方还共同出资 1 亿美元，组建通用上汽香港投资公司，用以收购通用印度公司，这也是上海通用收购双龙受挫后，再次把触角伸向海外；两大集团还达成框架协议，在新能源汽车研发乃至产业化目标方面加强战略合作。

经过 30 年的合资合作，经过 10 年的全球化竞争，中国成为无可争议的全球汽车第一大国，羽翼渐丰的中国汽车业加快了全球化的整合速度。

豪华品牌"本土化"大战

德国《明镜》周刊 2010 年 6 月一则报道称，2009 年下半年，德国汽车生产企业还深陷经济危机的泥潭，德国政府的"旧车有偿回收"政策收效甚微。令人意想不到的是，海外市场对奔驰、宝马和奥迪轿车的强烈需求成了这些豪华品牌的救命稻草。为了满足美国，尤其是中国需求的快速增长，奔驰、宝马和奥迪公司已经开始采取特殊手段加紧生产，有些工厂甚至放弃了夏季假期。

豪华车市场的增速在"后危机时代"正在领跑中国汽车市场。2010 年豪华车总销量超过 70 万辆，占市场份额 6% 以上，对比全球市场中豪华车平均占 10%，德国市场占 25% 的比例，还有不小上升空间。其中德国三大豪华品牌更是铆足了劲，要在中国市场一争高下。其他豪华品牌沃尔沃、凯迪拉克、雷克萨斯、捷豹路虎，在中国的日子也过得红红火火。

2010 年，德国三大豪华品牌的产量排名分别是奥迪 22.56 万辆，宝马 16.89 万辆，奔驰 14.76 万辆。然而在增幅上，排名则倒过来：奔驰 146%，宝马 117%，奥迪 109%。最终鹿死谁手尚未可知。

与数年前奔驰、宝马热衷进口截然不同，在"后危机时代"，德国"三大"的中国战略都压在了"本土化"上。

10 月 22 日，奥迪全球董事会主席施泰德和一汽集团总经理徐建一共同主持了一汽大众在中国销售 100 万辆奥迪的仪式。正是 22 年前，以技术转让的方式起步，奥迪 100 开创了国产豪华轿车的先河。"全价值链本土化"已经植根于一汽大众的奥迪核心文化。凭借这个理念的执行，中国已经是奥迪在海外的最大市场。今后三年奥迪的新目标，是在中国再生产 100 万辆奥迪。

两天后，奔驰总裁蔡澈来到北京，主持了奔驰大厦三叉星徽的亮灯仪式。他宣布，奔驰在中国将"更全面融入本土文化中"，未来几年将投资 30 亿欧元用于中国生产基地，包括一个发动机工厂。同时，奔驰将在未来三年中，使国产车的比例从目前的 30% 提升到 70%。

宝马早已加入了豪华品牌的"本土化"之战，2008 年的宝马 5 系加长之举，就是能够熟练说中文的宝马中国总裁史登科的早期"本土化"的尝试。在华晨宝马产

奔驰总裁蔡澈会见记者，提出奔驰的新口号 "best or nothing"

量日渐饱和之际，宝马第二个工厂已经奠基，宝马宣布未来在华产能将达到 30 万辆，零部件国产化率将达到 60%。

豪华品牌竞争如此激烈，中国媒体称之为"死磕"。2010 年，奔驰和宝马在中国市场甚至发生了一场有关车型和月销量的"口水战"。双方的"价格战"也打得别开生面。倒是已经"全价值链本土化"的奥迪比较低调，一汽大众奥迪事业部执行副总经理张晓军谈到奥迪在中国的"短板"——以往奥迪在技术上的传播比较好，而情感上的传播比较弱，需要尽快改观。在年末新浪年度车发布仪式上，公关总监卢敏捷的获奖感言更为内敛：因为产能受限，许多喜欢奥迪产品的用户，要等很长时间才能拿到车，在此我们表示歉意。

即使同一品牌进口车和国产车也并非相安无事。到 2010 年 9 月，国产车占在华总销量的比例，奥迪高达 86%，宝马也有 43%，奔驰仅占 32%。年中，北方奔驰生产的加长奔驰 E 级上市后不久，就遭遇了进口奔驰 E 级大幅降价的"意外阻击"，有媒体称之为"奔驰的乌龙"。

德国人迈尔斯领导下的奔驰中国销售公司，这几年真是一路狂奔。卖掉的进口奔驰豪华轿车、跑车、SUV，甚至小型车Smart，品种数量在豪华品牌中遥遥领先。这其中得益于迈尔斯用人的"本土化"。2010年，三个中国人，毛京波、蔡公明、王燕分别从市场、销售、公关总监的位置上升，任奔驰中国销售公司副总经理，这一级别是过去中国本土人才难以穿越的"玻璃天花板"，毛京波们正是以对本土文化和市场的把握，以对用户、媒体、经销商的顺畅沟通，取代了那些认识中国字，却不懂中国市场的傲慢的新加坡籍高管们。

进口车销售的火爆，让北奔坐不住了，北奔的业绩正要纳入筹划上市的北汽股份，北汽董事长徐和谊，为了加强本土化产品的销售，从上海大众挖来曾经成功开创奥迪、斯柯达两个品牌中国销售的开山鼻祖付强，担任北奔主管销售的副总经理。对于付强的功力人们普遍看好，然而改变奔驰"进口重，本土轻"的"双轨制"格局，似乎并非光是加强本土销售能力可以解决的。

三、"后危机时代"的中国坐标

中国汽车产业的问题与不成问题

到了2010年，美国经济开始出现转机，但是全球金融危机还没有过去，在欧洲一些国家经济先后探底，几近崩溃边缘；2011年中东产油国家政局动荡，走向扑朔迷离。

我认为，在"后危机时代"，世界经济几个走势已初见端倪，一是实体经济的回归；二是新的市场和新的经济体涌现，竞争更激烈且多层次；三是新能源新科技成为新的增长点；四是全球化和兼并重组日益深化。这些走势将影响着中国汽车业在"后危机时代"的发展坐标。

2011年新年刚过，老朋友董阳通过电子邮件发来一篇文章，题目很有趣，叫做《中国汽车产业的问题与不成问题》。董阳，中国汽车工业协会常务副会长兼秘书长，此前曾任职机械部，并做过北京汽车工业集团总经理。头脑清醒，不落窠臼。

他说，虽然汽车产业从来不乏民众的喜爱、社会的关注、批评家的质疑，但在

上海通用的装配工们

中国汽车成为世界产销第一的关键时刻，我们这些从业者深入思考，重新审视中国汽车产业面临的问题，十分必要。

一个正在上学的少年和一个大学毕业步入社会的青年，面临的问题和努力的方向有很大区别，中国汽车产业以前经历的问题和今后将面临的问题也有很大的不同。许多长期以来被质疑的问题已不成其为问题，而过去未被重视的问题正成为前进的主要障碍。

董阳认为已经找到解决途径，"不成问题"的问题如下：

——自主研发已经上路。

轿车的自主开发已经从一般的车型开发，发展到发动机、变速箱等核心部件的升级，以及 NVH 这样综合性能的提高和品牌的持续建设。中国汽车全行业的研发费用由 2005 年的 167 亿元提高至 2009 年的 460 亿元，提高了 1.75 倍。几个投资50 亿元以上的世界一流水平的研发基地正在建设中。

——决策层和国民最关注的自主品牌已成气候。

尽管中国自主品牌轿车的市场占有率还不够高，品牌价值也不够大，但此长彼消的趋势却是确定无疑的。在天时地利人和日渐兼备的条件下，中国品牌轿车的占有率和品牌价值一定会增长。虽然外资品牌正在从高端到低端全面紧逼自主品牌，但这并不能改变中国品牌茁壮成长的趋势。

——"散乱差"治理有了实质的变化。

2010 年是汽车产业集中度的一个分水岭。上汽、一汽、东风、长安的产销都超过或接近 300 万辆，进入世界公认的大企业行列。汽车行业前十家集中度为 90%，远远超过钢铁、家电等其他制造业。在世界汽车 6+n 的格局下，中国 10 家左右大企业并存极有可能，其中有六七家以合资品牌为主，三四家以自主品牌为主。过度的兼并重组没有意义，试想，把上汽、一汽、东风组成一个集团，就能成为世界最强大的汽车公司吗？

后危机时代什么依然是"问题"？中国汽车还将面临什么挑战？董阳认为：

——中国石油形势严峻依旧，亟待布局新的节油对策。

全球石油枯竭近期不会发生。1970 年全球消耗原油 23 亿吨，已探明储量可开采 30 年；2009 年全球消耗石油 35 亿吨，已探明储量可开采 50 年。全球汽车业在可以预见的将来，还将是"汽"车业，而不是"电"车业。

然而，在中国，石油形势却是日渐紧迫，中国经济对石油进口的依存度越来越大。十年后可能超过 70%。一旦国际形势有变，中国的能源安全确实堪忧。汽车业作为用油大户，狠抓节油是关乎可持续发展的根本。他建议，调整税费体制，调整相关政策，学习最注重节油的日本，鼓励引导汽车的小型化、节油化和轻量化；鼓励在传统汽车节油技术方面追赶世界最先进水平；应该在新能源汽车领域更多地关注混合动力技术。

——中国能否成为汽车出口大国？

虽然西方国家重新注重实体经济，提出"再工业化"，但世界汽车产业东移的趋势没有改变。虽然涉及中国汽车的国际贸易纠纷会大幅增加，但不会构成全球围堵中国汽车的局面。然而，中国大幅增加汽车整车出口也不现实。因此，可以考虑学习外国大公司过去 30 年进入中国的做法，重新制定清晰而全面的海外战略，产品出口与海外投资并重。埋头苦干十年、二十年。

——建立全面的国家汽车战略。

首先，政府各部门要协调一致，产业准入、财税体制、研究开发、市场体系、资源利用与回收等方面的政策导向要一致。不能朝令夕改，头痛医头，脚痛医脚。期待各部门今后制定政策能够协调，不重复抢权，不互相矛盾，有预见性、持续性，不是危机到来才做权宜之计。

赢在"把绳子放长"

周文杰，东风集团副总经理，东风众多合资项目的"第一棒"，对中国汽车宏观思考多有独到之处。

我们谈到"后危机时代"中国汽车业的对策，他说，2009 年全球汽车危局中，中国轿车逆市大增长，单纯从经济学角度难于诠释。拿当年日本的泡沫经济，美国的次贷危机，日韩汽车发展的曲线去诠释今天的中国汽车市场，都失之简单。应该从中国文化、社会学进行分析。

周文杰说，从社会心理看，全球经济危机，并没有让多少中国人失去信心，尽管多种利益格局犬牙交错，中国人的主流追求更多的是改变生活状态的渴望。人们告别了"干脆"和"一刀切"的主体价值观，消费欲望细密交织。从城市到农村，今天的中国人几乎都在一门心思地想通过艰苦的努力改变自己的命运。

2009 年全球危局下，中国汽车市场为什么能有"井喷"行情？一方面当然离不开政府的消费鼓励政策，而政府实际上赢在"把绳子放长"。中国人，中国企业，生命力顽强，最吃苦耐劳。像一棵小苗，只要给一杯水，给一点宽松，在中国就能长成一棵树。减税、汽车下乡、二手车置换，起到了"四两拨千斤"的作用。

另一方面是经济发展到了这个"坎儿"上。"面子消费"，是中国人特有的追求，其社会学含义，甚至高于产品的使用价值。一条街上 100 户人家，10 户买了车，90 户恐怕不为所动；但是 25 户买了车，对其他人家，就有一种购买压力。"社会心理修正系数"放进去，就是一种"促媒"，造成了市场大面团发酵、膨胀。

一流技术水平，十年八年能行

近些年，年逾 80 岁的何光远部长，依然关注汽车业的技术进步。2009 年，电动车"弯道超车"喊得最凶的时候，他明确提出"电动车不等于新能源车的全部"，主张一方面缩短传统汽车核心技术与世界先进水平的差距；一方面在汽车新能源的探索上，从中国国情出发，独辟蹊径地关注煤化工转化甲醇技术。

他对我说，石油安全始终是中国的一个大问题，但是中国是一个煤炭资源丰富的国家。搞电动车，对于以煤炭发电为主的中国国情来说，很难达到降低污染物和二氧化碳排放的初衷。他认为，通过煤化工技术，用煤转化甲醇燃料也是一种可以选择的节油环保技术路径。

前些年，用煤炭转化甲醇，受制于水资源的大量消耗和二氧化碳的大量排放。但是近年来煤化工技术也在取得突破，在山东兖煤集团的鲁南化工厂，通过领先的"多联产"技术，把转化甲醇过程中产生的二氧化碳变废为宝，可以生产尿素和醋酸。经过实验，甲醇与柴油复合燃烧，可以达到节省柴油25%的效果。

何部长告诉我，中汽公司首任总经理李刚也成了煤转化甲醇的积极支持者。两位前辈不顾年事已高，还亲自到工厂了解技术进展情况。第一代中国汽车人务实、忘我、不计名利的品质让人肃然起敬。

他透露，工业信息化部将在山西、陕西、上海开始汽车加注甲醇燃料的测试试点工作。

我和何部长谈起了全球金融风暴"后危机时代"中国汽车业应该如何把握。

他十分肯定地说，首先要把传统汽车做好，这是汽车业的根本。新能源车的研发要多元化，要从中国国情出发。

谈到"后危机时代"，何光远很冷静地说，尽管产量世界第一，中国汽车业和世界先进水平依然存在很大差距。首先在传统汽车核心技术上，比如汽油发动机的电控、涡轮增压技术，柴油机的高压共轨和尾气后处理技术；比如自动变速箱技术；比如车身平台的整体开发技术；比如零部件配套技术，我们还差着几个台阶。

何部长说：中国许多汽车企业，包括一汽、东风等大集团，包括奇瑞、吉利、长城这样的自主品牌，这两年技术研发投入力度大，网罗人才，下真工夫，技术追赶已经起步。现在的问题就是埋下头来，瞄准核心技术和薄弱环节拱上几年，无论是联合攻关，还是自主、不受控的国际合作，狠狠拼一下，达到世界汽车一流技术水平，我看再用个十年八年，能行！

再见，瓦格纳先生

2009 年 3 月 30 日中午，我去新浪网做关于上海车展的视频直播。进演播室前，新浪汽车的主编苏雨农对我说，不陪您了，刚刚得到消息，通用汽车总裁瓦格纳辞职了，我得马上组织相应的新闻专题。

我所认识的瓦格纳

听说瓦格纳的辞职，有一些"这天终于来了"的伤感。虽说早就有奥巴马总统对于美国三大车企老总"不改变，就下课"的说法见诸报端，总觉得美国"三大"走到今天，有错综复杂的缘由，临危走马换将，企望一蹴而就的"重组方案"，恐怕难以如愿。然而 174 亿美元的财政援助砸下去了，通用、克莱斯勒在 4 月 1 日的限期之前依然没有拿出个像样的解困方案。通用反而提出，还得向政府再要 166 亿美元才能周转，在国会面前，太不给新总统面子了。3 月 27 日，政府官员出面"逼宫"；30 日，一再坚称自己是"带领通

用走出困境合适人选"的瓦格纳，只能选择辞职这一条路了。

采访汽车产业 30 年，全球汽车业巨头的领军人物见过不少。可以称为朋友的，瓦格纳算作一个。

2000 年，我到意大利参加通用汽车全球论坛。梯形会场上，刚刚当上 CEO 的瓦格纳，身穿浅蓝衬衣黄布裤，一边主持会议，一边跑上跑下为发言的代表传递话筒的情形至今历历在目。其后，我几乎每年参加一次通用的全球会议，主题有设计、氢能源、产品战略，和瓦格纳有过多次的访谈和交流。我感受最深的，是这位全球最大企业的 CEO 几乎不会"摆谱"，自己端着盘子排队吃自助餐；把座位让给媒体，自己站在会场后面听技术讲座；这在中国企业界几乎是不可能的。

2002 年 8 月，我去美国加州圣巴巴拉参加通用汽车全球产品研讨会。一个傍晚，人们的照相机被集中存放，借着浓郁暮色的隐蔽，通用在一个海滨花园里展示了 15 辆将在下一年问世的新车和概念车。

其中，我对一款玻璃钢车身的小型多用途车发生了兴趣。因为我听说，这款代号 AFC 的新车是面向亚洲和中国家庭开发的车型。我在仔细打量这款注重实用和低成本，而在外形上不大讲究的小车时，瓦格纳走过，问道：你对这辆车评价如何？

我尽量婉转地说：通用为更大的消费群体开发一款全新理念的小型车，想法让人钦佩。但是，这类车型如果在中国生产，在控制成本的同时，又要满足中国人"讲面子"的需求，却是一种两难的选择。坦率地说，在中国造低成本的车，不是通用的长项。

当时，私家车在大城市初露端倪，我说，在中国，开始买车的还是消费金字塔上半部的那些人。我建议，通用是否考虑先把最高水平的旗舰产品拿到中国，比如凯迪拉克。它的最新车型 CTS 很有冲击力，应该成为通用这样大厂家的品牌标志。瓦格纳凝神听着，我的看法大概让他感到意外。

本以为，只不过是几句随便的议论，说说就过去了。但是在研讨会闭幕式上，瓦格纳郑重地说，有一些媒体朋友提出的观点，可能会带给我们新的思路。

不久，全面论证凯迪拉克引进中国的工作深入展开。听上汽通用五菱老总沈阳说，当时柳州工厂已经开始的 AFC 生产准备也随即下马，转而专注于本土开发的五菱微面，不但做到全国销量第一，也一度贡献了通用在中国的一半产销量。

2003 年 11 月，瓦格纳在北京向媒体正式宣布，通用将在上海生产凯迪拉克。他特别补充道：你们当中有人向我提出过这样的建议，作为回馈，我们今天做出了这个决定。

以后瓦格纳见到我，第一句话常常是：李先生，有什么新的建议给我？

十年，他尽力了

说通用不注重新能源车的开发，有些不大公平。中国人见过的第一辆电动车，是 90 年代通用的电动车"大冲击"在北京亮相；后来汕头南澳岛国家电动车示范区，有 5 辆通用的 EV1 进行长期运行；对于节能减排的终极方案氢动力车，通用在全球汽车业投入最大，走得最远，氢燃料电池技术最成功。汽车原来的变速箱、传动系统都被电子模块所替代，新世纪的头几年，日本人的混合动力异军突起，瓦格纳一改对混合动力不屑一顾的态度，开始在皮卡、SUV 等耗油较高的车辆上使用混合动力技术。但是"重新定义汽车"总是通用的追求。

2008 年北京车展前，瓦格纳来到北京，专门约我见面，向我介绍通用的增程式电动车 Volt。我以为这只是一款新的混合动力车。他认真地对我说，李先生，通用今天的新能源技术路线已经不仅限于内燃机优化、混合动力、氢燃料电池三步走，Volt 是通用在燃料电池商品化之前迈出的新的一步。Volt 不同于依靠燃油的混合动力，它是一款插电电动车，燃油发动机只是补充。它弥补了历史上电动车的弊端，给了电动车新的出路。

我一直认为，路线决定一切。今天看来，瓦格纳和通用的新能源思路系统，可行。可惜人们往往以成败论英雄，忽视了瓦格纳和通用的系统新思路，一味在纯电动车的怪圈里没头苍蝇般地乱撞。

十年间，瓦格纳还积极推动了通用品牌的重组和产品市场全球化的进程；通过模块化的"架构"开发，为通用系各个品牌在不同市场提供满足消费者不同需求的车型；通过收购大宇，通用又成功地进入原来缺门的小型车领域。

在世纪之交，瓦格纳和前任董事长史密斯一起，顶着压力，拍板在上海合资建设通用最现代化的工厂。不但同步引进了别克最新的车型，而且建立了中国第一家合资汽车研发中心。今天，上海通用、上汽通用五菱成为中国最成功的轿车企业，无疑也有瓦格纳一份功劳。

押宝资本市场看走了眼

这些年，在国内外见到瓦格纳，明显感到他日渐憔悴，他笑着，已经不那么轻松。曹雪芹在《红楼梦》里说得好："大有大的难处。"通用保持全球汽车业老大地位已经大半个世纪，老态尽显。庞大的退休职工福利日益不堪重负，加上强势的美国汽车工人联合会（UAW）不断地进行加薪加福利的斗争，并连连取胜，让包括通用在内的美国汽车"三大"的劳务成本，比日本对手高出70%；加上新能源、新技术的庞大开发费用，财务状况日渐捉襟见肘。首席财务官出身的瓦格纳，只好把宝押在华尔街，希望玩"概念"从资本市场获得投资，以支撑现金流。然而始料不及的金融海啸排山倒海，让他此前的一切努力化为乌有。在获得政府第一笔财政援助后，瓦格纳还指望债权人同意将270亿美元债务的三分之二进行"债转股"，无奈债权人和工会都不买账。大限已到，整改无望，悲情瓦格纳只好下课。

瓦格纳辞职当天，奥巴马在白宫说：汽车业是美国经济的支柱之一，美国不应该让该产业就此消失。但他也警告，如果通用和克莱斯勒不能制定一个更有效、力度更大的重组计划，美国政府有可能选择让其寻求"破产保护"。那两天不断有媒体问我，通用最后破产的可能性有多大？我说，无法预计，但是无论如何，通用旗下几个主要品牌应该能够通过重组继续生存。而在中国的合资企业上海通用因其独立经营，其生产的凯迪拉克、别克、雪佛兰等优质品牌，几乎不会受到太大的冲击。

浮躁的中国汽车业可以学到很多

其实，瓦格纳的辞职给了美国政府对通用追加援助款项一个台阶。往深里说，又有哪个个人能为美国汽车的窘境承担责任？

一个多世纪以来，全球汽车产业一直在向东转移，从汽车的故乡欧洲，向美国、向日本、向韩国、向中国转移。这是产业结构的一次世纪大转移，是一个百年轮回：20世纪初，福特的流水线生产方式，降低了成本，造就了美国汽车业的爆发式成长；50—80年代，日本靠精益生产方式，千方百计降低成本，提高质量，后来居上；七八年前，又有谁能相信中国会成为全球数一数二的汽车大国。

中国汽车业的成功占了天时地利。但是不能不清醒地看到，眼下还仅仅是靠主打劳动力成本低的优势；品牌、研发、科技还刚刚起步。中国汽车业甚至还没有彻底走出"散乱差"的格局，产业重组路更长，远没有沾沾自喜、幸灾乐祸的资本。认真剖析通用的前车之鉴，其实能让充斥着浮躁的中国汽车业学到很多。

地球越来越小，希望瓦格纳先生今后能常来中国看看。

第十三章

第二个甲子的「纠结」

　　2010 年 12 月 23 日晚，对于所有计划买一辆新轿车的北京人都是一个不眠夜。这天下午，北京市政府召开发布会，宣布了网民所谓的"世界上最严厉的限车新政"。尽管新政的内容涉及"建、管、限"三大部分，但人们关注的只有一条：2011 年北京小客车总量控制为 24 万辆，将以新的摇号方式无偿分配号牌资源。"摇号"每个月一次，两万个车牌号，其中私家车大约 1.8 万辆。并且自次日起，新车全部停止上牌，等待 2011 年 1 月 26 日第一次"摇号"结果。

　　人们真是措手不及。许多人一两个月前就在 4S 店交了订金，无奈有几个品牌的车太俏，得排几个月等着提车，这下岂不黄了？他们忙不迭地赶到店里，要讨个说法。其他半年来一直忙着降价促销的品牌，这回也成了香饽饽，人们进得店来，见车就买，一辆车几位顾客僵持不下，竟有人一拳砸了前风挡：这辆车是我的了，看你们还争。

　　后来有消息说，只要当晚交了订金，拿到车架号、发动机号就算搭上最后一班车。于是许多店到半夜也关不了门，交钱的顾客焦急地跺着脚，排队交款。第二天，4S 店的销售员又拿着一大摞单子，一大早赶到北京市商委去排队，发票多得审查不过来，商委只能抽验，商委盖了章，就叫"备了案"，这辆车就算买着了。

一、开车上路带副牌

第二个甲子

1953 年开始建立第一汽车制造厂至今，中国汽车工业历经整整一个甲子。

非常有趣的是，这 60 年一分为二，又正好以改革开放为界划为前后 30 年。前 30 年，中国汽车是以闭关锁国、自力更生为主的初创阶段；后 30 年，是以改革开放为主的快速发展阶段。其中尤以入市后的 10 年，全球化、市场化推动中国以爆发态势一跃登上全球汽车产销第一大国的地位。

在应对国际金融危机中，中国对扩大汽车消费给予了特殊的政策支持。汽车产

《汽车导报》的年轻编辑组队参加 2011 年第一次赛车，车手都抱来自己的儿子，中国人开始了汽车上的完整人生

量逆势而上，取得连续两年超过 30% 的大幅度增长。2010 年，中国汽车产量达到 1826 万辆，超过了世界汽车头号大国美国的历史最高年产量。是年，中国汽车保有量达到 8500 万辆，虽然只有保有量 2.5 亿辆的美国的三分之一，但是与 30 年前的保有量 350 万辆相比，整整增加了 24 倍。

2012 年，中国汽车工业将站在它第二个甲子的起点上。面对新的甲子，中国汽车业的"体量"和"吨位"与 60 年前比，甚至与两三年前比已经不可同日而语。面临的问题和支撑所涉及的层面也上升了不止一个几何级数。

在中国，批判汽车文明变得越来越时髦，常常有朋友和我开玩笑，就是你当年鼓吹轿车进入家庭，打开了潘多拉的盒子。然而，又有谁能够否认，无论白人、黑人、中国人，坐进汽车的"人生"和没有汽车的"人生"再也不一样了；中国人开上了汽车，他们再也不愿意回头去做"自行车"王国的臣民。

不管人们是否愿意接受，中国已经和全世界所有发达国家和大多数发展中国家一样，跨入了"汽车社会"的门槛。在享受着汽车带来的文明、财富、经济和科技发展的同时，也要面对拥堵、排放、能源消耗的负面挑战。

新年伊始，热热闹闹地谈论着从汽车大国到汽车强国的中国汽车业，收到的第一件新年礼物，就是北京市开始实施的"摇号治堵"。

"摇号"，2011 治堵新政

"新政"这只"靴子"悬在半空已经两三个月了，成了比 2009 年国家鼓励汽车消费政策还有效的促销手段。光是 2010 年 12 月，北京就风风火火地买了近 40 万辆轿车，到年底北京机动车的保有量达到 478 万辆。

12 月 15 日，北京市从中央领了"尚方宝剑"，在媒体上公布了一个"治堵方案"，方案原则得不能再原则，说是征求意见，一位新华社的同事跟我说，想写一篇评论都不知道从哪里下笔。"摇号"，在征求意见稿中只字未提，对于网络上的传言，有关部门还出来辟谣。可是"摇号"突然从天而降，许多人傻眼了。

12 月 23 日出台的"摇号"新政，立竿见影的一个结果是，接下来的一个月，经销商们在北京就别想再卖一辆车了，泱泱大国首都，一道行政命令，所有品牌的轿车停售一个月，这还叫市场经济？

政府也很无奈，一切都是交通拥堵惹的祸。2008 年奥运会结束以来，交通管理部门治堵措施一出再出，一错再错，积重难返，不得不下此狠招。尽管效果如何，会产生什么样的连锁反应，还都很难说。

2011 年 1 月 26 日上午 10 点，北京市交通委举行机动车首次摇号，吸引了各类媒体蜂拥报道，盛况胜过乐透大奖。17600 个号码在 5 秒钟内摇出，在 18.7 万个合格注册者中，中签比例为 1∶10.6。到了年中，中签率下降到 1∶36。

摇号结束，北京人民的心情变得很复杂。中签者喜出望外，虽说买车未必都是他们的"刚性需求"。"就是抽着玩儿，抽上也不买。"一位中签者称。另一方面，急需买车的人为了增大中签几率，"全家总动员"一起申购的也不在少数。没摇上的只能期待下个月、下下个月的"人品"爆发。上网输入"摇号"话题查询后不难发现，大部分网友留言没摇到号，表达出强烈的购买需求和失望之情。

北京限车摇号必然改变汽车市场的车型结构。与国家推行的鼓励小型车、自主

高尔夫 GT 作为一款高性能小型车，在全球已经风靡了 35 年

品牌轿车的取向背道而驰的是，由于中签实属不易，多数人选择了比计划中高一至两个档次的车型。购车难度加大后，中高端车型和豪华车型将受到青睐。

在国家出台鼓励小型车消费政策仅短短两年，自主品牌小排量车的好日子戛然而止。奇瑞、比亚迪、力帆等自主品牌 4S 店变得门可罗雀。预计低端车型将有 30%—40% 左右的销量下滑。治堵新政出台后，一些弱势品牌和经营不力者很可能遭遇淘汰。

更让全国汽车厂商揪心的是，北京治堵新政也许带来的是中国车市的痛苦拐点。中国汽车流通协会副秘书长罗磊说："加上部分旧车换新后牌照延续，预计北京在 2011 年新车销售为 50 多万辆，这与 2010 年北京新车销售接近 100 万辆显然不可同日而语。三分之一经销商面临亏损出局都是乐观的估计，实际的影响可能更大。"

二手车市交易近乎瘫痪。在北京著名的花乡二手车市场，已经看不到车贩子的身影。治堵新政规定，车主须等到二手车商卖掉他的旧车后，才有资格买新车。而想买二手车的人，却要摇到号才能如愿。二手车市场的良性循环就此断链。

能让汽车厂商和经销商松一口气的是，紧跟北京之后出台的广州治堵政策截然不同：坚持不限制私家车上牌，取消了中心城区限制外地车的措施，并新增了限制公务车等内容。

一些专家学者表示，发展中的问题，要用发展的思路来解决。新政实施对首都"治堵"贡献究竟几何，尚需时日检验。

北京摇号后的第二天，在国新办召开的新闻发布会上，工信部新闻发言人朱宏任说："如果简单地把治堵等同于对汽车工业的限制，那将不可避免地影响到汽车工业的发展。我相信这不是各地管理、治理汽车拥堵的初衷。"

一个多月前，汽车人出身的苗圩被任命为工信部部长。

汽车评论人张豫说，政策在中国汽车业从来都是在供给和需求之外最重要的力量，它强大到只要随便展示一下肌肉，就能轻易改变供需规律。明明是公共交通体系不完善，可是被打板子的却是自掏腰包买车出行的消费者。

没有灵丹妙药

我曾报道过的北京历史上最早"上水平"的一次大堵车，发生在 1983 年，国庆过后，由于外地车辆集中返京，造成全城交通大拥堵，汽车排队通过一个路口要等十几个红绿灯；公共汽车的时速降到不足 5 公里。而在当时，北京的机动车保有量只有区区 25 万辆。由此看来，汽车保有量的多少并非交通拥堵的唯一因素。

1984 年，北京打响了历时十年的城市道路建设的攻坚战，道路和汽车增长的速度开始赛跑。33 公里的二环、48 公里的三环，100 座立交桥改变着古城的面貌。连一向自诩见过大世面的"老北京"出了二环也转向。然而路畅刺激了车多，其后十年间，北京市政道路以每年 3.2% 的速度递增，机动车以 15% 的速度递增，三环建成不到一年，出口的堵车又让司机和交管部门忧心忡忡。

1995 年 12 月，当时北京机动车为 80 万辆，北京首次考虑对新购轿车征收数万元的"城市增容费"。消息传出，简直是一剂轿车促销的"兴奋剂"，北京人第一次看见，买轿车验车、上牌能像当年买"冬储大白菜"一样排长队。此举，歪打正着地掀开了北京轿车进入家庭的序幕。尽管增容费一事，后经国家计委、机械部协调而搁置。

1996 年春节过后，"在三环路以内实施部分机动车分单双号行驶的规定"出台。这次"单双号限行"的首演，只限一升排量以下的微型车、吉普车和旅行车。有关人士出面说，北京作为国家的政治文化中心，地位特殊，必须为党政军首脑机关正常工作服务，不到万不得已，不能给中央机构的运作和外事活动带来不便。因此，要限行就只能是小排量的轿车了。这位人士说，每周不过两天半限驶，更能促进人们提高效率，说得很有些黑色幽默的味道。只限私车的治堵，自然受到社会舆论的诟病，两个月后首次限行无疾而终。

1997 年 7 月，北京机动车突破 100 万辆大关。北京市和建设部联合召开"对策会"，再次提出"对机动车实行总量控制势在必行"。会上"专家"预言，当机动车保有量达到 200 万辆时，北京的道路交通必将彻底瘫痪。今天看来，当日的言之凿凿终成一场闹剧。是年，东京机动车 880 万辆，汉城 200 万辆。

2001 年，两件大事，让北京的交通事业和私家车双双出现了不折不扣的"跨越式发展"。上一年的申办 2008 年奥运会成功，让北京以一种科学而包容的心态，开始了以道路和轨道交通为标志的大规模的城市基础设施建设；春天，全国人大通过了"十五"规划，提出"鼓励轿车进入家庭"，从法理上第一次肯定了中国老百姓拥有轿车的权利。

从 2001 年到 2008 年，北京和全国各大城市，出现了老百姓走近私家车和公车逐步高档化叠加的"井喷"行情；以大力发展轨道交通为主的"公交优先"的原则，也在这一时期得到全社会的认可。拥堵和治堵，此起彼伏地交替前行。是为北京治堵的"黄金八年"。这期间，北京机动车保有量越过 200 万和 300 万两道大关，但是扛住了"牌照拍卖"的诱惑，终归保持了车与路的脆弱平衡。

2008 年北京奥运会成功举行，作为"临时措施"，北京市区五环路以内实行"单双号限行"。所有机动车车主表现出充分的理解和支持。北京交通出现了多年不见的通畅。

2009 年，限行带来的拥堵减缓，被有关部门错以为可以成为一种常态效应。稍加改进后，开始在全世界大城市中首创"五日制限行"。然而，限行一方面造成短期内路畅车稀的假象，吸引更多人买车；一方面让居住偏远的人，不得不买第二辆车出行。与国家汽车消费鼓励政策叠加在一起，为北京汽车保有量一举冲破 400 万辆贡献不小。

后面的故事就不是历史了。2010 年 9 月 17 日，一个下着小雨的周末傍晚，北京交管局拥堵路段监控大屏幕"全线飘红"，连续 9 个小时的全城大拥堵，让北京的城市交通几近瘫痪。中央电视台创造了"首堵"一词。似乎在提醒人们，如果不找到科学、可行，并得到各利益方认可的治堵解决方案，从太空望北京，恐怕就是一个超级大停车场了。

如此看来，在北京这样的超大城市，治堵没有一用就灵的灵丹妙药。药吃错了，反而"添堵"。

一个可以预见的前景是：当国务院批准的 2020 年北京总人口规划控制在 1800 万人，而 2010 年就突破 2000 万人的时候；当市政当局一方面高举治堵大旗，一方面又在拥堵最惨烈的 CBD 中央区接连批准再建摩天大楼的时候；当中央和北京市党政部门、经济金融机构坚守市中心，通州、大兴、顺义、亦庄等卫星城更像一座"睡城"，"潮汐式"车流早出晚归的时候；当中国千年的"棋盘化"城市道路格局，被从二环到六环的"靶心式"道路格局所取代的时候，中国大城市的交通拥堵只会愈演愈烈。带副扑克应付堵车的极端状况也许是早晚的事。

不过从长远看，有一点是铁定的：道路拥堵时紧时缓，既不要指望永远的通畅，也不会有杞人忧天的瘫痪。

"绿色出行意识"现在常被一些官员、学者挂在嘴边。他们说，中国私人小汽车使用强度大，如目前北京一辆轿车年均行驶里程为 1.5 万公里，是伦敦的 1.5 倍，东京的 2 倍多。道路设施无法承受。只有唤起公众的"绿色出行"意识，养成自觉使用集约化公交的习惯，才能有效治堵。

欧美主要大城市公交分担率在 60% 以上，而北京即使近年来大力投入，也只有不足 30%。急吼吼限制私车出行，势必造成公交网络不堪重负，乃至瘫痪。我十分怀疑，限制了一半私家车，公共交通能否承受加倍的压力。一位白领朋友响应号召，放弃私家车去坐地铁，早晨用了 40 分钟，才刚刚挤进站台，她无奈地告诉我，挤得连人的尊严都没有了，还说什么"绿色"啊！

布隆伯格，一个美国亿万富翁，当了纽约市市长，每天乘坐地铁去市政府上班。作为百姓的一员，我多次建议，主管规划和城市交通的官员们，每周在高峰时挤一次地铁，获得一点老百姓的切身感受。

有尊严的、绿色的、舒适的、四通八达的公共交通，我们盼望着。

私家车不是"唐僧肉"

中国私家车的激增，一方面是经济规律使然，经济总量到了轿车大规模进入家庭的时段；一方面是半个世纪中国老百姓无权拥有汽车的桎梏"溃坝"后，形成排浪化需求的冲击。然而，谈到近些年私家车的激增，一些官员、学者竟说是老百姓购买私家车"门槛太低"惹的祸。

一个无可辩驳的事实是，入市后，尽管汽车价格逐年下降，中国仍然是世界上汽车税费门槛最高的国家。消费者把一辆车买到手，花费中 40% 以上是各种税费。

即使如此，"门槛太低"的造势依然不胫而走。有头有脸的人们关于征收私家车"拥堵费"、"城市增容费"、"能源费"、"污染费"，以及进一步增税的建议层出不穷。

2010 年 10 月人大常委会讨论财政部提出的增收车船税的草案，辩论激烈。10 月 29 日，《中华人民共和国车船税法（草案）》全文公布，向社会广泛征求意见。11 月 4 日，各媒体纷纷刊载消息《新华社连发三文议车船税：别把私家车当成"唐僧肉"》。消息注意到从 10 月 31 日开始，新华社一连发表三篇"新华时评"，针对车船税所引发的几个焦点问题展开探讨。

三篇评论中压轴的一篇，就是我于 11 月 3 日发表的《"调节贫富"不该是车船税的功能》。

关于车船税税法草案的讨论越来越热闹了。一个争论的热点，是其"调节贫富"的功能。

按照财政部部长的说法，车船税计税的依据理论上应是车船的评估价值，草案采取按排气量征收只是为了方便征管。但更有人大代表说，30 万元的红旗和 70 万元的奥迪按排量缴一样的税显然不合理。如此看来，车船税理应起到调节贫富的功能。

在中国，老百姓买汽车，缴税的税种和税金总额在全世界数一数二：成本 17% 的增值税、车价 10% 的车辆购置税、车价 1%—40% 的消费税、进口车 15% 的关税、随油价征收的燃油税，以及即将大幅上调的车船税。

如果为了调节贫富，已经有财产税性质的"车辆购置税"。购置税按车价 10% 征收，已经体现了车价高的车多缴税的原则。比如前面说到的奥迪就要比红旗多缴 4 万元的购置税。2009 年，全国光是车辆购置税，税务部门就进账千亿元；而且由于国家对 1.6 升以下的小排量车实行了购置税减半的优惠，对 4 升以上大排量豪华车提高到按车价 40% 征收的高额消费税，豪华车的财产税已经是小排量经济性车的近百倍，足以起到"调节贫富"的功能。如果说车船税以车船的估值计税，显然有与车辆购置税重复收税之嫌。

如果为了推进节能减排，具有使用税性质的"燃油税"足以胜任，那才充分体现了多开车、多用油、多排放，多上税的原则，全世界广泛实行，公平而有效。然而，燃油税在中国历时十载才艰难出笼。

至于说治理拥堵，车船税这一类的静态收税，效果几乎为零。

因此，讨论车船税，先请该税的制定者厘清征税的目的：是调节贫富，是推进节能减排，是抑制拥堵，还是增开税源，增加各级政府收入？目的挑明了说，接下来的讨论才有意义。

这些年，针对老百姓买汽车的各种税收委实出台了不少，随着中国老百姓越来越多地开上私家车，国家在汽车上的税收总额每年都有大幅度的新突破。税务部门不能把私家车当成"唐僧肉"，把今年大幅度增税，明年推出新税种变成一种常态。

我特别同意人大常委会委员温孚江在讨论车船税法草案时所说的一句话：政府有责任把纳税人的钱花好，同时要尽量减少人民群众缴税的税额，不能总想着从老百姓兜里掏钱。

同事告诉我，人大常委办公厅打来电话对这组"新华时评"给予赞赏，并督促起草单位参照公众和舆论的建议进行修改。

2011 年 2 月 23 日，全国人大常委会审议了车船税法二审稿，并吸纳民意，对原草案的规定作出大幅调整，降低普通百姓消费为主的 2.0 升及以下乘用车的税额。

近日，征收拥堵费的建议又一时成为热门。该不该收暂且不论，只说收费很有讲究，方法不对，恐怕又变治堵为添堵。比如长安街上设卡收费，通过的车辆必然排起长龙；比如确定二、三环收费，势必加剧四环的拥堵。

提到"拥堵费"，专家们言必称伦敦，似乎有了一个收钱买畅通的样板。然而有媒体提出质疑：伦敦 2003 年开始征收车辆拥堵费，到 2007 年底已经收取了 8 亿英镑的费用，然而伦敦的交通状况却无多大改善。造成这种情况的原因，是行政费用花费掉了拥堵费收入的一大部分，用于改善公共交通系统的费用却被削减。有人指责伦敦的官僚系统，伦敦的驾驶者似乎成了摇钱树。

中国高昂行政开支一直被诟病，提到庞大的"养人费"，提到拥堵费是否沦为职能部门的创收手段，我们一点也轻松不起来。所以在决策前，一定要慎之又慎。

在征收交通拥堵费之前，两个前提先整明白。其一，检查一下公共交通是否足够发达，是否可以顺利承接收取拥堵费后改变出行方式的私家车车主们；其二，吸取伦敦的教训，不仅要把行政费用降下来，还要管理好专项资金，拓展未来的交通空间。

从直升机上拍摄的环法自行
车赛，观众都是开着车，一
站一站地赶到赛道边等候

葡萄采摘季节，季节工从各
地开车来到阿尔萨斯的葡萄
园，下车先喝一杯热咖啡

丹麦街头骑自行车的年轻人

二、迟到的汽车社会

一个强烈外部性制约的产业

汽车是一个具有强烈外部性制约的产业。

2011 年汽车产销量同时成为世界第一，是年，中国也是全球第一大温室气体排放国，第一大能源使用国，也是地球上污染最严重的国家。在中国汽车新的"甲子"到来之际，新的压力也随之而来。

能源、环境、交通是汽车可持续发展的三大瓶颈，协调发展才有出路。

据统计，中国民用汽车保有量快速上升，从 1949 年的 5 万辆，到 2010 年的 8500 万辆，增长超过一千倍。目前全国约 1/5 的城市大气污染严重，113 个重点城市中仍有 1/3 以上空气质量达不到国家二级标准，机动车排放与煤烟型污染、沙尘并驾齐驱地成为部分大中城市大气污染的主要来源。人们对于汽车大幅增加带来的负面效应持越来越强烈的批评态度。

汽车激增带来对石油的大量消耗和环保的压力。然而，压力也是研发创新的巨大动力。20 年来，全球汽车的油耗水平下降了 50%；排放污染减少了 98%！而新能源车的研发方兴未艾。欧美汽车业最新的汽车排放科研成果已经可以做到：通过最有效的空气净化装置回收绝大部分有害物质，汽车的最终排放比周围的空气还清洁。

获得了拥有私家车的权利，中国人在 10 年中，试图复制外国人用 100 年完成的汽车社会成熟的过程。这一发展是进步的，艰难的，不可逆转的。但是，走向汽车社会的过程也是一把双刃剑。

中国的消费浪潮往往如黄河之水，干枯之时则见底，洪水来临则漫堤。无可置疑，中国走向"汽车社会"本该是一个渐进的过程，但是，汽车，尤其是大城市中的轿车狂飙突进，已经明显感到相关支撑的缺失。

在过去 10 年中，应对这些突如其来的挑战，中国不同部门、不同专业、不同利益的人群会有冲动、偏激、不理性、头痛医头脚痛医脚的抱怨与对策；在下一个甲子中所有中国人将要面对的将不是一个中国汽车产业，而是一个汽车社会，人人身在其中。

以人口红利、资源与环境代价支撑的中国高速增长带来了严重的经济和社会

氢燃料电池车原理模型，2000 年通用最早在中国介绍氢动力时所赠。最新预测显示，氢动力车即将替代电动车成为全球新能源车研发的重头戏

问题，其中能源短缺、交通拥堵和环境污染普遍成为国人心理上"不可承受之重"。经济转型已是国家的大政方针。亟待有关部门尽快从能源结构、城市规划、环境控制等方面的大局着眼，统筹兼顾，对汽车产业未来 10 年的发展空间和速度进行科学预测与定位。

　　清华大学的一项研究表明，中国汽车保有量的极限是 1.5 亿辆。未来几年还有很大增长空间，到达极限后，就会进入一个平稳发展阶段。

　　在中国汽车即将开始的第二个"甲子"，随着保有量的大幅上涨，汽车发展的压力也如一道难于冲破的"音障"出现在中国汽车人的面前。促进汽车消费增长和社会协调发展，将成为中国汽车产业面临的重要课题。

坐进汽车的人生

　　的确，坐进汽车的人生和没有汽车的人生再也不一样了。

　　就在过去的十年，汽车一下子涌入中国人的生活。一个国家在每百户家庭拥有汽车达到 10—20 辆的时候开始进入汽车社会。眼下主要大城市和沿海发达地区的百户家庭汽车拥有量已经超过 20 辆，最多的是东莞，超过 60 辆。老百姓普遍的汽车消费已经把中国撂在了汽车社会的门槛上。

汽车带给人们的不是一个产品，而是一种生活方式。汽车大潮来得太迅猛了，以至于汽车是什么？在中国，许多所谓学者、官员还一头雾水。

至今，许多中国人还把汽车看作一个产品、一个产业，而没有意识到汽车对社会的影响，远远超出了汽车产品本身。汽车社会化的进程成百倍地扩大了人们的活动半径；改变了传统的时空概念；谁能否认，持续一个多世纪的全球城市化进程，就是汽车化的产物；汽车波及的产业面之宽，为新科技提供的应用平台之广，对人类文明影响之深，让其他任何产业都难以望其项背。

汽车 125 年前从欧洲启动，在美国壮大，在日韩振兴，在中国引发经济奇迹，从而完成了它在全球产业重点的"东移"，成为一个全面覆盖时空的社会生活模式，我始终认为，汽车，是 20 世纪地平线上最显著的人文景观，没有什么发明在过去一百多年中，对人类产生了如此深远的影响。因此也没有出现飞机社会、航天社会、高铁社会、家电社会、股票社会、商品房社会；尽管我们预测 21 世纪可能是电脑和网络社会还为时过早。

中国今天为纯电动车"引领世界"而兴奋得两眼放光，在国际上，完全没有污染的氢能源汽车进入最后完善，上海通用总经理丁磊甚至和我谈起核能动力车的设想，一次装上几毫克的核燃料够用一辆车的整个使用年限。

80 年代，一张广州上班高峰时段海珠大桥的照片，一直烙印般留在我的脑海里：潮水一样的自行车，拥塞了整个桥面，围在车流中的公共汽车，仅如一叶扁舟。

十多年过去，自行车流换成了轿车流，一座座大城市，一眼望去可以与国际大多数城市一争高下了。但是拥有几百万辆轿车的中国城市，还远远不是"汽车社会"，犹如一夜暴富的"亿元村"，别墅成排，豪车遍地，村中心餐馆、歌厅灯红酒绿，但是它还远不是城市。

欧美国家用了四五代人，花一百多年打造的"汽车社会"，并非中国人十年就可以跨越的。

中国人喜欢开大车，引进车型国产化，外国人终于掌握了诀窍，中国特色就是把轴距加长。

中国人喜欢开快车，北京有"二环十三郎"，保定有"我爸是李刚"。

中国人喜欢开"斗气车"，你争我抢，互不相让，因此也必须忍受堵车之苦，京藏公路某一周没有狂堵 100 公里才是新闻。

中国人喜欢开"山寨车"，国际名车的外形，不到一半的价格，还有更换"山寨"车标的一条龙服务，外国公司在中国打侵权官司永远打不赢。

中国是世界上道路监控探头最多的国家，也是为数不多拥有交通警察这一警种的国家，但是管理水平如此低下：在北京的五环，一遇车流降到步行的速度，你就能准确判断，一定有交警在前面设卡查扣违章上路的外地货车。

尽管诸多弊端，汽车进入中国百姓家庭的进程不可遏制。

鲍伯·鲁兹当年曾诙谐地说，当我们迈向新的汽车黄金时代之际，必须牢记几项我所谓的"鲁兹式黄金指导原则"。一是世界有其本来面貌，你只能设法让自己去适应它；二是所有企业就像人一样都不尽相同，应根据你所处的特定条件去尽自己最大的努力；三是人们对汽车的爱恋绝不会死亡，我们或许只是忘了怎么去表达这种爱恋。

爱开大车、快车，也许是中国人从好莱坞电影里学来的时尚。就我而言，我更希望北京的城市交通能以巴黎为样板：主力是方便、实用、四通八达的地铁，虽然没有华盛顿地铁的舒适和气派；一般百姓，包括有钱人，买车，大都选小车、小小车。巴黎市中心的街道，比北京的胡同宽不了多少，且多是单行。住户的轿车就在路边停放。说是首尾相接并不过分，间隔能有一拳，就算宽敞了。开车常常要前顶后拱一番，才能驶出车位，巴黎的车多是手动挡，停下来也不拉手刹，磕磕碰碰不会有大碍。在巴黎市中心，买大车、豪华车绝不是什么好的选择。

站在蒙马特高地，望着山间坡道上停放的一串串样式和色彩各异的小车，不知哪辆小车里就会走出电影里的"天使艾米丽"，交通与巴黎的协调，真是一幅很和谐、很迷人的图画。

女王堵车与秩序王国

汽车社会，应该是一个权利平等的社会，一个全体公民高素质的社会，一个法

驾车者素质的培养，在日本是从小学生抓起

制下的秩序社会。治堵的"高招"近来可谓铺天盖地，但是往往觉得了无新意。前几天看见辗转传来的一条天津网站上的微博："治堵的关键首先是交通参与者的素质，还有就是领导出门时的交通管制。"深感平和中的一语中的。

先说交通参与者素质。十多年来，我经常去德国试车，并非只是德国的品牌，美国的、意大利的、韩国的、国产的新车型，都在德国试过。在德国开车和在中国的交通法规几乎一样，但遵纪守法的意识大相径庭，德国人严格遵守这些法律和法规到了一丝不苟的程度。

比如右侧超车，其实在国内的法规也不容许，但国内司机右侧超车比比皆是。为什么呢？因为国内的超车道塞满了慢车，所以只能在右侧超车。在中国驾车者的意识里，我开快开慢别人管不着，常见初学驾车的妇女、举着手机高谈阔论的男人，不紧不慢霸占着快车道，后面堵着心急火燎的一大串车。而在德国，时速开不到120公里的车是轻易不敢上左线的。即使在左线行驶的车，一旦发现后方有更快的来车也会主动让到右侧，绝没有"慢车霸道"的行为。

再比如行人优先，在德国，车辆遇红灯时，在人行横道前会立即减速停车；行人在车道绿灯的时候也绝不会踏进马路半步。而在没有信号灯的人行横道上，行人有永远的优先通过权。行人和车辆的相互尊重和默契造就了良好的交通秩序。而且最重要的是遵守这种秩序无一例外，即使街痞也少有乱开乱走的。

德国人人有车，没有中国驾车一族的浮躁，如抢行、斗气，甚至遇到刮蹭大打出手。德国人开车心态平和。从岔路上主路，必然停车让过主路上正常行驶的车辆，"宁停三分，不抢一秒"。人人遵守这个规矩，在主路上开车反而觉得轻松，看见岔路上有车来，你不必提心吊胆准备刹车，踩下油门高速通过就是了。

秩序就是效率。我曾遇到一个正在施工的路段，两条道路的来车要并到一条窄路上去，两边的车排起长龙，但是没有人焦急地按喇叭，或者越过别人往路口硬挤，在路口形成一个死结。而是有秩序地一边一辆地并入窄路，如同一条合拢的拉链，通过速度大大提高。

德国人做事一板一眼，且并不急躁，在路上开车，他们的潜意识里秉承一种"与人方便，自己方便"的原则，他们努力认真地创造自己的生活，也刻意提防伤害了别人。在这样的生活氛围里是一种良性循环，一片充满秩序的天堂。

说到领导人出行的"交通管制"，也以"他山之石"为例。英国女王的地位，在英国、在世界，可以列为至尊了。据说女王出行，并无提前封上一两条车道的"管制"措施，一般也就是两辆警用摩托打着"双闪"开路。路上的车，也积极配合，及时让道。但是也有路太堵的时候，女王的皇家劳斯莱斯被堵在路上，旁边开车的民众认出是女王的车，大都喜形于色；女王也很淡定地隔着车窗向民众挥手，如此互动场面该是多么和谐融洽啊。

三、给中国汽车的几个忠告

"站在地上的那条腿"

一本书写到最后一节，似乎该谈谈中国汽车做大做强的愿景。但是想到那是一个"未来时"，并非我所能够预见。关于未来，还是国家汽车发展纲要和产业政策最具权威，我在这里只给中国汽车的发展提几个忠告。

2009 年 6 月，我应中国汽车工程学会之邀参加花都汽车论坛，花都论坛当年曾经因为两位权威人士何光远和龙永图的"何龙之争"而备受业内关注。这次论坛，我是被邀请作主题发言的三个嘉宾之一。就在这次发言中我第一次提出，在电动车成为举国体制的热潮中，绝不能放弃在传统汽车技术创新方面对全球领先水平的追赶。

发言中，我大声疾呼：新能源车研发和传统汽车的优化，是中国汽车业做大做强的两条腿，缺一不可。新能源车的研发是抢占明天科技制高点的前哨战，是必须迈出去的一条腿；优化传统汽车，对节能减排最立竿见影，我们必须靠这条腿站在地上。

真理有时候就是如此简单：如果依靠"汽油直喷+涡轮增压"等技术降低油耗20%，以中国年产汽车1000万辆计，不就等于每年生产了200万辆零能耗、零排放的汽车吗？社会效益之大是任何新能源车在可见的未来难以实现的。

而由政府层面大张旗鼓主导的电动车热，无疑冷落了中国汽车业在传统汽车技术领域的自主创新。国家863"节能与新能源汽车"重大项目第一批课题的4.13亿元中，用于节能环保高效内燃机的研发费用仅为1600万元。

历史是一面镜子。制定发展战略要防止一个倾向掩盖另一个倾向。大轰大嗡的结果，往往是时机的丧失和资源的浪费。

80年代初，中国经济开始复苏，煤炭的运力低下，造成沿海地区电力供应短缺，工厂一周"开三停四"。而当时石油炼制中产生的大量重油没有出路，于是由国家经委出面，调拨技改资金，在全国大搞锅炉"煤改油"技术改造。有专项资金撑腰，各地争着把燃煤锅炉改成烧油。谁知不到一年，重油从无人问津变得供不应求，电力和动力行业又成无米之炊。结果又是国家掏钱在全国搞了一次"油改煤"的折腾，损失至今无法计量。

近一点的例子是1998年，全国计划工作会议上谈到吉林等产粮省大量陈化粮无法处理，主持会议的国务院领导人当场拍板，进行用陈化玉米制造乙醇代替汽油的试验。我当时在场，还写了报道。试验取得成功，陈化粮积压得到化解，玉米造乙醇却在全国产粮区遍地开花，堪称一次小的"新能源"革命。然而乙醇产量大了，却引发了人与汽车争食玉米的窘境，甚至成为一场社会伦理的危机。玉米乙醇终被叫停，大量生产设备建成即告闲置。

刚刚看到一则报道，2011年上半年全国各地拉闸限电此起彼伏，煤炭净进口已

上海通用推出别克英朗成为上海通用产品动力、操控全面飞跃的代表作

成定局。我就有些担心，按照有关部门的规划，2015 年中国生产 150 万辆电动车，脆弱的电力供应如何能够承受？

中国汽车企业的主力是国企，政府的态度就是风向标。如果官方押宝电动车，加之巨额补贴，企业从趋利的本能出发，势必会忽视传统汽车节能减排的自主创新。一旦国外厂商新一代低成本、低油耗的汽车称雄全球市场，中国汽车再次拉大和全球汽车业的技术差距，痛失得来不易的市场主导权，那才是中国汽车的悲哀，甚至是我们民族的悲哀。

"保护"是个坏东西

就在这本书写到最后一节的时候，新浪汽车的编辑打电话告诉我，某官员在一次论坛上提到，应该考虑逐步放开对汽车合资企业 50% 对 50% 的股比限制，请我谈谈看法。

第二天上网，对放开股比一片喊打之声。批判者中有汽车业官员、国企人士，也有长期关注汽车的"意见领袖"。批判的主旨不外乎：中国自主品牌还在初创期，国家应该给予保护与扶持；放开股比底线，中国汽车将受重创；更有人惊呼：中国汽车危在旦夕。在新浪电话采访的人士中，我是唯一无保留的支持者。

其实，这种反应在中国汽车业中也是一种常态。撇开民粹思潮影响不说，对于在国民经济占有举足轻重地位的中国汽车业来说，保护的大旗曾经高高举了几十年。出发点光明磊落，实行得也十分彻底，观念绵延至今也就不足为奇了。

然而，中国汽车的历史，一次又一次证明，"保护"是个坏东西。"保护"出"弱质"，竞争出强手，依赖"保护"，中国绝对成不了汽车强国。对于"股比限制"这一制定于1994年的汽车保护措施，我以为早该冲破。

目睹中国汽车30年，对"保护"的弊端体会得特别深刻。

从诞生之日起，汽车产业就纳入国家的"一级保护"之中，进口轿车严格审批，还要征收最高达220%的进口关税。结果，直到1984年，年产两三千辆的上海牌，发动机功率与整车水平也与被拷贝的50年代奔驰车相去甚远；年产不到300辆的红旗，因耗油高、性能差，而被中央下令停产。

80年代初，把外资引入中国汽车业，在当时的决策部门看来是严重犯忌的事。如果不是邓小平拍板"轿车可以合资"，借用跨国公司的资金和技术，从头再造中国轿车工业，谁也迈不过"保护"这道坎。

90年代末，国家发文"重点扶持"三大轿车合资企业，并设立行业"准入"的高门槛，保护的结果是合资产品车型陈旧，价格居高不下，却依然供不应求。被挡在门外的吉利、奇瑞、华晨等自主品牌长期拿不到"准生证"，命悬一线。当时业内人士公开说，"回去补竞争的课，时间搭不起，国有资产输不起"。为保护"国家队"，连"陪练"也要斩尽杀绝。

2001年，中国入世前，汽车业笼罩着一片即将"全军覆没"的愁云。入世谈判历时15年，一个最艰难的话题，就是给30岁的中国汽车业以"幼稚产业"的地位，从而获得"缓冲期"的保护。

入世十年中国汽车的巨大飞跃，揭示了一个朴素的哲理：每一次主动，或者被迫放弃"保护"，脱下一层沉重的"防弹衣"，中国汽车业就迎来一片光明，涌现出一批禁得起摔打的成功企业。

允许合资，中国轿车业才跨上国际水平的高标准，缩短差距20年；不是冲垮自主品牌的"准入"门槛，恐怕今天自主创新也提不上日程；不加入世贸，和跨国公司在全球化市场竞争与合作，成为全球最大汽车产销国甚至连想也不敢想。

说到汽车合资 50%：50% 的股比，最早起源于中外双方的博弈，甚至磨合。有趣的是，80 年代，合资企业前途未卜，摸着石头过河，都希望对方多担一份责任和风险。上海大众建立之初，德方曾主动放弃销售权。50% 对 50%，是双方达成的一种平衡。在外方看来，股比再高，没有中方的支持，企业也无法生存。几个外国人面对几千中国人，规避"大象踩了小老鼠"才是当务之急。50% 对 50% 的股比，后来被 1994 年第一版《中国汽车产业政策》固化，也作为后来入世谈判中中方坚持的对中国汽车的保护条件。

16 年过去了，中国汽车工业和全球汽车格局都发生了巨大变化，讨论放开股比，甚至允许外商在中国设立独资公司绝非就是"亡国"大事。

揣测国外汽车在中国建立独资企业的意愿就是绞杀自主品牌，我看大可不必。"阴谋论"看起来好像是打人家，实际是打自己，是挖自己的墙脚。PSA 亚洲区总裁奥利维就表示赞同放开股比限制，他的理由是：50% 对 50% 的股比对合资企业来说，效率是最低的，在战略制定、决策等方面都要反复讨论、摩擦，会因此错失市场良机。对于这种思路，我看不出有什么阴谋。

我以为，一个企业的投资运营，自有它的逻辑和选择。

有趣的是，戴尔、西门子、诺基亚、宜家在中国独资设厂，中国的电脑、电子、手机、家具业并没有全军覆没，竞争力反而蒸蒸日上，为什么汽车业还非要撑一顶股比保护伞呢？

即使近年来，一些国企在国内竞争中表现得体质羸弱，不是国家保护太少，恰恰是保护太多。中国作为汽车第一产销大国，有几个外商独资企业同台竞技，吉利、奇瑞、华晨、长城、比亚迪、荣威、奔腾都绝不会垮台，只有进一步的开放，中国汽车才能在世界杯级别的大赛中成为汽车强国。

且不说，在全球化的市场，吉利百分之百控股地收购了沃尔沃，瑞典人也没有骂政府卖国。中国加入世贸组织，就不再是国内联赛，而是进军"世界杯"，国际规则人人平等。不能只许中国队进球，不许外国队射门。

未来的中国汽车业，必然有中资或外资的独资企业，有中外合资企业。合资企

奔驰美学 2 号概念车

业中各种股比并存。对于汽车业这样一个全球化、竞争性产业，对于中国这样一个汽车大国，这应该是合理的格局。不能如此，妄谈汽车强国。

从工匠文化到体系为王

2010 年 10 月底，奇瑞量子公司董事长郭谦邀请我去看公司即将设计定型的新产品。这是一款 A 级车平台，有两厢和三厢两个车型。当时量子正委托一家调查公司，在作客户的车型设计对比评价。新车造型大气，一气呵成，不是外国成功车型各种局部的大荟萃。与乔治亚罗的意大利设计公司（IBG）设计语言的一脉相承，的确是大家之作。看到量子的新车型，让我重温 1998 年第一次在清华看到仰融请 IBG 开发的中华轿车时的那种眼前一亮。

美国量子公司是一个投资公司，他看重的是奇瑞的成长性，因此在合资企业中，它没有产品和品牌，只有市场和股权，说到底，是在海外销售奇瑞产品。投资合资企业，为的是与奇瑞共担风险。

郭谦，在一汽、北京现代、德国大众和奇瑞都曾做到企业管理层，阅历丰富，思想开放。和我谈起量子，首先谈的是中国裁缝和国际成衣业的文化差异。他称前者是工匠文化，后者是体系流程。

他说，当年上海红帮的老裁缝，经验丰富，对顾客打眼一看，就能做出合体的衣服。这种工匠模式能够满足一位顾客穿衣的基本功能。但是做不出世界水平的量产高档成衣。中国的老裁缝对时尚的理解，对品质、对做工精细的理解，与国际水平相去甚远。一旦用户眼界和水平提高，中国人做的西装再便宜，拿到国际上也没有人买。如果对开发的认识只是停留在成本、功能上，做衣服、做汽车，永远达不到国际水平。

在他看来，按照体系流程文化开发一款车型，是无数数据积累的组合和管理，是大量用户需求归类、匹配，从而得到正确的结论。意大利的工业化成衣名牌，一个师傅做不出来，十个师傅也做不出来，也许要上百个人的体系分工。

做一个汽车品牌，如果从经验出发，还停留在裁缝打眼阶段；进入体系流程管理，就要考虑无限多样的组合，有一千种扣子，一千个客户的合理匹配，把正确的结论纳入管理。

量子公司是 2007 年奇瑞旗下一家轿车合资企业。与同类企业不同之处，外方不是一家汽车公司，而是一家金融机构——量子基金。企业的初衷，是产品国内研发生产，产品主打出口欧美市场。

然而量子的发展并不顺利。当初奇瑞自主开发一款中高级新车，聘请奥地利麦格纳公司派出小组进行技术和质量支持，但是中外两种汽车文化的冲突，让外国人无法插手。小组甚至陷入人人喊打的尴尬局面。

郭谦打开电脑，让我看奇瑞和马自达的两份油箱图纸。奇瑞的图纸只有两三张；马自达几十张，有各种细部的大量数据、工艺标准的文字描绘。马自达和奇瑞比，流程的规范天壤之别；和宝马比，宝马更强。但是宝马的油箱也会出问题，也有召回。一个车型几十万辆，在千差万别的环境下使用，有数亿种组合，确保质量，是一个概率管理问题。即使模拟了几百万个不同用户的使用环境，也难以保证

东风悦达起亚的 K5。现代起亚的产品近年来在销量、品质上都在全球达到上乘水平，但是"品牌力"还与欧美和日本的老名牌差距不小

小概率的问题发生。这比控制一架航天飞机的质量难多了。中国汽车业要走出去，不跳出工匠文化不行。

郭谦说，训练一支专业球队，恐怕一个月还没摸到球；野路子，上来就打，而且能打出花活。但是坏动作养成，再想正规地打球都难。丰田在天津工厂招人，做过汽车的都不要，只要求懂日语，一张白纸，一切从头来。

量子成立两年后，面临一个选择。老外很现实，按照奇瑞的路子走下去，做不出欧美水平，他们对做"红帮老人"没有兴趣，你们坚持走这条路，自己走，我们得撤了。这时合作必须改变战略，改变目标，按国际化路线走下去，才有希望。

奇瑞掌门人尹同耀逐渐认清了问题的所在，量子的框架、业务模式确定按流程化的方向转变。新的量子，完全改变了以往的状况，尝试国际化的流程管理，人员重新组合。许多在跨国公司关键岗位工作的骨干，来到上海，组成量子的高层管理团队，形成产品项目开发的核心能力和后方支持体系，并依托麦格纳公司的一个500 人团队做基本技术开发。

现在，量子的总部设在上海，工厂设在江苏常熟，一期规模 15 万辆。实行品牌独立管理，按全新业务模式运作。第一代产品造型、结构设计完成供应商体系已经确立。供应商了解了量子国际化流程的运作思路，信心十足，跃跃欲试。

体系流程开发模式，郭谦很推崇一汽轿车从奔腾 B70 到 B50 的开发。B70 的车身是委托 IBG 开发的，一汽轿车的工程师跟着一步一步地学，花了 5000 万元。到开发 B50，还是委托 IBG，但是许多开发已经可以自己做，这次就只花了 2500 万元。

IBG 和中国几乎所有自主品牌都有合作。郭谦问 IBG，中国哪个企业开发能力和国际水平最接近，他们说，没有和上汽接触过、合作过的企业中，只有一汽最上路。掌握一定正规化基本动作，大部分自主品牌没有正规化的积累甚至愿望。一汽在产品开发中，产品明晰表的编制，产品变更程序，所有标准图纸的有效更改程序，这些基础工作已经做了 50 年。还是 50 年前苏联援建一汽时打下的基本功，是一笔很大的财富。

十年前，一汽启动自主开发，按照开发流程标准看，当时的技术和数据积累，比照国际上对技术、质量、精细、时尚的流程要求，还难以开发出有竞争力的产品。于是提出"耐住寂寞 20 年"，今天看来不无道理。但是奇瑞，没有这个理念，把标准定在各项功能的满足上，虽然取得了突破，创出自主品牌一个时代的奇迹。但是沿着那套"工匠之路"，并不能导出一个国际水平的好车来。

奇瑞有来自一汽的骨干 300 人，但是基础管理没有带来。工匠文化和体系流程文化的对立，根深蒂固，很难改变。奇瑞开发新车的费用只有 B50 的一半，但是品质与 B50 不能比。上汽留用了罗孚的研发团队 200 人，并以其管理体系构架为基础生产出荣威 750，随后的 550、350 就进入自主的研发体系，采用的就是国际水平的研发流程，进步跨度很大。

能够剖析自己，找出差距的根源，奇瑞在转型、吉利在转型，荣威、奔腾也在导入流程管理文化，在体系为王的国际化竞争中，自主品牌才有希望。

汽车强国莫成"好梦一日游"

世界汽车产销第一大国的桂冠突然降临，让中国人无比自豪。然而，"纠结"

应该是对中国汽车业的今天最恰当的描述。坦率地说，中国汽车业浮夸浮躁、急功近利、观念落后、体质羸弱等弊端不改，强国梦难圆。

从"汽车大国"走向"汽车强国"，是中国人的渴望，也是中国汽车下一个"甲子"面对的一个大课题。

所谓世界汽车强国，起码要具备三个条件：一是有一批具备国际竞争力和国际知名度的响当当的企业和品牌；二是游刃有余地掌控着国际和国内两个市场；三是持有汽车业的核心技术和洞悉汽车业未来发展趋势。

这三个条件实现难度有多大？离我们有多远？靠中央一个号召，靠企业一哄而上的"大跃进"，靠所谓学者和热心的网民们的"鞭策"，就想在三五年里一蹴而就，恕我直言，那只能是又一次"画饼"。

汽车诞生到今天，刚刚庆祝了125年的诞辰，可是称得上汽车强国的，也不过美国、德国，再加一个日本；意大利、法国，名车、名厂不少，历史也悠久，但是还算不上汽车强国；韩国，一直在咬着牙努力着，第二大品牌大宇却刚刚被东家通用销了号，改叫雪佛兰，离强国的目标似乎更远了；所以中国还是先把汽车大国的内涵好好补补课，"强国梦"应该是中国汽车今后几十年的奋斗目标。

但是，种种迹象表明，以2011年为界，中国轿车业在方方面面的呵护下，高歌猛进持续10年的"雪崩"式高速增长已经告一段落。

北京的"限购"只不过是打响了"第一枪"，其他大城市或迟或早总会跟进；在国家层面，汽车业逐步退出了"保增长"的宠儿地位，各种轿车消费鼓励政策戛然而止；相关职能部门以及舆论喉舌，再次加强了对汽车业的监管和批评的力度，各种排放和质量标准将日渐严厉；连过去两三年，为了招商轿车项目，情愿白给土地的地方政府，也纷纷变了脸，以转变经济增长方式为由，终结了轿车厂家"圈地"扩能的美梦。在全球范围，石油已经冲破了100美元一桶的两年新高，向120美元的历史最高价格逼近，对节能减排的技术要求也越来越苛刻得难以企及；日本大地震和核泄漏，造成诸多汽车关键零部件厂停产，给国内汽车厂家带来的制约，远远不是几家日系车必然的减产。

从某种角度说，中国汽车业原来是如此脆弱，一个外界诱因，就可能让整个汽车业伤筋动骨。君不见，中央电视台3·15晚会上，一则锦湖轮胎掺加反炼胶替代原片胶做原料的质量报道，网上随即传言国家质检局收回了曾经由他们考核发放的锦湖轮胎 3C 认证，此举立马就可能让 34 家选用锦湖轮胎的轿车厂产品（占全国汽车产量近 20%）连带陷入销售的窘境。

在第二个"甲子"来临之际，如果中国轿车厂家，仍然作"直线思维"，一味盯死在无限扩充产能上，后果实在令人堪忧。按照几乎所有企业 2010 年宣布的计划，无论企业大小，扩能计划都是百万辆级；而且企业把提升总产量排名位置看得过重，中国第一，世界老大，也敢招呼。甚至诸多集团，纷纷把收购落后微面企业的产能，当作总产量能够迅速翻番的灵丹妙药。

汽车评论家何仑说得好：中国缺乏很多东西，但从来就不缺乏浮躁。中国汽车市场史无前例的井喷，容易叫人膨胀。按照西方传统的怀疑精神，如果某个事物吹

2010 年 10 月 20 日上海通用开发的雪佛兰新赛欧实现批量出口

得过于离谱，那么它通常是不可信的。汽车大潮的涌起掩盖了很多问题，落潮时才会发现谁是裸泳者。

汽车毕竟是传统产业，不像 IT 等新经济产业，可以一夜爆发。资本运作的效果有限，最终决定命运的是技术和产品。

历经十年风雨坎坷，奇瑞掌门人尹同耀承认："造汽车跟挖土方没什么区别，一锹也不能少，是连续函数，要一层楼一层楼地爬。"

我很为今后的中国汽车业捏一把汗：全球第一，头脑发昏，摊子铺得太大，"三个壶盖盖五把茶壶"，一旦环境骤变，或者市场遇冷，断了资金链。只怕"强国梦"未成，倒把十年来辛辛苦苦挣来的那些家底，在两三年里赔个底儿掉。这不是 杞人忧天，看看美国"三大"这十年来的起起落落，就会明白我的担心并非多余。"汽车强国"切不要成了冯小刚贺岁片中的"好梦一日游"。

"人们对汽车的爱恋绝不会死亡，我们或许只是忘了如何表达这种爱恋。"

三十年来，站在一个独特的位置上，全程目睹中国百姓冲破藩篱获得享有轿车文明的权利，是我职业生涯中最大的幸运。中国入世，打开了一扇不能随意关闭的大门，但愿下一个"甲子"，借助内外竞争压力，借助规范的游戏规则，中国汽车业的发展思路和发展模式能发生更积极的变化。建立一种和当代汽车先进生产力相匹配的文化，有一种理性、开放、包容、谦逊、自信的心态，勇做世界变革大潮中的"弄潮儿"。

本书大事记

1982 年

5 月 7 日，作为产业管理体制改革的试点，经国务院决定，成立中国汽车工业公司。饶斌任董事长，李刚任总经理。中汽以下成立了解放、东风、京津冀、重型、南京、上海六个联营公司。中国汽车开始了一场赶上国际水平，改变"缺重少轻，轿车几乎空白"局面的新战役。

6 月，邓小平在中汽公司关于上海引进技术生产轿车的报告上批示："轿车可以合资"。是年，哈恩任大众董事长，与中方开始深入谈判。

9 月，一汽终于结束了解放卡车 30 年一贯制，开发出换代新车 CA141。

1983 年

5 月 5 日，北汽与美国汽车公司（AMC）签署合资协议。中国第一家轿车合资企业——北京吉普成立。

1984 年

8 月 14 日，中央财经领导小组在北戴河开会，听取一汽汇报。决定一汽、二汽从中汽公司划出，在国家计委计划中单列。在此次会议上，国务院领导人决定，红旗轿车因"油耗高、不可靠"而停产。从 1958 年起，红旗高级轿车共生产 1500 辆。

10 月 10 日，上海大众合资协议在北京签署，中德两国总理出席仪式。

1985 年

以日本轿车为主的进口和走私大潮双双达到顶峰。是年进口轿车所用外汇是
30 年汽车工业总投资的两倍多。造车还是买车，已经成为全社会关注的政治问题。

7 月，中法合资的广州标致成立。

1987 年

5 月，由国务院委托召开的轿车发展研讨会在十堰车城宾馆举行。会议提出中
国应立即建立轿车工业的建议。

6 月 29 日，中汽公司改组为中国汽车工业联合会。陈祖涛任理事长。

8 月 12 日，国务院汽车工业领导小组在北戴河开会，听取二汽厂长陈清泰的汇报。
国务院办公厅事后拟定了关于发展轿车生产问题的北戴河会议纪要。一汽、二汽、上
海大众被确定为发展轿车的"三大"骨干企业。中国轿车工业从此获得准生证。

10 月 20 日，大众董事长哈恩访问一汽，与一汽厂长耿昭杰商定，从组装奥迪
100 入手，开始广泛合作。

1988 年

根据一汽与大众的协议，一汽以许可证和 CKD 组装方式生产奥迪 100，六年
后，全面国产化的奥迪 100 改挂红旗轿车车标。

1989 年

1 月，新华社记者李安定在《瞭望》周刊发表文章，第一次提出应该鼓励轿车
进入私人消费。

1 月 7 日，第一个由中汽与航空航天部门组成的家庭轿车考察团访问日本，随
后引进了斯巴鲁 550 微型轿车技术在贵州航空航天基地生产。

1990 年

国民经济调整，国内汽车市场跌入低谷，产品严重积压。中共中央政治局作出
决定：严格控制进口小轿车，政治局、书记处成员和国务院常务会议组成人员，一

律使用国产车。

1991 年

2 月 6 日，邓小平视察上海大众时说：如果不是改革开放，我们生产汽车还会用锤子敲敲打打。

11 月 20 日，一汽与大众合资生产高尔夫—捷达轿车协议签署，一汽大众公司成立。

1992 年

2 月，邓小平南巡，改革开放重上"快车道"。

5 月 19 日，由二汽更名的东风集团与雪铁龙签约，成立合资的神龙汽车有限公司。

10 月 19 日，仰融及其团队，在国家资源的支持下，成立华晨中国汽车控股有限公司，并在纽约证交所上市（代码 CBA），成为历史上第一家在海外上市的新中国企业。随后，华晨走出一条接通金融管道，整合世界资源，开发自主品牌轿车的新路。

1993 年

10 月，中国汽车管理职能划归新成立的机械部汽车司。吕福源任机械部副部长，张小虞、苗圩任汽车司正副司长。

1994 年

4 月，国务院公布《汽车工业产业政策》。

10 月 10 日，上海大众成立 10 周年庆典。合资企业开发的桑塔纳 2000 下线。

12 月，北京国际家庭轿车研讨会在国贸中心举办。奔驰、保时捷等公司开发出针对中国市场的家庭轿车参展。

1995 年

9 月 8 日，首批富康轿车在湖北襄樊（现称襄阳）下线。

12 月 18 日，一汽大众公司的股比改为：一汽 60%，大众 30%，奥迪 10%。奥迪系列产品正式进入一汽大众生产。

1996 年

7 月，汽车业人士在人民大会堂召开了纪念解放卡车诞生 40 周年的座谈会。会后，机械部部长何光远上书中央领导呼吁轿车进入家庭。

1997 年

上海大众投资 30 多亿元，建立了中国汽车合资企业中第一个技术研发中心和亚洲最大的试车场。

4 月，一汽大众销售公司成立，轿车从与卡车混在一起卖的浑沌中剥离，探索从计划经济到市场经济转轨的销售新模式。

1998 年

8 月 8 日，农民企业家李书福买壳生产的玻璃钢轿车"豪情"问世。其后在浙江宁波成立吉利汽车公司，投产"美日"轿车。

12 月 17 日，第一辆别克新世纪驶下上海通用的总装线。与上海通用同时建成的，还有上海通用泛亚研发中心。研发和现代销售体系的建立，为上海通用日后建立体系竞争力打下基础。

1999 年

3 月 26 日，在广州标致的旧厂房，新生的合资公司广州本田第一辆雅阁轿车驶下生产线。

9 月 6 日，代表当时世界中高档轿车水平的奥迪 A6 在一汽大众下线。与别克、雅阁以及此前作为技改上报的上海大众帕萨特，组成"中高级轿车"新族群。

12 月 18 日，自主品牌奇瑞轿车在安徽芜湖下线。

2000 年

12 月 16 日，华晨中华轿车在沈阳下线。当时"业外"的自主品牌吉利、奇瑞、中华等都被排除在属于合法销售的国家轿车"目录"之外。

2001 年

这一年，是中国家轿的起步年。

3 月 15 日，全国人大通过了第十个五年计划纲要，纲要中首次写入"鼓励轿车进入家庭"。

4 月 25 日，美国福特汽车与长安集团联姻，在重庆成立长安福特。

5 月 10 日，国家计委宣布放开对于国产轿车价格的控制。

6 月 8 日，上海通用推出了"10 万元家轿"赛欧。

11 月，宝马董事长米尔贝格博士在北京宣布，宝马集团已经选定华晨作为合作伙伴。

11 月 10 日，多哈会议审议并批准了中国加入世贸组织的申请。此前一天，国家经贸委增发了一批汽车新车公告，吉利终于榜上有名，是年年底，吉利轿车的价格下探到 3 万元以迎接入世。

12 月，集销售、零部件供应、维修服务、信息反馈一体的 4S 店销售模式，先后由广本、奥迪的经销商起步施行。

2002 年

6 月 14 日，一汽集团与天汽集团在人民大会堂正式签署了重组协议。随后一汽与丰田合资成立一汽丰田。

10 月 18 日，北汽与韩国现代汽车合资的北京现代成立。22 个月后，销售 16 万辆，跨入中国轿车企业五强之列。此举被称为"北京现代速度"。

是年中国轿车产销量从上年的 70 万辆增加到 110 万辆，增长了 53%，从此"井喷"一词几乎伴随了中国车市整整十年。

2003 年

1 月 23 日，神龙公司成立东风雪铁龙、东风标致两个商务部，首创双品牌独立销售。打造品牌成为中国车企的更高追求。

7 月，由东风集团与日产整体合资的"东风有限"成立。旗下的轿车在襄樊和广州花都的东风日产生产。此前两年，东风集团扭亏为盈。东风集团的轿车合资企业先后建立有神龙、东风悦达起亚、东风本田、东风裕隆，2008 年还创立了自主品牌风神。

9 月，戴姆勒—克莱斯勒集团与北汽达成总投资 10 亿欧元的合资协议，将成立北京奔驰戴姆勒—克莱斯勒（BBDC）公司。

2004 年

中央决策者开始大力提倡自主创新，在汽车领域，奇瑞等自主品牌企业声名鹊起。

6 月 1 日，国家发改委发布了新一版的《汽车产业发展政策》，取消了与世贸规则不一致的内容。

8 月 4 日，中国银监会陆续批复同意上汽通用等一批汽车金融公司开业。

年底，上汽斥资 5 亿美元收购韩国双龙 48.92% 的股份，次年增持到 51.33%。

2005 年

4 月 1 日，《汽车品牌销售管理实施办法》推行。稳固了厂家授权经销商建立 4S 店的销售模式。

9 月，吉利的 5 辆新车到法兰克福车展参展，开中国自主品牌轿车参加国际 A 级车展的先河。

2006 年

大集团利用旗下合资企业积累的资金、技术和人才，高举高打创立自主品牌，如上汽的荣威、一汽的奔腾。

6 月 17 日，广州丰田生产的第一款丰田中级明星车凯美瑞在北京和广州同步上市，百家广州丰田经销店同日开业。

2007 年

7 月 19 日，广州本田率先宣布，将创立合资企业中的自主品牌。此举在业内引发争议。后来广州本田的自主品牌定名为"理念"。

是年成为中国自主品牌的一个高峰。在全国乘用车 500 万辆的总销量中，自主品牌已占三成。整车出口 50 万辆，比上年增长 60%。

2008 年

8 月 15 日，由同济大学与大众集团联合研发的 20 辆氢燃料电池车在奥运会成功试运行，此前同济自主研发的"氢动 3 号"在必比登新能源车挑战赛上获耗能和噪音最低的好成绩。

12 月 26 日，上汽和南汽签署上南重组的合作协议。摒弃了过去国企重组中，资产无偿划拨的做法，一切按照上市公司的规范运作。

2009 年

金融风暴席卷全球。年初，通用、克莱斯勒倒闭；年末，丰田遭遇"召回门"。全球汽车业一片凋零。

3 月 20 日，作为全球金融风暴的对策之一，国务院发布《汽车产业调整和振兴规划》，并出台一系列鼓励汽车消费的政策。

4 月，纯电动车的热潮在全国兴起。

10 月 20 日，在一汽隆重举行了 2009 年度中国汽车第 1000 万辆下线庆典。中国从此进入年产千万辆汽车大国行列。至年底，中国汽车产销 1300 万辆。其中乘用车产销 1000 万辆，增长五成。中国汽车业超过了美国，成为全球第一的汽车产销大国。

11 月 10 日，兵器与航空两大集团重组成立了中国长安汽车集团。

12 月 6 日，北汽集团斥资 2 亿美元，收购了通用旗下瑞典萨博汽车三款轿车、两款发动机技术，用于旗下自主品牌的开发。

2010 年

7 月 9 日，长安集团与 PSA 集团在法国巴黎正式签署了合资协议。

8 月 2 日，吉利集团以 15 亿美元从福特手中收购了沃尔沃的资产，成为中国第一家跻身世界 500 强的汽车跨国公司。

9 月，东风日产宣布，将推出合资企业的自主品牌"启辰"。

11 月，吉利进驻淘宝商城开启旗舰店，成为首家上网销售的汽车公司。

12 月 23 日晚北京市政府宣布：2011 年北京小客车增量控制为 24 万辆，将以摇号方式无偿分配号牌资源。

截至 2010 年，中国轿车保有量 8500 万辆。其中私家车占九成，开始踏上"汽车社会"的门槛，拥堵、能源紧缺、排放污染成为新的挑战。

后记 | 恍若隔世

李安定

　　汽车时代，中国在全世界进入最晚，进程最快。尝试引进合资生产轿车，不过30年；决策建立轿车工业，只有20年；政府认可轿车进入家庭，刚刚10个年头。

　　今天的年轻人何曾知晓：半个多世纪前，由于贴上"资本主义"的标签，私家车在中国严遭禁绝；直到80年代，筑起世界最高关税壁垒的中国，全年轿车总产量却不如国外汽车厂一天的产量。

　　这一切，是30年前，中国轿车故事的起点。那时候，如果告诉一个中国人，你的孩子们将获得享受轿车文明的权利，中国会成为全球第一的汽车产销大国，似乎百分之百地会被认为是痴人说梦。30年，真不算长，蓦然回首，却恍若隔世。

　　一切变化得太快了，来不及沉淀，来不及反思，泥沙俱下，黑白混淆。需要有人从头至今作一个梳理。

　　我的记者生涯的起点，正好和中国轿车创业的起点重合。一开始，我就得以走近中国汽车业的决策层和骨干企业，亲历了30年中国轿车发展的诸多节点和全过程，了解到许多外人难以获悉的真相，30年不间断的参与是一种幸运。

　　1982年，中国汽车奠基人饶斌对我说：今天的新闻是明天的历史。这句话，我一直铭记在心。五年前，我开始动笔写这部中国轿车的历史，似乎这是我人生必须要作的一个交代。

　　我以为，在中国，决策和主管部门的高瞻远瞩成全了轿车产业从无到有的高速发展；同时，这些部门的相互掣肘和屡屡失误，也带来一次次折腾和曲折；真是成也萧何败也萧何。但是以成败论英雄，汽车产业终归从一个计划经济的"活样板"，蜕变为中国最具市场化特色的支柱产业，即使在全球金融海啸最激荡的时刻，也那么给中国经济挣脸。

然而，纠结，贯穿中国轿车业 30 年起落的全过程。

是闭关锁国，自力更生；还是抓住国际形势的转折机遇，以开放促发展？在合资企业中，是七斗八斗，同床异梦；还是合作共赢，生成本土技术和开发能力？是高筑国企的围墙，扼杀草根对手；还是放开"准入"门槛，给自主品牌生存与竞争的权利？是满足于在入世谈判中为中国汽车争一个"幼稚产业"的保护地位；还是按照世贸规则，鼓励中国企业在"与狼共舞"中打造航母？是全面跟踪国际节能减排和新能源领先技术，在学习中寻求突破；还是大轰大嗡，搞自欺欺人的"弯道超车"，且不说，"刀枪不入"的"义和团"今天在中国不乏子孙，以引进外资和技术为起点的轿车业，一直是他们施展"大批判"拳脚的功夫场。历史，总是裹挟着大量泥沙滚滚向前。

轿车是什么？在中国，轿车是政治、是技术、是经济、是权利、是财富、是文化、是情人、是成百倍提升出行距离的"飞毛腿"、是社会财富滚滚而来的流水线、是全球化的经典产物、是民粹主义的精神寄托、是污染和拥堵的罪魁祸首、是引领全球新能源的希望、是自主品牌自主创新的体现、是贫富不均官民对立的标志物。

中国鼓励轿车私人消费不过 10 年，轿车突然以每年 1000 万辆的速度出现在身边，爱它、恨它、用它、骂它、鼓励它、限制它，中国人一时还找不着北。

本书以编年史和一章一个主题的结构，记述了不同时期这些纠结的载体——事件、企业、人物的故事。这是一部"私家版"的轿车史，力求还原真相，只是一家之畅所欲言，没有未来官方史写作者所面临的必要的平衡和羁绊。

能够完成这本书，是中外汽车业、媒体界许多前辈、朋友和年轻人鼓励和支持的结果。在写作过程中他们提供了宝贵的回忆、判断、史料和图片，也有琐碎的事务性帮助。这是一个太长的名单，恕我不一一记下他们的姓名。但是我不得不提到一位逝去的朋友，原上海大众公关总监曾家麟，是他推动上海大众出资在《汽车人》杂志连载了本书的初稿，让我在 2010 年的一年连载期内坚持完成了这本书的写作。我很怀念他。

2011 年 8 月 19 日

图书在版编目（CIP）数据

车记：亲历·轿车中国30年／李安定著. —北京：生活·
读书·新知三联书店，2017.3
ISBN 978 - 7 - 108 - 05863 - 8

Ⅰ. ①车…　Ⅱ. ①李…　Ⅲ. ①轿车工业－工业发展－研究－中国
Ⅳ. ① F426.471

中国版本图书馆 CIP 数据核字（2016）第 320662 号

责任编辑　徐国强
装帧设计　蔡立国
责任印制　徐　方
出版发行　**生活·讀書·新知** 三联书店
　　　　　（北京市东城区美术馆东街 22 号 100010）
网　　址　www.sdxjpc.com
经　　销　新华书店
印　　刷　北京瑞禾彩色印刷有限公司
版　　次　2017 年 3 月北京第 1 版
　　　　　2017 年 3 月北京第 1 次印刷
开　　本　720 毫米 × 965 毫米　1/16　印张 27.25
字　　数　253 千字　图 151 幅
印　　数　0,001－8,000 册
定　　价　98.00 元
（印装查询：01064002715；邮购查询：01084010542）